高等院校"十三五"应用型规划教材

六西格玛与质量管理

李 程　李茜希　肖梦婷　编著

微信扫一扫

教师服务入口　　学生服务入口

南京大学出版社

内容简介

本书主要由三部分组成：第一部分为质量与六西格玛概述篇，主要介绍质量与质量管理基本理论、六西格玛基本理论、六西格玛项目管理，以及顾客需求与市场需求；第二部分为质量控制及六西格玛测量篇，主要介绍质量管理简易工具、统计质量控制、可靠性与测量系统、抽样检验、正交试验设计，以及六西格玛与经济效益；第三部分为质量设计与应用篇，主要介绍质量管理体系与六西格玛设计、质量仿真与案例分析和顾客满意及服务质量测评。

本书适用于高等院校工商管理、交通管理、质量管理等相关专业师生及质量工作从业人员在学习、教学、参考阅读时的必备材料，也可作为制造业、服务业的培训教材。

图书在版编目（CIP）数据

六西格玛与质量管理 / 李程，李茜希，肖梦婷编著
. — 南京：南京大学出版社，2017.11(2025.1 重印)
高等院校"十三五"应用型规划教材
ISBN 978-7-305-19558-7

Ⅰ. ①六… Ⅱ. ①李… ②李… ③肖… Ⅲ. ①企业管理－质量管理－高等学校－教材 Ⅳ. ①F273.2

中国版本图书馆 CIP 数据核字(2017)第 267732 号

出版发行	南京大学出版社
社　　址	南京市汉口路 22 号　邮　编　210093
丛 书 名	高等院校"十三五"应用型规划教材
书　　名	六西格玛与质量管理 LIUXIGEMA YU ZHILIANG GUANLI
编　　著	李程　李茜希　肖梦婷
责任编辑	李素梅　武坦　　编辑热线　025-83592315
照　　排	南京开卷文化传媒有限公司
印　　刷	苏州市古得堡数码印刷有限公司
开　　本	787 mm×1090 mm　1/16　印张 18.25　字数 456 千
版　　次	2017 年第 1 版
印　　次	2025 年第 2 次印刷
ISBN	978-7-305-19558-7
定　　价	46.00 元

网　　址：http://www.njupco.com
官方微博：http://weibo.com/njupco
微信服务号：njuyuexue
销售咨询热线：(025)83594756

* 版权所有，侵权必究
* 凡购买南大版图书，如有印装质量问题，请与所购
　图书销售部门联系调换

前　言

随着制造业和服务业向全球化方向的不断发展,如何保证产品质量已是企业在市场竞争环境中立于不败之地的关键。杨振宁曾说:质量是一种财富的生产力,20世纪80年代日本产品具有很高价值的精神结构,这是日本经济的成功之道。这个精神结构就是对质量精益求精的精神,是企业的生命线,同时,质量也作为一种文化和理念正渗透到社会生活的各个方面。从20世纪前的操作者的质量管理,发展到工长的质量检验、检验员的质量检验,到40年代的统计质量控制,60年代的全面质量管理,再到80年代摩托罗拉创立的六西格玛质量管理,质量理念和思想一直不断地在更新和发展。大量先进思想如"朱兰"三步曲,石川馨"广义的质量"及"因果图",田口玄一"质量损失函数",赤尾洋二"QFD"等先后被提出。满足顾客要求为目标,对产品整个生命周期的整个过程实施管理,可使企业有良好的企业形象,有了良好的企业形象,企业就能占有市场;有了市场,就有了效益。

目前,国内关于质量管理方面的教材较多,但缺乏质量管理结合六西格玛理论应用等内容,有也仅多以讲义或非公开刊物的形式出现,众多兄弟院校也往往只能利用教案和讲义进行该课程的讲授。我们通过对国内外关于质量管理、六西格玛理论书籍的研读,结合国内实际,在《六西格玛与质量管理》一书中系统分析和介绍了六西格玛与质量管理的基本概念、基本知识和基本方法。全书主要由三大部分组成:第一部分为质量与六西格玛概述篇,主要介绍质量与质量管理基本理论、六西格玛基本理论、六西格玛项目管理,以及顾客需求与市场需求;第二部分为质量控制及六西格玛测量篇,主要介绍质量管理简易工具、统计质量控制、可靠性与测量系统、抽样检验、正交试验设计,以及六西格玛与经济效益;第三部分为质量设计与应用篇,主要介绍质量管理体系与六西格玛设计、质量仿真与案例分析和顾客满意及服务质量测评。本书在内容设计上,首先,在对概念和定义严格界定的基础上,结合实际覆盖概念的物理解释;其次,充实内涵,引出外延,从基本方法入手推导基本理论,强调知识系统的逻辑性,构建了学习所需的基础知识系统。教材力争在讲授一些实用的工程方法时,简化公式推导,多举实例,增加实际效果和课堂信息量。在改革创新的教学理念上,根据运输事业对人才的要求,在面向21世纪质量管理课程学内容和体系改革的基础上,对质量管理和六西格玛内容进行整合,突出因材施教和素质教育,基础内容和提高内容面向所有学生,注重基本内容的学习和掌握,旨在让学生从客观实际质量问题中,明确目标,树立质量意识,明白质量体系在公司的运营中是一种法律规范,知道流程,能初步了解质量体系认证方法,进行正确判断与科学决策的素质。

本书内容充实并具有较强的实效性,力求理论联系实际,充分结合质量管理在实际工作中的特定要求,在一些章节后面附上算例,并在一些章节提供MINITAB软件的质量分析,是高等院校工商管理、交通管理、质量管理等相关专业师生及质量工作从业人员在学习、教学、参考、阅读时的必备材料,也可以作为制造业、服务业培训教材之用。本书的主要特色是:

(1) 应用性强。本书强调理论联系实际,既全面系统介绍本课程理论知识体系,又注重培养学生实践操作能力。该书具有专业特色,既便于教师课堂授课、学生自学,也可作为企业的培训教材。

(2) 内容全。本书在编写过程中参考了目前企业六西格玛管理相关内部材料,且吸收了当前质量管理相关书籍的优点,做到了教材内容全、内容新,能满足教学和实际工作的需要。

(3) 通俗易懂。本书在编写过程中充分考虑了初学者的需要,对一些相关的基本知识和基本概念都做了详细的介绍。

由于时间仓促,编者水平有限,书中缺点和错误在所难免,恳请广大读者和专家给予批评指正。

编 者

2017 年 10 月

目　录

第一部分　质量与六西格玛概述篇

第1章　质量与质量管理基本理论 (1)
  1.1　质量管理发展史 (1)
  1.2　质量与质量管理的相关概念 (13)
  1.3　六西格玛质量管理的兴起 (18)

第2章　六西格玛基本理论 (20)
  2.1　六西格玛的概念和核心理念 (20)
  2.2　六西格玛管理组织 (29)
  2.3　六西格玛管理方法论 (42)
  2.4　精益六西格玛 (45)

第3章　六西格玛项目管理 (50)
  3.1　六西格玛项目选择 (50)
  3.2　六西格玛项目立项表和计划 (53)
  3.3　六西格玛项目团队建设 (56)
  3.4　六西格玛项目监控与促进变革 (63)

第4章　顾客需求与市场需求 (65)
  4.1　概述 (65)
  4.2　QFD 基本方法 (65)
  4.3　QFD 工作程序 (70)
  4.4　航空运输质量屋应用 (77)

第二部分　质量控制及六西格玛测量篇

第5章　质量管理简易工具 (86)
  5.1　分层法 (86)
  5.2　调查表 (87)

5.3　散布图 (91)
　　5.4　鱼骨图 (92)
　　5.5　直方图 (93)
　　5.6　帕累托图 (96)
　　5.7　控制图 (98)
　　5.8　亲和图 (99)
　　5.9　树　图 (100)
　　5.10　PDPC 法 (101)
　　5.11　关联图法 (104)

第 6 章　统计质量控制 (106)
　　6.1　质量控制的基本概念 (106)
　　6.2　工序能力与工序能力指数 (108)
　　6.3　常规控制图 (110)
　　6.4　其他控制图 (123)
　　6.5　控制图的观察分析 (125)

第 7 章　可靠性与测量系统 (128)
　　7.1　产品可靠性概念 (128)
　　7.2　测量系统分析基本概念 (132)
　　7.3　失效率和失效率曲线 (138)
　　7.4　系统可靠性质量管理学 (141)
　　7.5　测量系统的重复性与再现性 (150)
　　7.6　测量系统分析 (154)

第 8 章　抽样检验 (173)
　　8.1　检验的基本概念 (173)
　　8.2　计数型抽样检验 (184)
　　8.3　计量型抽样检验 (187)

第 9 章　正交试验设计 (188)
　　9.1　正交试验设计基本思路 (188)
　　9.2　正交试验的结果分析 (195)

第 10 章　六西格玛与经济效益 (205)
　　10.1　质量成本 (205)
　　10.2　劣质成本 (206)
　　10.3　质量成本与劣质成本的区别 (211)

10.4　六西格玛项目的效益评估…………………………………………(213)

第三部分　质量设计与应用篇

第 11 章　质量管理体系与六西格玛设计 ……………………………(216)
　11.1　质量管理与质量管理体系………………………………………(216)
　11.2　六西格玛设计概述………………………………………………(231)
　11.3　故障模式与影响分析概述………………………………………(239)

第 12 章　质量仿真与案例分析 ………………………………………(249)
　12.1　六西格玛仿真概论………………………………………………(249)
　12.2　容差设计…………………………………………………………(250)
　12.3　仿真案例分析……………………………………………………(259)

第 13 章　顾客满意及服务质量测评 …………………………………(265)
　13.1　顾客满意和服务质量……………………………………………(265)
　13.2　服务质量差距理论………………………………………………(266)
　13.3　服务质量的测量：SERVQUAL…………………………………(270)

参考文献 …………………………………………………………………(283)

第一部分 质量与六西格玛概述篇

第1章
质量与质量管理基本理论

1.1 质量管理发展史

虽然质量的概念自古就有,然而,是沃尔特·休哈特和爱德华·戴明给出了它系统的定义。戴明提出了质量的概念,并把它变成现实的管理哲理,成为意义深远的知识体系。他的14点原则也为企业如何追求质量指明了道路。本章将阐述和介绍这种深远的知识体系和14点原则为职业化的管理提供所需的理论和实践。

1.1.1 质量管理简史

质量管理在形成一套科学的理论体系和管理方法,成为一门独立的学科之前,人们很早就有了这方面的实践活动。人们追求质量的历史也是源远流长的。日本质量管理专家高木金地认为,早在1万年以前的石器时代,人类对器物就已经有了"质量"意识,而且对当时生产的石器也进行极简陋的检查。

我国是世界文明古国之一。早在公元前400多年的春秋战国时期,就已经有了质量管理的文献记载。例如,在《周礼》一书中汉代补入的《考工记》一篇中,就记载了各种手工业品的类型与工程技术规格设计,所需原材料的数量与成分比例、制造方法、技术要求以及质量管理方法等内容,像命百工审理五库器材质量等叙述。所谓百工,是指木工、金工、皮革工、漆色工、刮磨工、陶瓷工及其所用的原材料。当时的金工主要是制造青铜武器,所审查的也是武器质量。不仅在工艺方面有严格规定,而且也有成品验收制度。一般是先由生产者自检,后由官方派员验收,实行"勒名"制度,即在产品上刻上经管的官吏和制作工匠的姓名,不仅制作者要对产品质量负责,而且经管的官吏也要对产品质量负责,出现产品质量问题要追究责任和原因,并给予惩罚。在以后的朝代,如秦律、汉律、唐律等又以法律形式做出的处罚是比较严厉的,除了要笞、杖(即打大板30、40或50等)以外,还有对官吏撤职、降职以及对生产者、商人没收成品和罚款等处罚。例如,唐朝有一条法律规定:"诸造器用之物主绢布之属,有行滥短狭而卖者,各杖六十",显然是一条惩罚制造出售伪劣产品者的条文。

从世界历史上看,其他一些国家也是很早就有了质量管理。例如,质量的问题在部落首领、国王和法老统治时期就已经存在了。有记录的最早的统计学之一是由那尔迈提出的,他是生活在公元前3200年左右的古埃及北方的一位国王。那尔迈调色板是一块长约65厘米的柔软石板,呈绿色,正反两面都刻有象形文字。在调色板的一面,如图1-1右边所示,一只雄鹰栖息在六株纸草上。这个符号是表示那尔迈国王俘虏了6 000个敌人的象形文字,其中每一株纸草代表1 000个敌人。调色板的另一面,图1-1左边所示,在队列中位于那尔迈之前的一个图像表示的是维齐尔,当时的维齐尔被任命

图1-1　那尔迈调色板

来记录尼罗河的水位变化,同时控制水库和食物供给,并且评估农作物的产量和消费量以及其他必需的农业数据。那尔迈时期的维齐尔是最早的关于专人负责统计工作的参考之一。

另外一个关于质量的例子是发生在远古时期,它是在汉谟拉比法典中被发现的,这可以追溯到公元前2000年的时候。法典第229条规定,如果营造商为他人建的房屋坍塌、致使房主身亡,那么这个营造商将被处死。检查员们总是通过砍掉做出次品的劳动者的手来防止人们再次违反质量管理的标准。检验员接受或者拒绝产品并且执行政府的规范,重点在于行业的公正和投诉的处理。在公元前1450年左右的古老的埃及,检查员就像石匠一样,用一根细绳来检查石块是否为方形,这个方法也曾被中美洲的阿兹台克人所采用。

在19世纪,现代工业系统开始逐渐形成。在美国,弗雷德里克·泰勒在19世纪末20世纪首次提出了科学化管理的理念,这一理念的目的是实现对工作计划任务的制定权力的转移,让制定权落实到工业技师的手里。20世纪引领了一个科技时代,它使普通的群众使用那些从前只为有钱人而准备的产品成为可能。亨利·福特为福特公司的生产工厂引进了流动装配生产线。装配生产线产品分解了复杂的综合工序,使非专业的工人也可以操作胜任,这大大降低了高科技产品的生产成本。作为这个过程的一部分,专门设立了检验员来分离合格品和次品。质量,在这个时候还仅仅是隐藏在生产过程中的。

当产品管理者的优先权遇到生产的最后期限问题,质量的重要性立刻就显而易见了。管理者会发现质量的不好,他们可能只会被批评,若是没有看到需求,面对的可能将是失去工作。而高级管理部门最后就会意识到这个系统的进行可能最终以质量的"放弃",于是"主要监督人"作为一个单独的职位被设定出来。

1920—1940年之间工业技术快速发展。贝尔系统和其生产主力——西部电力通过建立一个监督工程部门来处理由于产品的缺陷和部门之间缺乏调和而导致的问题,开创了质量控制的先河。乔治·爱德华和沃尔特·休哈特作为这个部门的成员在这一领域起了带头作用。爱德华新创了质量保证这个概念并提倡把抓质量作为管理职责的一部分。他说,这个方法承认优质不是偶然的,它并不是纯粹的愿望的产物,而是企业的所有部门之间有计划的一系列行为的产物。它已经成为了设计、工程、技术、质量计划书、生产布局,同时也成为了人际交往和个人行为的标准,甚至成为了训练和培育行政人员、管理人员和生产人员的标准。这个方法意味着把公司的一个职员放到了管理质量控制的职位上,与管理者同等级别,或者说职位和其他管理者相当。其目的在于排除一个显著的因素,就是目前在大多公司产

品质量上所起的巨大决定作用。它把一个人放在了质量控制项目的首位,以此来建立一个有效的整个公司范围内的有关质量的政策,来引导必要时的行为并在所有的时候能够布置相应的任务。1924 年,沃尔特·休哈特提出了统计质量管理。这为经济学中大量商品的质量管理提供了方法。根据他在美国农业部的演讲所编成的书,他要求读者尽可能仔细地写若干个字符 A,然后他建议他们寻找它们的不同。显然的,不管你怎么仔细,差异还是会发生的。这是一个简单而有力的例子,表示过程中存在差异。虽然休哈特最初感兴趣的是统计方法,但实际上他很清楚地意识到了管理和行为科学的原则。

第二次世界大战加速了质量科技的发展。1946 年成立了美国质量控制协会(ASQC),乔治·爱德华被推选为主席。他声明:质量正在与成本和售价竞争试图占据越来越重要的地位,那些不能做出安全有效的质量管理安排的企业是被束缚了的,最后它会发现自己面对的是一系列它自身无法成功解决的问题。

在这样的环境中,基础质量的概念迅速发展起来。很多公司实施了供应商认证计划。质量保证人员开发了故障分析技术来解决问题,质量工程师开始参与到产品的早期设计中,同时产品的环境性能测试也开始了。但是,随着二战的结束,质量管理又逐渐出现颓势,因此,有人认为它只是战时的一种特殊产物。这种情况一直持续到 1950 年,一个曾经在贝尔系统工作过的统计学家爱德华·戴明与乔治·爱德华和沃尔特·休哈特一起被日本科学家和工程师联合会(JUSE)邀请与日本的实业领袖们对话。戴明使他们确信,通过使用他的方案,日本产品的质量能够成为世界上最好的,实业家们吸取了他的意见。在之后的几年,日本产品的质量、生产率以及竞争力都得到了极大的提高和加强。直到现在,戴明的理念已经普及到了全美以及世界上其他地方。他的客户包括汽车公司、报社、铁路、电信公司、客户调查者、医院、律师事务所、政府代理机构以及大学研究机构等。

随后朝鲜战争的爆发,再一次促进了强调可靠性和成品试验。但是,所有增加的试验并没有能够使企业达到它们的质量和可靠性的目标,所以品质意识和质量改进计划开始在制造和工程领域形成。服务行业质量保证(SQA)也被集中使用在宾馆、银行、政府机构以及其他服务性行业的质量管理中。20 世纪 60 年代末,质量计划已经普及到了美国的大多数企业。但是当欧洲和日本企业开始进行重组的时候,美国的工业仍然沉浸于它在世界市场上的领先位置。

20 世纪 70 年代来自国外的竞争开始威胁美国公司。日本产品,如汽车、电视机等产量开始超过美国产的商品。消费者开始考虑购买使用寿命长的商品。来自国外的竞争和消费者不断增长的对产品质量的关心迫使美国的管理者不得不更加注重产品的质量。摩托罗拉公司在 20 世纪 80 年代中期提出了六西格玛管理的概念。这是质量管理的一种,是指努力提高或改革方法以使错误的数量减少到低于百万分之三点四,并以此来影响一个组织的底线。

解决质量问题和质量上进步,不外乎是有效利用"人"和"物"的结果。物,是指自然界的物质资源。人,是指劳动者的技能和创造性。起初,人们是凭借经验来使用这些"人"和"物"的,中外古代的原始质量管理,基本上都属于经验式管理,而没有系统的科学的理论和方法作为根据。随着生产和科学技术的不断发展,人们认识的不断深化,质量管理也随之不断地发展和深化。马尔科姆·波多里奇国家质量奖(MBNQA)被 1987 年的马尔科姆·波多里奇国家质量发展法案通过,于 1988 年在美国建立。首个获得马尔科姆·波多里奇国家质量奖的包括摩托罗拉、环球冶金公司以及西屋电器电力核燃料部。

20 世纪 90 年代和 21 世纪初已经显现出对质量管理的兴趣大为爆发，尤其是对 ISO 9000 和六西格玛管理。摩托罗拉、通用电气、邓普林、美国联信以及其他知名组织已经为六西格玛管理的成功推广做出了很多努力。在美国已经出现了像爱德华·戴明、朱兰和阿曼德·菲根鲍姆等这样的质量管理的先驱者。

从实践看，按照解决质量所依据的手段和方式来划分，质量管理发展至今的全过程，可分为质量检验、统计质量控制和全面质量管理三大阶段。

1.1.2 质量管理的发展

质量管理自产生至今，经历了约一个世纪。质量管理是伴随着产业革命的兴起而发展起来的。从历史的观点来看，差不多每隔 20 年，在解决质量管理工作方面就会发生重大的变革。从实践看，按照解决质量所依据的手段和方式来划分，质量管理发展至今的全过程，可分为质量检验、统计质量控制和全面质量管理三大阶段。

1.1.2.1 质量检验（Quality Inspect）

在第二次世界大战以前，人们普遍对质量管理的认识还只限于对产品质量的检验，通过严格检验来保证出厂或转入下道工序的产品质量。因此，质量检验工作就成了这一阶段执行质量职能的主要内容。质量检验所使用的手段是各种检验工具、设备和仪表，质量检验的方式是严格把关，对产品进行全数检查。在由谁来执行这种质量职能的问题上，在实践中也有一个逐步变化的过程。

（1）20 世纪前，主要表现为检验和生产都集中在操作工人身上，称之为"操作者的质量管理。"

（2）1918 年前，美国出现了以泰罗的"科学管理"为代表的"管理运动"，强调工长在保证质量方面的作用，设立了专职检验的职能工长，称之为"工长的质量管理"。

（3）1938 年前，由于企业规模的扩大，质量检验的职能又由工长转移给了专职的质量检验人员，称之为"检验员的质量管理"。

在 20 世纪以前，生产方式大多以小作坊形式，工人自己制造产品，由自己负责检验产品质量。换句话说，那时的工人既是操作者又是检验者，制造与质量检验的功能统一地集中到操作者身上，也就逐渐形成了"操作者质量管理"。然而这种模式存在巨大问题，当劳资双方有矛盾或者意见不统一的时候，又或者操作者技术水平有限的时候，责任心较差的时候，产品就会出现很大的问题。

在 20 世纪初，F. W. Taylor 提出操作者与管理者分开，把质量检验的职能从操作者身上取下来，由"工长"行使，这种分离操作与检验职能，并强化质量检验的职能，被称为"工长质量管理"。

随着生产效率的不断提高，科技与生产力的快速发展，企业规模的不断扩大，变消极把关为积极预防的要求越来越迫切，于是，管理分工的概念被提出来了，在管理分工的概念影响下，企业逐渐产生了专职的质量检验员，相继又出现了专门的质量检验部门，这些使质量检验的职能得到进一步加强，这一过程称为"检验员的质量管理"。

三大阶段的发展，无论是从理论还是实践上都是一种进步，但随着社会科技、文化和生产力的发展，逐步表现出许多的不足：① 事后检验，没有在制造过程中起预防和控制作用，即使检查出废品也已经成为事实，造成难以挽回的损失；② 全数检验，在大批量的情况下经济上不合理，还容易出现错检漏检，既增加了成本，又增加了出错率；③ 全数检验在技术上有时候变成了不可能，比如破坏性检验。

1.1.2.2 统计质量控制(Statistical Quality Control, SQC)

大批量生产的进一步发展，要求用更经济的方法来解决质量检验问题，并要求事先防止成批废品的产生。还在质量检验阶段，一些著名的统计学家和质量管理专家就开始注意质量检验的弱点，并设法运用数理统计学的原理去解决这些问题。

1924年，美国电报电话公司贝尔实验室的休哈特提出了控制和预防缺陷的概念。后来休哈特应西方电气公司的邀请，参加了该公司所属的霍桑工厂加强与改进质量检验工作的调查研究工作，当时参加这一调研工作的还有朱兰等人。在这里休哈特提出了用数理统计中正态分布"6σ"的原理来预防废品，设计出控制图，把预防缺陷的这种方法应用到工厂生产现场。根据测定的产品质量特性值，按"6σ"原理绘制出质量控制图，不仅能了解产品或零部件的质量状况，而且能及时发现问题，有效地降低了不合格品率，使生产过程处于受控状态。1931年，休哈特将自己的研究成果(几篇论文)以及所设计的质量控制方案和控制图汇集起来，出版一本叫《工业产品质量的经济控制》的书，与此同时，贝尔实验室成立了一个检验工程小组，成员有休哈特、道奇、罗米格和戴明等人。小组的研究成果之一就是提出了关于抽样检验的概念和方法，有效地突破了全数检查带来的局限和问题。休哈特等人是系统地将数理统计方法引入质量管理的先驱，他们的研究成果为产品质量管理奠定了科学的基础。由于20世纪30年代资本主义国家发生严重的经济危机以及运用这种数理统计方法需要增加大量的计算工作，造成这些科学的理论和方法在当时并没有被普遍地接受。据统计，在第二次世界大战前全美国也只有10家公司接受和实际运用休哈特等人的理论和方法。因此，通常认为统计质量控制阶段开始于40年代。

由于战时的需要，美国大批民用公司改为生产军需品，当时面临的严重问题是：由于事先无法预防废品发生，使得武器质量难以保证。在欧洲战场上，美军炮弹炸膛事件层出不穷，造成大量伤亡事故。同时由于质量差，不能按期交货，也严重影响了战争所需军用物品的供应。为了在军工生产中克服产品质量不稳定的问题以及增加产量、降低成本并能及时交货，美国政府开始大力提倡和推广用统计质量控制方法进行质量管理。于是美国国防部于1942年把休哈特等一批专家召集起来，用数理统计方法制定了战时质量管理标准，即《质量管理指南》(Guide for Quality Control)、《数据分析用的控制图法》(Control Chart Method of Analyzing Data)和《生产中的质量管理用控制图》(Control Chart Method Controlling Quality During Production)。随后，在全国各地宣讲标准，由国防部强制推行，半年后见成效，成功地解决了武器等军需品的质量问题，使美军工生产在数量上、质量上和经济上都占世界领先地位。

由于采用了预防废品的统计质量控制方法，给这些军工企业带来了巨额利润。战后，这些战时军需品的公司再转入人民用品生产后，仍然采用这一方法，而其他企业也竞相仿效。统计质量控制方法成为质量管理的主要内容。在这个阶段，由于采用了数理统计方法对过程质量进行控制,开始改变过去陈旧的检验方式,同时突破了单纯后检验的局限,逐渐实现了预防控制的要求,把质量管理工作放在了科学的基础上。

统计质量控制的特点:① 提供了预防不合格品产生和抽样检验的具体方法;② 由专职检验人员和专职质量控制工程师共同承担质量管理工作;③ 是对事后检验和全数检验的重大突破。统计质量统计强调对生产制造过程的预防性控制,使质量管理由单纯依靠质量检验事后把关,发展到突出质量的预防性控制与事后检验相结合的工序管理,成为进行生产过程控制强有力的工具。与此同时,也存在过分强调数理统计方法,忽视了质量管理的各种组织管理工作;误认为"质量管理＝数理统计方法""质量管理是统计学家"等问题,影响了质量管理统计方法的普及和推广。

1.1.2.3 全面质量管理

这一阶段是从 20 世纪 60 年代开始,可以说一直延续至今,从统计质量控制阶段发展到全面质量管理阶段,这是质量管理的又一重大进步。统计质量控制着重于应用统计方法来控制生产过程质量,发挥预防作用,保证产品质量。但产品质量的形成过程,不仅与生产过程紧密相关,而且还与其他一些过程、环节和因素密切相关,这不是单纯应用质量控制方法所能解决的。全面质量管理就能更适应现代市场竞争和现代大生产对质量管理多方位、整体性、综合性的客观要求。从以往局部性的管理向全面性、系统性管理的发展,是生产、科技以及市场发展的必然结果。促使全面质量管理出现的直接原因主要有三个方面:

(1) 随着产品性能的高级化、结构的复杂化和品种规格的多样化,对产品质量,尤其是可靠性和安全性提出了越来越高的要求。而要提高产品的可靠性与安全性,单纯依靠统计方法对生产制造过程进行控制难以解决。

(2) 自泰勒创立科学管理理论以来,管理科学出现了各种学派。其中梅约的"行为科学"和西蒙的"决策理论"对现代企业管理影响较大。它们都强调企业管理中人的主观能动作用,主张实现"工业民主",受这种影响,质量管理出现了"依靠工人、自主控制"的"无缺陷运动(Zero Defects,ZD)"和质量管理小组活动(QC 小组活动)等,这些活动促使质量管理逐渐成为一项大家共同参与的管理活动。

(3) 20 世纪 50 年代末开始。由于"保护消费者利益"运动的发生和发展,迫使政府制定法律,制止企业生产和销售质量低劣、影响安全、危害健康的劣质品。制造企业不但要提供性能符合质量标准规定的产品,而且要保证售后正常使用过程中的安全性和可靠性等。质量保证成了质量管理中的一个十分突出的问题。这样就要求企业必须建立贯穿于产品质量形成全过程的质量保证体系,把质量管理的工作转到质量保证的目标上来。

20 世纪 50 年代以来,随着社会生产力的迅速发展、科学技术的日新月异、产品更新换代的加速、市场竞争的加剧以及社会经济、文化等方面的发展变化,人们对产品质量和质量管理方面的要求和期望出现了许多新的情况。种种新情况的出现,都要求在原有的统计质量控制的基础上有一个新的突破和发展。正是基于这样的历史背景和经济发展的客观要求,美国通用电器公司质量总经理费根堡姆和质量管理专家朱兰等人先后提出了新的质量管理观点,即全面质量管理的观点。费根堡姆积累了质量管理的丰富知识和经验,在 1961 年出版了《全面质量管理》一书。该书强调执行质量职能是公司全体人员的责任,应当使全体人员具有质量的意识和承担质量的责任。该书强调解决质量问题不能仅限于检验和数量统计方法。费根堡姆指出:"全面质量管理是为了能够在最经济的水平上并考虑充分满足用户要求的条件下进行市场研究、设计、生产和服务,把企业各部门的研制质量、维持质量和提高质量的活动构成一体的有效体系。"

20世纪60年代以来,费根堡姆的全面质量管理观念逐步被世界各国所接受,在实践中得到了丰富和发展,形成了一整套的理论、技术和方法。

随着科学技术的进一步发展,全面质量管理在不断地发展变化,其思想和内容也在不断充实。国际标准中将全面质量管理称为 Total Quality Management(TQM),并将 TQM 定义为:"以质量为中心建立在全员参与上的一种管理方法,其目的在于长期获得顾客满意和组织成员和社会的利益。"其中的全员(All its Members)是指所有部门和各层次的人员。TQM 以包括质量在内的所有管理目标为对象,并强调最高管理层强有力的领导和对全员教育及培训的必要性。TQM 涉及管理学中的运筹学、设计系统工程学、价值工程学、生产管理、项目管理、成本管理和组织行为学等以及概率论与数理统计、试验设计、控制、优化测量、数据处理、计算机、信息和人工智能等多种技术和学科。

今天,质量管理学不断地吸收其他各种现代科学的成就和最新的技术手段,向深度和广度两个方向发展。由于企业结构、经营管理模式及产品开发模式的变化,出现了许多新的管理模式和产品开发制造模式,如计算机集成制造系统(Computer Integrated Manufacturing System, CIMS)和现代集成制造系统(Contemporary Integrated Manufacturing System, CIMS)等先进制造系统,并行工程(Concurrent Engineering, CE)、虚拟制造(Virtual Manufacturing, VM)和敏捷制造(Agile Manufacturing, AM)等先进产品开发模式。与此同时,企业动态联盟以及 Internet 和 Intranet(企业内域网)的产生和发展,都使得质量管理学的发展必须适应这些新的模式和环境。由此出现了各种新的质量管理模式和工具,如以田口(Taguchi)设计为代表的稳健设计(Robust Design)、以质量功能展开(Quality Function Deployment, QFD)为代表的保质设计(Design for Quality, DFQ)、集成质量管理、质量管理信息系统及并行工程环境下的质量管理等。质量改进和设计过程质量控制将成为今后质量管理的重点。

回顾质量管理发展的三大阶段,可以看到:人们在解决质量问题中的观念和所运用的技术和方法,是在不断发展和完善的。后一阶段并不是对前一阶段质量职能的否定和取消,而是前一阶段基础上的带有突破性的发展,也就是说,进行统计质量控制时,不应当削弱或取消质量检验;开展全面质量管理时,不应当削弱或取消统计质量控制和质量检验工作。

回顾质量管理发展的三大阶段,还可以看到:质量管理的发展过程又是同社会生产力水平的不断提高、科学技术的不断进步、市场需求的发展和市场竞争的加剧等密切相关的。随着这些方面的提高、进步、发展和加剧,将会促使人们在解决质量问题的观念、方法和手段在已有的基础上产生新的突破。

1.1.3 ISO 9000 族标准产生的社会背景和基础

ISO 9000 族标准是指"由国际标准化组织(International Organization for Standardization,简称 ISO)质量管理和质量保证技术委员会(ISO/TC 176)制定的所有国际标准。"

ISO 9000 族标准产生的社会背景和基础:

(1) 优胜劣汰的市场经济是产生 ISO 9000 族标准的社会基础。

(2) 消除国际贸易中的质量体系注册/认证等方面的技术壁垒,促进国际贸易顺利发展是 ISO 9000 族标准产生的经济基础,这是产生 ISO 9000 族标准的直接原因。1973 年在海牙国际司法会议上通过了《关于产品责任适用法律公约》,之后欧洲理事会在丹麦斯特拉斯堡缔结了《关于造成人身伤害与死亡的产品责任欧洲公约》。同时,为了消除非关税壁垒,经缔约国谈判通过的《技术标准守则》对商品质量检测合格评定、技术法规等方面做了详尽的规定。由于许多国家和地方性组织相继发布了一系列质量管理和质量保证标准,制定质量管理国际标准已成为一项迫切的需要。为此,经理事会成员国多年酝酿,ISO 于 1979 年单独建立了质量管理和质量保证技术委员会(TC 176),负责制定质量管理的国际标准。

(3) 高科技产品的需求,是 ISO 9000 族标准产生的技术基础。

(4) 世界各国制定与颁布质量责任、法令、法律、法规,把质量保证体系的建立与实施作为强制性的社会要求。这是 ISO 9000 族标准产生的法律基础。

在加拿大有四级质量大纲标准(即 CSA 299),在英国有三级质量保证体系标准(即 BS 5750)等。

(5) 各国消费者权益保护运动的广泛深入开展,成为 ISO 9000 族标准产生和发展的群众基础。

(6) ISO 9000 族标准来源于 20 世纪 40 年代的美国军工行业标准,经过半个世纪的实践,逐步发展成国家标准,最后成为国际标准,这是 ISO 9000 族标准产生和发展必不可少的实践基础。

1.1.4 ISO 9000 族标准的发展沿革

自 1986—1987 年,国际标准化组织首次发布了 ISO 9000 族标准开始,至今已经过了下列三个阶段:

(1) 20 世纪 80 年代的 ISO 9000 族标准。1987 年,ISO 在总结各国全面质量管理经验的基础上,制定了 ISO 9000《质量管理和质量保证》系列标准。如图 1-2 所示。

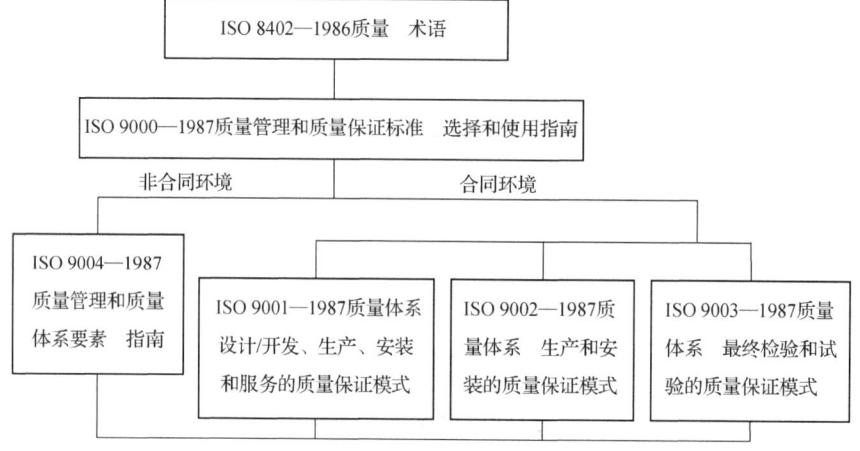

图 1-2 ISO 9000 族标准的第一版的构成图

(2) 20世纪90年代的ISO 9000族标准。对第一版ISO 9000族标准的局部修改,并补充制定一些ISO 10000系列标准,对质量体系的一些要素活动做出具体的规定。

(3) 21世纪的ISO 9000族标准。详见表1-1和图1-3。

表1-1 21世纪ISO 9000族标准文件结构表

ISO标准		技术报告(ISO/TR)	小册子
核心标准	其他标准		
ISO 9000 ISO 9001 ISO 9004 ISO 19011	ISO 10012	ISO/TR 10006 ISO/TR 10007 ISO/TR 10013 ISO/TR 10014 ISO/TR 10015 ISO/TR 10017	1. 质量管理原理 2. 选择和使用指南 3. 小型企业的应用等

注:ISO 19011由ISO 10011与ISO 14011合并修订而成。

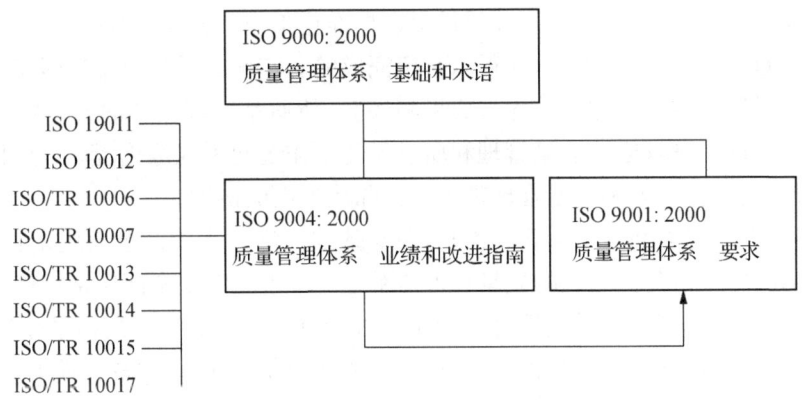

图1-3 ISO 9000族标准的第三版的构成图

必须遵守下列八项质量管理原则:① 以顾客为关注焦点;② 领导作用;③ 全员参与;④ 过程方法;⑤ 管理的系统方法;⑥ 持续改进;⑦ 基于事实的决策方法;⑧ 与供方互利的关系。

1.1.5 贯彻和实施ISO 9000系列标准的重要意义

1.1.5.1 ISO 9000为发展外向型经济提供通用的语言,促进世界贸易的开展

依据ISO 9000系列标准建立质量管理体系已成为世界性的趋势。ISO 9000系列标准已被世界上几乎所有的工业发达国家的标准化机构所采纳,并获得了工业各界的普遍认同,广泛应用于各种行业。ISO 9000系列标准已经成为企业开展国际贸易的通用语言,企业只有获得了ISO 9000认证,才能在国际市场上做生意。通过ISO 9000,消除了在产品质量及其保证方面的各种壁垒,促进了世界贸易的开展。

1.1.5.2 实施ISO 9000系列标准有利于保护消费者利益

现代科学技术的飞速发展,使产品向高科技、多功能、精细化、复杂化和多样化的方向发

展。但是,消费者在采购或使用这些产品时,一般都没有能力在技术上对产品进行鉴别。即使产品是按照技术规范生产的,但当技术规范本身不完善或企业质量管理体系不健全时,产品也无法达到规定的或潜在的需要。贯彻执行 ISO 9000 系列标准,建立完善的、有效的质量管理体系,使影响产品质量的各种因素始终处于受控状态,稳定地生产满足需要的产品,这无疑对消费者是最为有利的事情,是对消费者利益的最有效的保护。

1.1.5.3 贯彻 ISO 9000 系列标准是提高质量、发展品种、增加效益的有效措施

产品是企业多种生产经营活动的综合反映。在产品质量形成的整个过程中,影响质量的因素很多,企业必须建立完善的、有效的质量管理体系,控制各种因素,减少或消除质量缺陷的产生。一旦产生质量缺陷,也能及时发现并采取措施,只有这样才能使产品质量保持稳定并持续改进、提高,使质量损失减少。

1.1.5.4 加强质量管理工作的标准化、科学化

ISO 9000 系列标准是在总结了英、美等工业发达国家半个多世纪以来质量管理和质量保证经验的基础上,尤其是质量管理和质量保证标准化工作和成果的基础上,通过大量质量管理专家经过近 10 年的协调努力,才得以制定完成的。它融合了工业发达国家在质量管理与质量保证的长期实践中所取得的先进成果和经验,使质量管理工作的普遍特征实现了有效的标准化。它的出现标志着质量管理和质量保证工作走向了规范化、程序化、科学化和国际化的新高度,为质量保证和质量管理带来了国际范围内的协调。

基于 ISO 9000 建立健全质量管理体系,在此基础上进一步做好全面质量管理工作,依据 ISO 9000 系列标准,建立组织的质量管理体系是一个组织实现全面质量管理的基本条件或基础,而不是一个组织全面质量管理的全部。如上述,ISO 9000 系列标准使得组织在建立其质量管理体系时走向规范化、程序化、科学化和国际化,它强调质量管理工作的符合性,力图建立组织的质量管理行为规范;它强调组织的自我审核,是组织质量管理体系有效运行的有力保障;它强调组织的管理者、工作人员和全社会的质量意识,使组织各级机构的质量职责明确化、法规化;它强调对质量管理工作的文件化描述,要求建立完善和透明的工作程序和工作环境。这些都是 ISO 9000 系列标准的优点。但 ISO 9000 系列标准,尤其较早的一些版本,由于过分强调文件化的结果,使得质量管理人员陷入烦琐文字的案头工作,导致大量繁文缛节的书面工作,并可能导致组织墨守成规,甚至失去灵活性;"ISO 9000 认证"造成一些组织对 ISO 9000 认证的不正确认识和追求,导致这些组织只满足于对质量管理工作标准形式上的或文件上的符合,把太多的时间和精力花费在现时的证书上,忽略了解决实际的质量管理问题和产品质量的不断改进。

据一些研究指出,我国到 1996 年年底,认可的 ISO 9000 认证机构达 20 多个,获得认证的企业 600 多家,但在已获得认证证书的企业中,30%的企业通过认证后,产品质量提高不明显;30%左右的企业通过认证后产品质量下降;少数企业甚至通过认证之后破了产;只有 15%的企业通过 ISO 9000 认证获得较好的效果。据估计,全世界十多万家已获得 ISO 9000 认证的组织中,有超过一半的组织建立质量管理体系的目的就是为了一张证书。在谈到 ISO 9000 系列标准时,朱兰博士也提醒人们,千万不要以为通过 ISO 9000 认证,产品质量就是有了保证。朱兰博士指出,尚无可靠的研究表明那些经过 ISO 9000 认证的公司确实可

以提供比未经认证的公司更好的质量。所以,要搞好一个组织的质量管理,单靠ISO 9000及基于ISO 9000系列标准建立质量管理体系是不够的,还必须研究具体的质量管理技术,积极采用先进的质量管理方法和工具,在组织内部和产品质量形成的整个生命周期开展质量改进的工作,实施以用户为中心、预防为主、全员参加的全面质量管理。

1.1.6 我国质量管理的发展

新中国成立后,我国的质量管理在国有企业中曾创造了鞍钢宪法的"两参一改三结合"、大庆精神的"三老四严"等管理理念和模式。20世纪70年代,我国邀请日本专家石川馨来华讲授全面质量管理。之后在ISO 9000认证贯标方面展开了积极的工作,取得了显著成效。

两参一改三结合:干部参加劳动;工人参加管理;改革不合理的规章制度;领导干部、技术人员和工人群众三结合。

三老四严:当老实人、说老实话、办老实事;严格的要求、严格的组织、严肃的态度、严明的纪律。

总体上看,新中国成立后至20世纪70年代末,我国质量管理基本上处于质量检验阶段,沿用的是苏联20世纪40—60年代使用的百分比抽样方法。直到20世纪80年代初,我国计数抽样检查标准制定贯彻后,才逐步跨入了统计质量管理阶段。1979年,全国性的质量管理群众团体——中国质量管理协会成立。1985年,随着原国家经委颁布了《工业企业全面质量管理办法》,全面质量管理在全国被普遍推广,逐步从工业企业推广到交通运输、商贸企业,甚至部分金融、卫生等方面的企事业单位。1992年,我国颁布了GB/T 19000—ISO 9000系列标准,等同采用了质量管理和质量保证国际标准;1994年颁布了94版国际标准。2000年颁布了2000版新标准。

目前,我国处于市场经济体制逐步建立和完善之中,尽管质量总体水平稳步上升,但是市场上的产品质量良莠不齐,面临着如下问题:(1) 假冒伪劣产品屡禁不止,充斥市场,严重危害消费者的生命财产安全;(2) 产品合格率较低,售后服务得不到保证;(3) 产品制造过程浪费严重,效率低下;(4) 企业质量管理基础薄弱,员工质量意识淡薄等。为了保障消费者利益,政府陆续出台了一些质量法律和法规,如《产品质量法》《消费者权益保护法》《计量法》《标准化法》等,使我国的产品质量管理走上了法制轨道。企业质量认证认可制度也在完善过程中,统一规范的质量认证体系逐步建立。2001年,中国质量管理协会重新启动了全国质量管理奖评审工作。

所有这些工作,都极大地推动了我国质量管理工作的发展,有利于我国产品质量水平的整体提高,增强了我国产品的国际竞争力。目前,我国已经出现了一批企业,它们以性能先进、质量过硬的名优产品与完善的顾客服务,不但赢得了国内消费者的青睐,并且成功进入了国际市场,起到了很好的示范作用。

值得注意的是,我们在推行质量管理的过程中,必须鼓励"百花齐放",不可能也没有必要在全国强制推行一种质量管理模式。相反,要倡导适合各种行业、各企事业单位特点的先进、实用有效的质量管理方法。

1.1.7 新世纪的质量管理

1.1.7.1 质量创新

当今,知识已经成为生产力要素中最具活力、最富能量的要素,成为生产力发展的核心和基础。企业发展不再是简单的有形资产的扩张,而是在深刻的知识创新的基础上,把知识转化为财富。大质量观将以知识丰富其内涵,质量管理的理念也将进一步提升,六西格玛和零缺陷等理念将得到进一步的推广。

1.1.7.2 质量人才

质量管理的深入与创新,最关键的因素是人。质量人才培养要树立大教育、大培训的观念。要大力提高全面素质,才能保证质量工作的全面改进。质量人才资源建设就是要以能力建设为核心,重点培养质量人才的"学习能力、实践能力和创新能力"——质量管理科学是一门应用科学,只有实践才能创造价值和效益。企业也应努力成为质量方面的学习型组织。

1.1.7.3 质量战略

对于一个企业的战略决策而言,不能不把质量决策置于一个核心的地位,这是因为质量是竞争力的最具威慑力和震撼力的要素,是克敌制胜的强大武器。在当代,顾客对产品的追求是一种多元化价值,从而质量战略中关于质量方针和目标乃至实施的各种活动,必须致力于实现从企业内部向国际市场的跨越,实现企业当前利益向可持续发展的长远利益的跨越,实现企业质量管理模式从局部改进向整体变革的跨越,实现企业综合竞争力从部分提升到创新构建式的跨越,最终赢得市场和社会。

1.1.7.4 质量系统

知识经济最重要的成果之一是互联网的构建。互联网对企业的组织形式和管理机制产生的影响是十分深刻的,如果说过去企业追求利润最大化,表现为对企业生产的整个过程的控制和管理,那么,现今企业追求利润最大化,却是把整个经营过程分解为环环相扣的链节,并把某些链节的职能转接至能以更高效率、更低成本、更短时间完成的外部企业及组织去完成,从而企业与外部组织间建立了具有相同利益及价值追求的共同体,其发展前景是具有同一命运的"生态系统"。此时,质量管理的重要使命和职责将是建立一个与之相适应的质量管理体系,它的运作将对该"生态系统"的设计构建质量和运作质量提供最强有力的保证和监控。

1.1.7.5 个性质量

由于需求的个性化趋势,企业需要在相对稳定的细分目标市场中确定消费群体的基础上,附加新的个性化的并能超越竞争对手的特质以满足"每一位顾客"的需求,由此企业才能成功。"顾客满意理论""顾客价值管理""顾客关系管理"等思潮的兴起就说明了这样一种趋势,但其实质还是集中在满足顾客的差异性、动态性、层次性的需求。互联网的深入发展以及企业与顾客的互动交流,使企业为顾客"度身定制"成为可能,并进入可以实际操作的层面。质量管理的对象和模式发生变革是不可避免的了。

1.1.7.6 质量文化

质量文化是一个企业质量及质量管理的理论和实践的历史沉淀和环境氛围的产物,质量文化的核心思想与企业的核心价值标准密切相关,这种价值标准对企业的质量决策与行为将产生重大影响。根据日本企业的启示,我们必须吸取国际优秀企业质量文化的宝贵财富,又必须密切结合中国实际,富有中国特色,创建中国企业的质量文化。

质量文化在当代呈现如下的价值取向:以满足顾客个性化需求为导向,并且顾客的概念已经泛化;质量管理成为企业最高决策层的首要职责,制定质量方针和目标成为企业战略决策的重大任务。质量文化要营造人人参与质量管理、人人具有强烈质量意识的氛围,强调持续改进以及用数据展示改进成果。

国内外不少质量专家认为:全球的质量运动正经历一次新的演变;传统质量正在和可持续发展的质量集成在一起,从而追求组织的卓越以提升竞争力。

1.2 质量与质量管理的相关概念

1.2.1 质量管理的基本概念

质量问题一直是人们关注的首要问题。离开质量,人们所谈社会进步、经济发展、人民生活水平的提高等,都成了泡影。世界各个国家和政府都对质量问题给予了高度重视。对质量问题较好的改善,无论是对中国社会经济的进步,还是对世界经济的发展都会有巨大的贡献。

1.2.1.1 产品

2000 版 ISO 9000 族标准将产品(Product)的概念定义为"过程的结果。包括硬件、软件、服务和流程性材料。"产品概念不仅包括了原有意义上的买卖合同(书面的或非书面的)中规定提供的产品,还包括企业生产经营活动的其他一切结果,包括资源浪费和排放污染等人类不愿有的后果。产品概念的绿色化是从产品概念上提出的质量要求,同样也反映了人类在希望需求得到满足时对成本、利益和风险的综合考虑。

1.2.1.2 质量

有同学没有听说过"质量"一词吗?想必是没有。因为在生活、工作中我们如此轻易地使用"质量"一词,以至于人们在专业领域之外很少深入地去探究"质量"一词的含义。然而,不对质量的含义进行深入探讨和准确界定,就很难进行有效的质量管理。

一般意义上,质量被用来描述"产品或服务的好差、优劣程度"。也常常加一些限制词,如产品质量、工程质量、建筑质量、教育质量等,或更具体的如"空调质量"、"服装质量"、"轿车质量"乃至"信息质量"、"系统质量"、"生活质量"、"发展质量"等,以使得质量的指向更为明确,意义表达更为具体。由此可见,质量是一个具有十分丰富内涵的概念,我们可以从不同的视角[产品、经营过程(工艺和工作)、经济增长、管理机制]进行审视并达到深层的理解。

质量有一个重要特性值得注意,即质量的含义具有与时俱进的特性——质量的含义将随着生产发展和社会进步而不断丰富内涵、拓展外延、调整表述而永葆时代气息。

人类有文字记载的历史几乎总是包含着质量及其控制和管理的内容。早在周王朝春秋、战国时期,《周礼·考工记》就记载了手工业产品的工程技术规格、制造方法、技术要求以及质量管理方法。例如,《考工记》开始就写道:"审曲面势,以五材,以辨民器"。"审曲面势"就是对当地手工业品作类型和规格的设计;"以五材"即在设计后确定所用原材料的成分比例;"以辨民器",就是对生产的手工业品,通过检查确定是否合格、能否为官方和民间使用。这是当时人们对质量形成过程的记录,融入了他们对质量及其保证手段的理解。再如,在中东古代史上,一块被发掘的泥土上有这样的记载:公元前429年巴比伦阿尔坦尔西王朝一世第35年,对给皇室生产金戒指的"工场"要求:金戒指所镶嵌的翡翠要保证20年不会脱落,否则作为处罚,工场要赔偿银子10个"马拉"。

1. 质量的意义

(1) 质量是人们生活的保障。人类的生活只有依托质量才能得以提升。只有质量理念全面更新,质量水平显著提高,质量文化不断普及,才能推进质量工作的全面加强和质量成果的极大涌现。

(2) 质量是企业生存和发展的根本。在企业发展过程中,离不开产品和服务项目的开发和生产。一个企业没有产品和服务,就如无源之水,无本之木,一切经营活动必将停止。因此,产品策略一直是一个企业营销策略中最为核心、最为基础、最为根本的策略。然而产品策略的核心又在于"产品"的质量,这种质量体现在产品极大地满足消费者的物质需求和精神需求。一个产品能够拯救一个企业,而一个产品策略的失误又可使一个企业限于困境甚至消亡。从更严格的意义上说,只有一个富有竞争质量的产品才能引导一个企业驶向成功的彼岸。

对于品牌的认识:品牌的根基还在于质量,而不是只依靠精心的包装。

企业发展中,工作质量是产品质量的根本保证。在世界500强大企业中,平均寿命不足50年,每10年就有1/3被淘汰,能够保持在世界500强的正是刻意创新的企业,而质量工作的创新是最富有生命活力,对企业具有最关键作用的创新。创新—发展—创新正成为企业发展的一种基本模式。

(3) 质量是一个国家科技水平和经济水平的综合反映。高质量的产品需要设计、制造等一系列的过程。如果技术水平不高,是无法保证生产出优质产品的;在竞争激烈的全球经济中,没有高质量的商品,直接影响这个国家的经济竞争力。日本工业之所以在战后能很快地从战争的废墟中重新振作,其发展成就令人震惊,很大的一个原因就是日本企业界非常重视产品的质量,在美国专家的指导下,自己摸索出了一套高效的质量管理方法。在质量上,日本人受益匪浅,这也是日本迅速从战后废墟成长为现代高度发达的国家。

"国际竞争力",也即"全球竞争力",在国际上有两个最具权威的评价机构:瑞士洛桑国际管理发展系统(IMD)和世界经济论坛(WEF)。无论哪一种评价体系,都把"企业管理"作为其要素,其效果由工作质量、产品质量来体现。

到2004年10月,世界上有60个国家和地区组织设立了质量奖:日本在1951年设立了著名的戴明奖;美国在1987年设立了波多里奇国家质量奖,紧随美国之后,欧洲、加拿大、新加坡等国家和地区也先后设立了质量奖。质量奖的设立为这些国家和地区提高质量水平、增强企业乃至国家的竞争能力起到了非常重要的作用。2001年,中国质量管理协会与有关部委,借鉴国际标准,重新恢复了于1991年停止的"全国质量管理奖"。重新设立的"全国质量管理奖"面向全行业各类企业,以质量管理、经营水平和社会贡献等综合实力为衡量标准,不设名额,由行业、院校和企业权威专家,通过资料审查、现场审核与投票表决等严格程序产生,代表着中国质量管理的最高荣誉。

ISO 9000:2000族标准中给出的质量的定义为:一组固有特性满足要求的程度。所谓的特性(Characteristic)是指可区分的特征。要求(Requirement)有指明示的,也有隐含的或必须履行的。

2. 质量概念的发展

(1) 符合性质量。以技术标准作为产品规格要求,评价质量以符合技术规范和规格要求作为标准。符合性的质量表述比较具体、直观。其不足之处在于只是从生产者的立场出发,静态地反映产品质量的水平,而忽视了最重要的另一方——顾客的需求。

(2) 适用性质量。符合设计要求就必定能为顾客所接受吗?随着市场竞争的加剧和顾客日益成熟,质量的评判权逐渐移交给顾客。企业必须通过市场调查,生产适合顾客实际使用要求的产品,适用性质量观和以市场为导向的营销观念相一致。对企业而言,也要追求"成本的适用",所以在20世纪70年代强调产品适用与成本的平衡。

(3) 魅力性质量。在20世纪80年代,日本形成了一种从"理所当然质量"向"魅力质量"进军的思潮,针对顾客潜在需求,研制生产具有"魅力质量"的产品。

(4) 全面质量。美日一批专家提出"全面质量",涵盖了一切与产品相关的过程的质量,并更多地纳入以人为本、节约资源、保护环境等内容。

美国质量管理专家 J. M. Juran 于20世纪60年代提出"Juran质量螺旋曲线"。阐述了产品质量的五个重要的理念:① 由十三个环节组成;② 要不断改进;③ 进行全过程管理;④ 是社会系统工程;⑤ 以人为主体。

美国的另一位质量管理专家 P. B. Crosby 在 *Quality is Free* 一书中指出:质量就是符合要求。凡是有不符合"要求"的地方,就表明质量有欠缺。质量是可测量的(有明确的界限)。

日本的质量管理专家石川馨对质量概念的观点:质量反映顾客的满意程度,质量定义因顾客的需要和要求而变化;价格是质量的重要组成部分;狭义的质量指产品质量,广义的质量指工作质量、服务质量、信息质量、过程质量、部门质量、人员质量、系统质量、公司质量、目标质量等。

1978年,北京内燃机厂从日本小松制作所引入了 TQC(Total Quality Control,当时中文译为全面质量管理)的思想,这一概念的引进大大推动了我们对质量概念认识的深化,也促进了企业对整体质量的认识和重视,掀起了全国性的全面质量管理浪潮。

20世纪,可持续发展概念的提出推动了质量概念的生态化发展:节约资源和保护环境。质量的代价:高质量的低代价和低质量的高代价,清楚地反映了质量在成本、利益和风险等方面对人类发展造成的影响。21世纪,质量成为人类对科技创新和经济发展模式的关注重点。

1.2.1.3 顾客

2000 版 ISO 9000 族标准对顾客(Customer)概念的定义:接受产品的组织或个人。标准指出,顾客可以是组织内部的或外部的。企业的顾客包括其生产经营活动的一切受益(害)者。

顾客的代价,狭义上指顾客购买商品的直接代价;广义上指顾客为消耗资源和污染环境而付出的间接代价。

1.2.2 戴明的十四点质量管理原则

1.2.2.1 持之以恒地改进产品和服务(Create constancy of purpose for improvement of product and service)

要努力保持竞争性,做长期经营打算,提供就业机会。

(1) 顾客只购买更好的产品和服务。

(2) 公司要利润,更要美化人们的生活。

1.2.2.2 采用新的观念(Adopt the new philosophy)

(1) 要采用能应对竞争的新观念。

(2) 不要低估改变思想观念的困难性。

1.2.2.3 停止依靠大规模检查去获得质量(Cease dependence on mass inspection)

靠检查去提高质量,太晚了,无效而且昂贵。质量不是来自检查,而是来自植入源头,改进系统过程。检查、扔弃、降级、返工不是改进系统过程的正确方法,当质量不到位时,检查总比不检查好,而检查也只可能是唯一可用的方法,但损失已造成,有的无法弥补,有的可以返工但仍会增加开支。

(1) 检查是一个非常有限的工具。

(2) 奖励检查人员多发现缺陷十分有害。

(3) 检查要统一标准,责任要明确到个人。

1.2.2.4 结束只以价格为基础的采购习惯(End the practice of awarding business on the basis of price tag alone)

没有质量的低价格是没有意义的,低质量会导致产品品质下降,所以整体成本开支上升是不可避免的结果。结束只以价格为基础的采购习惯,事实上,可以减少整体成本开支。

(1) 没有质量的低价格采购代价极高。

(2) 用单一供应商提供单一零件或服务。

1.2.2.5 持之以恒地改进生产和服务系统(Improve constantly and forever the system of production and service)

改进质量和生产能力,可持续减少成本开支。

(1) 只想改进结果,而不改进系统是在骗自己。

(2) 统计过程控制学是系统管理和改进的钥匙。

(3) 控制图是强大的系统管理和改进工具。

1.2.2.6 实行岗位职能培训(Institute training on the job)

为了今天,确认每个人有技能和知识去做好目前的工作。

(1) 培训不是在制造额外开支。

(2) 培训教师要专业,自学常会有缺陷。

1.2.2.7 建立领导力企业管理(Institute leadership)

经理的工作不是监督,而是用领导力来领导。管理的目标是帮助人、机器和设备做更好的工作。

(1) 改进是领导的责任。

(2) 团队精神是一个关键变量。

1.2.2.8 排除恐惧(Drive out fear)

使每一个员工都可以为公司有效地工作。恐惧感越强,员工的工作效果就越差,极度的恐惧感会对公司或国家造成灾难性的后果。

(1) 恐惧引发低效和谎言。

(2) 恐惧会使公司付出沉重代价。

1.2.2.9 打破部门之间的障碍(Break down barriers between staff areas)

部门之间要用合作代替竞争,推倒围墙。研究、设计、销售、生产部门的人员必须像一个团队一样去工作,去预测生产问题,尽早发现问题去解决问题,共同提高产品和服务质量。

(1) 部门间永远有难解的障碍。

(2) 结束部门效益最大化并加强部门间交流。

(3) 用项目或复合管理代替传统职能管理。

1.2.2.10 取消对员工的标语训词和告诫(Eliminate slogans, exhortations, and targets for the work force)

过渡的标语告诫会产生压力、挫折感、怨气、恐惧、不信任和谎言,这种运动最终会成为一个恶作剧式的玩笑。

(1) 常常不能对员工提供任何帮助或没关系。

(2) 常常传达不信任、恐惧或无法实现的目标。

1.2.2.11 取消定额管理和目标管理(Eliminate numerical quotas for the work force. Eliminate management by objectives)

取消定额管理和目标管理,用领导力来代替。

(1) 销售定额违反客观规律。

(2) 生产定额是不断改进的巨大障碍。

(3) 改变对待人的方式态度,用信任代替控制。

(4) 公司规章制度要针对95%可信任的员工。

1.2.2.12 消除打击员工工作情感的考评(Remove barriers that rob the hourly worker of his right to pride of workmanship. Remove barriers that rod people in management and in engineering of their right to pride of workmanship)

管理人员的责任必须从单纯的数字目标转化到质量。这意味着要废除年度个人目标或排名绩效考核和目标管理。

(1) 年度排名/评分绩效考核损人不利公司。
(2) 目标绩效奖励使员工丧失内在工作动力。
(3) 目标绩效考核管理是在努力摧毁自己。

1.2.2.13 鼓励学习和自我提高(Encourage education and self-improvement for everyone)

为了明天,实行强劲的学习和自我提高教育计划。
(1) 最大的改进来自系统内工作人员的头脑。
(2) 学习是员工和公司明日生存的保障。

1.2.2.14 采取行动实现转变(Take action to accomplish the transformation)

让公司的每一个人去工作去实现转变,转变是每一个人的工作。

实现转变不是一件容易的事,最高管理层在实现转变中扮演着决定性的作用,因为他们比任何人更有影响,他们的决定影响每一个人。而最大的阻力往往来自中层管理人员。

1.3 六西格玛质量管理的兴起

人类社会的质量活动可以追溯到远古时代,而现代意义上的质量管理活动却是从人类跨入了以加工机械化、经营规模化、资本垄断化为特征的工业化时代,即20世纪初开始的。质量管理随着时代的发展而不断发展,根据解决问题的手段和方式的不同,一般可以将现代质量管理分为三个阶段:第二次世界大战以前可以看作第一阶段,通常称为质量检验阶段;20世纪40—50年代末为第二阶段,通常称为统计质量控制阶段;第三阶段为20世纪60年代开始的全面质量管理阶段。

全面质量管理的观点现已逐渐在全球范围内获得认可和传播,各国结合自己的实践也有所创新发展,很多管理体制都是以全面质量管理的理论为基础的。六西格玛也可以看作是全面质量管理的一种继承性新发展,它诞生于20世纪80年代的美国摩托罗拉公司。面对当时日本竞争对手咄咄逼人的威胁和挑战,摩托罗拉逐步在公司内部形成了一套系统化的质量改进方案——六西格玛。从开始实施的1987年到1997年10年间,公司产品和服务的质量水平显著提升,销售额增长5倍,利润每年增加20%,通过实施六西格玛所带来的收益累计高达140亿美元。由于创造性地实施了六西格玛,摩托罗拉还于1988年荣膺极负盛名的第一届"波多里奇美国国家质量奖"。

20世纪90年代初,又有为数不多的几家美国公司开始尝试推行六西格玛,其中以通用电气公司(GE)的首席执行官杰克·韦尔奇(Jack Welch)的举措最为激进。他将六西格玛称为通用电气历史上前所未有的最雄心勃勃的工作,"质量问题可以真正地使通用电气从最了不起的公司之一这个地位上升到全球商界绝对最了不起的公司"。从1995年起,通用电气开始以其雄厚的财力不断投入巨资在全公司范围内推广六西格玛,并将它作为公司战略的一部分来实施。1997年,六西格玛给通用电气带来的收益已经超过了投入的成本,1999年各项年收益达到了15亿美元,到21世纪初,达到了50亿美元。从1981年入主通用电气公司开始,韦尔奇在短短的20年时间里,使通用电气的股票市值增长到了4 500亿美元,增长了30多倍,公司排名从世界第十位提升到了第二位。通用电气这家"百年老店"在他的带领下,焕发出从未有过的青春活力。

第 2 章
六西格玛基本理论

2.1 六西格玛的概念和核心理念

2.1.1 六西格玛的概念

六西格玛是一套系统的、集成的业务改进方法体系,是旨在持续改进企业业务流程,实现客户满意的管理方法。它通过系统地、集成地采用业务改进流程,实现无缺陷的过程设计——六西格玛设计(Design for Six Sigma, DFSS),并对现有过程进行界定(Define)、测量(Measure)、分析(Analyze)、改进(Improve)、控制(Control),简称 DMAIC 流程,消除过程缺陷和无价值作业,从而提高质量和服务水平,降低成本,缩短运转周期,达到客户完全满意,增强企业竞争力。

六西格玛(6σ 或 Six Sigma)最早作为一种突破性的质量管理战略在 20 世纪 80 年代末在摩托罗拉公司(Motorola)成型并付诸实践,3 年后该公司的六西格玛质量战略取得了空前的成功:产品的不合格率从百万分之 6 210 件(大约 4 西格玛)减少到百万分之 32 件(5.5 西格玛),在此过程中节约成本超过 20 亿美金。随后即有德仪公司(Texas Instruments)和联信公司(Allied Signal,后与霍尼维尔 Honeywell 合并)在各自的制造流程全面推广六西格玛质量战略。但真正把这一高度有效的质量战略变成管理哲学和实践,从而形成一种企业文化的是在杰克·韦尔奇领导下的通用电气公司(General Electric Company)。该公司在 1996 年年初开始把六西格玛作为一种管理战略列在其三大公司战略举措之首(另外两个是全球化和服务业)在公司全面推行六西格玛的流程变革方法。而六西格玛也逐渐从一种质量管理方法变成了一个高度有效的企业流程设计、改造和优化技术,继而成为世界上追求管理卓越性的企业最为重要的战略举措,这些公司迅速运用六西格玛的管理思想于企业管理的各个方面,为组织在全球化、信息化的竞争环境中处于不败之地建立了坚实的管理和领导基础。

2.1.1.1 六西格玛的统计含义

目前所讲的六西格玛治理方法已进化为一种基于统计技术的过程和产品质量改进方法,进化为组织追求精细治理的理念。六西格玛治理的基本内涵是提高顾客满足度和降低组织的资源成本,强调从组织整个经营的角度出发,而不只是强调单一产品。服务或过程的质量,强调组织要站在顾客的立场上考虑质量问题,采用科学的方法,在经营的所有领域追求"无缺陷"的质量,以大大减少组织经营全领域的成本,提高组织的竞争力。

σ是一个希腊字母,读作"西格玛",在数理统计中表示"标准差",是用来表征任意一组数据或过程输出结果的离散程度的指标,是一种评估产品和生产过程特性波动大小的参数。

西格玛质量水平(注意:不是指西格玛值的大小)则是将过程输出的平均值、标准差与质量要求的目标值、规格限联系起来进行比较,是对过程满足质量要求能力的一种度量。西格玛水平越高,过程满足质量要求的能力就越强;反之,西格玛水平越低,过程满足质量要求的能力就越低。

在图2-1所示的正态分布中,μ表示正态分布的均值,σ表示标准差,当上下规格限之差为$12\sigma(\pm 6\sigma)$,且过程无漂移,即实际分布中心与公差中心重合时,低于下规格限 LSL 和高于上规格限 USL 的面积(概率)均为 0.001 ppm,总缺陷概率为10亿分之2[2PPB(Part Per Billion)]。图2-1中,M为公差中心,与分布的中心,即均值μ重合。

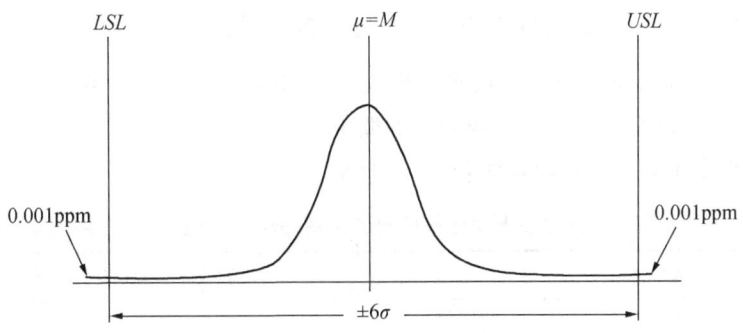

图 2-1 过程输出特征正态分布图(无漂移)

但实际上,过程输出质量特性的分布中心与公差中心重合的可能性是很小的,对于典型的制造过程,由于影响过程输出的基本质量因素(人、机、料、法、环、测)的动态变化,过程输出的均值出现漂移是正常的,如图2-2所示。

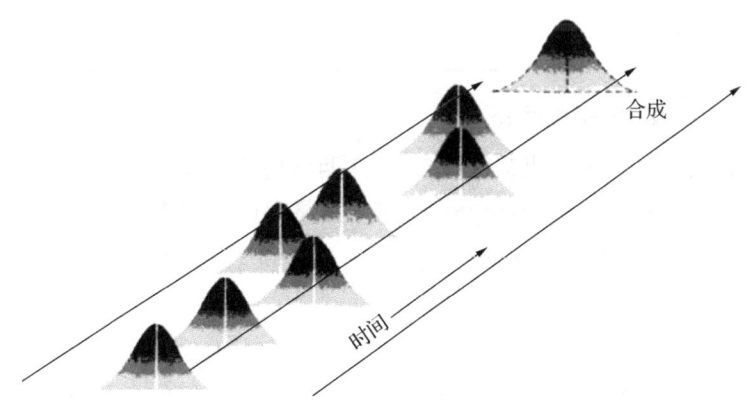

图 2-2 过程分布随时间的漂移图

在计算过程长期运行中出现缺陷的概率时,一般考虑将上述正态分布的中心向左或向右漂移1.5σ(这只是一个合理的假设,从统计上来讲,即使过程采用统计过程控制技术,过程均值出现1.5σ也很难立刻被发现。但是一定要从理论上证明漂移量就是1.5σ是没有依据的),根据正态分布的特点,此时一侧出现缺陷的概率不足百万分之3.4,另一侧因数量极小可忽略不计,总缺陷概率近似为百万分之3.4,即在给定100万次出错机会的条件下,平均出现缺陷的次数只有 3.4 次,也称 3.4DPMO(Defects Per Million Opportunities,百万机会缺陷数),如图 2-3 所示。

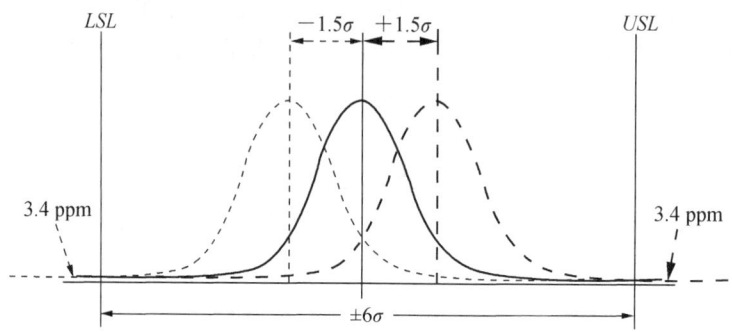

图 2-3 过程输出特征正态分布图(考虑±1.5σ 漂移)

因此通常所说的六西格玛质量水平代表 3.4DPMO,是考虑了过程在长期运行中,分布中心相对公差中心漂移±1.5σ 后出现缺陷的概率。

不同西格玛水平时的 DPMO,如表 2-1 所示。

表 2-1 六西格玛质量水平百万机会缺陷数的关系(分布中心相对公差中心漂移±1.5σ)

西格玛水平 σ	百万机会缺陷数 DPMO
1	697 700
2	308 700
3	66 910
4	6 210
5	233
6	3.4

2.1.1.2 六西格玛的管理含义

今天,六西格玛已经远远超出其统计含义,六西格玛已经成为一种客户驱动下的持续改进的管理模式,企业推行六西格玛,也不仅仅把六西格玛(3.4DPMO)作为一种目标或指标,六西格玛还有更为深刻的多重管理含义。

1. 获取竞争优势的战略

战略管理的目的是获取竞争优势或核心竞争力。许多世界级企业的成功经验表明,通过管理创新可以获得竞争对手难以复制的核心竞争优势。组织的高层领导要认识到,六西格玛的本质是通过管理创新和技术创新构建组织的核心竞争力。首先,六西格玛的推进不能仅仅停留在方法层面,必须与企业的战略相结合,使得六西格玛能够支撑企业战略目标的达成,提升企业战略执行力,促进组织完成其使命,实现其愿景和战略目标。其次,要从战略层面定位六西格玛,通过实施六西格玛,实现管理和技术创新,打造企业的核心竞争力。因此,组织要从战略层面推进六西格玛管理,制定六西格玛管理战略实施规划,通过实施六西格玛管理,实现管理创新、技术创新、人力资源开发和培养、企业文化建设。

2. 持续改进的活动

从过程方法角度来看,过程管理就是管控过程的输入要素和输出结果。六西格玛的本质就是要研究影响过程输出的关键因素,实现过程的输出趋于目标值或理想值并减少波动,追求零缺陷,追求完美。

实际上,实施六西格玛并不是一定要达到六西格玛水平的质量,而在于对过程进行突破性的改进和创新。

图2-4显示了"飞镖"过程:精而不准,波动小但均值漂移大,造成了较多的缺陷;准而不精,均值漂移小,但波动大,也造成了较多的缺陷;又精又准,波动和均值漂移均极小,趋于零缺陷。六西格玛目标就是"又精又准":使过程趋于目标值并减少波动,追求零缺陷,追求完美。

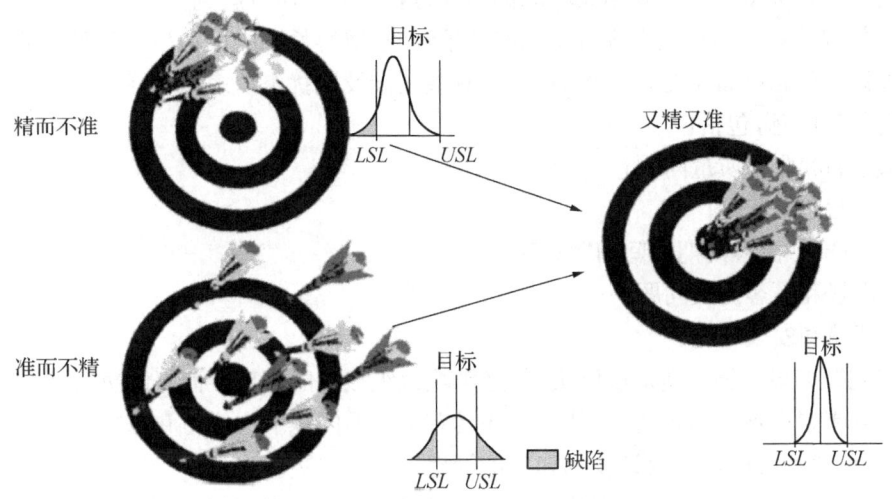

图2-4 六西格玛目标"又精又准"

3. 科学的问题解决方法体系

六西格玛在方法层面强调系统集成与创新,这里要特别指出,六西格玛绝非仅仅应用统计技术解决问题,它是一套系统的业务改进方法体系,其工具和方法包括现代质量管理技术、应用统计技术、工业工程和现代管理技术、信息技术等。

4. 六西格玛管理文化

企业文化是一个企业拥有的核心理念和价值观,是企业发展的软环境。再好的工具和方法,如果脱离了其赖以生存的环境和文化,也不可能产生任何效果。企业实施六西格玛,需要打造顾客导向、持续改进、勇于变革、数据说话的六西格玛管理文化,并与企业的具体特点相结合,形成独特的企业文化。

2.1.2 六西格玛管理的作用

实施六西格玛是"一箭多雕"的、多赢的战略选择。实施六西格玛的好处多种多样,包括减少成本、提高生产力、增加市场份额、留住顾客、缩短运作周期时间、减少错误、改变组织文

化、改进产品和服务等。这里将实施六西格玛的作用归纳为以下四个方面:
(1) 问题解决和成本降低。解决困扰组织的重要而复杂的难题,降低不良质量成本。
(2) 文化变革。建立持续改进和创新的组织文化,消除沟通壁垒。
(3) 战略实施。全面提升组织的核心竞争力和经营管理成熟度。
(4) 员工发展。培养下一代领导者,促进员工职业生涯发展。

2.1.2.1 解决困扰公司的重要而复杂的难题,降低不良质量成本

一个有志于成功、追求卓越的组织首先要明确自己的定位、未来的发展愿景以及行为准则,即确立组织的使命、愿景和核心价值观;其次要基于使命、愿景和核心价值观,确定自己的战略目标和战略方案,要设立驱动战略目标实现、临测战略规划的关键绩效指标(KPI)。并将关键绩效指标横向分解到相关职能部门和过程纵向层层分解到团队和员工。

这些关键绩效指标对组织应对动态的竞争环境、取得长期的成功是至关重要的。然而,要达成关键绩效指标常常是富有挑战性的,有些还涉及困扰组织多年、导致外部及内部顾客不满意的复杂问题,包括:
(1) 产品和服务质量问题;
(2) 运营成本问题;
(3) 生产率、流程周期时间问题;
(4) 市场和顾客流失问题;
(5) 环境和安全问题。

这些问题如果不彻底地加以解决,势必影响组织战略的实现。而要解决这些难题,必须由高层领导者自上而下地推进,必须由一些具有很强的问题解决能力和技巧的人员,通过科学的流程,应用精确的数理统计技术和其他管理工具来解决。

这些问题的解决,要花费更多的投入吗?当谈到六西格玛管理时,常常会听到人们这样说:"要达到那么高的质量,企业是否要花费巨资?""我们的质量水平与六西格玛差得太多了。要实现六西格玛,公司就得花费大量资金来更新设备或改进技术,这样做企业是否划算?"其实,这是对六西格玛管理的一种误解。成功的六西格玛管理为企业带来的是实实在在的经济效益。这一点已为摩托罗拉、联合信号、通用电气等世界级企业的实践所证明了。

下面,我们从不良质量成本(Cost of Poor Quality,COPQ)的角度谈谈为什么六西格玛管理能给企业带来如此显著的回报。大多数公司处于三至四西格玛水平,其不良质量成本可占到销售额的 20%~40%,而六西格玛企业的不良质量成本仅占销售额的 1%~5%。通用电气公司认为,公司从三至四西格玛水平提高到六西格玛水平,其减少的不良质量成本每年可达 80 亿~120 亿美元。

这些成本损失来自哪里呢,不良质量成本可以分为直观的和隐含的两大类,就像冰山一样,露在水面上的是我们通常统计的那些由于产品或服务不良而造成的损失,也就是传统质量成本统计中通常作为内部与外部故障成本所统计的部分。对于大多企业来说,这些成本损失占销售额的 4%~5%。但冰山还有隐藏在水面下的部分,这是我们通常不去统计或不为人们所重视但又实实在在地存在于企业中的成本损失,这些"隐藏成本"损失要比露出的部分大得多,可高达销售额的 16%~35%。这些直观的和隐藏的不良质量成本已经远远地超过了销售利润。根据美国著名管理咨询公司 Imberman & Deforest 20 世纪 90 年代初所

做的调查,一般企业的平均利润水平仅占销售额的 1%~4%。

六西格玛管理就是要通过业务过程的改进和优化,降低这些直观的和隐含的成本损失,把"冰山"变为"金山",使"更高的质量、更低的成本、更短的开发与生产周期、更好地满足顾客的要求"变为现实。

通用电气公司将六西格玛管理应用于经营管理活动的各个方面,并取得了巨大的收益。比如:人力资源部用六西格玛管理方法改进人员的配置;财务部用其提高付款的及时性与准确性;工程部改进产品设计的可靠性和降低图纸缺陷;制造部降低制造缺陷并且缩短生产周期;服务部缩短服务响应时间和维修时间;信息部提高信息系统的效率,等等。其中,一个六西格玛项目小组完成了改进产品的交付周期的项目。该小组了解到,顾客希望其产品交付期不超过 10 天,而实际上他们的产品交付期平均为 33 天。通过运用六西格玛方法,该小组将交付期缩短为平均 2.3 天,仅此一个项目每年为企业创造直接的经济效益达到 50 万美元。通用电气通信部门通过六西格玛管理项目,将其拥有的 12 颗卫星的利用率从 63% 提高到 97%,每年增加收入 130 万美元。在通用电气公司,这样的案例不胜枚举。这也是六西格玛为通用电气公司带来了如此高的收益和增长速度的一个重要原因。

美国质量协会指出:"六西格玛方法要求在一个合理的时间内得到显著的回报"是其成功的十大因素之一。

2.1.2.2 建立持续改进和创新的组织文化,消除沟通壁垒

对组织文化完整的定义是:组织在长期的生存和发展中形成的,为本企业所特有的,且为企业多数成员共同遵循的宗旨(使命)、最高目标(愿景)、价值标准、基本信念和行为规范(价值观)等的总和及其在组织活动中的反映。

组织文化具有精神层、制度层和物质层三个层次的结构,通俗地说是组织中独特的做事的方式方法。决定组织文化的主要因素是高层领导者。组织文化的建设就是组织的高层领导者将其理念和价值观灌输到其下属和员工身上,并通过其下属和员工的行为来展现的过程。不论组织领导者个人的言行举止有多好或多糟,都会被员工放大,形成整体的工作风气和行为准则。

六西格玛不仅是一个解决问题的技术方法,同时也是一种处世和处事的哲学,它的标准就是"完美",在更广的意义上讲是一种文化,一种持续改进和创新的文化。它在不断地转变人们的工作方式。随着六西格玛的推进,组织文化也会得到不断的完善,会形成一种同心协力克服障碍,人人积极关注、参与改进和创新的文化氛围。

组织的核心业务流程就像是一条横向流淌的河,而现有的职能式组织结构犹如纵向的大坝,部门之间由于业务目标的差异导致了沟通壁垒,这种沟通壁垒又极大地影响了流程运行的效率和效果。实施六西格玛,有助于消除沟通壁垒,增进无边界合作的文化。六西格玛强调跨职能合作,消除部门间及上下级间的障碍,促进组织内部横向和纵向的沟通。六西格玛项目往往是跨职能的。在六西格玛跨职能团队中,团队成员有着共同的团队使命和目标,并且能意识到自己的职责与组织的使命、愿景、战略目标和关键绩效指标的关系,意识到业务流程各部分的相互依赖性,能够创造出一种能真正支持团队合作的管理结构和环境。而这种无边界合作的"纽带"正是有着强大使命感的六西格玛黑带和绿带,黑带和绿带要想成功就必须打破部门之间的障碍。

六西格玛的"无边界"文化是通用电气公司成功的秘诀之一。韦尔奇致力于消除部门横向间及上下级间的障碍,促进组织内部横向和纵向的合作,改善了过去仅仅是由于彼此间的隔阂和通用电气内部部门间的竞争而损失大量金钱的状况,这种做法改进了通用电气内部的合作,使通用电气获益匪浅。

2.1.2.3 全面提升公司的核心竞争力和经营管理成熟度

六西格玛还可以是一种战略,一种全面提升组织竞争力和经营管理成熟度的战略。六西格玛作为组织战略,主要通过以下作用来实现组织的战略目标。

1. 提高顾客满意度,留住顾客,增加市场份额

随着各个行业竞争的日趋激烈以及顾客要求的不断提高,仅仅提供"好的"或"合格的"产品和服务已经不能保证组织的成功。六西格玛以顾客为真正的关注中心,这就意味着学会辨析哪些价值对顾客是有意义的及如何给顾客提供这些价值的同时又能盈利。顾客决定市场,作为顾客导向的持续改进的管理模式,六西格玛强调从顾客关注的焦点出发选择项目,提高顾客满意度,通过持续的顾客满意增加市场份额和提高组织的盈利能力。

2. 减少缺陷或错误,降低风险和成本

所有的缺陷或错误都包含了风险,六西格玛的目的在于通过降低缺陷或错误降低风险。六西格玛强调基于事实和数据的管理,通过数据分析寻找问题并分析原因,不仅降低了顾客购买产品或服务时要承担的风险,还降低了提供产品的组织的风险。六西格玛还通过有效的方法查找不良质量成本,消除"隐蔽工厂",从而降低风险和成本。

3. 改进产品及服务,使企业获得持续的成功

六西格玛是能够给组织提供不断创新的技巧和文化的方法,通过不断地革新、开发新产品、开拓新市场及不断地改进组织结构,使得组织能够使价值最大化,提高顾客满意度,最终达到提高生产力、增加市场竞争力的目的,从而使组织得到持续的发展。

4. 加快改进的速度

摩托罗拉从 1987 年到 1991 年"4 年改进 100 倍"的成效归功于六西格玛的实施。顾客的需求是动态变化的,随着现代社会生活节奏的加快,人们对产品性能改进的需求越来越强烈,改进速度最快的组织将在竞争中得到持续发展。六西格玛通过借鉴其他学科的工具和思维,可以帮助组织在改进绩效的同时加速组织的改进流程。

2.1.2.4 培养下一代领导者,促进员工职业生涯发展

通用电气公司将六西格玛管理与人力资源管理密切结合。1997 年 3 月 22 日,韦尔奇专门向通用电气全球的管理人员发送了一份传真,明确规定管理人员的提升将直接与六西格玛挂钩。1997 年 5 月 22 日,韦尔奇与两位副董事长联合签发了一条关于将六西格玛培训结果与晋升机会相联系的命令;1998 年 1 月 1 日,通用电气新的管理人员晋升制度正式生效:从即日起,基层管理人员必须事先通过六西格玛绿带或黑带的培训,才能够获得晋升中级管理职位或高级管理职位的资格。从此,六西格玛管理成为通用电气未来领导人的摇篮,一大批训练有素,擅长基于数据与事实解决问题和进行决策的人员走上了通用电气各层次的管理岗位,为通用电气多年来的强劲发展奠定了良好的人力资源基础。

员工是组织获取竞争优势的根本,六西格玛管理的推行能够有效地提高员工的素质,促进员工的职业发展。"学习型组织"这个很多人感兴趣但很难付诸行动的概念产生于20世纪90年代,联合信号公司的领导层对此评价说:"每个人都在谈论学习,但很少有人能把它贯穿于大多数员工的日常生活中。"而六西格玛是一种可以在组织内增强和加速新思维的发展和分享的方法。

六西格玛带给员工的是解决问题的方法。员工不仅通过培训学到知识,而且要将所学知识应用到实践中,通过实践完全掌握解决问题的科学方法,为组织带来丰厚的回报,同时提高员工的个人能力。通过员工个人行为的改变,促进学习和相互指导,提高人员素质,进而改变企业整体的文化氛围,从而使企业成为一个学习型组织。

六西格玛管理为组织实施持续的突破性的改进和创新提供了所必需的管理工具和操作技巧,也为组织培养了具备组织能力、激励能力、项目管理技术和数理统计诊断能力的领导者,从而使组织降低质量缺陷和服务偏差并保持持久的效益,促进快速实现突破性绩效,帮助组织实现战略目标。

2.1.3 六西格玛管理的核心理念和价值观

六西格玛价值观是六西格玛的理念、哲学,是组织推进六西格玛管理的指导原则和行为准则。六西格玛管理评价准则建立在以下相互关联的价值观基础之上:
(1) 高层领导的作用;
(2) 顾客驱动与顾客满意;
(3) 组织和员工的学习;
(4) 基于数据和事实的管理;
(5) 无边界合作与突破性过程改进;
(6) 注重结果和价值创造。

2.1.3.1 高层领导的作用

组织的高层领导应当具有远见卓识,建立面向未来的愿景和价值观并与员工沟通,营造组织文化,引领组织追求零缺陷、追求卓越。

六西格玛管理是一项自上而下的管理活动,组织高层领导的支持和参与程度直接决定六西格玛管理实施的成败。组织的高层领导团队对六西格玛管理应有统一的认识,将六西格玛价值观融入组织文化,建立鼓励创新和变革、容忍失败的文化环境;高层领导应从企业的战略和利益相关方面的需求出发,制定与组织战略协调一致的战略和战略目标并层层展开;高层领导应为六西格玛实施建立基础构架保证,明确组织的改进机会,组织、鼓励员工参与六西格玛项目,定期参与六西格玛项目评审并对组织六西格玛实施的整体状况进行评估,协调六西格玛的整体推进和排除障碍。

高层领导对六西格玛管理的支持是通过其具体参与六西格玛管理活动体现的,高层领导通过营造氛围、制定规划、倡导项目和亲自参与六西格玛管理的实施,可以起到表率作用,并能积极推进六西格玛管理的实施。

2.1.3.2 顾客驱动与顾客满意

"顾客驱动与顾客满意"是六西格玛管理最基本的价值观,也是现代组织管理理论和实践的基本原则。

组织依存于顾客,获得高的顾客满意度和忠诚度是组织所追求的主要目标。然而,顾客只有在其需求和期望得到充分理解并获得满足后,才会满意和忠诚。组织应当深入了解顾客当前和未来的需求和期望,并关注其动态变化,以此驱动质量改进,消除缺陷,为顾客解决问题,满足顾客需求并争取超越顾客期望,从而建立良好的顾客关系,不断增进顾客满意和忠诚度。

在六西格玛管理中,以顾客(包括内部顾客)为中心是最优先的事情,强调"倾听顾客的声音",倾听"顾客的需求、期望和偏好",倾听"顾客的满意和不满意"。六西格玛管理从倾听顾客的声音开始,基于顾客需求选择项目、驱动改进并评价改进成果,即一切以顾客满意和为顾客创造价值为中心。

2.1.3.3 组织和员工的学习

六西格玛管理能够有效地推进组织和员工的学习,是构建学习型组织的有效方式。六西格玛管理强调学以致用,将系统的培训体系和六西格玛改进项目结合起来,将员工学习、绩效改进和组织学习有效融合,通过六西格玛项目将学习活动和成果植根于组织的业务过程改进,六西格玛项目成果的共享平台进一步促进了六西格玛知识在组织内的传播和渗透。

实施六西格玛管理的组织应建立系统的、面向组织不同层次需求的培训体系,激励员工积极参与六西格玛项目,促进个人职业发展、能力提升和组织业务绩效指标改进。

2.1.3.4 基于数据和事实的管理

"基于数据和事实的管理"是现代管理与传统经验管理的分水岭。

越来越多的组织开始重视信息系统建设和知识管理,但所做出的许多经营决策仍然是基于感觉和经验。六西格玛管理把"基于数据和事实的管理"的理念和实践提到了一个更高的层次。六西格玛管理建立于数据和信息管理的基础之上,其最大特点就是强调一切用数据和事实说话,一开始就界定和测量过程输出关键绩效指标及其基线值,然后应用统计方法进行数据的分析和探测,确定显著影响关键绩效指标的过程因素,并通过改进获得优化的结果。

2.1.3.5 无边界合作与突破性过程改进

六西格玛管理提倡通过"无边界合作",建立跨职能、跨层级乃至跨组织的项目团队,实施突破性的过程改进。

六西格玛管理建立在无边界沟通和合作的基础之上,能够营造出一种真正支持团队合作的管理结构和环境。连接这种无边界合作的"纽带"就是那些有着强烈使命感的黑带,要想获得成功就必须由黑带率领他的团队打破沟通壁垒,通过"无边界合作"完成六西格玛项目。

六西格玛管理面向业务过程,聚焦于过程的突破性改进。组织向社会提供产品或服务是通过一系列的过程实现的,过程存在的波动、非增值作业导致质量下降、成本增加和运营周期延长等,影响顾客的满意度。通过六西格玛管理,对核心过程和关键支持过程进行设计或改进,使过程绩效取得突破性的提升,为顾客和相关方创造价值,建立竞争优势。

2.1.3.6 注重结果和价值创造

六西格玛管理注重结果,包括顾客满意度成果、财务成果、人力资源成果、业务过程指标改进成果、供应链绩效改进成果和组织文化与管理变革成果。这些成果反映了组织通过实施六西格玛管理,为顾客、股东、员工、供方和合作伙伴以及社会等利益相关方创造的价值。这些价值应是平衡、和谐的,相互促进、良性循环的,体现了六西格玛管理对组织整体经营管理的成熟度(即组织卓越绩效的贡献)。

2.2 六西格玛管理组织

2.2.1 六西格玛管理领导力与战略

2.2.1.1 六西格玛领导力

一个组织的成功固然需要全体成员的共同努力,但不可否认,高层领导是决定其兴衰成败的关键,古今中外概莫能外。如果把组织比作一艘船,高层领导就是舵手,要领导着组织驶向光辉的彼岸。高层领导最基本的职能定位和作用就是建立一个组织未来的发展方向和绩效期望,即确定组织的使命、愿景和核心价值观,在组织中营造一种氛围,一种促使人们为了实现目标而全力以赴的组织文化氛围。

使命(Mission)是指组织的角色、任务或总体功能,反映了一个组织之所以存在的理由或价值,以及组织的灵魂所在。任何组织的存在都有其目的或使命,如工商企业的共同使命是向社会提供有经济价值的产品或服务。任何一个组织只有明确自己独特的使命,才能够着力于去"做正确的事"。具体组织的使命是对其存在的规定,应有其独特性,决定了它之所以是它而不是任何别的机构。惠普公司创始人之一戴维·帕卡德在1960年给惠普员工所做的演讲中指出,企业的使命触及的是一种除了赚钱之外的更深层次的公司存在理由,是做一些有价值的事。企业是为了包括股东、顾客、员工、供方和合作伙伴、社会在内的五大利益相关方而存在的,因此从宏观的角度讲,组织应当为所有的利益相关方创造平衡的价值。

愿景(Vision)是指组织所渴望的未来图景和境界,是一个组织的整体发展方向和所要追求的目标。高层领导应当具备远见卓识,经过深思熟虑,周密制定一个现实、可信、诱人、远大的,需要花五年甚至十几年来实现的愿景目标,并向人们清晰明确地指出,这种目标建立在当前条件基础上,只要经过努力就会实现。一旦人们有效地确定和实施这种愿景,就会产生巨大动力,并通过凝聚各方技能、才干和资源而推动人们奔向未来。愿景应当是组织全体成员的共同心愿,也应反映各利益相关方对企业的绩效期望。

价值观(Values)是指期望组织及其员工如何运作的指导原则或行为准则。价值观反映组织所渴望的文化。价值观以适当的方式支持和指引每一位员工做决定,帮助组织完成其使命,达成其愿景。价值观是一个组织所拥护和信奉的东西,是一个组织最重要和永恒的信条,是一小部分不随时间和环境的变化而改变的原则,应当经得住时间的考验,即便因拥有某一价值观而遭受失败也不会改变它。它有别于组织的经营战略和经营活动等随着经营环境的变化而改变的东西。价值观决定了组织对于好与坏、对与错、赞赏或是不屑等问题的判断。价值观不是一种功利性的选择,而是一个组织的信仰。价值观必须以高层领导的行动和行为作为支持,否则它的发布只会在组织中受到人们的冷嘲热讽。成功的价值观应当体现于组织全体员工的言行举止,融入组织的骨骼、血液和经络系统,成为组织成功的遗传基因密码,并通过价值链影响组织的相关方。

当高层领导确立了组织的使命、愿景和核心价值观,为组织的未来建立了发展方向和宏伟愿景之后,最重要的就是要通过战略规划,勾画出通往愿景的路径,将愿景转化为可行动的规划。

1. 高层领导是六西格玛推进过程中的承诺者和关键角色

六西格玛不仅是一种改进方法,还是一种文化和战略。组织实施六西格玛,可以促进企业文化的变革和战略目标的实现,最终促进组织使命的实现和愿景的达成。领导在六西格玛管理中扮演着关键的角色。实施六西格玛的组织以及六西格玛专家经过多年的实践,在总结六西格玛成功实施的关键要素时,不约而同地把领导层的支持和参与作为成功的第一个关键要素。

成功推行六西格玛管理并获得丰硕成果的组织都拥有来自高层的高度重视与卓越领导,拥有一批精力充沛、直言不讳、知识丰富的管理者,更重要的是他们能参与到六西格玛管理中。他们的管理风格可能各有千秋,诸如通用电气公司杰克·韦尔奇的活力,联合信号公司拉里·博西迪的严谨,摩托罗拉公司鲍勃·高尔文的无所不在,但重要的是他们都认识到了支持和积极参与是六西格玛管理成功的关键。六西格玛管理是从上而下推行的,因此六西格玛的实施应始终取决于组织的最上层,因为六西格玛管理最终要变革组织的文化,因此,必须获得高层执行领导的认同。高层领导要指导制定六西格玛推行的计划,选择倡导者,分派资源,制定政策来支持六西格玛行动,并把六西格玛管理与组织不断发展的战略目标相结合。

具体来讲,最高管理层的作用包括:

(1) 制定 2~5 年的六西格玛战略目标,必须是针对组织具体情况而制定,并且应该由组织战略目标来驱动。六西格玛战略目标包括财务方面的、顾客和市场方面的、关键业务流程方面的以及员工成长方面的。关键是,这些目标必须通过实施六西格玛才能获得。

(2) 授权一个推进小组。六西格玛开始实施时会影响到组织的方方面面。领导层的介入就是承担以下责任:定义并管理六西格玛在组织中的形象,以及如何将其要求和利益传达给他人。在大多数情况下,最高管理者将这些责任授权给推进小组,而这个小组主要负责制定详细的实施计划并实施。

推进小组的一个重要工作是确定六西格玛推进的整体目标,编制预算,制定六西格玛推进政策和建立基础架构,确保与最高管理层的战略相吻合。根据组织规模大小和复杂程度,推进小组需要不断对计划进行修改,在 2 个星期到 3 个月之间,推进小组应该能够初步制定一个推进方案。

(3) 制定推进方案。推进小组由最高管理层负责管理(一般由倡导者担任组长),其职责包括:

① 确定组织现有绩效和预期绩效之间的差距;

② 判定如何实施六西格玛才能缩小这一差距;

③ 为实施六西格玛制定一个方案。

最初的差距分析可以做得很复杂,也可以做得很简单,这取决于组织的需要。在分析之前应获得现有绩效的可靠数据,尽管得到可靠的数据要花费一些力气。预期绩效要从长期目标中得出。明确现有绩效与预期绩效之间的差别很重要,这使领导层有足够的勇气认识到进行变革的必要性。

一旦推进小组完成了差距分析,就要制定一个初步的方案,方案应该包括:
① 六西格玛组织结构和人员需求;
② 实施目标和计划(启动的时机、所需的人员数量和培训类型等);
③ 财务衡量标准及目标(成本和利润)。

项目的初步计划将确保高层领导理解六西格玛,以及它对组织产生的经营和财务利益。此时需要有足够深度的分析,从而使高层领导和董事会理解必要的投资和涉及的风险。

(4) 领导层亲身参与。六西格玛管理推行成功最关键的因素是领导重视。领导重视不仅体现在投入的资源上,还表现在其亲身参与上,如以各种行动带头营造六西格玛氛围,包括通过邮件、讲话、网络等各种方式表达自己对六西格玛的态度。在有些组织,高层领导作为倡导者亲自参与或指导六西格玛项目。

2. 六西格玛价值观的融入与组织文化变革

组织文化最核心的部分是其价值观。将六西格玛价值观融入组织原有的价值观中,就是一场组织文化的变革。

高层领导具有确立价值观,营造企业文化的职责。当组织推行六西格玛时,高层领导应当将六西格玛价值观融入组织原有的价值观,变革组织文化和基因密码,使员工的信念、态度和期望与六西格玛管理同步;高层领导要对六西格玛的实施高度负责,并将这种精神渗透到整个组织;高层领导要有一种紧迫感,必须意识到要解决那些影响组织战略目标达成、降低组织的盈利能力和顾客满意度的问题,就要与关键人员一起参与到执行六西格玛的活动中来;高层领导要将六西格玛方法的领导力原则付诸实施,不断提升和优化组织六西格玛管理的领导力。

六西格玛价值观可以强化组织好的文化,变革不利于组织的风气。例如,六西格玛强调通过运用严谨的科学方法和工具,对数据和事实进行分析,为决策提供依据,而不是"拍脑袋"。当六西格玛成为组织的一种通用的语言时,将从根本上消除组织会议和决策争论中产生的对人还是对事的矛盾。它要求不断地质疑企业的信条和传统的工作方式,勇于尝试,在追求完美的同时容忍失败,能够接受和处理偶然的挫折。

这种文化上的变革也是六西格玛管理取得成功所必需的。组织文化是一个组织长期以来形成并沉淀下来为大家所共识并遵循的"做事方式"。试想,没有做事方式的改变,哪来经营业绩的持久改进?当你试图改变人们的做事方式时,文化便显示出巨大的阻力。因为当战略与文化冲突时,文化恒胜;当组织文化与变革的精神不相容时,变革的努力将遭到失败。

六西格玛管理的根本目的是改善组织经营业绩,但业绩的改进要通过变革组织文化来实现。六西格玛为组织带来的不仅是工作过程或经营业绩的改善,更重要的是改变组织各个层面的工作方式——怎样确定它们的工作目标,怎样测量它们的工作业绩,它们的工作内容如何构成;如何处理组织内部的关系,怎样处理与顾客、供应商的关系,等等。这些变革涉及组织中的每一个人、每一个部门。组织要实现六西格玛管理,就意味着组织必须改变人们的工作方式,这就是组织面临的挑战:组织文化的变革。

2.2.1.2 六西格玛战略

1. 企业战略的制定和部署

战略是指组织为适应未来环境的变化,追求长期生存和发展而进行的整体谋划和决策。战略是达成愿景、实现使命的手段,反映了组织自身能力同外界环境中所孕育的机会与威胁的一种现实的结合。

战略制定一般采用 SWOT 分析,SWOT 是优势(Strengths)、劣势(Weaknesses)、机会(Opportunities)、威胁(Threats)的缩写,其中优势、劣势分析主要着眼于组织自身的实力及其与竞争对手的比较,而机会与威胁分析将注重于外部环境的变化及其对企业可能产生的影响。多年的实践证明,SWOT 分析是战略规划中使用最广泛、最持久的分析工具。SWOT 分析不仅要找出组织的核心竞争力,即找到所拥有的资源和能力以及运用它们的独到妙方,还要找出由于缺乏资源当前还不能利用的机会,以及对劣势和威胁的改进、规避或遏制方法。总之,要找到内部的优势、劣势与外部的机会、威胁之间的战略匹配。战略制定包括以下步骤:

(1) 评估当前绩效:

① 用投资收益率、营利性等评估当前绩效;

② 评估组织当前战略态势,包括使命、愿景、战略、方针。

(2) 评价组织治理:评价组织高层领导(包括董事会和高层管理者)的绩效。

(3) 分析外部环境:寻找显示出机会(O)和威胁(T)的战略因素。

(4) 分析内部环境:寻找决定优势(S)与劣势(W)的战略因素。

(5) 确定战略目标。

(6) 进行 SWOT 战略因素综合分析,形成和确定战略方案。

"知己知彼,百战不殆。"组织在开始制定战略之时,要全方位、多方法地收集大量的内外部数据和信息,并通过对数据和信息的分析研究,分析外部环境以发现已有的和潜在的机会与威胁,分析内部环境以找到促进组织成长的优势和制约发展的劣势。

环境分析就是监测、评价、分析来自外部和内部环境的信息,发现所有可能对组织成败有强烈影响的关键战略因素,以使组织战略能够充分、周密考虑内外部的环境变化,确保在环境需求与组织供给、组织需求与环境供给之间具有良好的战略适配,形成竞争优势,避免战略意外,促进和谐发展,获取长期成功。图 2-5 显示了环境分析的主要方面和因素。

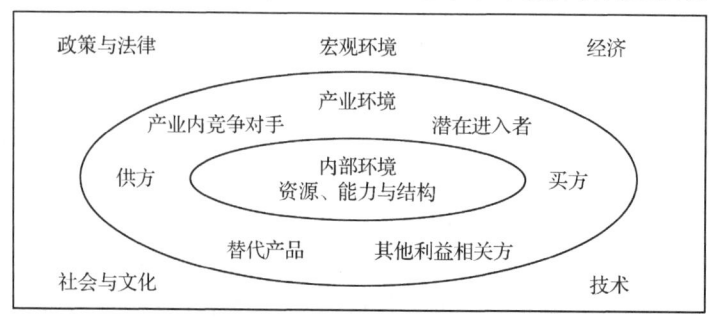

图 2-5 环境分析的主要方面和因素

在环境分析中,情景策划是一种用来设想将来可能会遇到的一系列问题的方法。为了确立将来的趋势和不确切的走向,通过情景策划,可构造一系列的情节和情景,包括好的未来、差的未来和不可预测的状况,使组织像"照镜子"一样看到从未看到过的自己,有助于弥补决策过程中过度自信和视野狭窄的常见错误,制定应对的行动计划。

在完成了外部和内部两方面的环境分析后,用SWOT分析法,对外部、内部战略因素进行综合归纳,以确定战略目标、形成战略方案。

当组织的战略目标和战略方案制定后,最重要的就是战略部署,使战略方案具体化,制定在战略规划长短期内的各职能战略的详细规划,包括行动计划及关键绩效指标、预算和相关新程序等,沿管理层级、时间区间两个维度展开,并予以资源配置。

《孙子兵法》说:"上下同欲者胜。"组织要做到"上下同欲",一是仰仗强有力的组织文化,二是有赖于以关键绩效指标系统为经络的战略部署过程。战略部署过程是一个复杂的系统工程,需要通过科学、系统而有序的方法,将组织的战略目标和战略方案落实到每一个层级、每一个过程和每一个时间段,确保组织上下左右的协调一致、融合互补。

平衡计分卡(Balanced Scorecard)是战略部署的典型方法。

1992年,美国哈佛商学院的罗伯特·卡普兰和复兴方案公司总裁戴维·诺顿在《哈佛商业评论》杂志上发表了一篇绩效管理系统的论文,其中提出了平衡计分卡的概念,认为任何单一的绩效指标都难以反映组织的绩效全貌,必须用一个平衡的指标体系来要求组织才能使之健康地发展。此后,平衡计分卡由"绩效考核阶段"发展到"战略考核和管理阶段"。今天,平衡计分卡作为一种战略执行和绩效管理工具,在全世界广泛应用。

如图2-6所示,这个平衡的指标体系包括四套指标:财务、顾客、内部过程和学习与成长,源自于组织的愿景和战略,力图平衡财务和非财务目标,平衡股东、顾客、员工等利益相关方的价值,平衡短期和长期目标,平衡领先性和滞后性指标,并层层展开,层层制定行动计划,形成各部门、团队和员工个人的平衡计分卡。

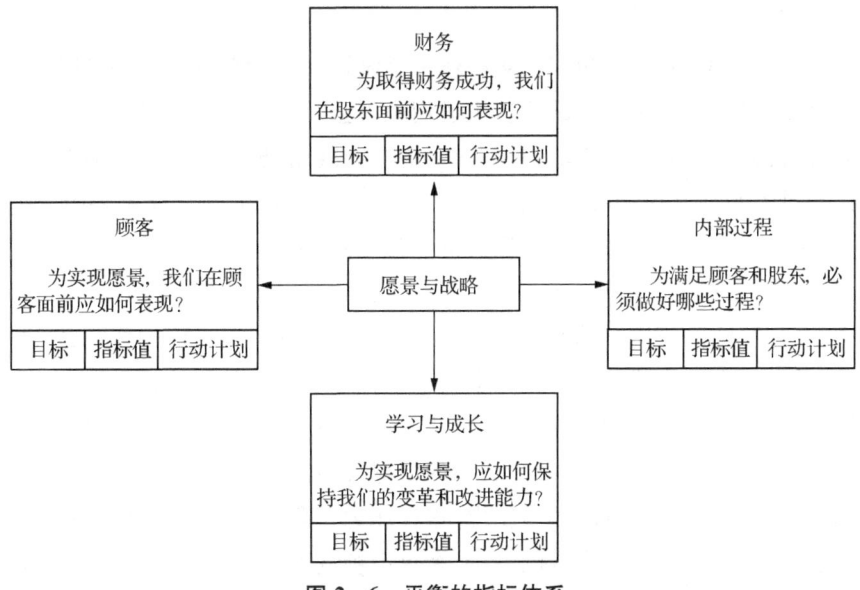

图2-6 平衡的指标体系

其中,"学习与成长"维度指组织和员工两方面的学习与成长,主要涉及培养员工能力、优化组织文化以及改善信息获取环境等,包括人力资源、组织文化、信息和知识、管理体系以及创新与改进等方面的关键绩效指标。

一般,"学习与成长"维度的指标是战略基础和最领先的指标,驱动着"内部过程"指标;而"内部过程"指标又驱动着"顾客"维度指标;"顾客"维度指标驱动着最滞后的"财务"指标。领先性(驱动性)指标体现了组织获得未来成功的竞争能力。

平衡计分卡与传统的目标管理相比,更加强调"平衡"和"战略",强调组织各职能的目标和行动都要平衡各相关方的利益,平衡长期和短期目标,平衡领先性和滞后性指标,都要置于组织总体愿景和战略的指导之下。

组织运用平衡计分卡方法进行层层分解的战略部署后,关键绩效指标就已经确定了。建立完善的关键绩效指标测量系统,有利于监测战略的部署,通过六西格玛等方法分析和改进战略绩效,对战略实施情况进行评估和控制。

完整的关键绩效测量系统应包括以下5W1H要素:
- 为什么测量(Why),应是关键的指标,能够反映组织的核心竞争力。
- 测量什么(What),除了测量指标名称、指标值之外,还包括指标定义和计算公式,以避免出现歧义、争议。
- 如何测量(How),即测量方法,包括数据来源(来自现场、信息系统或其他统计渠道)、获取方法(如检验、统计、抽样调查、审核评价等)以及测量规程等。
- 何时测量(When),即测量时间或频次,如按周、月、季、半年或年测量。
- 在何处测量(Where),即测量点所在地点、部门或过程。
- 谁测量、谁分析和改进(Who),包括负责数据测量及整合、分析和改进的责任部门或责任人。

2. 六西格玛:作为一种企业战略

在过去的许多年里,六西格玛仅仅被视作一个统计学上的概念或是一种过程改进工具,用来帮助改进制造过程,减少产品缺陷。在通用电气公司,六西格玛已经演变为一种应对动态的竞争环境、提升企业竞争力、取得长期成功的企业战略,成为公司发展的四大战略之一。韦尔奇说:"通过不断地升级能够提高通用电气产品和服务的质量。但是,我们做得仍然远远不够,我们也仍然远远不能够与那些拥有世界顶级产品质量的公司相提并论。这些公司已超越了与其他对手竞争的境界,而是自己向自己提出挑战,从而推动产品质量达到更新、更高的层次。"因此,他确信质量的改进将成为通用电气发展战略方面的新突破,动员整个公司全力以赴,并且使六西格玛战略与通用电气公司正在实施的其他战略相结合,同时借助六西格玛促进公司的"群策群力"和"无边界合作"。六西格玛管理终于像熊熊烈火燃烧着整个通用电气,使之成为富有竞争力的、敏捷灵活的卓越公司。

今天,组织面临着前所未有的经营压力,这种压力不仅来自降低成本的需要,也来自经营增长、加速创新和生产力持续提升的需要,来自市场竞争、全球化、信息技术以及经营变革步伐的加快。对组织而言,产品的高品质、对市场的快速反应、缩短周期、供应链运作的高效、建立持久的顾客关系等,已经成为竞争的关键,这不仅是为了组织的成功,更是为了生存。在巨大的压力面前,组织需要不断提高经营绩效,寻找改进经营业绩的机会。六西格玛作为一种突破性的组织战略的意义就在于,以其严格的科学方法和对经营绩效的突破性改进模式,将一个组织的所有组成要素紧密地连接起来,集中资源实现底线结果(波动、生产率、周期时间、成本等)和顶线结果(顾客满意、市场份额、营业收入等),帮助组织实现经营绩效的突破,并最终成为组织持久的绩效改进基因,提供一种战略方案,一个追求卓越和走向成功的阶梯。

3. 六西格玛:作为战略绩效改进的方法

六西格玛具有双重战略意义:作为一种企业战略和作为战略绩效改进的方法。

如果说将六西格玛作为一种战略是推行六西格玛管理的最有魅力的选择,那么,将六西格玛作为战略绩效改进方法,将六西格玛项目与组织目标密切联系,则是推行六西格玛管理所必需的。

六西格玛项目与组织目标的链接意味着六西格玛项目来源于企业的关键绩效指标系统,以确保六西格玛能够支持组织战略的实现。通过关键绩效分析、评审,识别六西格玛的改进机会,以战略目标和关键绩效指标驱动六西格玛的实施。

关键绩效评审是在战略实施过程中,高层领导掌控组织战略实施和运作状况,寻找改进决策点的重要手段:基于绩效的分析和预测,评审组织的绩效和应变能力,包括组织的成就,与竞争对手和标杆绩效的比较,长短期目标的进展,明确组织的竞争地位,确定改进关键业务的优先次序,并识别创新的机会。可以从以下四个方面进行评审:

(1) 评审组织绩效的当前水平;

(2) 评审组织绩效的趋势;

(3) 竞争绩效和标杆绩效对比;

(4) 评审绩效结果是否达到了关键的绩效要求。

2.2.1.3 六西格玛战略风险分析

风险的定义是:对目前所采取的行动,在未来没有达到预期结果(失败)的可能性。其大小可用失败的概率和失败的后果两个变量来标志。

六西格玛战略风险分析指对组织推行六西格玛战略的风险分析。组织可以通过情景策划,应用SWOT分析,对推行六西格玛战略的内部能力、资源和文化等方面的优势和劣势、外部环境的机会和威胁进行分析和归纳,并针对所识别的内部劣势、外部威胁等潜在风险,采取各种措施来加以缓解、规避或监控。

六西格玛管理战略的风险一般可包括:

(1) 六西格玛战略与组织其他战略的协调性。六西格玛管理的实施必须与组织其他战略保持良好的协调性,有效地促进组织其他战略的达成。例如,在通用电气公司,六西格玛战略与全球化、服务和电子商务战略密切结合,使得四大战略齐头并进,相得益彰。

而如果六西格玛管理不能很好地与组织其他战略协调,所选择的六西格玛项目不能有效地支持战略目标的达成,就无法通过推行六西格玛管理提升组织的核心竞争力,也很难获得高层领导的整体认同和支持,使得六西格玛管理不能持续下去。

(2) 六西格玛管理对组织文化带来的挑战。文化是水,战略是舟;水能载舟,亦能覆舟。六西格玛管理是对业务运作过程的变革,当组织文化与变革的精神不相容时,变革的努力将遭到失败。有些企业忽略了通过六西格玛创建持续改进的质量文化,没有高层领导的承诺和全体员工的共识,习惯于原来的做法而不愿意改变,相关部门之间不易协调,而仅仅是把六西格玛活动当作一场运动,轰轰烈烈推进了一阵子,便又恢复了从前的老样子。

(3) 六西格玛管理在管理和技术方面的阻力。在管理方面的阻力包括:

① 缺乏科学合理的项目实施规划。有些企业推行六西格玛,认为只要选派几个人参加六西格玛学习班,拿到六西格玛黑带或绿带证书就可以了。离开六西格玛项目的实施,任何组织或咨询机构颁发的六西格玛黑带或绿带证书都是废纸一张。

② 机械模仿。有些曾在某些大公司获得黑带(甚至资深黑带)的人往往以六西格玛专家自居,倾向于把大公司的做法强加于一些中小企业,不根据组织的具体实际机械地模仿。任何一种管理模式,其科学的理论和实践是可以学习借鉴的,但在具体应用上,要从组织自身实际出发,照抄照搬注定是要失败的。

③ 错误地认为六西格玛管理仅仅是做项目,没有建立六西格玛组织结构,未能通过有效的培训形成包括六西格玛倡导者、资深黑带、黑带和绿带的关键群体,忽视团队建设,不能有效地传递六西格玛领导力和促进六西格玛在组织内的广泛实施。

④ 没有建立包括项目选择、立项、跟踪和总结全过程的六西格玛管理程序,以及项目成果发布、分享、认可和奖励制度,激励力量不足;人力、时间、资金等方面的资源配置不当或不足;与现行管理模式冲突,管理系统、方法之间不能协调、整合。这都将给六西格玛的有效实施带来风险。

在技术方面的阻力主要是缺乏对六西格玛管理的专业培训和咨询。有些人错误地认为六西格玛就是统计方法在组织中的应用。统计方法固然非常重要,但是要完成组织中的实际项目往往需要多种分析方法和工具。如果缺乏正确、有效的培训和咨询指导,生搬硬套地应用统计方法,其结果往往是统计方法的误用。

(4) 六西格玛管理与组织实际情况的适应性。从原理上讲,六西格玛的管理模式适用于所有类型的组织,但是如果组织的基础管理薄弱,基础数据不完善,甚至是空白,这样的组织操之过急地推广六西格玛管理可能难以达到预期结果。

2.2.2 六西格玛管理的组织结构

组织实施六西格玛活动的首要关键任务是创建一个致力于流程改进的专家团队,并确定团队内的各种角色及其责任,形成六西格玛的组织体系。这是实施六西格玛管理的基本条件和必备的资源。以黑带团队为基础的六西格玛组织是实施六西格玛突破性改进的成功保证。六西格玛管理组织结构示意图,如图2-7所示。

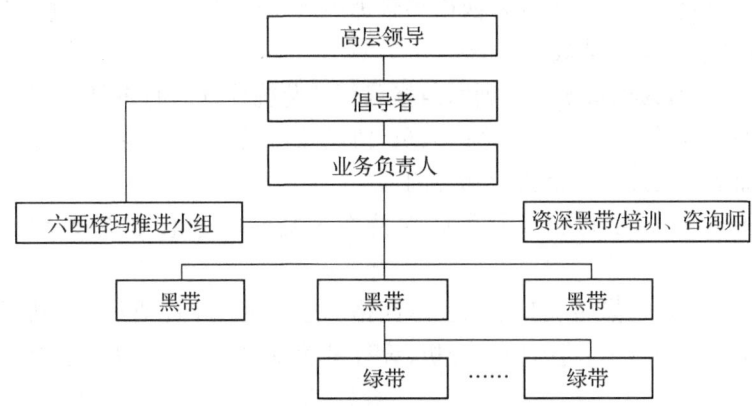

图 2-7 六西格玛管理组织结构示意图

六西格玛组织是由高层领导、倡导者、资深黑带、黑带、绿带、业务负责人等构成的。他们的职责与权限如下。

2.2.2.1 高层领导

高层领导是推行六西格玛管理获得成功的关键因素。成功推行六西格玛管理并获得丰硕成果的组织都拥有来自高层的高度认同、支持参与和卓越领导。

2.2.2.2 倡导者

倡导者发起和支持黑带项目,是六西格玛管理的关键角色。倡导者通常是组织推行六西格玛领导小组的一员,或者是中层以上的管理人员,其工作通常是以战略视角,对六西格玛管理进行全面的战略部署、项目及目标确定、资源分配与过程监控,最终对六西格玛活动整体负责。其核心任务包括:

(1) 充分认识变革,为六西格玛确定前进方向;
(2) 确认和支持六西格玛管理全面推行,制定战略性的项目规划;
(3) 决定"该做什么",确定任务的实施优先顺序;
(4) 合理分配资源,提供必要的支持;
(5) 消除障碍;
(6) 检查进度,确保按时、按质完成既定目标;
(7) 了解六西格玛管理工具和技术的应用;
(8) 管理及领导资深黑带和黑带。

倡导者在六西格玛组织中起着承上启下的作用,黑带应积极争取倡导者的支持。

2.2.2.3 资深黑带

资深黑带的职责在不同的企业有不同的规定。例如,在通用电气公司,资深黑带更多地强调其管理和监督作用;在霍尼韦尔公司(Honeywell),资深黑带主要起协调作用,负责日程调整、项目领导和指导工具的运用。

在一些组织中,资深黑带更多的是扮演企业变革的代言人角色,其工作更加具有管理性质,因为他们经常负责在组织整体或特定领域、部门开展六西格玛管理工作;他们是六西格玛管理的高参兼专家,是运用六西格玛管理工具的高手。六西格玛资深黑带的主要职责为:

(1) 担任高层领导和倡导者的六西格玛管理高级参谋,具体协调、推进六西格玛管理的开展,持续改进公司的运作绩效;

(2) 担任培训师,为黑带学员培训六西格玛管理及统计方面的知识;

(3) 帮助倡导者、管理者选择合适的人员,协助筛选最能获得潜在利润的项目;

(4) 为参加项目的黑带提供指导和咨询;

(5) 作为指导者,保证黑带及其团队保持在正确的轨道上,能够顺利地完成他们的工作;

(6) 具体指导和协助黑带及其团队在六西格玛改进过程中完成每个步骤的关键任务;

(7) 为团队在收集数据、进行统计分析、设计试验及与关键管理人员沟通等方面提供意见和帮助。

2.2.2.4 黑带

黑带是六西格玛管理中最为重要的一个角色,他们专职或兼职从事六西格玛改进项目,是成功完成六西格玛项目的技术骨干,是六西格玛组织的核心力量,他们的努力程度决定着六西格玛管理的成败。黑带的主要任务是:

(1) 领导。在倡导者及资深黑带的指导下,界定六西格玛项目,带领团队运用六西格玛方法完成项目。

(2) 策划。决定项目每一个步骤需要完成的任务,包括组织跨职能的工作。

(3) 培训。具有培训技能,为项目团队成员提供解决问题的工具及技术应用的专门培训。

(4) 辅导。为组员提供一对一的支持,带领绿带队友快速有效地达到改进目标。

(5) 传递。在各种形式的培训、案例研究、工作座谈会和交流活动中,将六西格玛理念、工具方法传递给团队的其他成员。

(6) 发现。从内部或外部(如供应商和顾客等)发现新的改进机会,与资深黑带一起确定有价值的项目。

(7) 关注全局。一个成功的黑带要有系统的观念,从六西格玛项目整体推进角度处理各种复杂关系;对项目细节的过分专注,可能会失去对项目整体上的判断。

(8) 人际交往的能力。作为项目领导,黑带必须具有一定的人格魅力:诚实、有能力、可信赖、有包容心;与项目倡导者和组织的关键利益相关方建立良好的关系;将具有不同背景的人员组成一个统一的团队。

2.2.2.5 绿带

绿带是黑带项目团队的成员或较小项目的团队负责人,他们接受的六西格玛技术培训与黑带类似,但内容涉及层次略低。一些实施六西格玛的企业,很大比例的员工都接受过绿带培训,他们的作用是把六西格玛的概念和工具带到组织的日常活动中去。

在六西格玛管理中,绿带是人数最多也是最基本的力量。他们的职责是:

(1) 提供相关过程的专业知识;

(2) 建立绿带项目团队,并与相关人员进行沟通;

(3) 促进团队观念转变;

(4) 把时间集中在项目上；
(5) 执行改进计划以降低成本；
(6) 与黑带讨论项目的执行情况及今后的项目；
(7) 保持高昂的士气。

当绿带作为项目团队负责人完成绿带项目时，也应具有黑带在项目团队负责人方面的职责、权限和技能。

2.2.2.6 业务负责人

除了要选择培养好项目负责人——黑带之外，成功的六西格玛项目还需要相关业务部门负责人（过程管理者）的支持和配合，没有他们的协调和帮助，六西格玛项目很难取得丰硕的成果。业务负责人不需独立完成项目，他们在六西格玛管理中的职责是：

(1) 达成对六西格玛的共识；
(2) 协助选择黑带、绿带；
(3) 为黑带、绿带提供资源支持；
(4) 关注黑带、绿带的项目实施过程；
(5) 协调所管辖范围内的黑带、绿带项目，保持与业务方向的一致；
(6) 确保过程改进能够落实，保持改进成果。

六西格玛团队建设也是六西格玛组织工作的关键环节。

2.2.3 六西格玛管理的推进步骤

如图2-8所示，组织推行六西格玛一般可分四个阶段，即导入期、加速期、成长期和成熟期，可以用4~5年甚至更长的时间完成从导入期到成熟期的全过程。

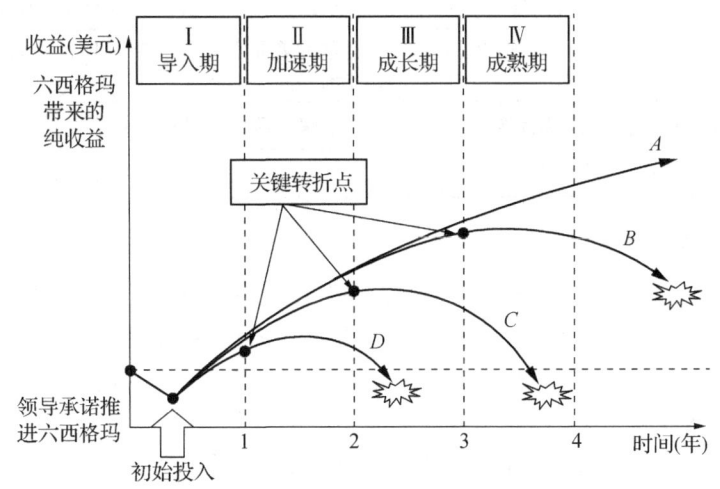

图2-8 六西格玛推进轨迹

在六西格玛推进的过程中，每一阶段都会遇到三类阻力：技术阻力（对方法的恐惧、技术力量的不足等）、管理阻力（部门间的沟通壁垒、激励机制和资源缺乏等）和文化阻力（观念上不认同、靠经验和感觉作决策、变革动力缺失等),当推进的动力难以抵御这三个方面阻力的合力时,就会出现图 2-8 中所示的"关键转折点"。如果不能有效地增进动力、降低阻力,六西格玛管理就会在某一阶段"夭折"。而如果成功地越过这些转折点,六西格玛就能在组织内部深入、持久地开展下去,为组织创造越来越多的效益,创造越来越强劲的成功能力。

2.2.3.1 导入期

导入期又可分为起步、培训与改进实践、坚持不懈与获得成功等步骤。

1. 起步

当组织决定要实施六西格玛时,会打破组织看似平静的现状。这时需要:

(1) 组织高层领导(首席执行官、总裁)支持六西格玛,是六西格玛的信仰者;

(2) 组织高层中的成员作为六西格玛倡导者,制定了实施六西格玛的规划和战略目标;

(3) 组织配备了必要的资源;

(4) 拟定首批项目和黑带或绿带学员,有了初期投入的财务预算。

2. 培训与改进实践

六西格玛管理的培训与项目实践是嵌套式的、融为一体的。一般是先培训第一批黑带学员,再由这些种子选手负责培训绿带、黄带,有的企业也可以先从培养绿带学员和选择绿带项目开始导入六西格玛。相关培训的内容和目的如表 2-2 所示,仅供参考。

表 2-2 六西格玛管理培训

类　别	内　容	目　的
高层领导	六西格玛理念	了解六西格玛的理念和作用,统一高层的思想
倡导者	六西格玛领导与推进、团队合作、项目选择	熟悉如何选择和确定六西格玛项目、如何推进六西格玛
黑带	系统的六西格玛课程	掌握实施六西格玛项目的方法和工具、技术
绿带	简版的六西格玛课程,包括各阶段常用工具和技术	熟悉掌握实施六西格玛项目的常用方法和工具、技术
黄带	六西格玛基础知识和简单工具	了解六西格玛基础知识和简单工具
全体员工	六西格玛普及知识	了解六西格玛理念和基础知识

3. 坚持不懈与获得成功

六西格玛培训和项目工作是交叉并行的,在首批黑带培训或绿带培训完成后,也许有的项目已经完成,也会有一批项目正在进行中。在这一时段内,贵在持之以恒。只要坚持到底,就能够在年内收获一批成功的果实。只要初期投入不是太大,都能在年内收回所有投入并获得一定的回报。

当高层领导一时还未对六西格玛管理做出承诺,企业难以采用上述的全面导入方式时,可以采用局部驱动方式,即在一些部门、区域或产品上小范围推行,为将来的全面展开积累经验、做出示范,用其成果说服企业中的其他人。这种方式的特点是:容易起步,仅需要有限的管理层关注,所需投入的资源比较少,因此风险也较小,但是由于缺乏高层领导的有效支持,成功的概率不高。这种方式只是作为将六西格玛引入企业的一种切入方式,只有及时转向在全公司范围充分展开,六西格玛管理才能枝繁叶茂,硕果累累,并取得长期的成功。

2.2.3.2 加速期

第一年导入期的成功之日,也正是新的转折之时。虽然经过第一轮项目工作,组织获得了初步的结果,也有了实施的热情和积极的参与者,一些冷眼旁观乃至反对的人也开始转变原有的观念。但这时是一个关键的转折点。如果没有下一步的正确部署,六西格玛就会是一个短期的流行而走向失败,而且一旦热情冷却,就犹如一盘"冷饭",今后要再次"蒸热"的难度就会更大。在这一转折点上应当引入"加速实施过程",使六西格玛从试验性实施向企业的一项长期管理活动过渡。

要实现这一转折,企业应当:

(1) 制定六西格玛财务预算、核算和审计办法,使财务人员介入六西格玛活动;

(2) 建立项目成果发布、分享、认可和奖励制度,激励六西格玛团队;

(3) 加大培训力度,形成六西格玛倡导者、资深黑带、黑带、绿带这一关键群体,以传递六西格玛领导力,促进六西格玛在公司的广泛实施;

(4) 建立六西格玛管理程序和制度,包括六西格玛组织结构,项目选择、立项、跟踪和总结的全过程管理程序。

2.2.3.3 成长期

一个导入了六西格玛管理并成功地实施了约两年工作后的组织,仍然会出现六西格玛管理"断流"的趋势。多数实施六西格玛的组织都会遇到这样的困难,其中最重要的一个原因是经营环境总在不断变化,总有新技术、新方法和新政策等出现。为了获得持续发展,需要不断地将六西格玛工作拓展到组织的所有方面,包括用六西格玛促进新技术的应用,促进创新和新市场的开发。要成功地在这一点上实现转换,组织必须完善其支持基础。

(1) 完善六西格玛管理的组织结构,将其对六西格玛的管理职能充分展开,强化最高管理层对六西格玛管理的系统定期评审,并使已关闭的项目持续产生效益;

(2) 拓展六西格玛的实施领域,如加大六西格玛管理方法在非制造领域的应用,用六西格玛设计促进创新和开发工作,将六西格玛管理沿供应链向供应商和顾客延伸等;

(3) 完善六西格玛培训体系,扩大培训范围,加大黑带、绿带占员工总数的比例;

(4) 使六西格玛管理与企业战略策划、部署和经营过程相结合,强化六西格玛与顾客要求和市场发展趋势的结合。

2.2.3.4 成熟期

最后一个转折也许是最困难的转折。将六西格玛融入企业,成为人们的一种工作和思维方式,确实是很难用时间表来预计其实现时间的。实际上,前面几个阶段的努力,都是在为这个阶段打基础。这个转折的关键是将六西格玛与组织其他管理活动有效地整合,进一步强化经营管理过程,建立完善的绩效改进体系,强化人们观念和行为方式的改变。要实现这一转折,公司应当:

(1) 使六西格玛价值观与公司的使命、愿景和核心价值观高度融合,强化人们观念和行为方式的改变;

(2) 将六西格玛与组织其他管理战略、管理体系和改进方法整合,建立高度整合的全面

质量管理或卓越绩效管理体系,高度整合的持续改进、创新和知识分享体系;

(3) 使六西格玛成为日常工作的一部分。

2.3 六西格玛管理方法论

六西格玛作为解决问题的方法体系,自身也在不断地发展。根据问题对象的不同,可以分为六西格玛改进模式的方法体系和六西格玛设计模式的方法体系。需要指出的是,六西格玛的工具箱是开放式的,只要适用于六西格玛改进或设计的任何阶段的任何工具都可以融入六西格玛方法体系。但是限于本书篇幅,我们只介绍常用的六西格玛工具和技术。

2.3.1 六西格玛改进的模式——DMAIC

DMAIC 代表了六西格玛改进活动的五个阶段:
(1) 界定阶段(Define);
(2) 测量阶段(Measure);
(3) 分析阶段(Analyze);
(4) 改进阶段(Improve);
(5) 控制阶段(Control)。

在六西格玛项目选定之后,团队成员一起合作,依照这个过程的五个步骤,可以有效地实现六西格玛突破性改进。团队工作从一个问题的陈述到执行解决方案,中间包括了许多活动,通过 DMAIC 流程的活动方式,团队成员可最有效地发挥作用,完成项目使命。

DMAIC 是一个逻辑严密的过程循环,它是在总结了全面质量管理几十年的发展及实践经验的基础上产生的,是由项目管理技术、统计分析技术、现代管理方法等方面综合而成的系统方法。DMAIC 的逻辑本质和 PDCA 循环是一致的。但是 DMAIC 提供了实现持续改进的技术路线和支撑工具。DMAIC 强调以顾客(外部和内部)为关注焦点,并将持续改进与顾客满意以及企业经营目标紧密地联系起来;它强调以数据的语言来描述产品或过程绩效,依据数据进行管理,并充分运用定量分析和统计思想;它追求的是打破旧有习惯、有真正变化的结果和带有创新的问题解决方案,以适应持续改进的需要;它强调面向过程,并通过减小过程的变异或缺陷实现降低风险、成本与缩短周期等目的。

2.3.1.1 DMAIC 流程活动

DMAIC 流程共分五个实施阶段,每个阶段的工作内容如下:

(1) 界定阶段。确认顾客的关键需求并识别需要改进的产品或流程,组成项目团队,制定项目计划,决定要进行测量、分析、改进和控制的关键质量特性(CTQ),确定项目所涉及的职能部门,将改进项目界定在合理的范围内。制定项目的目标,并估算达成目标后项目带来的预计收益。

(2) 测量阶段。通过对现有过程的测量和评估,基于顾客的关键需求、组织的战略目标或关键绩效衡量标准,识别影响过程输出(Y)的输入(X_S),并验证测量系统的有效性,分析过程的当前绩效水平,确定过程基准。

(3) 分析阶段。通过数据分析确定影响输出 Y 的关键 Xs,即确定过程的关键影响因素。

(4) 改进阶段。寻找最优改进方案,优化过程输出 Y,并消除或减小关键 Xs 对 Y 带来的波动,使过程的缺陷或变异降至最低。

(5) 控制阶段。对改进成果进行固化,通过修订文件等方法,使成功经验制度化,纳入现有的质量管理体系,通过有效的监测方法,维持过程改进的成果并寻求进一步提高改进效果的持续改进方法。

2.3.1.2 DMAIC 流程活动要点及其工具

各阶段使用的工具和技术,如表 2-3 所示。

表 2-3 DMAIC 流程活动各阶段使用的工具和技术

阶 段	活动要点	常用工具和技术	
D(界定阶段)	明确问题 确定 Y(CTQ/CTP)	头脑风暴法 亲和图 树图 流程图 SIPOC 图 平衡计分卡	力场图 因果图 顾客需求分析 质量功能展开(QFD) 不良质量成本 项目管理
M(测量阶段)	确定基准 测量 Y,Xs	关系矩阵 树图 排列图 因果图 散点图 流程图 测量系统分析 故障模式与影响分析(FMEA)	不良质量成本 水平对比法 直方图 趋势图 检查表 抽样计划 价值流图 过程能力分析
A(分析阶段)	确定要因 确定 $Y=f(X)$	头脑风暴法 因果图 FMEA 水平对比(Benchmarking) 方差分析 试验设计	抽样计划 假设检验 多变异分析 回归分析 过程分析 其他工业工程分析技术
I(改进阶段)	消除要因 优化 $Y=f(X)$	试验设计 响应曲面法 调优运算(EVOP)	FMEA 测量系统分析 精益改进技术
C(控制阶段)	保持成果 更新 $Y=f(X)$	控制图 统计过程控制 防差错措施	过程能力指数 标准操作程序(SOP) 过程文件控制

2.3.2 六西格玛设计的模式

DMAIC 流程对过程改进仍有局限性。众所周知,以实物产品为例,产品的质量、成本和周期都是由设计决定的。实践表明,至少 80% 的产品质量是在早期设计阶段决定的,所以没有六西格玛设计,仅采用 DMAIC 流程来提高产品的质量,其成效是有限的。若想真正实现六西格玛的质量水准,就必须考虑六西格玛管理战略实施的另外一种途径——六西格玛设计(DFSS)。DFSS 是一种实现无缺陷的产品和过程设计的方法。它基于并行工程和 DFX(Design for X)的思想,面向组织系统或产品的全生命周期,采用系统的解决问题的方法,把关键顾客需求融入产品、过程设计中,从而确保产品的开发速度和质量,降低产品生命周期成本,为企业解决产品和过程设计问题提供有效的解决方法。

与六西格玛改进中的 DMAIC 流程一样,DFSS 也有自己的流程,但目前还没有统一的模式,迄今研究者已提出的 DFSS 流程有多种,如 DMADV 流程,即界定、测量、分析、设计、验证;DMADOV 流程,在 DMADV 流程的基础上增加了优化环节;IDDOV 流程,即识别、界定、开发、优化和验证;还有 DCCDI 流程,指的是界定、识别顾客需求、概念设计、产品和过程设计、实现;DMEDI 流程,指的是界定、测量、调查、开发、实现;此外还有其他的六西格玛设计流程,如 DMCDOV、DOCV、DMADIC、RCI 等,虽然这些流程的表述不同,但内容大同小异,本书就不逐一介绍了。下面重点以 DMADOV 流程为例简单介绍六西格玛设计的概要,IDDOV 流程是由美国的质量管理专家乔杜里(S. Chowdhury)提出的,即识别(Identify)、界定(Define)、开发(Develop)、优化(Optimize)、验证(Verify)。

(1) 识别阶段:DFSS 在识别阶段的主要任务是收集和确定待开发产品的顾客需求,并论证即将开展的 DFSS 项目的可行性。DFSS 的特点之一在于产品设计之初就充分考虑顾客的需求,聆听顾客的声音,利用一些评价工具对顾客需求进行识别和优先级排序,以保证设计出的产品满足客户的需要。在此基础上系统地考虑外部环境、市场和企业内部满足此项目开发所需的资源等,如市场上的竞争对手的产品状况,企业的工艺水平、人员情况、开发费用等,以确定项目的可行性。这一阶段对整个 DFSS 项目是非常重要的,所谓差之毫厘,谬以千里。若此阶段不能充分收集和分析顾客的需求,客观评价项目的可行性,将给项目带来致命的打击。此阶段的成果一般包括顾客的需求分析报告、项目的成本分析及可行性报告、产品的功能要求等资料。

(2) 界定阶段:界定阶段是 DFSS 实施的核心过程,此阶段的任务是进一步细化展开"顾客的声音"(Voice of Customer,VOC),并利用一些模糊信息处理技术将海量的、具有模糊和不确定性甚至矛盾的 VOC 转化为准确的 VOC,再通过质量功能展开将 VOC 逐层展开为设计要求、工艺要求、生产要求,并提炼出顾客的关键需求,准确地识别、量化顾客需求和期望并针对需求和期望进行产品设计,最后生成产品的设计方案和工艺要求说明书。

(3) 开发阶段:在 DFSS 的开发阶段,所做的工作是对新产品进行详细的局部设计,在前期工作给定的解决方案框架以及关键质量特性(Critical to Quality,CTQ)和关键过程特性(Critical to Process,CTP)尺度之内进行新产品的设计。即可以把设计过程看作满足一定功能约束与设计约束的优化过程。本阶段结束后应完成样品的设计,并为采购、生产和售后服务提供一定的参考标准供后阶段讨论,如原材料和产品的验收准则,规定安全和正常使用所必需的产品特性以及初步的售后质保体系等。

(4) 优化阶段:此阶段是对产品和过程设计参数的优化,其目标是在质量、成本和交付时间允许的基础上达到企业利益的最大化。首先,设计应该是稳健的,在 DFSS 中强调预防和稳健性;其次,设计应尽量消除产品或服务故障的潜在可能,通过故障模式与影响分析(Failure Mode and Effects Analysis,FMEA)来分析潜在的故障模式和功能变异性,从而在设计阶段就尽量减少产品和过程故障的可能。此阶段结束后应有详细的产品生产流程图,并对生产的各环节有相应的生产要求标准,有完善的售后质保体系。

(5) 验证阶段:DFSS 验证阶段的任务是对产品设计是否满足顾客要求、是否达到期望的质量水平的确认过程。通过试生产等手段营造一个仿真的生产环境,测试设计的能力、稳健性和可靠性。最后提交设计的验证报告和 DFSS 项目的总报告。

以上是 DFSS 实施阶段的简要介绍,需要说明的是虽然 DFSS 有固定的流程可以遵循,但在实施的过程中也不可拘泥于流程或工具的运用,而要从 DFSS 的本质去把握其精髓,根据产品和流程的差异有选择地应用 DFSS 中的工具。此外,在产品设计的过程中必须考虑并行的产品和过程设计,利用并行工程的思想并行设计产品和过程,每个阶段的工作都要充分考虑其后续阶段,在相邻的阶段之间需要有一定的交叉。

2.4 精益六西格玛

精益六西格玛结合六西格玛的高质量与精益生产的快速度,以提高企业绩效,创造最佳效益为目标。精益六西格玛(Lean Six Sigma)向人们展示了精益生产与六西格玛的完美结合,东西方管理文化的珠联璧合。

2.4.1 精益生产和六西格玛管理的联动空间

精益生产方式低成本、少缺陷的产品多样化,希望通过较少的资源(如人员、库存、研发时间和经费),追求卓越,以创造企业的最佳利润。时至今日,世界各国、各行各业有众多公司采用"精益"方式,并展现杰出的经营成效。我国也有不少企业实施精益生产方式,同样也获得明显的业绩。

六西格玛以顾客满意为向导,通过对顾客需求的了解、事实与数据的分析,减少缺陷降低成本以及企业过程管理的改进与创新,让企业获得全面性的经济效益。由于六西格玛的核心特征是经济型,实现了高顾客满意度和低经营成本的质量经济性管理。

然而,两者确实都还有改进的空间。精益生产方式出自东方日本人,大多数是事实,不足之处在于数据无法确保在统计过程控制之下,而六西格玛本身无法大幅度改进过程速度,同样都有局限。为此,能否将六西格玛延伸至"精益六西格玛",将过程的质量与速度一网打尽是推行六西格玛的重要课题。

强调六西格玛管理和精益生产联动,主要原因有以下几个方面:

(1) 经济全球化的发展;

(2) 快速发展变化的科学技术；
(3) 关注焦点更加集中在质量经济性上；
(4) 顾客越来越高的期待；
(5) 质量标准的广泛实施，如 ISO 9000 或 ISO/TS 16949 标准的广泛采用；
(6) 对"核心能力"的体现，外包业务的发展；
(7) 市场驱动的价格：顾客希望以较低的价格而期待得到较好的产品和服务。

这就需要六西格玛管理实施将大规模生产的工厂转换成精益组织的概念以及五个需要考虑原则：

(1) 按产品区分价值；
(2) 确定每个产品(价值链)；
(3) 价值流动；
(4) 顾客拉动价值；
(5) 追求完美。

生产所需的活动应在稳定持续的流动中进行，没有动作浪费，没有批量，没有在制品，有的是柔性以满足当前需求。人员、部门、公司的工作需按价值流进行调整使之流动，使之为顾客创造价值。企业在顾客需要的时候生产产品，而不是根据估计的销售预测生产产品。这就是"拉动"系统的实施。对整个企业来说这会带来很多积极的结果，在以下方面减少周期时间：从概念到投产；从销售到发运；从原材料到顾客。通过六西格玛管理和精益生产达到降低成品库存，降低在制品(WIP)库存，稳定顾客订单和稳定价格的目的。

2.4.2 精益生产和六西格玛管理的实践结合

六西格玛关注外部顾客，重视业务流程，减少波动增加稳定性；精益生产关注内部质量根源，重视时间和速度，减少非增值活动。精益六西格玛是精益生产和六西格玛具有良好的互补，通过 DMAIC 和 PDCA 的结合，在成本、交货期、顾客服务、质量等各方面，消除浪费并减少波动，通过内部损失减少而降低售价，通过流程改造而加快交货期和顾客满意，取得商业成功。

精益六西格玛是结合精益生产和六西格玛精华，不但拥有更快的速度、较少的缺陷，还能享有前所未有的财务回报。按部就班地实施精益六西格玛，如何充分利用精益六西格玛的价值命题——能够提供前所未有的潜力，来提高股东价值，让顾客满意。精益六西格玛改进过程——如何让公司做好选择精益六西格玛的准备，以及实施的步骤。如何通过扩大在企业环境内部的影响力，有效利用精益六西格玛，将精益六西格玛提升至精益六西格玛设计。

精益六西格玛将"精益"和"六西格玛"联手，将成为改进产品与过程质量、生产效益和全面获利的最佳工具，也是当今改进生产部门与管理部门绩效最有力的方案。有效采用的精益工具，包括：

(1) Poka-Yoke(防错)：防止缺陷进入下一步；
(2) 源头检验：发现错误并改正；

(3) 连续验证：下一步骤进行检查并改正；

(4) 使用 TPM(全面设备管理)以帮助达到高机器效率。

精益六西格玛是改进的有效的系统，也是潜在的人为的改进系统，需要创造一个高效的表征来表现组织的包罗万象的模式，首先的行动的例证是提出人的系统变化和控制。精益六西格玛增值的关键：精益思考的是如何除去浪费；六西格玛思考的是怎样减少缺陷(错误)。精益六西格玛需要适宜的人力资源，要考虑如何组织策划、如何集中焦点在顾客和过程、如何积极参与项目活动、如何培训、如何授予权力(包括酬金、激励、沟通、措施、工作设计和教育)等。精益六西格玛将有助于：

(1) 短期内大幅度缩短成本；

(2) 压缩到交货(付)的周期；

(3) 减少整个组织的过程波动和浪费。

精益六西格玛理论整合和实践结合，给人们展示了六西格玛管理的新成果：运用"精益六西格玛"将革命性地改进公司各领域的绩效——不管是制造和服务过程都适用，让公司拥有前所未有的竞争优势。精益六西格玛的联动模式，显示不同的方块之间的关系，以及应该彼此如何结合起来。按部就班照着做，"一体适用"的心态并不适用于此。如何部署和联动，这些细节应该由指导委员会负责发布指令。一旦这份细部规划出来了，才有办法决定何时何地开展活动。指导委员会必须在定出底线、部署计划和测量标准之前，掌握组织里每一个领域的投入。按照六西格玛的方法论 $Y=f(X)$ 的问题解决模式，一旦了解因变量和自变量之间的关系，问题看起来就会简单多了。只有找出因变量，才会产生有效的改变。

【案例】

中国武汉钢铁集团推行六西格玛治理的基本做法

(一) 进行分层次、分系统的培训

六西格玛治理是领导承诺的全面质量治理，为了有效地推进六西格玛治理，武钢治理层利用两天时间请中质协的专家进行封闭式培训；专业部门领导带队到国内的组织去参观学习。宝钢自 2003 年由 IBM 公司指导做"六西格玛项目"以来，2003 年共计划 67 个项目，完成 60 个项目，创效 3 亿元；2004 年计划并完成 106 个项目，并将"六西格玛治理"纳入组织文化及公司方针目标。冶金行业除宝钢外，韶钢、太钢等也在推行六西格玛治理。这些说明了"六西格玛治理"已逐步被我国钢铁冶金组织认同。在认真学习"六西格玛治理"理论，了解国内外成功运用该方法经验的基础上，武钢确定三炼钢厂、热轧厂、大型厂和轧板厂作为试点单位。

2004 年 3 月，武钢请中质协的专家对公司级领导和二级单位高、中层领导进行了为期一周的六西格玛治理知识培训。4 月份，又请广州今朝科技公司黑带大师级专家在公司举办的六西格玛治理高级研讨班授课，对公司选拔的六西格玛治理骨干 30 多人进行了封闭式培训，为项目正式启动提供了人力资源方面的保证。

(二) 六西格玛项目的选定与推进

武钢六西格玛治理的 DMAIC 模式，即以项目为载体，每个项目分"D—定义；M—测量；A—分析；I—改进；C—控制"五个阶段推进的模式。导入方式为：项目培训与项目实施结合

进行,因此六西格玛培训过程实际上也是项目实施过程。DMAIC 五个阶段,每个阶段第一周集中培训,其余三周学员在岗位进行项目实践,两次培训间进行一次辅导,持续 4~6 个月,每个黑带不间断地边学边做,每一阶段都对项目进展情况进行检查回顾。培训目标:完成一个六西格玛黑带项目,按项目计划给组织创造 50 万元以上的财务收益。

2004 年 5 月份,中质协专家对三炼钢厂、热轧厂、大型厂和轧板厂的领导和技术人员进行了筛选项目的专门培训。对选定六西格玛项目的原则、方法、流程步骤,以及筛选标准和工具进行讲解。确定了 14 个"六西格玛治理"项目(三炼钢 9 个,一热轧 3 个,大型厂 1 个,轧板厂 1 个)。所选项目都紧密结合公司发展方向,如热轧厂围绕硅钢、HiB 钢。降废减损:三炼钢厂围绕降废,降低消耗,提高产能等;大型厂围绕提高高线产品质量;轧板厂围绕提高常化一次性能合格率等。

(三) 武钢大型厂实施六西格玛治理做法

武钢大型厂高速线材生产线是武钢在国家"九五"期间筹资 10 亿元建立起的国家重点工程,在国内冶金行业中第一次轧制出钢中极品——钢帘线,填补了国内空白。高线在过去 7 年的生产中已取得了较好的成绩。质量方面,SWRM8、H08、WDT47A、45#等多个"双高"品种获得国家产品实物质量金杯奖;产量方面,年产量从 40 万吨稳步上升到 70 万吨;市场方面,以 SWRH82B(制预应力钢绞线用)、72A-L(制钢帘线用)为代表的 50 多个"双高"新品种已实现批量生产,市场前景良好。但是,自 2002 年以来,高线效益品种钢的订货量增长缓慢,用户对产品质量异议有所增加。因此,大型厂决定把提高高线产品质量作为试点的项目。按六西格玛治理的五步循环改进法:定义(Define)、评估(Measure)、分析(Analyze)、改进(Improve)、控制(Control)方法,或称为 DMAIC 方法,本次改进工作开展如下:

(1) 定义顾客需求(Define),确定目标:以降低中间轧废提高正品率和成材率,快速向用户交付产品,提高用户满足度。攻关目标值为:正品率由 93%提高到 96%(合格率提升到 99.45%的水平)。

(2) 评估当前绩效(Measure):大型厂搜集了 2003 年高线轧钢废钢支数,并针对工艺废钢和设备废钢进行了分类统计。

(3) 原因分析(Analyze):

① 由于人员的经常变动,操作水平的参差不齐,加上工作态度不认真,责任心不强,是造成堆钢的根本原因。

② 操作人员导卫安装方法不当,造成导卫磨损严重或搭铁,而又不能及时发现处理,是造成堆钢的又一大问题。

③ 操作人员在设置辊缝时不正确。后果是:辊缝大,轧件尺寸大,进口导卫损坏,堆钢;辊缝小,轧件尺寸偏小,下一机架进口导卫不能有效夹持倒坯堆钢。

④ 轧件变形量增大,变形阻抗力随之增大,造成辊环局部温度快速增高而爆裂堆钢。

⑤ 由于辊环的安装不正确,错辊,或者在轧制过程中卸压,也是导致堆钢的原因;冷却水中的夹杂,堵塞冷却水管,致使冷却强度降低导致辊环爆裂而堆钢。

⑥ 另外,在设备上也有可能出现问题。比如:立式活套机构故障。侧活套进入口导轮的调整,油气润滑以及活套扫描仪(HMD)不正常也会导致堆钢。

(4) 改进措施(Improve)：

① 实行竞争上岗制度，对岗位实施兼并和优化组合，组成工作上的互补。
② 严格实行经济责任制考核，落实分解责任到岗位到个人。
③ 推行和全面实施标准化作业，制定和完善工艺调整办法，纳入①项标准治理。
④ 在全线岗位推行生产过程控制，落实公司工序控制点的检查。加强轧线各机架间变形量的控制，防止轧件变形阻力过大而堆钢。
⑤ 推行全面设备点检查制度落实。正确安装辊环、导卫及冷却水管，并在停机时着重检查。
⑥ 制订长期性培训计划，锻炼大工种作业能力，配合机动。电气人员对立式活套等设备进行检查，确保其工作状态完好。

(四) 武钢大型厂实施六西格玛治理的成效

(1) 由于 6σ 的成功应用实施，高线正品率由 92.26% 上升到 96.33%(合格率提升到 99.45% 的水平)，工艺废钢比率由 72% 下降到 61%，绩效明显。
(2) 高线设备的作业率和产品的成材率的质量指标进一步提高，产能优势得以进一步提高。
(3) 质量指标的提升为我们的合同兑现和及时迅速交货提供了保障，用户的满足度增加。
(4) 轧制废品的减少，使高线的生产成本降低，产品的市场竞争力加强，拓展了高线的市场占有率。
(5) 以顾客为中心的策略和持续的 6σ 治理法的应用改进，市场反应良好，顾客回头率提高，高线的订货量持续增长。

(五) 武钢成功推行六西格玛治理的实践体会

1. 在实施六西格玛治理中应避免熟悉上的误区
(1) 误区之一：只有优秀的组织才能成功地实施六西格玛治理；
(2) 误区之二：实施六西格玛治理要害在于统计技术的应用，即认为实施六西格玛治理就是选项目做项目。

2. 组织推行六西格玛治理成功的必要因素
(1) 提高组织高层治理者的执行力；
(2) 实施六西格玛治理是一场组织文化变革，需要变革治理；
(3) 建立激励和认可系统；
(4) 建设一支以黑带为核心的骨干队伍；
(5) 与组织 ISO 9000 标准质量治理体系相结合。

武钢推行六西格玛治理最深刻的感受是：企业推行六西格玛治理可以给企业带来显著的经济效益，可以给企业带来持续改进，这是六西格玛治理给企业带来的最直接的功效。从深层次上讲，企业推行六西格玛治理意味着在企业中不断贯彻一种追求完善的理念，意味着培育一种质量文化。总之，六西格玛治理作为一种时尚而又实用的持续改进方法，已被许多组织作为在新经济环境下获得并保持竞争力的重要手段，科学地推行必将给组织带来提高产品质量、降低成本、增强顾客满足度的经营绩效。

第3章

六西格玛项目管理

3.1 六西格玛项目选择

六西格玛管理是通过有组织、有计划地实施六西格玛项目而实现其经济效益的,同时也是通过六西格玛项目的实施来促进人们观念和行为方式转变的。因此,六西格玛项目实施是六西格玛管理的组成要素。六西格玛项目遵循了项目管理的一般原则,同时,六西格玛项目实施又有其特定的要求和管理特点。

实施六西格玛的组织会发现在实施过程中必须与不同的项目管理的方式对六西格玛实施进行管理,六西格玛是对流程的改善,企业是不同流程的有机整体,而企业的流程是贯穿整个企业不同单独的部门,如果在单一部门实施,就割裂了整体,只会只见树木,不见森林,就像脚痛医脚头痛医头的庸医。再者,完整的商业流程需要不同专业方面的、不同技术背景的知识构成,我们所需要的知识不可能完全由一个人掌握,无论他受过多么好的教育,也无论他拥有多么渊博的知识。由于以上原因,用传统型组织结构和管理系统较适合于部门封闭的管理系统,但根本不适合于流程改善或创新的六西格玛项目。因此六西格玛必须是运用团队这种组织形式进行实施行动,而项目管理形式是最适合于六西格玛的实施,它采用交互式的管理方式系统地、跨部门地解决流程问题,并为满足客户,实施或分解六西格玛项目。

3.1.1 六西格玛项目选择原则

项目(Project)是指由一组有起止日期的、相互协调的受控活动组成的独特过程,该过程要达到符合包括时间、成本和资源的约束条件在内的规定要求的目标。(ISO 9000:2000定义)六西格玛项目指由职责明确的团队通过运用六西格玛方法(DMAIC 或 DFSS),在规定时间内,寻找最佳方案并实现预定目标的特定过程。

六西格玛项目是指由职责明确的团队通过运用六西格玛方法(DMAIC 或 DFSS),在规定时间内,寻找最佳方案并实现预定目标的特定过程。一般来说,六西格玛项目的选择遵从以下原则。

3.1.1.1 选出的六西格玛项目要有意义、有价值

六西格玛项目的意义和价值体现在以下几个方面:

(1) 六西格玛项目要支持顾客满意的改善。以顾客为中心是六西格玛价值观之一。六西格玛有两个基本点:一是产品或服务让顾客满意直至忠诚;二是减少缺陷直至彻底消除缺

陷。因此,所解决的问题必须来自对顾客需求、顾客反馈等信息的分析,找出顾客真正关心的问题,在此基础上确定关键质量特性。

(2) 六西格玛项目要支持企业战略目标的实现。六西格玛管理是企业实现战略目标的有效手段,每一个六西格玛项目都应支持企业战略的实现。也就是说,通过六西格玛项目为企业架设实现未来战略目标的桥梁,促进企业战略目标的实现。

(3) 六西格玛项目目标要有挑战性。一般来说,六西格玛项目都要使缺陷显著减少,只有这样,才能实现过程绩效的突破性改进。

(4) 六西格玛项目要强调过程的改进。聚焦于过程改进也是六西格玛价值观之一,六西格玛是通过应用过程方法来实现过程绩效突破性改进的。

(5) 六西格玛项目要为企业带来较大的经济效益。六西格玛管理要用财务的语言阐述现状水平和改进后的绩效,用财务指标将绩效转化成财务效益。

3.1.1.2 选出的六西格玛项目要可管理

每个六西格玛项目都应是可管理的,也就是说,六西格玛项目欲解决的问题应清晰且可测量。六西格玛改进不仅关注产品质量,而且关注缩短制造或服务周期、改善服务或交付的响应时间、提高生产能力、提高产品开发过程能力、提高效率、降低不良质量成本等。无论对哪种问题,都必须先定义"缺陷",换句话说,就是先定义评判"好""坏"的标准及其测量方法,然后才能评估欲解决问题的现状水平。

六西格玛项目的范围应清晰可控。每个项目都要有一个明确的要解决的问题,每个问题的范围应界定清楚,并且适当,一般来说项目应在4~6个月内完成,但在许多情况下,一个问题的解决会涉及多个方面,比如,缩短产品的交付时间可能会涉及制造过程的质量,也会涉及原材料采购周期、产品运输周期、运输质量等一系列问题,这时可分解成几个小项目,在相对小的可控范围内,便于管理。

六西格玛项目应得到管理层的支持和批准。项目必须得到管理层的支持和批准,才能获得适当的资源(人、财、物等)支持。

3.1.2 六西格玛项目选择流程

六西格玛项目选择流程,也就是通过分析确定六西格玛项目的过程。一般来说,六西格玛项目选择流程遵循以下步骤(见图3-1)。

步骤一:确定项目的大方向Y。确定项目的大方向是非常重要的步骤。根据公司或部门的"平衡计分卡"确定项目改进方向。"平衡计分卡"就是通过构建由财务、顾客、内部业务流程、学习与成长等相互联系的四个维度组成的绩效评价体系,简单而有效地将组织的战略目标准确地转化为绩效评价目的、指标。一般来说,可从以下几个方面选择项目的大方向:

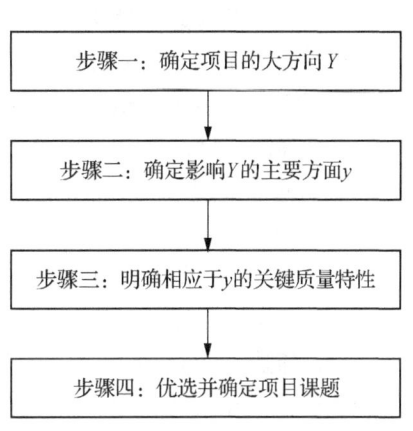

图3-1 六西格玛项目选择流程

(1) 战略实施的关键点。
(2) 企业经营目标及重点。
(3) 顾客关注或投诉的热点。
(4) 困扰企业质量、成本、周期的难点。
(5) 财务效益的增长点。
(6) 与竞争对手比较的薄弱点。

项目的大方向 Y 一般表现为公司级的指标,如企业的顾客满意度低、生产效率低等,为了进一步明确问题,应对影响 Y 的方面进行分解。

步骤二:将 Y 分解为 $y_1, y_2, \cdots, y_n$ 并确定本项目针对哪个方面进行改进。在确定了项目的大方向 Y 后,基于 Y 是综合因素的反映以及涉及的方面较广等原因,一般难以针对 Y 直接进行改进。为此,需要分析影响 Y 的主要方面,通过逐层分解,确定要改进的主要方面 y。根据范围及影响度的不同,一般需跨部门解决的,则可定义为黑带(BB)项目;在部门内或一定可控范围内可以解决的,往往可作为绿带(GB)项目;对于范围可控、难度较小的不需要高级统计工具来分析解决的项目(用老七种工具或新七种工具等即能分析解决的问题),可定义为一般项目,通过现场改进小组等方式实施。例如,造成顾客满意度低的一个主要原因是返修品的处理周期太长,因此返修品的处理时间就是一个 y,而对返修品的处理涉及市场部、质量部、技术部、制造部和车间,问题的解决需要一个跨职能的团队。

步骤三:针对选定的需要改进的 y,明确顾客关注的关键质量特性(CTQ)。在选定了项目 y 以后,有时还不能直接确定 y 为改进项目。因为前面已经说过,六西格玛的价值观之一是以顾客为中心,因此需要针对 y 去倾听"顾客的声音",调查并了解顾客对 y 的需要,从而确定顾客最关心的 CTQ。对于返修品处理周期长的问题,顾客关注的 CTQ 包括顾客从把需要返修的产品交付给企业到接到问题处理结果为止的时间,以及问题解决率、对顾客损失的赔付等。

步骤四:根据 CTQ 确定项目课题。通过前面三个步骤,已经明确了项目的改进点(y)和在改进点(y)顾客最关心或最关注的是什么特性,在此基础上最终确定项目课题。

在确定项目课题时通常要考虑以下问题:
(1) 优选项目。如果有很多 CTQ 都需要改进,而且改进资源有限,则应根据组织的战略发展需要和改进项目给组织带来的绩效,选择优先改进的机会。
(2) 确定项目。确定项目的方式有两种:一是直接将顾客的 CTQ 确定为改善项目,如将缩短返修品处理时间作为改进项目;二是通过矩阵图,找出影响顾客 CTQ 的相关流程,确定一个或几个流程的改善为改进项目。
(3) 进行完整的问题陈述,言简意赅地定义问题并使之量化。
(4) 确定项目课题名称。
(5) 描述项目,做到 SMART,以及具体的(Specific)、可测的(Measurable)、可行的(Attainable)、相关的(Relevant)(与解决问题是一致的)、有时间限制的(Time bound)。

3.1.3 六西格玛项目选择需注意的问题

在六西格玛项目选择过程中,应注意避免下述常见的问题或错误:

(1) 项目欲解决的问题与企业发展重点或关键顾客需求等没有联系,因此体现不出项目价值,无法得到管理层的支持和承诺,此类问题不适合选为六西格玛项目。

(2) 项目改进内容不是针对顾客的CTQ,项目实施后看不到对 y 的改善,不见成效,此类问题也不适合选为六西格玛项目。

(3) 没有针对 Y 进行分析、分解,直接将 Y 作为改进项目,造成因素太多,项目太大,抓不住重点,项目难以达成目标,应该将 Y 分解成若干个具体的六西格玛项目。

(4) 欲解决的问题原因已经明确,行动措施已经初步确定,此种问题应该立即采取行动,而不需要再选作六西格玛项目,避免走过场,搞形式主义。

(5) 项目衡量指标不明确或项目目标没有挑战性,此类问题浪费资源、无意义,不适合作为六西格玛项目。

(6) 项目难度太大,超出项目团队的能力或授权,不适合作为六西格玛项目。

(7) 项目改进空间太小,预期收益太低,企业得不到适当的回报,此类问题也不适合作为六西格玛项目。

总的来说,好的开始是成功的一半,选择好的项目是企业六西格玛管理成功的关键。初次导入六西格玛管理的企业在考虑选择什么项目时,可能不是那么顺利,会占用一些时间,甚至会有一些反复的过程,然而,这却是六西格玛管理活动中必不可少的一项重要工作,多花一些时间也很必要。

3.2 六西格玛项目立项表和计划

3.2.1 项目立项表和计划概述

编制和完善项目立项表(或称项目特许任务书)是界定阶段工作的主要输出,项目立项表将表述项目的范围,阐明团队使命,陈述问题和机会,明确项目的目标和预期收益,并且帮助团队沟通各自的分工和计划。立项表是项目工作的第一个并且通常是最重要的里程碑,团队开始实施项目之前,立项表必须先由倡导者等领导批准。

作为界定阶段团队活动标志性的成果,立项表直接反映了项目团队活动的质量,直接关系到项目的进展和DMAIC过程的实施。项目立项表是正式批准项目的文件,该文件授权六西格玛项目组长(黑带或绿带)在项目活动中动用组织的资源。项目立项表包括以下要素:

(1) 项目名称;

(2) 项目背景及选择理由;

(3) 问题/机会陈述;

(4) 目标陈述;

(5) 项目团队组成及职责分工;

(6) 项目涉及的过程和职能范围、约束和假定;

(7) 项目利益相关方及其影响;

(8) 总体里程碑进度表(阶段性任务及时间安排);

(9) 倡导者的批准和授权。

项目立项表一般应由项目组长组织项目成员一起讨论、分析,制定出初稿,报企业负责六西格玛协调、推进的资深黑带或承担类似职责的主管人员,或培训师、咨询师审议,最后报送发起该项目的倡导者批准。

项目立项表的完善是一个动态的过程:在六西格玛项目的界定阶段,应对项目立项表要素进行进一步的明确和更新;当测量阶段结束后,如果项目过程绩效基线数据与界定阶段不同,也应对问题和目标陈述予以必要的更新和完善;当项目总结时,基于项目立项表评价项目目标的完成情况等。

3.2.2 项目规划工具

有很多工具和技术都可以协助项目团队制定项目时间表,按时间分配资源,在项目计划的实施过程中跟踪项目的进展。下面介绍最常用的甘特图。

甘特图显示了随着时间的推移,项目任务之间的关系。甘特图的横轴是时间单元(天、周、月等),纵轴是需要完成的活动。条形显示了各个活动的估计开始时间和持续时间。表3-1是某企业六西格玛项目界定阶段的甘特图。

表3-1 六西格玛项目计划甘特图

D阶段	周(5月7—31日)			
任 务	第一周 5月7—13日	第二周 5月14—20日	第三周 5月21—27日	第四周 5月28—31日
评价任务数和确定项目	■			
确定顾客需求(CTQ)		■	■	
确认过程(KPOV)		■	■	
界定劣质成本(COPQ)			■	■
估算SIGMA质量水平,评价现有数据				■
完成界定阶段,着手测量计划				■

甘特图可以进行一些功能上的增强,如增加里程碑事件的标志、项目进展图示、任务负责人等。甘特图是在20世纪早期发展起来的经典的计划制定工具,具有形象、直观、简明、易懂、作图简单等优点,至今仍是行之有效的制定计划的方法。用甘特图制定项目计划时,

必须清楚任务之间的相互关系,即哪些任务在其他任务开始之前必须完成,哪些任务可以同时进行。传统甘特图的主要缺点之一是不能在图上清晰和严密地显示各项任务之间相互关联、互为条件、互为因果的依存关系,以及在时间上的先行和后续的衔接关系。因此,如果一项任务被延误,其他哪些任务将会受到影响就不能明显地表示出来。不过,大多数项目管理软件包(如 Microsoft Project)能够提供通过应用连接箭头表示任务间相互依存关系的甘特图。

3.2.3 项目文档

作为六西格玛项目管理的一部分,规范一致的项目文档是必需的。这些规范的文档对于持续改进活动及知识的积累都会起到很好的作用。在项目实施过程中,应有专人负责对这些文档进行动态的归集、管理和维护,进行阶段性的审查,并在项目完成后交由六西格玛管理机构或档案管理部门存档。随着信息化时代的到来,使用电子文档来保存项目全寿命周期的信息将越来越普遍。

不同的企业会制定不同的六西格玛项目文档的模板及记录要求,但通常会包含以下内容:

(1) 项目立项表及其更新;
(2) 项目计划(甘特图等)及其更新;
(3) 不良质量成本测算报告;
(4) 项目收益预测与资源需求预算;
(5) 团队规则;
(6) 会议纪要、电子邮件及学习笔记等;
(7) 项目状态分析资料、报告及演讲材料;
(8) 项目效果测评(包括成本—收益分析)和确认;
(9) 行之有效的措施的标准化(程序、图纸等的更改);
(10) 项目总结报告(包括经验教训)、成果发布和分享材料。

一般来说,推行六西格玛管理的企业都要建立六西格玛项目的审批流程及项目管理制度,其中应规定对项目文档管理的具体要求。

3.2.4 六西格玛项目立项表样例

表 3-2 为某公司的六西格玛项目立项表。

表 3-2　某公司的六西格玛项目立项表

项目主管:李向阳	业务主管:洪常	倡导者:王广昌
日期:2016-03-28	日期:2016-03-30	日期:2016-04-01

DMAIC 项目立项表				
项目名称:缩短 SM300 系列出口产品交付周期,提高市场竞争力				
项目领导:李向阳 选题背景: 　　进入新一代数码仪产品国际市场是企业"十一五"计划期间重要战略增长点。2015 年,首批进入国际市场的 SM300 系列产品,遇到了较强的市场竞争。竞争压力主要来自交付周期。主要竞争对手的交付周期达到了 10 天,而本企业 SM300 的交付周期平均为 18 天。由此带来的直接市场损失为 2 600 万美元/年				团队成员: 李向阳:项目负责人(黑带) 于一周:生产计划部副部长(绿带) 孙代红:供配部成品采购组组长(绿带) 张成雨:装配车间主任(绿带) 王德西:成品总库副主任(绿带) 李红:工程部副总工程师(绿带) 章法强:质量保证部 SM300 经理(绿带) 强为:财务部业务经理
问题/机会陈述: 　　统计数据表明 2015 年 6—12 月,SM300 数码仪的平均交付周期为 18 天且波动较大,最快的交付批其交付周期可以达到 8 天,但最迟的交付批达到了 32 天。如果以交付周期不超过 12 天为标准,则大约有 82% 的交付批次超过了这个标准				目标陈述: 　　本项目的预期目标是:以交付周期不超过 12 天为标准,到 2016 年年底,将 SM300 系列产品的交付周期超过 12 天的比例(缺陷率)从 82% 降低到 25%
项目范围、约定和假定: 　　本项目范围是从生产计划、采购/配套、装配调试到包装发运的业务流程				相关部门: 　　生产计划部、供配部、装配车间、成品总库、工程部、质量保证部
预期计划	目标日期		实际日期	评　审
开始日期				
界定(Define)	3 月 28 日			
测量(Measure)	4 月 15 日			
分析(Analyze)	5 月 15 日			
改进(Improve)	6 月 15 日			
控制(Control)	7 月 15 日			
完成日期	8 月 30 日			

3.3　六西格玛项目团队建设

3.3.1　团队的组建和授权

　　六西格玛项目是在黑带、绿带带领下,由项目团队实施完成的。团队的作用是非常重要和不可替代的。

六西格玛团队通常由以下人员组成并授权承担下述职责：

（1）团队领导/组长，由黑带或绿带担任，对整个项目负责。

（2）核心成员，是团队领导/组长选择来实施项目计划的人员，全程参与项目。

（3）扩展成员，即根据项目的需要，只需部分参与项目的成员，如团队中财务核算人员、供应商代表、个别的技术专家等。

（4）业务负责人，是项目所在部门的负责人和过程的管理者。

（5）倡导者，有时也直接参与团队活动。

（6）项目指导人或教练，是为团队成员提供六西格玛方法、工具指导的人员，一般由资深黑带或咨询顾问担任。

为了使团队领导/组长履行好其职责，保证项目的顺利开展，在项目启动前，需要做好相应的准备工作，表3-3和表3-4列出了可供团队领导/组长参考的准备工作的注意事项和活动建议。

表3-3 团队领导/组长审核表：六西格玛项目团队首次会议前准备工作

□ 与业务负责人及倡导者一起起草项目立项表。
□ 如需要，挑选小组成员。
□ 联系并欢迎成员加入。
□ 起草首次会议日程。
□ 安排会议后勤事项。
□ 选择一个启动会议时调节气氛的小技巧。
□ 与过程负责人建立联系，并让其了解项目的整体方向。
□ 做相关方分析。
□ 开始罗列小组所需外部支持人员名单等。

表3-4 项目小组首次会议

与会人员：（名单）		
日期：	时间：	地点：
• 会议目的：（六西格玛项目名称）启动会 • 日程安排： • 致欢迎词 • 小组成员介绍 • 讨论小组成员的目标、期望及角色、团队活动规则、章程等 • 审核项目立项表 • 列出主要相关方名单 • 根据小组成员提出的疑问、项目立项表及下次会议所需准备，列出行动事项 • 确定下次会议时间和议程 • 评估会议效果 • 结束会议		

3.3.2 团队发展阶段

随着团队成员共同工作，团队逐步进入成长和成熟阶段。理解这些发展阶段对有效的管理团队过程是很有价值的。这些阶段可能表现出不同的强度和持续期,这取决于团队的类型、团队工作环境以及构成团队的个体。达克曼描述了项目团队发展阶段的四个阶段(见图3-2)。

图3-2 项目团队发展阶段的四个阶段

3.3.2.1 阶段1:形成期

团队首次聚在一起,随之而来的是本人个性以及反映自身环境的价值观。每个团队都是一个新的经历,甚至对那些以前曾参加过团队的成员来说也是如此。每个人都小心谨慎地进入这个环境,他们在这个新的经历中对角色和绩效感到忐忑不安。因此,在形成期,团队通常要阐明其目的,确定每个成员的角色,进行团队培训,以及制定可接受的行为准则。

3.3.2.2 阶段2:震荡期

在此期间,团队成员对团队任务的真实情况已完全理解,但团队成员仍首先作为个体来思考,并往往根据自己的经历做出决定,而不是与其他成员协商广泛听取建议。随着团队成员一起工作,他们对于实现项目目标的最佳方法会存在分歧,甚至对项目的总体目标也可能存在分歧。大家还会发现每个人在项目中的工作方法不同,这些分歧可能引起团队内的争论甚至矛盾。对于团队来讲,如果不能处理好这一阶段的问题,很可能就会导致项目最终失败。对此,团队领导/组长应该事先估计到这是团队组建过程中必然出现的正常阶段。他可以通过与团队成员的个别沟通,重申团队的目标、鼓励成员发表解决问题的意见等方式,排除障碍,带领团队跨过这一阶段。必要时可以请业务负责人或倡导者出面支持。

3.3.2.3 阶段3:规范期

在此阶段,团队成员已从关心个人问题转变为关注实现团队目标,个人已融入团队中。团队成员间会达到一定程度的适应。团队成员开始就各种问题达成一致,并愿意为了团队而协商和消除分歧,因而在这个阶段团队有了更多的协商和对话。团队领导/组长应予以支持和赏识。

3.3.2.4 阶段4:执行期

在此阶段,团队已经成为一个具有高度凝聚力的整体。团队成员对他人的优缺点以及他们如何完成使命了如指掌,并能够群体解决问题。在此期间,团队在实现目标上取得重大进展,团队领导/组长可以更多地授权。

虽然发展的四个阶段表明了时间的逻辑结果,但每个团队的实际发展过程千差万别。例如,已前进到阶段3或阶段4的团队可能退回到阶段1或阶段2。如果他们认识到之前的相互假设并不真实,他们已用于决策的信息并不确切,或是由于工作的调动而改变团队的成员关系这种情况就可能发生。一些团队可能在原阶段停滞不前,但项目的时间有限,必须在动态中及时调整、解决团队的问题。

3.3.3 团队动力与绩效

一个成功的团队应该是一个高度团结、独立自主的团队。这些不仅仅是在选择团队成员时要注意的,也是一个团队在开展工作的过程中应该努力营造的。当然,其中团队领导/组长要负主要的职责。通常团队建设的步骤如下:

(1) 仔细分析任务,确定所需的技能组合和工作风格,以取得互相补充、互相促进的组合。

(2) 向每一位团队成员讲述团队的愿景、目标以及对个人的任务要求。

(3) 提供必要的技能培训以及必要的处理工具(软件、硬件等)。

(4) 共同建立团队规则(见图3-3),包括团队的例会制度、问题的沟通解决机制、编制项目立项表等。

(5) 监控进度、保证团队凝聚力,并不断向目标迈进。

(6) 注意团队工作中的成绩,并给予祝贺。

六西格玛团队规则

我们一致同意从我们团队自己做起,最有效地利用时间。我们承诺以下行为准则:
1. 会议准时开始和结束。
2. 如果有人不能参加会议,要至少提前一天通知组长。
3. 每次会议的内容都要提前通知:做一个议程,或在会前加以讨论。
4. 准时完成所分派的工作。如果做不到,则要至少提前一天通知组长。
5. 对任务坚持不懈。
6. 会议仅通知那些需要参加的人。
7. 会议以开放式讨论的方式进行。我们彼此挑战,坦诚相见。
8. 可能时,我们将利用午饭时间开会。

图3-3 团队规则举例

面对六西格玛管理的挑战,六西格玛团队必须讲求团队技巧。人们希望努力工作去争取成就,但个人的成就总是有限的,团队的绩效要优于个人成就。前面我们已经提到黑带不仅必须具备使用统计方法的能力,同时也必须拥有卓越的领导力与亲和力,使六西格玛团队

成员相互依存、相互帮助,项目才能取得真正的成功。那么团队负责人如何领导团队取得成功呢?这需要一些方法和技巧。

3.3.3.1 团队激励

作为团队的负责人,欲使其成员共同为项目负责,激励技巧是十分重要的,这里有一种务实的团队激励办法,即 TARGET 方法可供参考。

T(Truth,事实):团队成员必须知道事实真相,团队负责人应与团队成员坦诚沟通,分享经验,这有助于建立"勇于面对事实真相"的工作环境。

A(Accountable,负责):团队成员应该为自己的绩效负责。团队负责人可以通过诸如审查项目计划及定期检查项目实施情况并予以指导等,增强团队成员的责任感。

R(Respect,尊重):团队成员应该本着正直与坦诚的原则,相互学习,交换心得。直接点出问题,然后制定一个了解问题、探索问题的解决方案。

G(Growth,成长):团队成员及团队本身都必须能够经由学习而成长,以便有能力挑战更困难的工作任务。团队负责人可以协助团队成员认识通过六西格玛活动而成长的重要性,让团队成员愿意经由学习而成长。

E(Empowered,授权):成功的群体仍需个别的行动,尤其是在专业技术背景方面。团队负责人应协调业务负责人或倡导者,让团队成员取得授权,落实个别的具体行动,发挥个人的特长。

T(Trust,信任):作为一个有效的群体,六西格玛团队成员之间应该相互信任,并且同心协力完成指定的任务。团队负责人可以协助团队成员增进彼此间的相互信任。

有了上述保证,六西格玛团队就可以表现出高效六西格玛团队的共同特征。

(1) 跨职能团队:团队成员应来自不同的职能领域,同时拥有互助互补的技术能力。跨职能团队的多数成员仍需兼顾自己部门的工作。

(2) 挑战性绩效:更有挑战意义的绩效改进,将十分激励团队士气。在根据内外部顾客需求制定的挑战性目标的指导下,团队成员之间充分沟通,团队成功机会将大大增加。

(3) 有意义的目标:团队的每一位成员都必须认同团队存在的价值及其对组织整体的贡献,成功的团队必须共享目标,并得到所有成员的认可。

(4) 清楚的方法:团队必须使用共同语言,每位成员都必须了解并接受每一个问题解决办法。每位成员都必须彻底认识其所负责的过程作业。

(5) 开放的沟通:诚实和经常沟通是一种基本要求。六西格玛的价值观之一是无边界合作,这是建立在广泛沟通的基础之上的。

(6) 公正的回报:为了发挥团队的激励作用,对工作卓越的团队或成员给予表彰和激励,使辛勤付出能够有相应的回报。

3.3.3.2 团队培训

六西格玛团队组建之后,必须结合项目的情况实施专题培训,教导"为何"(Why),指导"如何"(How)。

在项目团队的发展过程中,应当不断地对项目团队的绩效进行评估,从中及时发现团队发展中的问题。同时,团队绩效评估也是向管理层反馈团队在实现目标过程中的进展情况的一种有效手段，它对项目团队获得管理层的支持十分重要。

在项目实施的过程中，除了跟踪项目目标的实现情况，并由此评价项目团队创绩效，也可以采用内部导向的测量指标，如团队会议的出勤率，团队成员的满意程度，以及其他表征团队动力的因素。项目团队应当进行自我评价，并向倡导者和业务负责人报告这些评价指标的测评结果。

团队进行自我评价的方式是建立在有效团队的指南或团队行为规范一览表基础上的。每次团队会议结束后，对团队的表现做出评价。评价标准可以随着时间的推移而修订。

3.3.4 团队工具

用于团队工作的工具有很多，如头脑风暴法、名义组技术、多重投票法、力场分析等。这里重点介绍头脑风暴法及其应用。

3.3.4.1 头脑风暴法

头脑风暴是一个团队为解决已知问题产生多个方法的一种简单方法。一般的头脑风暴会议过程如下：

(1) 头脑风暴的主题，用清晰的语句以小组成员都能看到的方式写出来。
(2) 领导/推进者向小组成员征求想法。
(3) 写下每个想法，不分析或批评。
(4) 这个过程延续到没有新的想法出现。

再次审视想法表，保证每个人都理解它，然后将相似的想法合并，形成可用于投票的想法表。

头脑风暴也可以做得更加结构化，如轮回法要求小组的每个成员每次提出一个想法，如果没有想法则简单地跳过，接着询问下一个人的想法，然后是再下一个，依此类推，当最后一圈每个人都没有新的想法时，头脑风暴会议完成。也可以使用类似的过程，将几张纸贴在房间的四周，在每张纸的顶端写上特定的主题或问题，小组成员从一张纸走到另一张纸，把他们的想法写下来。在桌旁围坐的小组同样可以用传递卡片的方法来完成类似的过程。

"头脑风暴法"成果是因果图(鱼刺图)，它是利用头脑风暴集思广益，寻找影响质量、时间、成本等问题的潜在因素，然后用图形来表示的一种十分有用的方法，它能帮助我们集中注意力搜寻产生问题的根源，并为搜集数据指出方向。

头脑风暴还有一种特别的方法可用于以下场合：所处理的是特别敏感的主题，或小组成员间还没有建立高度的信任。这个方法叫作 Crawford 卡片法，请每个人制作自己想法列表的卡片，接着，递给一个可信赖的人(如团队负责人)，这个人将其编辑为单一的列表。这种方法的匿名性可以使人们自由提出他们的想法，在小组中经常会发现有几个人有着相同的想法，从此开始建造共同的平台。

3.3.4.2 名义组技术

处理头脑风暴产生的想法的一般方法是名义组技术。应用这个技术可以帮助团队从他们提出的想法中选择少数重要的想法。名义组技术由下列步骤构成：

(1) 对想法列表进行整理,并简化合并,使想法列表完整、清晰,且不重复。

(2) 请每个参加者为各个想法按顺序标出等级(例如,在八项中,1表示最好,8表示最坏)。

(3) 在每项旁边记录全部参加者评出的等级。

(4) 对每项等级评分求和。那些等级最低的项目是人们乐意接受的选择。

表3-5是名义组技术应用的一个简单的案例,案例中某小组成员要决定他们让你吃午餐的地点。

表 3-5 名义组技术应用示例

餐 馆	个人与排序					
	学员A	学员B	学员C	学员D	学员E	TOTAL
海鲜城	4	4	4	4	3	19
湘菜馆	3	3	3	3	4	16
麦当劳	1	2	1	2	1	7
肯德基	2	1	2	1	2	8

在四个选择中,麦当劳餐馆总分最低(优先级最高)成为首选。

3.3.4.3 多重投票法

多重投票法是使团队成员将他们的想法统一起来的另一种方法。

(1) 首先,将团队成员的所有想法列表。

(2) 然后,要求他们投票选出他们认为最适宜的想法,通常允许每人投的票数是总数的一半左右。保留的票较多的将没有得票或得票很少的从列表中剔除。

(3) 投票过程重复进行,直到达到预期的项目数量。

3.3.4.4 力场分析

力场分析是库尔特·李温(Kurt Lewin)提出的一种方法。一个组织中各种事情的目前状态被看成是一种平衡状态,维持这种平衡状态的是相反方向上作用的两组力:驱动力趋向变化,而阻止力阻碍变化。

一项变革不可能在阻力强过动力时发生。增加动力无疑会促进变革的发生,但减少阻力可能会取得更好的效果。

我们以学校开设研究型课程为例介绍力场分析的应用:

第一步,学校管理者要把开设研究型课程的影响因素尽可能全面地罗列出来,如政府的政策倾向、家长的认同程度、教师的知识技能、学校的教学设备等。

第二步,对已列出的因素一一进行分析,判断其对推行研究型课程是有利的还是不利的。

第三步,对有利因素和不利因素的"力量"大小进行估计,了解动力与阻力的力量对比。

通常,力量的大小可在0至10之间取值。当动力明显弱于阻力时,研究型课程不妨暂缓推行,待时机成熟再行实施;当动力大于阻力时,研究型课程则可以比较顺利地推行。

3.4 六西格玛项目监控与促进变革

3.4.1 项目跟踪和监控

在项目开始阶段,团队往往会投入较多的时间精力来界定项目,编制项目立项表和计划。一旦项目立项表和计划被批准,就需要采取一系列的措施,应用甘特图和网络计划技术等,跟踪、监督和控制项目的实施状况,包括监测项目进程,预测、发现并解决问题以及重新计划,以使项目恢复正常运作。

项目监控的目的是在预算内按时完成任务。在项目进行过程中,肯定会出现与计划不一致的事情,对此就需要团队快速地识别问题,解决问题,尽快使项目恢复正常。如何对项目进行有效的监控呢?图3-4是项目监控的常用流程。

项目目标是在制定项目计划时产生的。在制定项目计划时,为了便于以后的跟踪控制,项目计划中应该有里程碑计划(Milestone),对每一项工作都应该有明确的输出要求。实际测量是指团队通过一些手段来明确项目目前的进展状况。这些手段可以是向业务负责人或倡导者报告、团队会议、甘特图检查等。要了解目前项目进展状况,就要与项目计划中的标准进行对比,找出差距,有效解决。

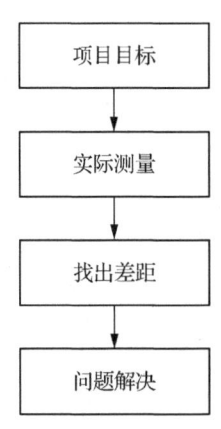

图3-4 项目监控流程

3.4.2 促进变革

六西格玛项目的实施过程是一个流程变革、系统变革和文化变革的过程。项目的负责人要带领团队迎接变革,倡导变革。项目管理是一门复杂的科学,其成败取决于很多因素,项目管理中的沟通与变革管理是项目成败的关键之一。成功的六西格玛项目不仅是一项技术工作,而且是一项变革管理。

变革管理的根本目的是取得项目实施成功所必需的利益相关者的支持与承诺,同时促使全体员工接受并适应新的系统与业务流程。

具体而言,变革管理必须实现以下目标:项目团队能与业务部门领导、公司决策层进行开诚布公、及时有效的沟通,从而获得他们的支持、参与和推动;项目团队内部能进行高效的沟通,以保证项目团队成员的工作协调一致,按时、保质、保量实现预期的目标,并得到认同。

为使整个组织能清楚地理解项目实施的目的、影响与进度,应做到所有员工都理解项目实施的原因、意义及其对整个组织及组织内部每个部门或个人的影响;使广大员工能看到公司高层领导通过实际行动所表现出来的对于项目实施的支持与承诺;保证组织合理安排员工的工作职责和角色转换,以及可能发生的组织结构调整。

对项目所涉及的人员要进行必要的教育与培训,使其以积极主动的心态迎接可能的变革,并具有相应的技能来适应这种变革;加强内外部的宣传与沟通,为项目顺利推进营造一种适宜的组织氛围。

变革管理工作的核心是沟通。沟通是取得那些会受到变革影响的人的支持的基础。这种支持只有在关键决策者认识到变革的作用并推动变革时才会取得。所以项目负责人不仅是变革的倡导者,还应该具有良好的沟通能力及影响力。

第4章
顾客需求与市场需求

4.1 概 述

质量功能展开是把顾客需求转化为服务产品的设计要求的一种技术工具,从而实现以顾客需求为驱动来进行质量设计。它的基础理论是:由顾客需求驱动产品与服务在策划、设计、开发过程当中进行的所有的活动,并将顾客需求充分地融合和体现在产品与服务的设计中,在满足顾客需求前提条件下,运用系统工程的方法,分析研究产品与服务的策划与设计开发的时间、成本、质量、服务、环境等要素之间的关系,以实现最优化。

作为产品设计阶段的一种工具,QFD的实质是用一种系统工程的观点将顾客的需求转化为工程特性。QFD体现了以市场为导向,以顾客需求为产品开发唯一依据的指导思想。在六西格玛设计方法体系中,QFD技术占有举足轻重的地位,它是开展六西格玛设计的先导步骤,通过对顾客需求的逐层展开来确定产品研制的关键质量特性(CTQ)和关键过程特性(CTP),从而为六西格玛设计的具体实施确定重点,明确方向。

QFD由赤尾洋二博士提出,之后经过在日本的发展,逐渐被一些西方工业国家引入,在汽车工业和国防工业得到推广,得到了进一步提高。目前,QFD已经在全球几十个国家得到广泛应用。QFD已经不只应用于最初的生产领域,而是广泛地应用于非生产领域,如服务业、软件业、医疗卫生行业等。

4.2 QFD基本方法

为了适应市场竞争,必须以顾客需求为导向进行产品开发。QFD的基本原理就是用"质量屋"(Quality House)的形式,量化分析顾客需求与工程措施间的关系度,经数据分析处理后找出对满足顾客需求贡献最大的工程措施,即关键措施,从而指导设计人员抓住主要矛盾,开展稳定性优化设计,开发出满足顾客需要的产品。

下面以圆珠笔的开发为例,使读者对QFD有一个初步的了解。在国外圆珠笔是最通用的书写工具,其书写的字迹质量与用碳素墨水钢笔的书写质量接近,字迹流畅、均匀、牢固、不褪色,适于长期或永久保留,因此可在任何正式场合使用。为了提高国产圆珠笔质量,进军国际市场,采用质量功能展开的方法进行出口圆珠笔的开发。

QFD过程是通过一系列图表和矩阵来完成的,其中起重要作用的是质量屋。赤尾洋二教授将质量屋定义为:"将顾客要求的真正的质量,用语言表现,并进行体系化,同时表示它们与质量特性的关系,是为了把顾客需求变换成代用特性,进一步进行质量设计的表。"

4.2.1 质量屋的建立

为了用 QFD 指导圆珠笔的开发,首先要明确质量屋的概念。

质量屋也称质量表(Quality Chart 或 Quality Table),是一种形象直观的二元矩阵展开图表。图 4-1 是在分析、比较、综合国外各种形式质量屋的基础上,结合国情,并根据我国自己的实践经验设计的中国化的质量屋方案。在大量工程应用中,该方案具有良好的适用性。其基本结构要素如下:

(1) 左墙——顾客需求及其重要度。
(2) 天花板——工程措施(设计要求或质量特性)。
(3) 房间——建系矩阵。
(4) 地板——工程措施的指标及其重要度。
(5) 屋顶——相关矩阵。
(6) 右墙——市场竞争能力评估矩阵。
(7) 地下室——技术竞争能力评估矩阵。

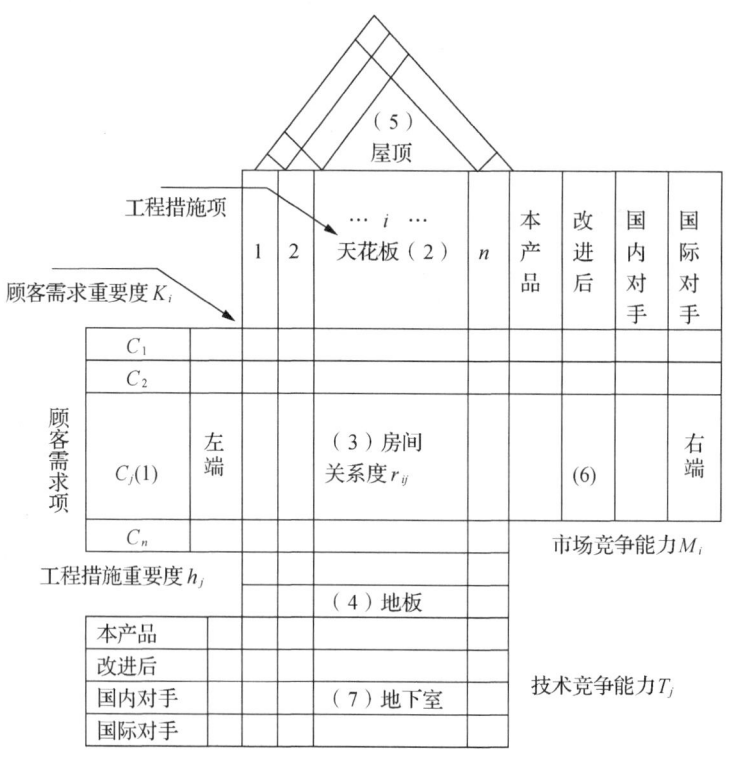

图 4-1 质量屋的结构

质量屋的结构借用了建筑上的称谓,好懂易记,并形象地喻示 QFD 方法的结果是使顾客可以在质量大厦的庇护下,满意地享用他们所需要的产品或服务。采用质量屋的形式进行矩阵展开,不但直观易懂,具有吸引力,而且所能处理和分析的信息量比 QC 老七种工具中的鱼骨图(因果图)等要大得多,在处理的深入程度和量化程度上也要好得多。

为了建立质量屋,开发人员必须掌握第一手的市场信息,整理出对该产品的顾客需求,评定各项需求的重要程度,填入质量屋的左墙。

从技术角度,为满足上述顾客需求,提出对产品的设计要求(工程措施),明确产品应具备的质量特性,整理后填入质量屋的天花板。

质量屋的房间用于记录顾客需求与工程措施之间的关系矩阵,其取值 r_{ij} 代表第 i 项顾客需求与第 j 项工程措施的关系度,关系越密切,取值越大。

屋顶用于评估各项工程措施之间的相关程度。主要是因为各项工程措施可能存在交互作用(包括互相叠加强化或互相抵触削弱),在选择工程措施及指标时必须考虑交互因素的影响。

在质量屋的地板上填入工程措施的指标及其重要度。对产品的市场竞争能力和技术竞争能力进行评估打分,填入质量屋右墙和地下室的相应部分。这样,质量屋的建造即告完成。

4.2.2 顾客需求与工程措施的确定

上节中讲到,为了建立质量屋,必须首先收集顾客信息,整理得出顾客需求。

顾客或市场的需求往往比较笼统、定性和朴素,有些意见可能比较片面。另外,随着时间的推移、经济和技术的发展、消费环境的变化,市场需求也是不断变化的。应当尽可能完整地、及时地收集第二手的市场信息。在此基础上,对这些原始信息进行整理、加工和提炼,形成系统的、有层次的、有条理的、有前瞻性的顾客需求。这项工作是极其重要的,它是一个企业正确地制定产品开发战略,设定产品质量目标的基础。

经过广泛调研,顾客对圆珠笔的要求主要有:书写要流利,字迹永不褪色,外形美观,使用方便,价格适中,有适当的耐用性。将这六条整理后作为顾客需求,填入质量屋左墙。

从技术的角度出发,应针对顾客的需求,进行产品质量特性(设计要求)的展开(需要时可以把质量特性划分层次),按隶属关系整理成表格,形成质量屋中的天花板部分。

圆珠笔的设计要求包括:笔尖组件设计,油墨浓度选择,油墨成分的确定,收放机构设计,外形设计,成本控制和材料。这七项要求没有层次上的隶属关系,作为同级工程措施并列填入质量屋的天花板。

4.2.3 关键措施与瓶颈技术的确定

为了从上述七条工程措施中挑选出具有关键意义的几条,首先对顾客需求进行评估,给出各项需求的重要度值;然后,确定顾客需求与工程措施两两之间的关系度(关系矩阵);最后,分别计算每项工程措施与全部顾客需求的加权关系度之和并进行比较。加权系数即相应的顾客需求的重要度。加权关系度之和大(亦即对满足顾客需求贡献大)的那些工程措施就是所谓的关键措施。我们将每项工程措施对顾客需求的加权关系度之和称作工程措施的重要度,根据该重要度明确重点,集中力量实现关键的工程措施,把好钢用在刀刃上,最大限度地发挥人力、物力的作用。

关键措施的重要度应明显高于一般工程措施的重要度。例如,可将重要度高于所有工程措施的平均重要度1.25倍以上的工程措施列为关键措施。图4-2给出了开发优质圆珠笔的质量屋。通过建立质量屋确定了两项关键措施:油墨成分和笔尖组件设计。

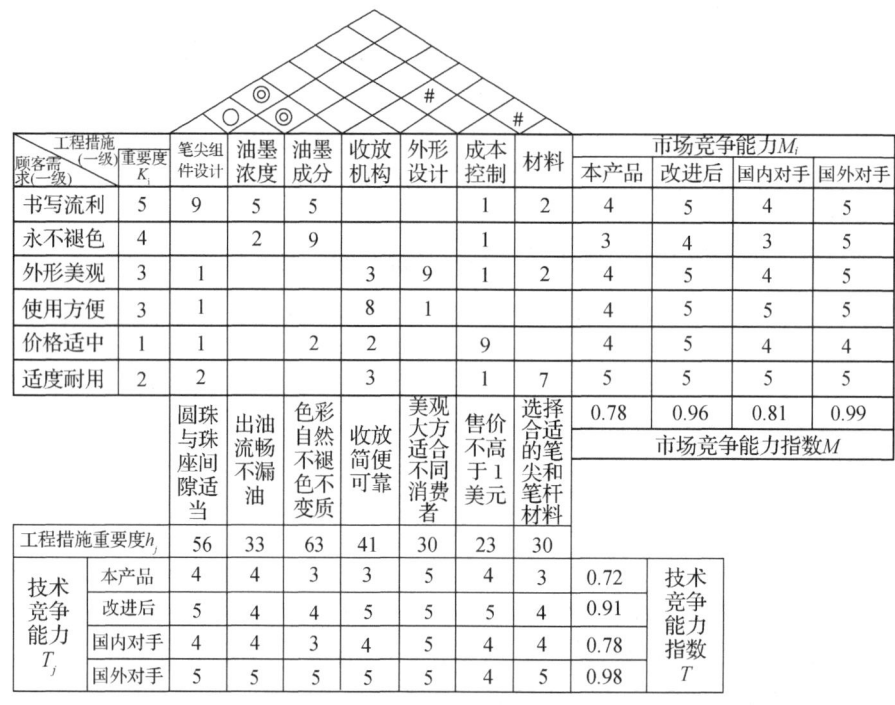

图4-2 优质圆珠笔一级质量屋

在该质量屋中,对新产品预期的竞争能力(市场竞争能力和技术竞争能力)也做了分析,帮助决策者了解产品的竞争态势。关键措施从质量角度来说必须予以保证,并从严控制,但在技术上不一定难以实现。我们将现有技术很难解决的技术关键被称为"瓶颈技术",在质量功能展开的过程中必须找出瓶颈,并攻克瓶颈技术。

4.2.4 四个阶段的质量功能展开

四阶段模式是美国供应商协会(ASI)提倡的四阶段展开方法,它从顾客需求开始,经由四个阶段即四步展开,用四个矩阵,得出产品的工艺和生产(质量)控制参数。

(1)产品规划阶段。通过产品规划矩阵(质量屋),将顾客需求转换为质量特性(产品特征或工程措施),并根据顾客竞争性评估(从顾客的角度对市场上同类产品进行的评估,通过市场调查得到)和技术竞争性评估(从技术的角度对市场上同类产品的评估,通过试验或其他途径得到)的结果确定各个质量特性(产品特征或工程措施)的目标值。

(2)零件配置阶段。利用前一阶段定义的质量特性(产品特征或工程措施),从多个设计方案中选择一个最佳方案,并通过零件配置矩阵将其转换为关键的零件特征。

(3) 工艺设计阶段。通过工艺设计矩阵,确定为保证实现关键的质量特性(产品特征)和零件特征所必须保证的关键工艺参数。

(4) 生产控制阶段。通过生产控制矩阵将关键的零件特征和工艺参数转换为具体的生产(质量)控制方法或标准。

根据下一道工序就是上一道工序的"顾客"的原理,四阶段模式从产品设计到生产的各个过程均建立质量屋,且各阶段的质量屋在内容上有内在的联系。在此模式中,上一阶段的质量屋"天花板"的主要项目将转换为下一阶段质量屋的"左墙",上一步的输出就是下一步的输入,构成瀑布式分解过程。QFD的展开要将顾客的需求逐层分解,直至可以量化度量。同时采用矩阵(质量屋)的形式,将顾客需求逐步展开,分层转换为设计要求、零件特性、工艺要求和生产(质量)要求。

图4-3显示了四个阶段的QFD。其中零件配置阶段质量屋"左墙"的顾客需求应是产品规划阶段质量屋中关键的工程措施(设计要求)及其指标,"天花板"是为实现设计要求而提出的零(部)件特性。与此相仿,工艺设计阶段质量屋的"左墙"应为零件特性及其参数,"天花板"是工艺要求,生产控制阶段质量屋的"左墙"应为工艺要求及其参数,"天花板"是生产要求。

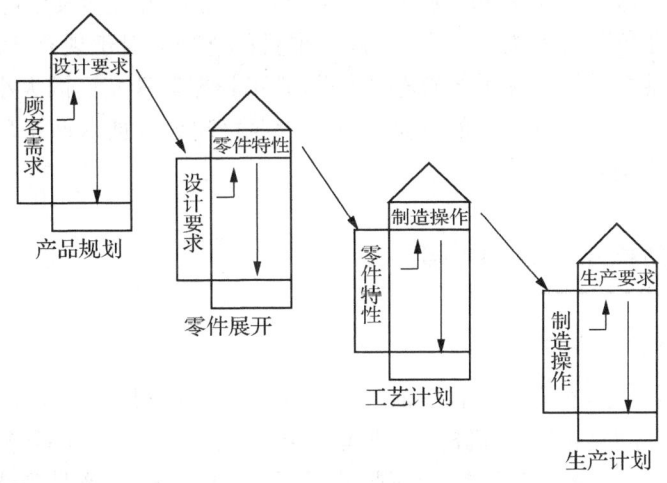

图4-3 四个阶段的质量功能展开

并不是所有的QFD都需要完整地包括上述四个阶段。根据QFD工作对象的复杂程度,可按如下原则对四个阶段的QFD进行剪裁或扩充:

(1) 每一阶段质量屋的工程措施应足够具体和详细,适于作为下一个阶段质量屋的顾客要求(左墙)。例如,若产品规划质量屋中关键的工程措施不够具体和详细,可能需要在进行零件配置前增加一层质量屋;反之,若产品规划阶段工程措施对于工艺设计阶段已足够详细,则可省略零件配置阶段。

(2) 质量屋的规模不宜过大,即顾客需求和工程措施的数量不宜过多,以便于操作。一般顾客需求不应多于20项,工程措施不应多于40项。需要特别指出的是,四个阶段的质量屋必须按照并行工程的原理在产品方案论证阶段同步完成,以便同步规划产品在整个开发过程中应该进行的所有工作,确保产品开发一次成功。质量功能展开是贯彻实施并行工程思想的十分有力的工具。

4.3 QFD 工作程序

本章以四阶段质量功能展开为背景,介绍详尽的 QFD 工作程序,按本章的步骤实施质量功能展开,能很好地辅助中小规模的产品开发。

QFD 的基本工作程序:确定项目,成立多功能综合 QFD 小组,顾客需求分析,常规量化评估方法。

4.3.1 确定项目

QFD 既适用于产品开发,又适用于质量保证、目标管理以及服务项目;既可用于大型复杂的项目,又可用于小型、简单的项目。QFD 的开展有可能涉及公司所有部门,也可能只涉及小范围的部门和人员。公司不同级别的管理部门应确定在本部门管理范围内开展 QFD 项目,并对项目的实施、进度进行检查和监督,对项目效果进行确认和处置。一般,对于一项完整的产品(商品),即便是像圆珠笔那样的简单产品,由于其开发涉及企业的所有部门和各个专业,应当由企业负责人来决定和批准 QFD 项目的立项。对于现有产品的质量改进和可靠性增长,以及某个零部件或某道工艺的改进,则可根据其涉及面的大小,由较低级别负责人或直接负责人提出 QFD 项目的立项。开展六西格玛设计或六西格玛管理的项目,应将 QFD 技术的应用纳入项目计划。

4.3.2 成立多功能综合 QFD 小组

4.3.2.1 小组组成

跨职能小组是由与 QFD 项目有关的部门管理人员、专业技术人员组成的,是对 QFD 项目进行研究与实施的临时组织机构。跨职能小组的大小与项目大小和复杂程度有关,对于产品开发项目而言,一般应包括市场营销、产品设计、工艺设计、产品制造、工装设计与制造、计划管理、财务管理、销售管理、售后服务、供应部门人员。小组成员应具有一定的专业技术水平和协调能力,以便对项目进行技术决策、管理决策和推进项目实施。

在应用 QFD 时,必须强调矩阵管理,既要加强纵向(专业内部)的联系,也要加强横向(项目方面)的联系。就像编织一块布,经线和纬线都要结实,织出的布质地才均匀坚实。通常工程专业的纵向联系较密切(与行政隶属关系一致),而横向联系则较薄弱。加强专业横向联系的行之有效的方法是成立一个多功能的、综合的 QFD 工作小组,这个小组应有项目负责人 1 至 2 人,有市场营销、设计、工艺、制造、计划管理、质量管理、财务、成品附件、器材、销售、售后服务等有关部门人员参加。QFD 小组的活动,有助于消除不同部门、不同专业间的壁垒和隔阂,使产品或服务更好地满足顾客的要求。为了便于小组高效率地完成工作,小组成员不宜过多。

为了更充分地分析和准确地把握顾客的需求(包括潜在的需求),在有条件的情况下,应邀请顾客代表参加 QFD 小组,并充分地利用从各种途径获得的产品质量与可靠性信息。

当 QFD 工作对象为某项质量问题的改进,某个故障的纠正,某个部件的设计修改,或某项工艺的改进时,QFD 小组成员的范围可适当缩小,只要有关人员参加即可。

美国移凯(Raychem)公司曾经组建 QFD 小组,任务是开发适合于美国市场的 CATV 连接器系统。小组的组成是:市场、销售、制造和质量工程师各 1 名,开发工程师 3 名,公司技术工程师 2 名。在该项目进行过程中,基于特定的需求,采购代表也参与了小组工作。

QFD 小组应当是六西格玛设计或六西格玛管理的组织机构的一部分。

4.3.2.2 团队工作法

QFD 小组的成员来自不同的部门,专业能力互为补充,有着明确的目标,在小组中运用团队工作法可以极大地提高小组的效能。视需要对小组成员进行团队精神的培训,重点是提高成员间相互交流的技能,明确 QFD 小组的运作方式。按团队工作法的要求,QFD 小组成员间互相信任、互相支持,各司其职,以主人翁的精神无保留地参与团队工作。团队负责人不是传统意义上的长官,而是活动的推进者和协调者,团队内信息公开,知识经验相互交流,采用智慧风暴法等方法开展工作。领导层给予团队充分授权和资源保证,积极推动团队的发展。而团队成员通过共同的努力,在 QFD 项目的开发中不断取得进展,产生成就感,并以更积极的态度投身于团队工作中。团队工作法由于充分地发挥了不同专业成员的积极性,保证了 QFD 工作的深入;反过来,QFD 方法的应用也对团队精神发挥了促进作用,改进了专业间的横向合作交流,促进了团队工作法的发展和经验、信息的积累等。

4.3.3 顾客需求分析

满足顾客需求是开展活动的最终目的。因此,顾客需求分析是 QFD 项目的研究重点。一般而言,顾客对所需求的产品特性的描述是不严格的、非定量化的,但它们却是顾客需要的真正的质量特性,掌握顾客对产品需求的真正质量特性是 QFD 项目成功的关键。

顾客需求的分析依据包括市场调研、产品质量跟踪、售后服务信息及用户代表座谈会的意见等。调查顾客需求以后,应采用亲和图法进行顾客需求的整理和工程措施的整理。工程措施应从产品整体着眼提出,以免限制产品的设计方案,影响创造力的发挥。同一级的工程措施应相互独立,并根据工程措施的相互关系建立相关矩阵。

4.3.3.1 调查顾客需求

顾客需求的分析是质量功能展开的关键环节,必须给予充分的重视。在国外,这一过程被称为收集"顾客的声音"(Voice of the Customer,缩写为 VOC)。应注意"顾客的声音"中的"顾客"是一个广义的概念。除了产品使用者和潜在使用者,必要时还应包括主管部门、分销商、产品维修人员等在产品寿命周期内关系密切的组织和人员,对于大型复杂产品的开发,顾客的声音将来自更多的方面。另外,环境法规、安全标准等国家和行业的法令、法规和标准、规范,由于构成了产品开发的约束条件,也应列入顾客需求的范畴。从企业的长远利益考虑,还必须深入地分析研究和考虑顾客的潜在需求和产品的更新换代,规划、企业的发展方向和发展战略等。

为全面收集顾客的信息,主要从以下几个方面入手:

(1) 市场调研。通过调查表、顾客代表座谈会等形式了解和归纳顾客对未来产品的需求。

(2) 进行同类产品质量跟踪和售后服务信息分析,了解现有产品中令顾客满意及抱怨的质量特性,将其转化为以顾客需求的形式表述。

(3) 将有关的政策法规等纳入顾客需求或作为产品开发的约束条件。

(4) 分析公司的战略和策略在产品开发中的贯彻方式,提出顾客需求。

(5) 产品发展现状与趋势分析。通过媒体及专业杂志等手段收集信息并分析处理,从全局上把握产品发展方向,结合 QFD 小组的智慧风暴(Brain Storming)会议,对上述方式得出的顾客需求进行筛选和补充。

在进行市场调研时,应对目标顾客群进行区分。为更好地了解顾客对产品的需求,可以设计和采用相应的表格,覆盖目标顾客的范围展开调查。一般而言,在设计调查表时,通过更好地融合产品的实际使用情景,了解顾客的使用方式及要求,经整理后提炼出顾客需求,会取得很好的效果。利用现代的摄影、摄像技术拍摄顾客对产品的使用场景,进行细致的分析,也是有效的调研方式。表 4-1 是一个供参考的调查表形式,根据需求,可在该表中增加"成本""安全性"等栏目。

表 4-1 "顾客的声音"调查表

序号	顾客特性(谁)		顾客的声音	用途									
				什么		何时		何处		为什么		如何用	
	内/外	信息		内/外	信息	内/外	信息	内/外	信息	内/外	信息	内/外	信息

用"内/外"表示该信息是顾客直接表达的(内在的),还是根据顾客的意思做出的推测(外部的)。在"顾客特性"的"信息"栏中,记录企业希望获取的顾客的个人信息,如姓名、性别、年龄、受教育程度、职业、所属消费者类型等。在"顾客声音"栏中,以顾客语言的形式描述顾客对产品的期望,如"(我希望这东西)可以……","表面光滑,手感好";"用途"下的各"信息"栏对"顾客声音"做了补充说明,细化了产品的使用场景。"什么"表明了产品所满足的顾客的需要,是主要用途还是第二位的用途等,如"(用钱夹存放)信用卡","(把钱夹作为)身份象征";"何时"、"何处"记录了产品的使用场景,如产品使用的时机、季节、频率,使用的地理位置、周围环境等;"为什么"用于记录顾客提出该需求的动机,是出于安全考虑、个性化需求,还是要求产品具备特有的属性等;"如何用"描述了该项需求对应的产品操作程序,属持续应用还是偶发的应用,属工业化应用还是个人应用等;应根据需要填写这些信息,以方便根据调查的内容分析和归纳顾客需求。

顾客对产品的需求可区分为基本需求(Basic Needs)、特性需求(Performance Needs)和激动人心的需求(Excitement Needs),这些需求的实现程度对顾客满意度的影响见图 4-4 的卡诺模型图。基本需求是顾客对产品的基本要求,界定了此类产品的必备能力,如汽车应能行驶,轮胎应能承载车身,这类需求由于被视为理所当然,因此在顾客提供的信息中往往被遗漏,但如果得不到满足,会大幅度增加顾客不满意度(见图4-4)。特性需求是顾客对产品功能和性能的期望,如汽车的时速、乘坐舒适性等,在市场调查中得到的大部分需求属于特性需求。对这类需求,顾客的满意程度与需求的实现程度大致成正比。激动人心的需求是顾客潜在的或尚未考虑到的需求,主要靠生产商发掘,如能提出这样的需求并在产品中实现,则会使产品具有"魅力质量",极大地吸引顾客,显著提高顾客满意度。在收集顾客需求时,应注意这三类需求的区分,不要遗漏。当然,这三类需求也是相对而言的,随着产品的进步、顾客要求的提高,原来的激动人心的需求会逐步转化为特性需求,原来的特性需求则会转化为基本需求。

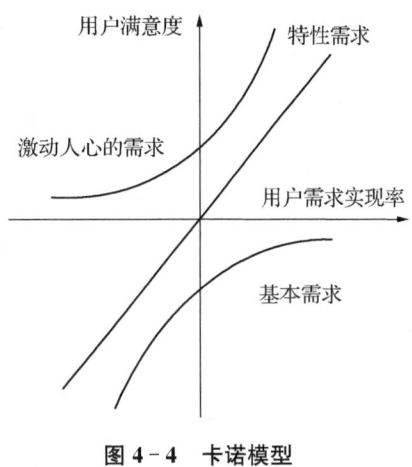

图 4-4 卡诺模型

4.3.3.2 顾客需求的整理

"顾客的声音"提供了原始的顾客需求,应加以规范,并进行确认和分级,通过调查分析,确定各顾客需求的重要度。

对顾客需求的表述有一定要求,主要是:

(1) 用语简洁,无歧义。

(2) 一项顾客需求只表达一个特定的意思。

(3) 不把对应的工程技术解决方案纳入顾客需求。

(4) 便于工程人员理解。

(5) 同一级别的顾客需求彼此独立,内容无覆盖及交叉。

"顾客的声音"提供了原始的顾客需求,应按上述原则进行整理。按前三项原则对"顾客的声音"进行分解、归并、筛选。为便于工程人员理解,对用语进行规范化处理,使工程人员可据此提出相应的解决方案。

为了建立顾客需求间的层次关系,亲和图法是一个形象有效的手段。方法是:

(1) 把每项顾客需求分别填在一张小纸条上,去掉内容重复的纸条,再把所有纸条排列起来。

(2) 把内容相近的纸条聚为一堆,起一个可以概括其内容的名字,作为高一级的顾客要求,写在另外的纸条上。

(3) 将新写的纸条按内容相近程度聚堆,起名,作为更高一级的顾客要求,再另外写在纸条上。

(4) 如有必要,继续上一过程,直到顾客需求被系统而分层次地组织起来。

在圆珠笔的例子中顾客需求只有一级。对于稍复杂一些的产品,为了深入细致地分析顾客对产品的要求,可能会建立多级顾客需求,应将它们填入需求质量展开表(见表4-2)中。建立质量屋时,提取前两级或前三级顾客需求即可。质量屋中顾客需求和工程措施的项数都不宜过多,否则影响工作效率。必要时,可增加质量屋的层次或划分为几个并列的质量屋加以展开;或删除一些影响轻微的顾客需求和工程措施,或将它们作一定的归并,以减小质量屋的规模。表4-2给出了需求质量展开表的例子,该表构成了质量屋的左墙。

表 4-2 某无线电远距离操纵装置的需求质量展开表

1次	2次
1 操作方便	1.1 携带方便
	1.2 操作中不感觉疲劳
	1.3 对操作易于理解
	1.4 能轻松愉快地操作
	1.5 能处理复杂问题
……	……
5 安全	5.1 无误动作
……	……

按量化评估准则,结合顾客调查(含顾客抱怨调查结果),量化给出各项顾客需求的重要度。借鉴企业收集的顾客在使用同类产品时产生的抱怨,检查是否已把这些抱怨所对应的相应顾客需求予以解决,以及分析是否增加这类顾客需求的重要度,解决这些抱怨所对应的技术要求应纳入工程措施中去。

对于工程措施,也可以采用亲和图法进行整理。顾客需求和工程措施的整理还可以应用模糊聚类方法。

4.3.3.3 市场竞争能力分析

在需求质量展开表的基础上,对新产品在市场上的定位进行策划。方法是通过进一步征询意见,调查研究,与竞争对手的产品进行水平比较(即 Bench Marking),策划新产品对每一项顾客需求的满足程度,并求出原产品、新产品及竞争对手产品的市场竞争能力,进行竞争能力分析。这一过程也称为计划质量的设定过程,形成了质量屋的右墙。

表 4-3 是某无线电远距离操纵装置的计划质量设定表。

表 4-3 某无线电远距离操纵装置的计划质量设定表

需求质量		重要度 K_i	市场竞争能力分析				水平提高率 L_i	修正系数 a_i	权 值	
			本公司		X公司	Y公司			绝对权值	相对权值
1次	2次		现有产品	新产品						
1 操作方便	1.1 携带方便	3	3	5	4	4	1.67	1.5	7.5	8.4
	1.2 操作中不感觉疲劳	3	4	5	5	4	1.25		3.8	4.2
	1.3 对操作易于理解	3	4	5	5	3	1.25	1.2	4.5	5.1
	1.4 能轻松愉快地操作	3	3	4	3	3	1.33		4.0	4.5
	1.5 能处理复杂问题	3	4	5	4	4	1.25	1.2	4.5	5.1
……	……									
5 安全	5.1 无误动作	4	5	5	4	4	1.0	1.5	6.0	6.8

第4章　顾客需求与市场需求

续　表

需求质量		重要度 K_i	市场竞争能力分析				水平提高率 L_i	修正系数 a_i	权　值	
			本公司		X公司	Y公司			绝对权值	相对权值
1次	2次		现有产品	新产品						
……	……									
								合计	88.8	100

首先，进行市场竞争能力比较分析，评定现有同类产品和竞争对手产品的竞争力。在可能的情况下，把这些产品摆在一起，客观地评估它们对各项顾客需求的满足程度，量化打分。

然后，对新产品的市场竞争能力进行定位。方法是采用同样的评分准则，设定新产品对各项顾客需求应达到的满足程度，并给出量化分值。

最后，利用第4.3.4中的计算公式，求出各产品的市场竞争能力分值并加以比较和确认。若得出的新产品市场竞争能力分值不满足公司要求，则对新产品重新进行量化评分。

在工程实践中，可对本部分的内容加以扩充。

为明确新产品相对于现有产品的水平提高程度，可计算新产品对应于每项顾客需求的水平提高率 L_i。

$$L_i = \frac{新产品的市场竞争能力}{现有产品的市场竞争能力}$$

为了取得竞争优势，可能需要在新产品的设计中突出对某项顾客需求的满足程度，使产品具有鲜明的特色，成为产品的销售点(Sales Points)，为此引入修正系数 a_i。如果要重点突出对某项顾客需求的满足程度，可将该系数值定为1.5；如果只是一般的突出，可将该系数值定为1.2。相应地，如果某项顾客需求被设置了修正系数，则其重要度应有所提高，为此，应对各项顾客需求的重要度进行修正，修正后重要度的绝对权值为顾客需求原重要度值 K_i、水平提高率 L_i 和修正系数 a_i 三者的乘积。相对权值是每项绝对权值占绝对权值总和的百分比。

在质量屋中可以用修正后的顾客需求的权值代替原有的重要度值，进行质量屋的分析计算。

4.3.4　常规量化评估方法

建立质量屋时，除了将顾客需求逐层展开外，还要对顾客需求的重要度 $K_i(i=1,2,\cdots,m)$ 进行评估，确定工程措施与顾客需求之间的关系度 $r_{ij}(i=1,2,\cdots,m;j=1,2,\cdots,n)$，确定工程措施两两之间的相关度（正相关、强正相关、负相关和不相关），进行加权评分以确定工程措施的重要度 h_j，对产品的市场竞争能力和技术竞争能力进行评估，并计算综合竞争能力。建立质量屋时加权评分可按以下准则执行。

4.3.4.1　顾客需求重要度评估

顾客需求重要度 $K_i(i=1,2,\cdots,m)$ 可取下列5个等级：

1,表示不影响功能实现的需求;

2,表示不影响主要功能实现的需求;

3,表示比较重要的影响功能实现的需求;

4,表示重要的影响功能实现的需求;

5,表示基本的、涉及安全的、特别重要的需求。

4.3.4.2 关系矩阵和相关矩阵评估

1. 关系矩阵:关系度 r_{ij}

建议采用1,3,5,7,9等关系度等级:

1,表示该交点所对应的工程措施和顾客需求间存在微弱的关系;

3,表示该交点所对应的工程措施和顾客需求间存在较弱的关系;

5,表示该交点所对应的工程措施和顾客需求间存在一般的关系;

7,表示该交点所对应的工程措施和顾客需求间存在密切的关系;

9,表示该交点所对应的工程措施和顾客需求间存在非常密切的关系。

根据实际情况,必要时也可采用中间等级:

2,表示介于1与3之间;

4,表示介于3与5之间;

6,表示介于5与7之间;

8,表示介于7与9之间。

空白即为0,表示不存在关系。

有时,也可只采用1,3,9三个关系度等级,此时,可用符号◎表示9,○表示3,△表示1。

加权后工程措施的重要度:

$$h_j = \sum_{i=1}^{m} k_i r_{ij} \quad (4-1)$$

如果第 j 项工程措施与多项顾客需求均密切相关,并且这些顾客需求较重要(k_i 较大),则 h_j 取值就较大,即该项工程措施较重要。

2. 相关矩阵:相关度

通常用下列符号表示相关度:

正相关○:表示该交点所对应的两项工程措施间存在互相加强、互相叠加的交互作用;

强正相关◎:表示该交点所对应的两项工程措施间存在很强的互相叠加的交互作用;

负相关×:表示该交点所对应的两项工程措施间存在互相减弱、互相抵消的作用;

强负相关♯:表示该交点所对应的两项工程措施间的作用强烈排斥,有很大矛盾;

空白:表示该交点所对应的两项工程措施间不存在交互作用。

4.3.4.3 竞争能力评估

市场竞争能力:$M_i(i=1,2,\cdots,m)$

可取下列5个数值:

1,表示无竞争能力可言,产品积压,无销路;
2,表示竞争能力低下,市场占有份额递减;
3,表示可以进入市场,但并不拥有优势;
4,表示在国内市场竞争中拥有优势;
5,表示在国内市场竞争中拥有较大优势,可以参与国际市场竞争,占有一定的国际市场份额。

技术竞争能力:$T_j(j=1,2,\cdots,n)$

T_j 表示第 j 项工程措施的技术水平。所谓技术水平,包括指标本身的水平,本企业的设计水平、工艺水平、制造水平、测试水平等。可取下列5个数值:

1,表示技术水平低下;
2,表示技术水平一般;
3,表示技术水平达行业先进水平;
4,表示技术水平达国内先进水平;
5,表示技术水平达国际先进水平。

4.3.4.4 竞争能力计算

(1) 市场竞争能力指数:对市场竞争能力 $M_i(i=1,2,\cdots,m)$ 进行综合后,获得产品的市场竞争能力指数 M。

$$M = \sum_{i=1}^{m} K_i M_i \Big/ 5 \sum_{i=1}^{m} K_i \qquad (4-2)$$

M 值越大越好。

(2) 技术竞争能力指数:对技术竞争能力 $T_j(j=1,2,\cdots,n)$ 进行综合后,获得产品的技术竞争能力指数 T。

$$T = \sum_{j=1}^{n} h_j T_j \Big/ 5 \sum_{j=1}^{n} h_j \qquad (4-3)$$

T 值越大越好。

综合竞争能力指数:
综合竞争能力指数是市场竞争能力指数与技术竞争能力指数的乘积。

$$C = MT \qquad (4-4)$$

C 值越大越好。

4.4 航空运输质量屋应用

4.4.1 顾客需求调查,收集识别需求

顾客需求调查是 QFD 中最为核心和困难的一项工作,空管提供的是公共服务产品,需

要密切地把握专业用户和旅客的需求。将旅客对于服务的需求信息用文字形式表达成原始数据。本例为采用开放式问答的调查形式,在昆明长水机场航站楼随机对78名旅客进行"您对航空出行的了解和需求是什么?您觉得乘坐飞机出行最在乎的因素是什么?"等问题的开放式问答,并收集了相应的关键词。同时,还对空管业内人员和部分航空公司签派、飞行部门人员进行了走访,采集有效意见89条,充分了解顾客需求信息。由于调查的数据信息半数来自于非民航业内人员,收集到的信息大多是人感性的表达,内容较为杂乱且没有系统性,难以准确地表达含义。因而,调查人需要对收集的原始信息进行译码和整理。第一步,采用K_j(亲和图)法对顾客需求进行分析,将顾客需求明确清晰化,并得出两层质量需求展开表(见表4-4)。

表4-4 质量需求展开表

第一层	第二层
航班准点	受天气影响小
	空管原因流量控制少
	飞机关舱门后等待起飞时间短
	运行各环节配合衔接不脱节
空管飞行安全	保持飞机空中飞行安全
	保持飞机地面滑行安全
	保持特殊情况下飞行安全
飞行舒适	空中不颠簸
	上升下降平缓
	全面的信息服务

4.4.2 使用AHP法确定质量需求权重

"质量需求权重是顾客对于各质量需求程度的标尺。"通过专家打分法来得到顾客需求是确定需求权重的重要方式。质量需求的权重由德尔菲(专家打分)法确定。首先,将第一层当中的质量需求要素进行成对比较形成矩阵。然后,按层次对第二层质量需求各因素进行比较形成矩阵。第二层质量需求的分布和权重决定了第一层质量需求的重要度。云南空管分局的业内人士专家进行打分,采用德尔菲法和层次分析法相结合,最终确定顾客需求各因素的权重。具体步骤如下:

(1)确定层次结构和指标体系。

民航空管顾客需求因素见表4-5。

表 4-5 民航空管顾客需求因素

民航空管顾客需求因素 A									
航班准点 C1				空管飞行安全 C2			飞行舒适 C3		
受天气影响小	空管原因流量控制少	飞机关舱门后等待起飞时间短	运行各环节配合衔接不脱节	保持飞机空中飞行安全	保持飞机地面滑行安全	保持特殊情况下飞行安全	空中不颠簸	上升下降平缓	全面的信息服务
P11	P12	P13	P14	P21	P22	P23	P31	P32	P33

（2）经过召开会议向管制、技术保障、气象三个专业 11 名专家咨询，根据各个因素的重要度对分类因素进行两两对比，并给予 1～9 的重要度对比评定，构造各指标因素的判断矩阵。其中权重为 1 说明两个因素重要度相等。权重数字大于 1 时，数字越大说明两个因素对比的重要度越高。反之，权重数字小于 1 时，数字越小说明两个因素对比的重要度越小。通过咨询 11 个专家的意见，对 11 个专家打出的判断矩阵进行算术平均，得到以下四个判断矩阵（见表 4-6、表 4-7、表 4-8、表 4-9）。

表 4-6 "航班准点"指标的判断矩阵及权重

C1	P11	P12	P13	P14	W1
P11	1.00	0.15	0.23	0.28	0.058
P12	6.89	1.00	2.24	5.96	0.537
P13	4.37	0.45	1.00	3.68	0.284
P14	3.56	0.17	0.27	1.00	0.121

表 4-7 "空管飞行安全"指标的判断矩阵及权重

C2	P21	P22	P23	W2
P21	1.00	3.66	7.58	0.685
P22	0.27	1.00	4.15	0.241
P23	0.13	0.24	1.00	0.074

表 4-8 "飞行舒适"指标的判断矩阵及权重

C3	P31	P32	P33	W3
P31	1.00	0.56	4.86	0.346
P32	1.78	1.00	7.14	0.578
P33	0.21	0.14	1.00	0.076

表 4-9 "民航空管需求因素"指标的判断矩阵及权重

A	C1	C2	C3	W
C1	1.00	1.20	7.62	0.504
C2	0.83	1.00	6.88	0.431
C3	0.13	0.15	1.00	0.064

(3) 确定各个指标权重。

① 需要将每一个判断矩阵的每一列的元素进行归一化处理,元素的一般项为

$$P_{ij} = \frac{P_{ij}}{\sum_{i=1}^{n} P_{ij}} \quad (i,j = 1,2,\cdots,n)$$

② 将各列归一化后的判断矩阵按行相加。

$$\overline{W} = \sum_{i=1}^{n} \overline{P_{ij}} \quad (i,j = 1,2,\cdots,n)$$

③ 再对向量 $\overline{W} = [w_1, w_2, \cdots, w_n]^T$ 归一化,得到:

$$W_i = \frac{\overline{W_i}}{\sum_{i=1}^{n} W_j} \quad (i = 1,2,\cdots,n)$$

得到 $\overline{W} = [w_1, w_2, \cdots, w_n]^T$ 为所求特征向量。

(4) 计算判断矩阵最大特征根。

$$\lambda_{\max} = \sum_{j=1}^{n} \frac{(PW)_i}{nW_i}$$

进行一致性检验:

① 计算一致性指标 CI。

$$CI = \frac{\lambda_{\max} - n}{n - 1}$$

② 由表 4-10 查找相应的平均随机一致性指标 RI。

表 4-10 随机一致性指标

n	1	2	3	4	5	6	7	8
RI	0	0	0.58	0.90	1.12	1.24	1.32	1.41

③ 计算随机一致性指标 CR。

$$CR = \frac{CI}{RI}$$

"根据 AHP 的原理,当 $CR < 0.1$ 时,表示判断矩阵满足一致性检验;否则,则需要对判

断矩阵进行合理的调整。"通过以上步骤,得到各指标权重系数,并且,各权重矩阵都通过了一致性检验(CR<0.1,见表4-11),各个指标的权重系数 W 见表4-12。

表4-11 各判断矩阵一致性检验

符号	λ	RI	CI	CR
$C1$	4.179	0.90	0.029	0.060
$C2$	3.054	0.58	0.009	0.047
$C3$	3.004	0.58	0.007	0.035
A	3.001	0.58	0.001	0.001

表4-12 各要素的比重表

W	$W1$	$W2$	$W3$
0.504($W1$)	0.029($P11$)	0.295($P21$)	0.022($P31$)
0.431($W2$)	0.271($P12$)	0.104($P22$)	0.037($P32$)
0.064($W3$)	0.143($P13$)	0.032($P23$)	0.005($P33$)
	0.061($P14$)		

可以看出 $C1$,$C2$,$C3$,A 各判断矩阵的 $CR<0.1$,均通过了一致性检验。

(5) 确定各要素权重。

各判断矩阵的权重 W 乘以对应矩阵中各要素的权重,得到各要素在顾客需求因素当中的权重。

将各要素的比重转化为百分比并与文字相对应,如表4-13所示,由此看出旅客对航班准点问题给予了较高的关注(50.4%),其次是空管飞行安全(43.1%)。

表4-13 民航空管顾客需求权重对应表

第一层	第二层
航班准点 (50.4%)	受天气影响小(2.9%)
	空管原因流量控制少(27.1%)
	飞机关舱门后等待起飞时间短(14.3%)
	运行各环节配合衔接不脱节(6.1%)
空管飞行安全 (43.1%)	保持飞机空中飞行安全(29.5%)
	保持飞机地面滑行安全(10.4%)
	保持特殊情况下飞行安全(2.2%)
飞行舒适 (9.6%)	空中不颠簸(2.2%)
	上升下降平缓(3.7%)
	全面的信息服务(0.5%)

4.4.3 编写质量要素的展开表

通过分析顾客需求表达的信息转换为质量管理当中的质量属性,使得较为抽象的顾客需求变成具体化的质量属性。第一步通过亲和图法进行分类整理;第二步将顾客需求转换为质量技术信息,抽取出质量要素;第三步再次使用亲和图法对质量要素进行功能展开;第四步对质量要素与顾客需求进行一一对应的检查和调整(见表4-14);最后得出质量要素展开表,如表4-15所示。

表4-14 民航空管顾客需求对应质量要素表

第一层	第二层	第三层	质量要素	质量要素
航班准点	受天气影响小	天气预报及时	天气预报人员技能高	天气预报及时准确
		天气预报准确	天气预报设备先进	
	空管原因流量控制少	空中航路不拥堵	航路空域容量大	航线空域结构优化容量大,空管保障能力强
		管制工作效率高	管制员技能高	
		起飞机场保障能力强	起飞机场空管服务水平高	
		目的地机场接纳能力强	目的地机场容量大	
	飞机关舱门后等待起飞时间短	飞机在地面上等待时间短	机场地面运行效率高	机场地面运行流程优、效率高
		飞机在地面上滑行时间少	地面滑行路线优化好	
	运行各环节配合衔接不脱节	信息传递及时有效	信息通报流程优化得好	运行各环节优化
		协商沟通有效	有协商沟通的平台	
		协议签得好	协议责任明确,不推诿	
空管飞行安全	保持飞机空中飞行安全	雷达自动化系统有辅助管制员告警	设备告警功能全	空管空中安全保障水平高
		航图准确无误	航图无差错,安全冗余高	
		管制员不犯错	管制员责任心强、技能高	
		飞行员听指挥	树立管制权威	
	保持飞机地面滑行安全	配有地面场面监视雷达	配备地面辅助监视设备	空管地面安全保障水平高
		保持对机场机动区的目视观察	管制员指挥习惯好	
		机场内车辆和人员严格按照规章路线行驶和避让航空器	地面车辆和人员严守规章	
	保持特殊情况下飞行安全	具有全面的特情处置预案	特情处置程序全	特情处置能力强
		管制处置得当	管制员心理素质好,能力强	

续表

第一层	第二层	第三层	质量要素	质量要素
飞行舒适	空中不颠簸	飞行员全面掌握航路气象信息	航路气象信息及时准确	航路飞行空管服务好
		飞行员及时绕开复杂天气区域	管制员灵活指挥	
	上升下降平缓	导航准确,无偏差	通讯导航设备稳定精确	上升下降阶段空管服务好
		飞行下降上升率小	管制预案做得好,管制员技能高	
	全面的信息服务	信息服务全	信息收集全	信息服务满足顾客需求
		信息提供方便、及时	空管信息系统自动化程度高	

表 4-15 质量要求展开表

第一层	第二层
设施设备	设施设备精度准
	设备功能齐全、自动化程度高
	设备安全、可靠
规章环境	规章制度合理
	航线空域结构优化容量大
人员技能	管制人员技能高
	管制人员特殊情况处置能力强
	技术保障人员技能高
	气象服务人员技能高
	技能培训到位
流程环节	运行各环节优化
	协议签订责任明确
天气预报	天气预报及时准确
	信息服务满足顾客需求

4.4.4 创建质量关系矩阵

质量屋是把顾客需求信息转变为组织内部设计服务产品的一种具体技术信息所使用的一张表。质量屋(矩阵)的构建有四个步骤:(1)质量需求展开表的构建;(2)质量特性展开表的构建;(3)将二者组合成二维矩阵表;(4)探讨对应关系,以◎,○,△符号记入,从高到低显示对应的从强到弱的关系。在民航空管顾客需求质量屋搭建过程中,其质量关系矩阵如表4-16所示。在将顾客的需求转变到民航空管服务的质量特性中时,质量矩阵是重要环节。质量屋的优势在于让民航空管单位充分识别顾客的需求,并依此来改进空管服务的内容。例如,确定需求"空管原因流量控制少"与质量要素"航线空域结构优化容量大"之间的分值,如果航线空域结构优化,容量大,那么空管原因的流量控制就会减少,航班延误也就会减少,因此,需求"空管原因流量控制少"与质量要素"航线空域结构优化容量大"之间是强对应关系,用◎来表示。

表4-16 质量关系矩阵

需求要素 \ 质量要素		质量需求重要度	设施设备			规章环境		人员技能				流程环节		天气预报	
			设施设备精准度	设备功能齐全、自动化程度高	设备安全可靠	规章制度合理	航线空域结构优化容量大	管制人员技术能力强	管制人员特殊情况处置能力强	技术保障人员技术能力强	气象服务人员技术能力强	技能培训到位	运行各环节优化	协议签订责任明确	天气预报及时准确	信息服务满足顾客需求
航班准点	受天气影响小	0.029	○	△	△						◎	△			◎	
	空管原因流量控制少	0.271	△	○	△	○	◎	◎		△	△	△	◎	△		○
	飞机关舱门后等待起飞时间短	0.147	△	△	△	○		◎	○				◎	△		○
	运行各环节配合衔接不脱节	0.006				○		○		△		△	◎	◎		
空管飞行安全	保持飞机空中飞行安全	0.288	△	△	○	△	◎	○	○	△		△	△	△	△	
	保持飞机地面滑行安全	0.111	△	△	○	△		◎	○	○		○		△		
	保持特殊情况下飞行安全	0.032	△	△	△	△	○	○	◎	○	○	△		△	△	△
飞行舒适	空中不颠簸	0.021	△	△				◎			○				○	△
	上升下降平缓	0.037	△	△			○	◎			○				○	△
	全面的信息服务	0.005		○					△							◎
质量要素绝对重要度			0.96	1.36	1.27	1.38	1.88	2.41	0.89	1.34	0.83	0.84	1.43	1.03	0.77	1.23

表中质量要素绝对重要度可以根据需求要素权重乘以重要度之和,◎代表3,○代表2,△代表1,空缺代表0。

4.4.5 重要度的转换

重要度的转换是将质量需求的权重转换成质量要素的权重。这种变换能够将顾客需求转变成为单位或组织内部能够开展管理的要求和水平。重要度的转化是质量屋的主要功能之一。本节中将旅客对空管工作的顾客需求通过质量屋的重要度转换,变化成为空管单位能够开展管理工作的质量要素,并确定了其权重,这一方法的使用即通过顾客需求得出了质量管理目标。

通过质量屋关系矩阵的构建,可以看出"管制人员技术能力强、航线空域结构优化容量大、运行各环节优化"三个质量要素是民航空管质量管理体系当中排名前三的关键性因素,同时,设备安全可靠,规章制度合理,技术保障人员技术能力强,设备功能齐全、自动化程度高,信息服务满足顾客需求及协议签订责任明确等6个质量要素重要度超过1,为相对关键因素。其余5个质量要素重要度小于1,为次要因素。这些质量要素构成了质量目标的基本框架。

通过以上流程,已经找出空管分局质量管理要素,并且找出了其中的关键要素。这对于后续的管理改进和合理地分配资源,有着非常好的效果,能够更加有针对性地制定质量目标,并且能够事半功倍地达到空管运行质量大幅提升的效果。

第二部分 质量控制及六西格玛测量篇

第5章

质量管理简易工具

5.1 分层法

5.1.1 概述

分层法是与其他数据分析工具结合使用的一种工具。当不同来源和不同类别的数据混在一起时,很难准确判断数据的特征,而分层法可以将这些数据加以区分使之便于观察。表5-1为分层法示例。

表5-1 分层法示例

时 间		操作者	设 备	不合格数	
×日	上午	张三	1#	6	10
		李四	2#	4	
	下午	张三	2#	3	10
		李四	1#	7	

分层法是质量控制的"老七种工具"之一。通过类间对比,发现差异,区分原因,找出问题。通过分层,找出影响质量的原因,消除交互,彰显本质,统计准确,便于分析。消除不同数据的混杂影响,为使用其他方法奠定基础。

5.1.2 适用场合

(1) 在开始收集数据之前;
(2) 在分析不同来源、不同环境的数据时,如利用不同方法获得的、来自一周中不同的日期、来自不同的供应商或来自不同的总体;
(3) 在需要将不同来源、不同类别的数据加以区分研究时。

5.1.3 实施步骤

(1) 在收集数据之前首先要考虑数据来源的哪些因素会对最终结果产生影响。采取恰当的数据采集方法以保证此类信息也能够被收集到。

(2) 在将这些收集到的数据画在散布图、控制图、直方图或其他分析工具上时,要用不同的标志或颜色来区分不同来源的数据,这样被区分的数据叫作分层数据。

(3) 分别对这些分层数据子集进行分析。例如,利用散布图分析已被分为来源1和来源2的两组分层数据,先画四个象限并分别计算来源1和来源2的点数,然后再确定各自的关键值。

5.2 调查表

调查表又叫检查表、核对表、统计分析表。它是用来系统地收集资料和积累数据、确认事实并对数据进行粗略整理和分析的统计图表。常用的调查表有检查单和检查表两种格式。

5.2.1 检查单

5.2.1.1 概述

检查单又名工作程序(Work Procedure)、实证检验单(Confirmation Check Sheet),是对需要考虑或完成的条目、行动和问题进行核对之前,预先确定的清单列表。检查单是检查表的一种,是门类工具。表5-2是航空运输地面服务安全检查单。

表5-2 航空运输地面服务安全检查单

日期:		时间:	
地点:		航班号:	
检查者姓名:		部门:	工作号:
装卸工作过程中:			
1. 是否有工具停留在机翼下而引擎依然启动? 2. 有无任何工具在飞机引擎或机身地下穿梭? 3. 是否所有集装工具正确地安放在台车上? 4. 所有集装工具安放在台车上是否正确地锁稳后才拖走? 5. 所有集装工具的使用是否超越其装载重量限制? 6. 是否所有台车正确串联节驳? 7. 所有工具操作员是否有检查货箱门锁及台车的锁扣已安全扣好才可拖行? 8. 加油车前是否有预留足够空间作紧急驶离用? 9. 所有工具操作员是否用安全速度驾驶? 10. 当遇上强风或台风时,是否将所有台车及散货箱的拖巴正确锁上?			

5.2.1.2 适用场合

(1) 当一个有很多步骤的过程或程序必须反复进行时；
(2) 当一个过程或程序由于进行得不频繁而可能被遗忘时；
(3) 当要开始一个有很多步骤或细节的活动,尤其是以前没做过时；
(4) 当开始一个将要持续很长时间的项目时；
(5) 当一组问题和事项可以用在不同的情景时；
(6) 当一个过程的行动或步骤必须按照某个顺序进行时；
(7) 当不遗漏列表上的条目变得非常重要时。

经常使用检查单的特殊情形：① 工作程序；② 安全检查(见表5-2)；③ 审计；④ 项目复审；⑤ 竞赛筹划；⑥ 会议筹划。

5.2.1.3 实施步骤

1. 如果检查单不存在

(1) 明确检查单的目的和范围。
(2) 进行研究或者用头脑风暴法确定在清单上需要列出的条目。
(3) 写下这些条目,尽可能清楚、简洁。
(4) 确定条目的顺序是否重要。如果重要,安排合适的顺序。同样,确定如果一个步骤被遗漏所需的弥补措施。
(5) 如果清单需要被反复利用,使用表格填写清单条目,并留出位置填写清单信息或完成条目的时间。如果步骤的顺序非常重要,确保清单中包含说明信息以及一个步骤被遗漏时的弥补措施。
(6) 如果清单被反复利用,与没有帮助制作清单的人们一起检查它,查找错误、遗漏、不合理的顺序或者不清楚的语言。

2. 如果已有检查单,或者已经自己准备好了清单

(7) 在过程、程序或行动进行的过程中,保持检查单处于容易得到的位置。
(8) 每次执行过程、程序或行动的时候参阅一下检查单。
(9) 在每个条目完成时,核对并填写完成日期。
(10) 当检查单填满时,保证每个条目都经过核对。
(11) 如果过程或程序的步骤排序非常重要,或者前一个条目没有检查之前后一个条目已经做完,则参阅检查单中处理遗漏步骤的说明。

【例5-1】 一个组织所进行的流程都是一个检查单。书中每一套程序也都是一个检查单。书中已有的检查单包括项目章程清单和5W2H。日常生活中常见的检查单包括会议日程安排、要做的事情列表、购物单和玩具装配说明书。

注意事项：

(1) 已有的检查单要易于获得。例如,用于指导团队项目工作的检查单可以在团队管理或质量管理的书中找到。这类清单浓缩了其他人宝贵的成功经验,可以从中获益。

（2）当使用已有的检查单时，可根据自己的实际情况对其进行必要的修改。但是在删除某一个条目之前，要认真思考为什么它会出现在检查单上以及是否适用于自己的情况。

（3）在进行项目的下一个阶段之前，准备一张将要实施的关键步骤的检查单以及一张无须关注的事项的清单，在这上面花费时间是很值得的。

（4）在准备制作一个过程步骤的检查单之前，首先画一张流程图以确定将要采取的步骤以及它们之间的次序。

（5）在步骤3中，可以将步骤2中产生的原始的清单条目给小组中文采最好的成员，通过委员会来起草非常困难。换句话说，如果找不到合适的措辞来表述问题，那么找能驾驭语言的人来协助描述，以清楚包含所有人的观点。

（6）参照实用的定义工具，保证检查单上的条目是明确的。

（7）在步骤7中，保持创造性。可以在工作区附近的墙上张贴检查单，或者将检查单吊挂在有纸夹的笔记板上。如果在每次团队会议中使用检查单，则将其保存在开会用的文件夹中，或者将其粘在团队议程的背面。如果检查单被很多人频繁地使用，则考虑将其做成可置于口袋中的小型卡片。

（8）在步骤8中，不要试图记住检查单上的所有条目。检查单的作用就是提醒你避免遗漏事项，如果你不看检查单，就不知道什么被遗漏了。请查看清单来保证不遗漏事项。

（9）如果清单上的条目必须按特定的顺序完成，那么使用防错处理以确保不致将顺序颠倒。

（10）检查单是检查表的一种特殊形式，更多信息请参阅"检查表"。

5.2.2 检查表

5.2.2.1 概述

检查表（Check Sheet）是为收集和分析数据提前准备的结构表格。它是可以用于多种目的的门类工具。该方法可以演变为缺陷分布图。

5.2.2.2 适用场合

（1）由同一个人或在同一个地点重复观察和收集数据时。

（2）当收集有关事件、问题、缺陷、缺陷部位、缺陷原因等情况的频数或特征的数据时。

（3）收集生产过程数据时。

5.2.2.3 实施步骤

（1）决定观察什么，建立作业定义。

（2）决定什么时候收集数据，以及收集多长时间。

（3）设计表格。设计表格时，要使数据能够通过使用"√"或"×"或类似的符号被简单地记录下来,以便在分析数据时不必重新复制。

(4)在表格的所有空白处表示。

(5)经过短时间的试验来测试检查表,确保它能够收集合适的数据并易于使用。

(6)每次观测值出现,把数据记录在检查表上。

【例5-2】 (1)不合格品项目调查表(见表5-3)。

表5-3 飞机停飞原因调查表

负责人: 备注:		起始时间: 终止时间:		
不正常原因	延 迟	取 消	备 降	小 计
天气	///// //	//	////	13
空中交通管制	///		/	4
机场拥挤	////			4
机务维修	///	///		6
机组	/			1
旅客	///	/	//	6

(2)缺陷位置调查表(见表5-4)。

表5-4 行李损坏调查表

地 点		检查部位	行李表面
工 序	到达	检查者	×××
调查目的	行李损坏	调查数目总计	
备 注		检查时间	2015/12/01—2016/03/30

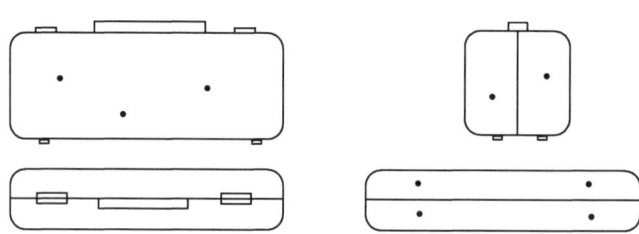

图5-1 缺陷位置示意图

5.3 散布图

5.3.1 概述

散布图(Scatter Diagram)又名散点图(Scatter Plot)、X-Y图(X-Y graph),是分别用横、纵坐标轴表示一对变量,来描述它们之间相互关系的一种工具。如果这两个变量相关,点的分布呈直线或曲线形状。相关性越强,这些点的散布形状越接近一条直线。相关关系一般可为:原因与结果的关系;结果与结果的关系;原因与原因的关系。

(1) 用相关图法,可以应用相关系数、回归分析等进行定量的分析处理,确定各种因素对产品质量影响程度的大小。如果两个数据之间的相关度很大,那么可以通过对一个变量的控制来间接控制另外一个变量。

(2) 相关图的分析,可以帮助我们肯定或者是否定关于两个变量之间可能关系的假设。
在相关图中,两个要素之间可能具有非常强烈的正相关,或者弱的正相关。这些都体现了这两个要素之间不同的因果关系。一般情况下,两个变量之间的相关类型主要有六种:强正相关、弱正相关、不相关、强负相关、弱负相关以及非线性相关。

5.3.2 适用场合

(1) 当收集到一组成对数据后。
(2) 当因变量的值可能受多个自变量值的综合影响时。
(3) 当试图确定两个变量是否相关时,例如:
① 鉴别问题潜在的根本原因;
② 采用头脑风暴法列出问题因果关系的鱼骨图后,客观地验证这种因果关系是否真的存在;
③ 判断出现的两种相关结果是否都由相同的原因引起;
④ 构建控制图之前对自相关性的检测。

5.3.3 实施步骤

(1) 为可能存在关联的变量收集成对的数据。
(2) 画一张坐标图,将自变量标于横轴,因变量标于纵轴。在每一个数据对应的横坐标值和纵坐标值的相交处画点或记号。如果有两个点落在一起,就在此处画两个相连的点,确保都可以被看到。
(3) 通过点的分布特征,查看相关关系是否明显。如果数据点清晰地形成一条直线,便可以证明变量相关,就可以使用回归分析或关联分析进行进一步的分析研究。

5.4 鱼骨图

5.4.1 概述

鱼骨图(Fishbone Diagram)又名因果图(Cause-and-Effect Diagram)、石川馨图(Ishikawa Diagram),其方法演变:原因列举图,过程分析图,延时鱼骨图,CEDAC(有附加卡片的因果图),期望—结果鱼骨图,反向鱼骨图等。鱼骨图将原因和结果联系起来。它可以用来组织头脑风暴的会议,并对观点进行有效分类。

鱼骨图是一种用于分析质量特性(结果)与可能影响质量特性的因素(原因)的一种工具。许多可能的原因可以归纳为原因类别与子原因,并画成类似于鱼骨的图,如图5-2所示。

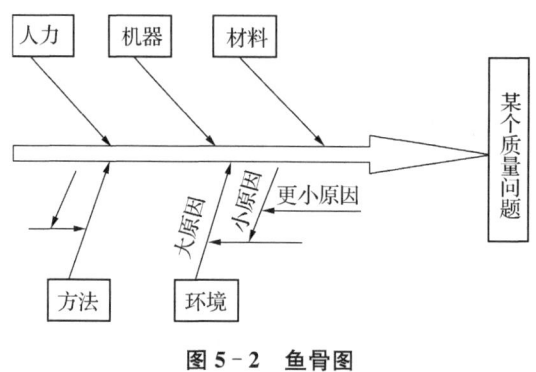

图 5-2 鱼骨图

5.4.2 适用场合

(1) 当需要找出可能的原因时。
(2) 当组织的思维趋于定式时。

5.4.3 实施步骤

(1) 准备所需材料:挂纸或者白板、标记笔。
(2) 确定一个讨论主题(结果)。挂纸或白板的正中写下问题,在问题周围画框,然后画一个水平的箭头指向它。
(3) 用头脑风暴法讨论造成问题原因的主要种类。如果不好决定,可采用一般性种类:方法、机器(设备)、人(人力)、材料、测量、环境。在主箭头的旁边画上分支,表示原因的分类。
(4) 用头脑风暴法找出所有可能的原因。提问:"为什么会这样?"有了答案后辅导者就在对应的原因分支上记下来。如果有多重关系,子原因可以写在几个地方。

(5) 再对子原因提问:"为什么会这样?"在子原因的分支下记下它的子原因。继续问"为什么?"以找出更深层次的原因。分支的层次表示原因的关系。

(6) 当找出了所有原因后,集中讨论原因较少的部分。

5.4.4 画鱼骨图的注意事项

(1) 画因果图时必须开"诸葛亮会",充分发扬民主,各抒己见,集思广益,把每个人的意见都一一记录在图上。

(2) 确定要分析的主要质量问题(特性)不能笼统,一个主要质量问题只能画一张因果图,多个主要质量问题则应画多张因果图,因果图只能用于单一目标的分析。

(3) 因果关系的层次要分明,最高层次的原因应寻求到可以直接采取对策为止。

(4) 对分析出来的所有末端原因,都应到现场进行观察、测量、试验等加以确认。

图 5-3 为关于课程考试成绩偏低原因的鱼骨图示例图。

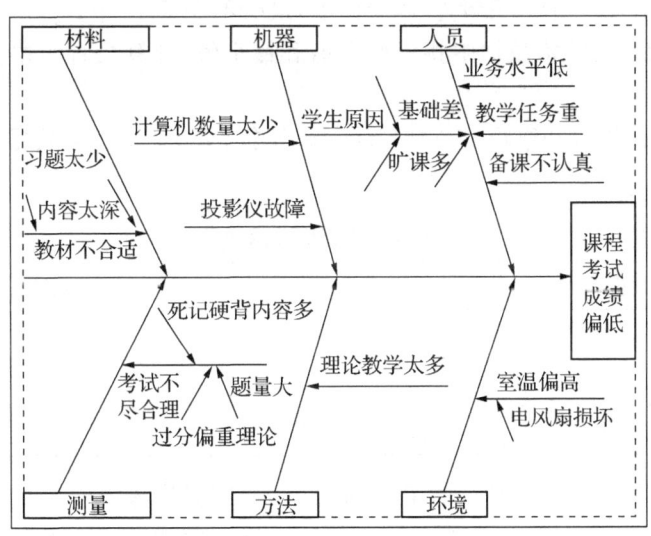

图 5-3 鱼骨图示例图

5.5 直方图

5.5.1 概述

直方图(Histogram)又叫质量分布图,是通过对生产过程中产品质量分布情况的描绘与分析,来判断生产过程,保证产品质量的能力的一种常用方法。基本原理是依据产品质量在正常情况下呈正态分布。

5.5.2 适用场合

(1) 数据是数值型时；
(2) 想弄清楚数据分布的形状；
(3) 确定一个过程的输出是否近乎符合正态分布；
(4) 分析一个过程是否满足顾客的要求；
(5) 分析供应商的过程输出的分布情况；
(6) 检查两个时间段内过程是否发生变化；
(7) 确定两个或多个过程输出是否不同；
(8) 将分布情况快速简单地表示出来。

5.5.3 实施步骤

(1) 收集数据。数据个数一般为 50 个以上，最少不少于 30 个。
(2) 求极差 R。在原始数据中找出最大值和最小值，计算二者的差就是极差，即 $R = X_{\max} - X_{\min}$。
(3) 确定分组的组数和组距。一批数据究竟分多少组，通常根据数据个数的多少来定。可参考表 5-5。

表 5-5 直方图分组数表

数据个数	分组数 K
50～100	6～10
100～250	7～12
250 以上	10～20

(4) 确定各组界限。先取测量值单位的 1/2。分组界应该能够包括最大值和最小值。第一组的上下限值为最小值 $\pm(h/2)$。第一组的上界限值就是第二组的下界限值，第二组的下界限值加上组距就是第二组的上界限值，也就是第三组的下界限值，依此类推，可定出各组的组界。为了计算的需要，往往要决定各组的中心值。每组的上下界限相加除以 2，所得数据即为组中值。组中值为各组数据的代表值。
(5) 制作频数分布表。将测得的原始数据分别归入到相应的组中，统计各组的数据个数，即频数 f_i，各组频数填好以后检查一下总数是否与数据总数相符，避免重复或遗漏。
(6) 画直方图。以横坐标表示质量特性，纵坐标为频数，在横轴上标明各组组界，以组距为底，频数为高，画出一系列的直方柱，就成了直方图。
(7) 在直方图的空白区域，记上有关的数据的资料，如样本数、平均值、标准差等。

5.5.4 如何使用直方图

5.5.4.1 直方图的常见类型

(1) 标准型(对称型)。数据的平均值与最大值和最小值的中间值相同或接近,平均值附近的数据频数最多,频数在中间值向两边缓慢下降,并且以平均值左右对称。这种形状是最常见的。

(2) 锯齿型。做频数分布表时,如分组过多,会出现此种形状。另外,当测量方法有问题或读错测量数据时,也会出现这种形状。

(3) 偏态型。数据的平均值位于中间值的左侧(或右侧),从左至右(或从右至左),数据分布的频数增加后突然减少,形状不对称。

(4) 平顶型。当几种平均值不同的分布混在一起,或某种要素缓慢变化时,常出现这种形状。

(5) 双峰型。靠近直方图中间值的频数较少,两侧各有一个"峰"。当有两种不同的平均值相差大的分布混在一起时,常出现这种形状。

(6) 孤岛型。在标准型的直方图的一侧有一个"小岛"。出现这种情况是因为夹杂了其他分布的少量数据,如工序异常、测量错误或混有另一分布的少量数据。

图 5-4 给出了直方图各种类型的形状。

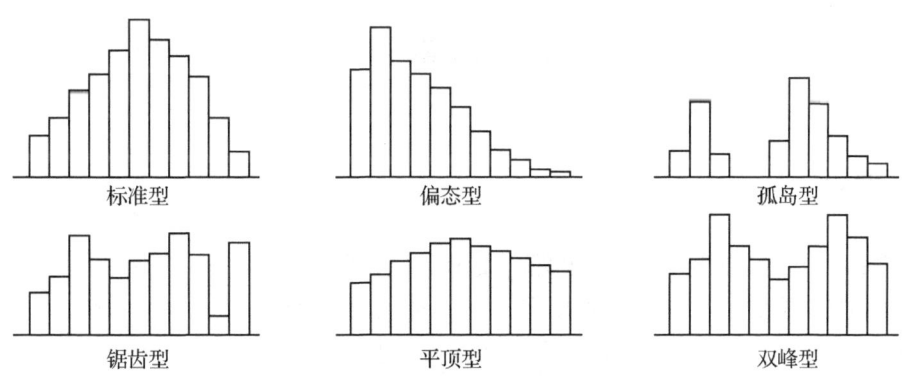

图 5-4 不同形状的直方图

5.5.4.2 直方图与质量标准的比较

(1) 理想直方图。其分布中心与质量标准重合,散布范围 B 在标准界限 $T=[T_l, T_u]$ 内且略有富余,表示工序处于受控状态。如图 5-5(a)所示。

(2) 散布范围 B 在标准界限 $T=[T_l, T_u]$ 内,分布中心偏移质量标准的中心,一边有余量,一边重合,出现废次品的可能性较大。应采取措施使分布中心与标准中心重合。如图 5-5(b)所示。

(3) 散布范围 B 与标准界限 T 完全一致,两边无余量,表示过程能力不足,过程会产生一定的废次品。如图 5-5(c)所示。

(4) 分布中心偏移标准中心，一侧超出标准界限，将会产生比较多的废次品。如图 5-5(d)所示。

(5) 散布范围 B 超出标准界限 T，两侧超出标准界限，过程能力严重不足，肯定会产生大量的废次品。如图 5-5(e)所示。

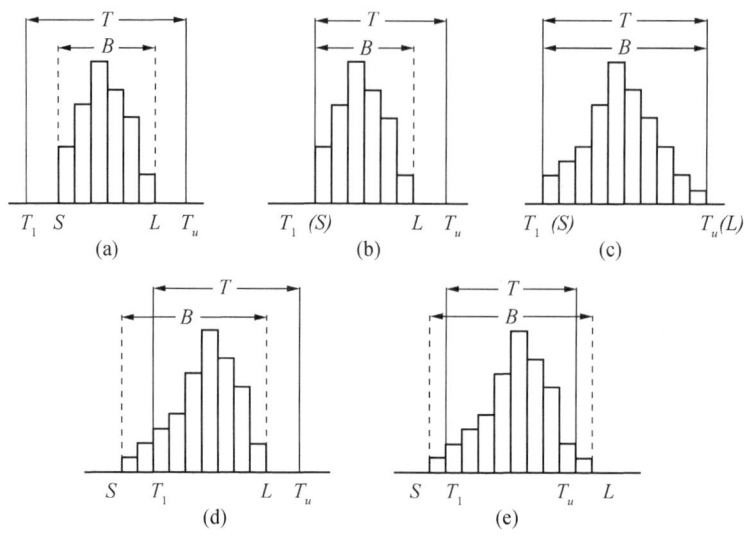

图 5-5 直方图分布与质量标准的比较

5.6 帕累托图

5.6.1 概述

帕累托图(Pareto Chart)是将出现的质量问题和质量改进项目按照重要程度依次排列而采用的一种图表。以意大利经济学家 V. Pareto 的名字而命名的帕累托图又叫排列图、主次图，是按照发生频率大小顺序绘制的直方图。帕累托图表示有多少结果是由已确认类型或范畴的原因所造成，它是用来找出影响产品质量主要因素的一种有效工具。

排列图由两个纵坐标、一个横坐标、几个直方块和一条折线所构成(见图 5-6)。排列图的横坐标表示影响产品质量的因素或项目，按其影响程度大小，从左到右依次排列。排列图的左纵坐标表示频数(如件数、金额、工时、吨位等)，右纵坐标表示频率(以百分比表示)，直方块的高度表示某个因素影响大小，从高到低，从左到右，顺序

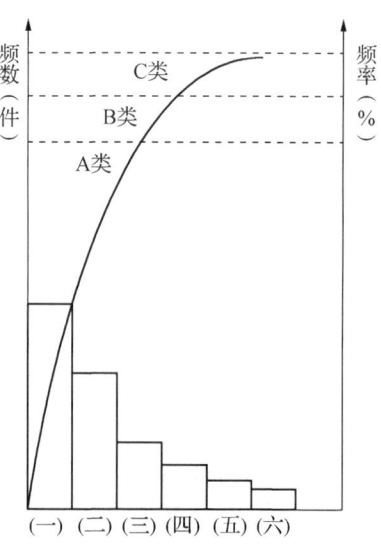

图 5-6 帕累托图示例

排列。折线表示各影响因素大小的累积百分数,是由左到右逐渐上升的,这条折线就称为帕累托曲线。

一般,把因素分成 A、B、C 三类:A 类,累计百分数在 80% 以下的诸因素;B 类,累计百分数在 80%~90% 的诸因素;C 类,累计百分数在 90%~100% 的诸因素。

5.6.2 适用场合

(1) 分析过程中表示问题或者原因发生频率的数据时;
(2) 当想要关注众多问题或者原因中最显著的一个时;
(3) 分析特定要素的主要原因时;
(4) 和其他人交流数据时。

5.6.3 实施步骤

(1) 确定分类的依据。
(2) 确定合适的测量对象。一般的测量对象是频数、数量、成本和时间。
(3) 确定该图包括的时间段。
(4) 收集数据,并记录种类,或汇编已有的数据。
(5) 求每种测量对象的总数。
(6) 为收集的测量数据确定合适的刻度范围。最大值是步骤 5 求得的最大的和。如果执行了备选步骤 8 和步骤 9,最大值是步骤 5 的所有值的加和。在图的左边标上刻度。
(7) 画出每一种类的条柱,并加以标注。将条柱按长短顺序从左到右依次放置。如果有些类的数值很小,就将其归为一类,用"其他"标注。

尽管步骤 8 和步骤 9 是备选的,但是它们对我们分析和沟通特别有帮助。

(8) 计算每一类的百分比。所有类的百分比之和为 1,将其在不同类之间进行分配。画一条右竖轴标上百分比。确保左右两边的刻度相匹配。例如,左边测量值的一半要对应右边的 50% 刻度。
(9) 计算并画出累积百分比值。将第一类和第二类的百分比相加,并在第二个条柱的上方画一个点,表明前两类的累加值。在第三个条柱的上方画一个点,表明前三类的累加值,继续该过程。从第一个条柱上方的点开始连接所有点,直到在最后一个条柱上表明所有类的累加值 100%。

【例 5-3】 下面用表 5-6 的数据来说明排列图的使用方法。

表 5-6 焊接接头缺陷调查表

序 号	缺陷类型	频 数	频 率	累积频率
1	虚焊	45	0.45	0.45
2	夹渣	32	0.32	0.77

续表

序 号	缺陷类型	频 数	频 率	累积频率
3	过烧	12	0.12	0.89
4	焊料不饱满	6	0.06	0.95
5	漏焊	3	0.03	0.98
6	其他	2	0.02	1.00
	总 计	100	1.00	

图 5-7 是用按照上面所述步骤绘制出的关于焊接接头缺陷的排列图。由图可以看出：虚焊、夹渣和过烧是造成焊接接头出现缺陷的关键因素，应集中力量解决这三个方面的问题。

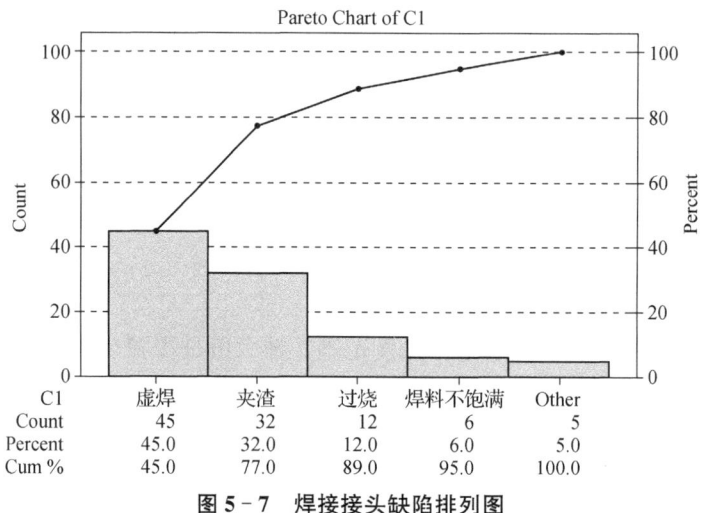

图 5-7 焊接接头缺陷排列图

5.7 控制图

5.7.1 概述

控制图(Control Charts)是一种对过程变异进行分析和控制的图形工具。数据按时间顺序绘制在图上。控制图一般有一条代表均值的中心线，一条上控制限位于中心线上方，一条下控制限位于中心线下方，这些线是根据过程数据确定的。通过对当前数据和由历史数据计算所得的控制限的比较，我们可以判定当前过程变异是稳定的(受控制)还是不稳定的(不受控制，受到某个特定因素的干扰)。

控制图分为很多种，不同的过程、不同的数据，我们采用不同的控制图。计量值数据的控制图经常是成对应用，其中常绘制在上方的一张控制图监测均值，或者说过程数据的分布中心，而绘制在下方的一张控制图监测极差，或者说分布的波动程度。如果借助于练习打靶的例子来说明,那么均值就是靶子上射击集中的地方,极差是射击点的离散程度。计量值数据要成对使用控制图,计数值数据则通常只使用一张控制图就足够了。

计量值控制图:$\overline{X}$-R 控制图(又名均值—极差控制图),$\overline{X}$-s 控制图,单值控制图(又名 X 控制图、X-R 控制图、IX-MR 控制图、XmR 控制图、移动极差控制图),移动均值—移动极差控制图(又名 MA—MR 控制图),目标偏差控制图(又名差异控制图、偏差控制图、名义值偏差控制图),CUSUM 又名累计和控制图,EWMA 又名指数加权移动平均控制图,多元控制图(又名 Hotelling T^2 控制图)

计数值控制图:p 控制图(又名不良品率控制图),np 控制图,c 控制图(又名缺陷制图),u 控制图。

两种数据都适用的控制图:短期过程控制图(又名稳定控制图或者 Z 控制图),组控制图(又名多属性控制图)。

5.7.2 适用场合

(1) 当你希望控制当前过程,问题出现时能察觉并能对其采取补救措施时;
(2) 当你希望对过程输出的变化范围进行预测时;
(3) 当你判断一个过程是否稳定(处于统计受控状态)时;
(4) 当你分析过程变异来源是随机性(偶然事件)还是非随机性(过程本身固有)时;
(5) 当你决定怎样完成一个质量改进项目时——防止特殊问题的出现,或对过程进行基础性的改变。

5.7.3 实施步骤

详见第 6 章。

5.8 亲和图

5.8.1 概述

亲和图(Affinity Diagram)又名 KJ 法(K-J method),是把大量收集到的事实、意见或构思等语言资料,按其相互亲和性(相近性)归纳整理这些资料,使问题明确起来,求得统一认识和协调工作,以利于问题解决的一种方法。

亲和图又叫 A 型图解(见图 5-8)。它是把收集到的大量有关某一特定主题的意见、观点、想法和问题,按它们相互亲近程度加以归类、汇

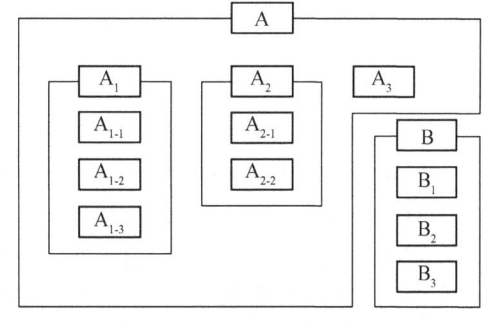

图 5-8 亲和图示意图

总的一种图。

5.8.2 适用场合

(1) 事实或观点处于混乱状态时；
(2) 问题看起来太大、太复杂而无法掌握时；
(3) 小组必须达成一致意见时；
(4) 典型情境；
(5) 在头脑风暴后；
(6) 分析口头数据，如调查结果时；
(7) 在绘制树图或情景挂板前。

5.8.3 实施步骤

(1) 确定对象（或用途）。KJ法适用于解决那种非解决不可，且又允许用一定时间去解决的问题。对于要求迅速解决、"急于求成"的问题，不宜用KJ法。
(2) 收集语言、文字资料。收集时，要尊重事实，找出原始思想（"活思想""思想火花"）。
(3) 把所有收集到的资料，包括"思想火花"，都写成卡片。
(4) 整理卡片。对于这些杂乱无章的卡片，不是按照已有的理论和分类方法来整理，而是把自己感到相似的归并在一起，逐步整理出新的思路来。
(5) 把同类的卡片集中起来，并写出分类卡片。
(6) 根据不同的目的，选用上述资料片段，整理出思路，写出文章来。

例如，顾客对台灯需求的亲和图（见图5-9）。

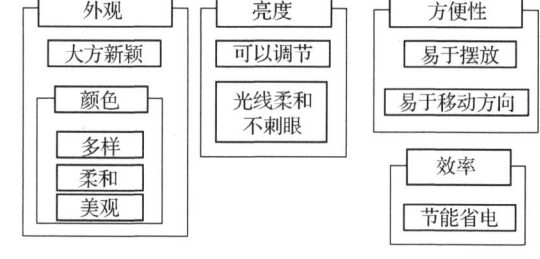

图 5-9 顾客对台灯需求的亲和图

5.9 树 图

5.9.1 概述

树图(Tree Diagram)又叫系统图，用来表示某个质量问题与其他组成要素之间的关系，从而明确问题的重点，寻求达到目的所应采取的最适当的手段和措施的一种树枝状图。

树图是从一个项目出发，展开两个或两个以上分支，然后从每一个分支再继续展开，依此类推。它拥有树干和多个分支，所以很像一棵树。树图通常是用来将主要的类别逐渐分解成许多越来越详细的层。绘制树图有助于思维从一般到具体的逐步转化。树图是研究多元目标问题的一般工具。

5.9.2 适用场合

(1) 当主题已知并且泛泛地给出,而需要将其转化为具体细节时;
(2) 当寻求达成一个目标的合理步骤时;
(3) 当策划实行一个方案或其他计划的具体行动时;
(4) 当对过程进行详细的分析时;
(5) 当探究问题的根本原因时;
(6) 当评估解决问题的几个可能方案时;
(7) 当亲和图或关联图不能揭示关键问题时;
(8) 当作为向其他人说明具体细节的交流工具时。

5.9.3 实施步骤

(1) 简明扼要地讲述清楚要研究的主题(如质量问题);
(2) 确定该主题的主要类别,即主要的层次;
(3) 构造树图,把主题放在左框内,主要类别放在右边的方框内;
(4) 针对这个主要类别确定其组成要素和子要素;
(5) 把针对每个主要类别的组成要素及其子要素放在主要类别右边的方框内;
(6) 评审画出的树图,确保无论在顺序上或逻辑上都没有差错和空档。

例如,顾客对台灯需求的树图(见图 5-10)。

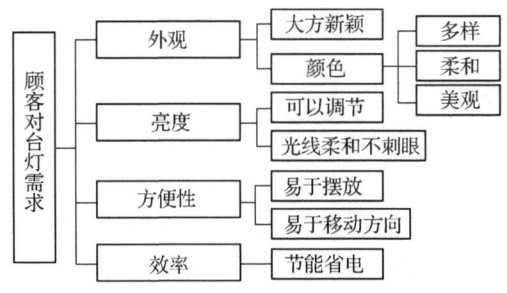

图 5-10　顾客对台灯需求的树图

5.10　PDPC 法

5.10.1 概述

企业管理中,要达到目标或解决问题,总是希望按计划推进原定各实施步骤,质量管理中遇到的问题往往是这样。但是,随着各方面情况的变化,当初拟订的计划不一定行得通,往往需要临时改变计划,特别是解决困难的质量问题。修改计划的情况更是屡屡发生。为应付这种意外事件,就提出了一种有助于使事态向理想方向发展的解决问题的方法,称为过程决策程序图(Process Decision Program Chart)法,简称 PDPC 法。

制订计划时,不一定能将有可能发生的问题全部考虑进去。实施时,随着工作的进展,原来没有考虑的问题逐渐暴露出来,或者原来没有想出的办法、方案逐渐形成。这时必须根据新的问题再重新考虑措施,增加新的方案或活动,因此,PDPC 图不是一成不变的,而是要根据具体情况,每隔一段时间修改一次。PDPC 法的特征如下:

(1) PDPC 法不是从局部,而是从全局、整体掌握系统的状态,因而可作全局性判断。

(2) 可按时间先后顺序掌握系统的进展情况。

(3) 可密切注意系统进程的动向,在追踪系统运转时,能掌握产生非理想状态的原因。同时,从某一输入出发,依次追踪系统的运转,也能找出"非理想状态"。

(4) 当出现过去没有想到的情况时,可不断补充、修订计划措施。

5.10.2 适用场合

利用 PDPC 法,可从全局、整体掌握系统状态以做出全局性判断,可按照新的时间顺序掌握系统的进展情况。在质量管理中,用 PDPC 法有助于在解决问题的过程中,恰当地提出所有可能的手段或措施,在实施过程中碰到困难时,能迅速采取对策。其具体用途如下:

(1) 制订方针目标管理中的实施计划。

(2) 制订科研项目的实施计划。

(3) 在系统或产品设计时,对整个系统的重大事故或故障进行预测。

(4) 提前预测制造过程中会出现的异常和错误操作,制订控制工序的方案和措施。

5.10.3 使用 PDPC 法的步骤

PDPC 法的基本步骤如下:

(1) 召集所有有关人员(要求尽可能广泛地参加)讨论所要解决的课题。

(2) 从自由讨论中提出达到理想状态的手段、措施。

(3) 对提出的手段和措施,要列举出预测的结局,以及提出的措施方案行不通时应采取的措施和方案。

(4) 将各研究措施按紧迫程度、所需工时、实施的可能性及难易程度予以分类,特别是对当前着手进行的措施,应根据预测的结局,明确首先应该做什么,并用箭头向理想的状态方向连接起来。

(5) 进而,决定各项措施实施的先后顺序,从一条线路得到的情报,要研究其对其他线路是否有影响。

(6) 落实实施负责人及实施期限。

(7) 不断修订 PDPC 图。按绘制的 PDPC 图进行实施,在实施过程中可能会出现新的情况和问题,需要定期召开有关人员会议,检查 PDPC 图的执行情况,并按照新的情况和问题,重新修改 PDPC 图。

在技术开发方面 PDPC 法的应用很广,下面以用于技术开发方面的实例进行说明。

【例 5-4】

日本某厂试制成功的新产品在批量生产阶段,出现了试制阶段没有预料到的重大缺陷,从而绘制出 PDPC 图,如图 5-11 所示。

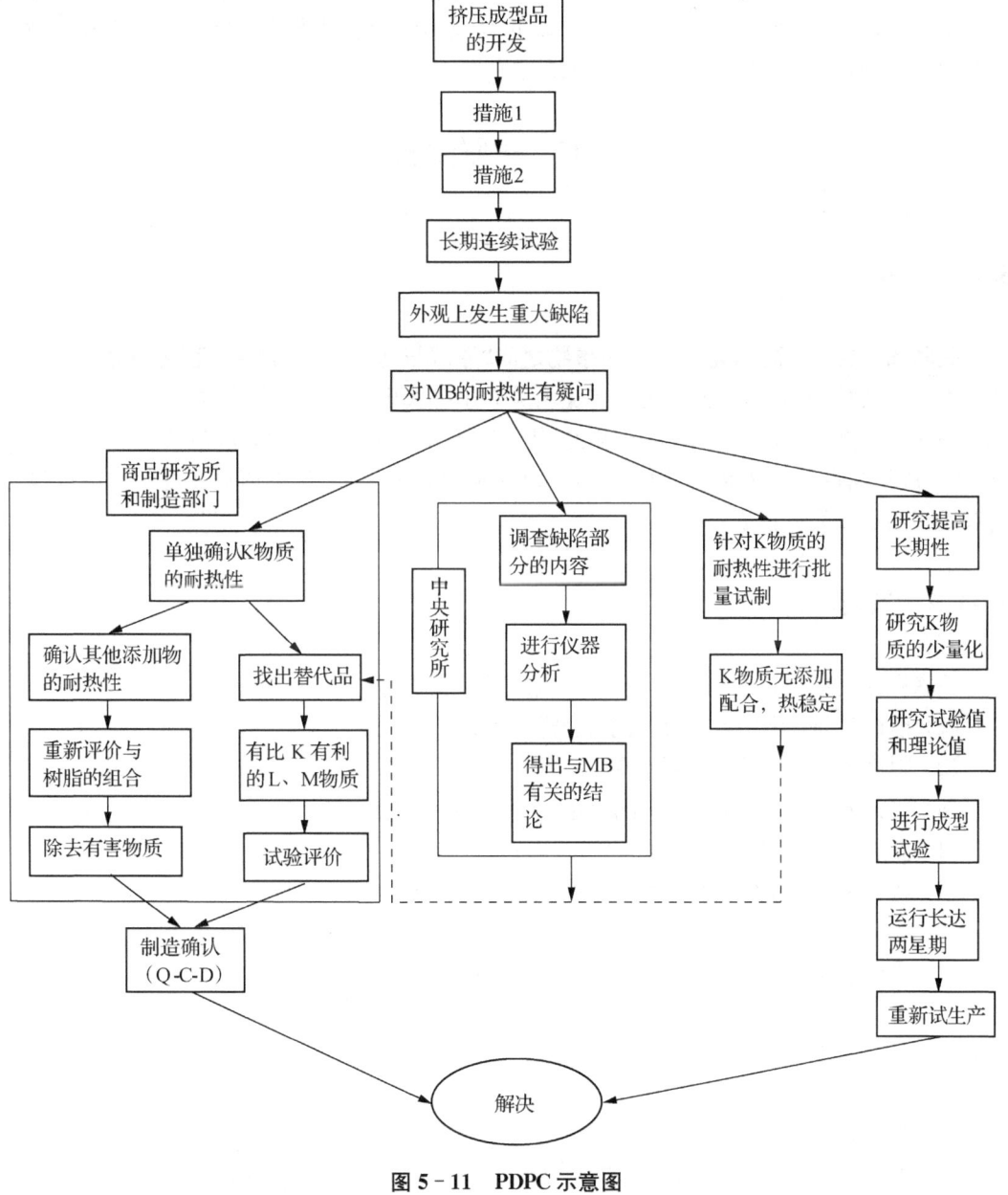

图 5-11 PDPC 示意图

根据各方面的观察,认为出现的重大缺陷跟原料 MB 的耐热性有关。因此,需要由负责研究的商品研究所、中央研究所和制造部门等三方共同研究协作。中央研究所负责对缺陷部分进行分析,并对造成缺陷原因的物质进行探索。商品研究所需要根据过去的经验确认K物质的耐热性。如果K物质的耐热性能良好,那么,就可以认为产生缺陷的原因与K物质和其他添加物的组合有关。在这种情况下,就要重新考虑K物质和基本树脂的结合问题:如存在有害物质就应去除;如果是K物质本身的原因,就要寻找替代物,采用比K物质价格高的L、M物质作为代用品,但是必须对L、M物质进行试验评价。如果没有任何问题,问题就解决了。另一方面,制造部门应从现场的角度依次进行确认。中央研究结果查明了产生缺陷的原因,是由于开发阶段确定的K物质的添加量过多造成的。减少了K物质的添加量,经过两周的连续试验就解决了问题。

5.11 关联图法

5.11.1 概述

关联图,又称关系图,是用来分析事物之间"原因与结果""目的与手段"等复杂关系的一种图表,它能够帮助人们从事物之间的逻辑关系中寻找出解决问题的办法。

关联图由圆圈(或方框)和箭头组成,其中圆圈中是文字说明部分,箭头由原因指向结果,由手段指向目的。文字说明力求简短、内容确切易于理解,重点项目及要解决的问题要用双线圆圈或双线方框表示。

5.11.2 适用场合

关联图法的应用范围十分广泛,它的应用范围主要有:
(1) 推行TQC工作、从何处入手、怎样深入;
(2) 制订和实施质量保证的方针、目标;
(3) 研究解决如何提高产品质量和减少不良品的措施;
(4) 促进质量管理小组活动的深入开展;
(5) 从大量的质量问题中,找出主要问题和重点项目;
(6) 研究满足用户的质量、交货期、价格及减少索赔的要求和措施;
(7) 研究解决如何用工作质量来保证产品质量问题。

5.11.3 实施步骤

(1) 明确所分析的问题。
(2) 组成小组:小组成员要对问题有统一的认识,并且对问题比较了解。另外,小组规模不宜过大,一般以4~6人为宜。
(3) 整理出所有的问题要素(最好写在卡片上)。

(4)根据因果关系进行连接(只能使用单向箭头)。

(5)对图形进行整体分析,对要素间的因果关系进行确认,小组成员达成一致意见后定稿。

(6)确定关键要素。

例如,学校教学质量不高原因分析关联图(见图5-12)。

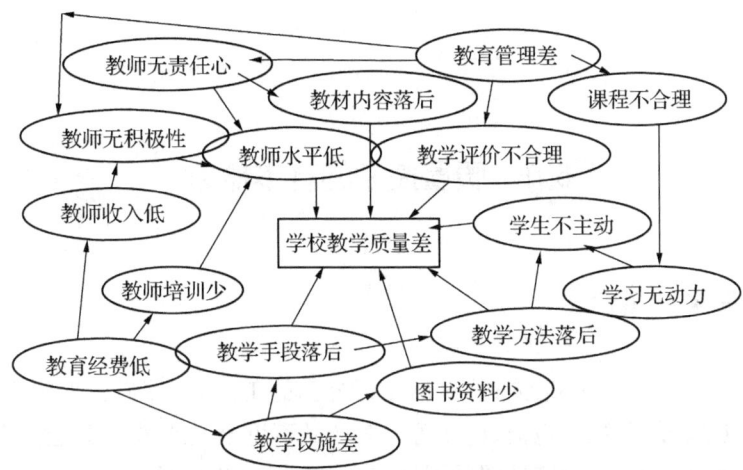

图5-12 学校教学质量不高原因分析关联图

第6章

统计质量控制

6.1 质量控制的基本概念

6.1.1 工序质量的概念

工序质量因行业而异。一般来说,对产品可分割的工序,工序质量即为产品质量特性,如尺寸、精度、纯度、强度、额定电流、电压等。对产品不可分割或最终才能形成者,则通常指工艺质量特性,如化工产品、生产装置的温度、压力、浓度和时间等。有时,工序质量也可表现为物耗和效率。

工序质量属制造质量的范畴,质量优劣主要表现为产品或工艺质量特性符合设计规范、工艺标准程度的高低,即符合性质量。

通常对工序质量起主要作用的因素是5M1E,即操作者(Man)、材料(Material)、设备(Machine)、工艺方法(Method)、测量(Measure)和环境(Environment)六类要素。这六类要素具体如下:

(1) 操作者,指操作人员的情绪、技术水平、质量意识等;
(2) 材料,主要是指构成产品的原材料和生产中使用的辅助材料;
(3) 设备,机床、辅助装置、工夹模具的精度和状况;
(4) 工艺方法,加工工艺流程和操作方法是否合理;
(5) 环境,合适的温度、光线,整齐、清洁的场所;
(6) 测量,测试仪器的精度和测量方法是否有明确规定,并严格执行。

具体产品(服务)的工序质量,并不一定是这六大因素同时起作用,而且这些因素也并不是同等地起作用。所以,通过工序分析,运用专业技术和经验,找出在工序中起主要作用的因素并把它作为质量控制的要点。

6.1.2 工序质量的波动性与统计学规律

工序质量在各种影响因素的制约下,呈现波动性。工序质量波动包括产品之间的波动,单个产品与目标值之间的波动。质量特性的波动分为正常波动和异常波动。

正常波动在每个工序中都是经常发生的。引起正常波动的影响因素有很多,诸如机器的微小振动、原材料的微小差异等。正常波动对工序质量的影响较小,在技术上难以测量和消除。工序中的异常波动是由某种特定原因引起的,如机器磨损、误操作等都可导致异常波动。异常波动对工序质量的影响较大。

生产过程控制系统的目标是当工序出现异常波动时迅速发出信号,使我们能很快查明异常原因并采取行动消除波动。

产品质量虽然是波动的,但正常波动是有一定规律的,即存在一种分布趋势,形成一个分布带,这个分布带的范围反映了产品精度。实践证明,在正常波动下,大量生产过程中产品质量特性波动的趋势大多服从正态分布。因此,正态分布是一个最普遍、最基本的分布规律,它具有集中性、对称性等特点。如图 6-1 所示。

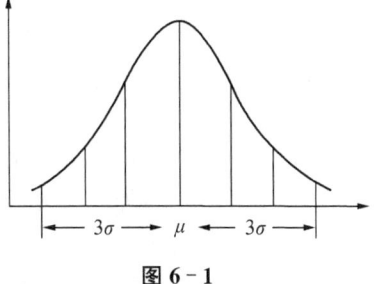

图 6-1

正态分布的特点:正态分布由两个参数决定,即均值 μ 和标准差 σ。均值 μ 是衡量分布的集中趋势,标准差 σ 是反映数据的离散程度。当均值和标准差确定时,一个正态分布曲线就确定了。正态分布曲线与坐标横轴所围成的面积等于 1。可以算出:在 $\mu\pm\sigma$ 范围内的面积为 68.26%;在 $\mu\pm2\sigma$ 范围内的面积为 95.45%;在 $\mu\pm3\sigma$ 范围内的面积为 99.73%。

6.1.3 工序质量状态

制造过程质量控制的主要目的是保证工序始终处于受控状态,持续、稳定地生产合格品。为此,必须及时了解生产过程的质量状态,判断其失控与否。

所谓工序处于受控状态,是指其质量特性值统计分布的 μ 和 σ 都符合质量规格的要求,且不随时间变化而变化。相反的,如果 μ 和 σ 其中之一或两者不符合质量规格要求(稳定状态),或者随时间变化而变化(不稳定状态),就认为工序处于失控状态。

6.1.3.1 受控状态

随着时间的推移,制造过程的质量特性值都在上下控制限之内,且分布符合正态分布,这就是所谓的受控状态,是制造过程控制的目的,如图 6-2 所示。

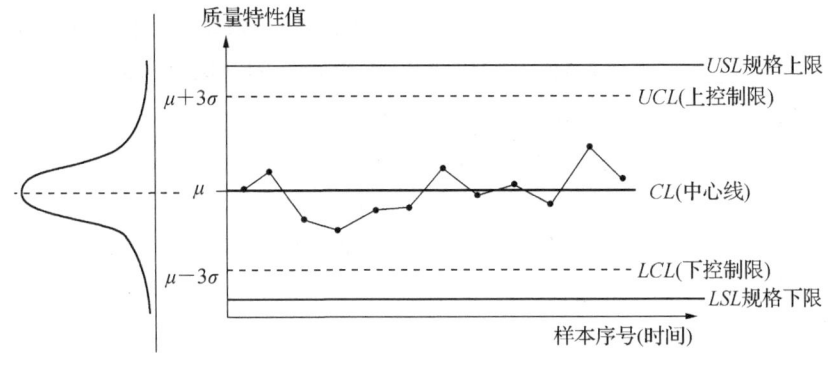

图 6-2

6.1.3.2 失控状态

随着时间的推移,制造过程的质量特性值超出了上、下控制限,这就是所谓的失控状态。失控状态也可分为稳定失控状态和不稳定失控状态,如图6-3所示。

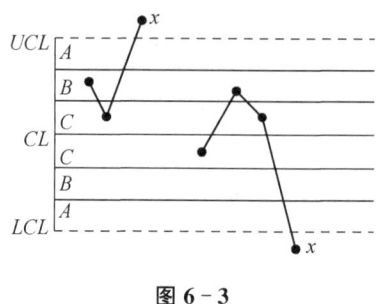

图 6-3

在稳定的失控状态情况下,μ和σ不随时间变化而变化,但质量特性值的分布超出了控制界限。

在不稳定的失控状态下,不仅质量特性值的分布超出了控制界限,同时μ和σ随时间变化而变化。

在制造过程中,一旦发现工序质量失控状态,就必须从人力、机器、材料、方法、环境等方面进行工序分析,进而对影响因素进行控制,使工序回到受控状态。所以,在关键工序的生产中,要求操作者记录工序质量的原始数据,随时掌握和分析质量的变化趋势,并进行工序能力指数的计算和评价,确保工序质量始终处于受控状态,减少不合格品的产生。

6.2 工序能力与工序能力指数

6.2.1 工序能力

工序能力(Process Capability)是指过程在一定时间,处于控制状态(稳定状态)下的实际加工能力。它是过程固有的能力,或者说它是过程保证质量的能力。这里所指的过程是指操作者、机器、原材料、工艺方法和环境等五个基本质量因素综合作用的过程,也就是产品质量的生产过程。这种能力可用过程质量特性值的波动范围来衡量。若过程质量特性值的标准差为σ,则过程能力$B=6\sigma$。由正态分布理论知,$P(x\in\mu\pm3\sigma)=99.73\%$,故$6\sigma$近似于过程质量特性值的全部波动范围。显然,$B$越小,过程能力就越强。

工序能力未必能够始终保持稳定,根据对过程控制的好坏,可以有某种程度的稳定性,但不是绝对的。例如,设备各个部分的自然磨损、刀具的磨耗都引起过程能力的变化。因而有必要区分短期(Short-Term)过程能力与长期(Long-Term)过程能力的概念。短期过程能力或固有过程能力(Inherent Process Capability)是指仅由偶因所引起的这部分变异所形成的过程能力,它反映了"短期"差异(Short-Term Variation)。短期变异用σ_{ST}表示。长期过程是指由偶因和异因之和所引起的总变异,它实际上反映了"长期"变异(Long-Term

Variation)。长期变异用σ_{LT}表示。

6.2.2 工序能力指数

工序能力指数亦称为过程能力指数(Process Capability Index),是表示过程能力满足过程质量标准要求程度的量值。它用过程质量要求的范围(公差)和过程能力的比值表示,记为C_p。即

$$C_p = \frac{T}{6\sigma}$$

式中　T——过程公差;
　　　σ——总体标准差。

由上式可见,过程能力指数C_p与过程能力6σ是不同的。过程能力在一定过程条件下是一个相对稳定的数值,而过程能力指数则是一个相对的概念。过程能力相同的两个过程,若过程质量要求范围不同,则会有不同的过程能力指数。计算过程能力指数是假设过程质量特性值服从正态分布,即$x \sim N(\mu, \sigma^2)$和过程处于受控状态下进行的。

6.2.3 过程能力指数计算

(1) 无偏时双向公差短期过程能力指数计算。设过程公差为T,公差上限和下限分别为T_U和T_L,公差中心为T_m。若过程总体均值或过程分布中心与公差中心重合,即$\bar{x} = T_m$,这种状态称为过程无偏。此时,$C_p = \frac{T}{6\sigma} \approx \frac{T_U - T_L}{6\hat{\sigma}_{ST}}$。$\sigma$为过程特性分布的总体标准差,可用$\hat{\sigma}_{ST} = \bar{R}/d_2$或$\hat{\sigma}_{ST} = \bar{s}/c_4$来估计。这里,$R$为样本极差,$\bar{R}$为其平均值,$s$为样本标准差,$\bar{s}$为其平均值,$d_2$、$c_4$为系数,可查表。$C_p$反映了过程加工质量满足产品规范要求的程度,也即企业产品的控制范围满足客户要求的程度。

(2) 单项公差短期过程能力指数计算。某些过程只要求控制单向公差,如清洁度、噪音、杂质含量,仅需控制公差上限,其下限为零。而材料的强度、零件的寿命则要求控制公差下限,上限可以无限大。

当只要求公差上限时,则

$$C_{pU} = \frac{T_U - \mu}{3\sigma} \approx \frac{T_U - \bar{x}}{3\hat{\sigma}_{ST}}$$

若只要求公差下限,则

$$C_{pL} = \frac{\mu - T_L}{3\sigma} \approx \frac{\bar{x} - T_L}{3\hat{\sigma}_{ST}}$$

(3) 过程有偏时双向公差短期过程能力指数计算。当$\bar{x} \neq T_m$,称为过程有偏。有偏表明过程分布中心与公差中心不重合而产生偏移,此时,过程能力指数用C_{pk}表示。引用偏移量ε和偏移系数k。

则有

$$\varepsilon = |T_m - \bar{x}| \qquad k = \frac{\varepsilon}{T/2} = \frac{2|T_m - \bar{x}|}{T}$$

(4) 过程能力指数的判断与处置。过程的质量水平按 C_p 值可划分为五个等级,按其等级的高低,在管理上可以做出相应的判断和处置。通常采用如表 6-1 所示的过程能力指数判断标准。表 6-1 的判断标准,对 C_{pk}、C_{pl}、C_{pu} 同样适用。但未说明偏移系数 k 的影响,表 6-2 列出了存在 k 时的判断标准。

表 6-1 过程能力指数的判断标准

过程能力等级	过程能力指数	过程能力判断
Ⅰ	$C_p > 1.67$	过剩
Ⅱ	$1.67 > C_p > 1.33$	充足
Ⅲ	$1.33 > C_p > 1.00$	正常
Ⅳ	$1.00 > C_p > 0.67$	不足
Ⅴ	$C_p < 0.67$	严重不足

表 6-2 过程能力指数存在 k 时的判断准则

偏移系数 k	过程能力指数	采取措施
$0 < k < 0.25$	$C_p > 1.33$	不必调整均值
$0.25 < k < 0.5$	$C_p > 1.33$	要注意均值的变化
$0 < k < 0.25$	$1 < C_p < 1.33$	密切观察均值
$0.25 < k < 0.5$	$1 < C_p < 1.33$	采取必要的调整措施

(5) C_p 和 C_{pk} 的比较。无偏移情况的 C_p 表示过程加工的一致性,即"质量能力",C_p 越大,则质量特性值的分布越"苗条",质量能力越强;而有偏移情况的 C 表示过程中心与规范中心偏移情况下的过程能力指数,C_{pk} 越大,则二者偏离越小,也即过程分布中心对规范中心越"瞄准",是过程的"质量能力"与"管理能力"二者综合的结果。故 C_p 和 C_{pk} 二者的着重点不同,需要同时加以考虑。

6.3 常规控制图

6.3.1 控制图的基本概念

控制图(Control Chart)又叫管理图,它是判断和预报生产过程中质量状况是否发生异常波动的一种有效的方法。控制图是 1924 年由美国的休哈特(W. A. Shewhart)首创,因为它的用法简单、效果良好、便于掌握,因而逐渐成为质量管理中一种重要的工具。

过程质量特性值 X,通常为计量值数据,服从正态分布,即 $X \sim N(\mu, \sigma^2)$ 假设过程受控,

μ, σ^2 不随时间变化或基本上不随时间变化。对正态分布有

$$p[(\mu-3\sigma) < X < (\mu+3\sigma)] = 0.9973$$

因此,可用 3σ 原则确定控制图的控制线(Control Lines)。若记中心线(Central Line)为 CL,上控限为 UCL (Upper Control Limit),下控限为 LCL(Lower Control Limit),则有

$$CL = \mu$$
$$UCL = \mu + 3\sigma$$
$$LCL = \mu - 3\sigma$$

图 6-4 便是一张 $\bar{x}$-控制图的示意图。

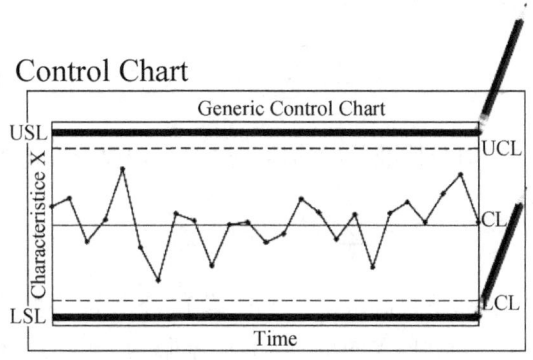

图 6-4 $\bar{x}$-控制图的示意图

根据过程质量特性的数据统计特征,控制图可分为计量值控制图和计数值控制图两大类。常用的控制图列表如表 6-3 所示。

表 6-3 控制图类型

数据类型	分布	控制图名称	代号	中心线	上、下限	国际代号
计量	正态分布	均值—标准差控制图	$\overline{X}$-s	$\bar{\bar{x}}$ $\bar{s}$	$\bar{\bar{x}} \pm A_1^* \bar{s}$ $B_4\bar{s}, B_3\bar{s}$	GB 4091.2
		均值—极差控制图	$\overline{X}$-R	$\bar{\bar{x}}$ $\bar{R}$	$\bar{\bar{x}} \pm A_2\bar{R}$ $D_4\bar{R}, D_3\bar{R}$	GB 4091.3
		中位数—极差控制图	$\tilde{x}$-R	$\bar{\tilde{x}}$ $\bar{R}$	$\bar{\tilde{x}} \pm \tilde{A}_2\bar{R}$ $D_4\bar{R}, D_3\bar{R}$	GB 4091.4
		单值—移动极差控制图	x-R_s	$\overline{X}$ $\bar{R}$	$\overline{X} \pm 2.66\bar{R}$ $3.27\bar{R}, 0$	GB 4091.5
计件	二项分布	不合格率控制图	p	$\bar{p}$	$\bar{p} \pm 3\sqrt{\bar{p}(1-\bar{p})/n}$	GB 4091.6
		不合格数控制图	pn	$n\bar{p}$	$n\bar{p} \pm 3\sqrt{n\bar{p}(1-\bar{p})}$	GB 4091.7
计点	泊松分布	单位缺陷控制图	u	$\bar{u}$	$\bar{u} \pm 3\sqrt{\bar{u}/n}$	GB 4091.8
		缺陷数控制图	c	$\bar{c}$	$\bar{c} \pm 3\sqrt{\bar{c}}$	GB 4091.9

6.3.2 均值—标准差控制图

均值控制图主要用于判断生产过程中的均值是否处于或保持在所要求的统计控制状态。标准差控制图主要用于判断生产过程的标准差是否处于或保持在所要求的统计控制状态。这两张图通常一起用,因此称为均值—标准差控制图,记为 $\overline{X}-s$。

控制图的设计过程是:

(1) 收集数据。根据选定的特性值,按一定的时间间隔,抽取一个容量为 n 的样本,共取 k 个样本,一般要求 $k \geqslant 25, n = 4, 5$。

(2) 计算每一个样本的均值与标准差。以 X_{ij} 表示第 i 个样本的第 j 个观察值,用 $\overline{X}_i$ 与 s_i 分别表示第 i 个样本的均值与标准差,即

$$\overline{X}_i = \frac{1}{n}\sum x_{ij} \quad s_i = \sqrt{\frac{1}{n-1}\sum_{j=1}^{n}(x_{ij}-\overline{X}_i)^2} \quad (i=1,2,\cdots,k)$$

(3) 计算 k 个样本的均值与标准差的均值。这两个均值分别记为 $\overline{\overline{x}}$ 与 $\overline{s}$,即有

$$\overline{\overline{x}} = \sum_{i=1}^{k}\frac{\overline{X}_i}{k} \quad \overline{s} = \sum_{i=1}^{k}\frac{s_i}{k}$$

(4) 计算 $\overline{X}$ 图与 s 图的上、下控制限。为了计算上、下控制限需要给出样本均值的标准差与标准差的标准差。根据 3σ 原则,$\overline{X}$ 图的上、下控制限为 $\overline{\overline{x}} \pm 3\sigma_{\overline{X}}$,根据正态分布理论,若 $x \sim N(\mu, \sigma^2)$,则有 $\overline{X} \sim N\left(\mu, \frac{\sigma^2}{n}\right)$,故 $\sigma_{\overline{X}} = \frac{\sigma}{\sqrt{n}}$。由于 σ 未知,用其无偏估计 $\overline{s}/C_2^*$ 代替,C_2^* 由表 6-4 给出,则有 $\overline{X}$ 图的上下控制限为

$$\overline{\overline{x}} \pm 3\overline{s}/(C_2^*\sqrt{n}) = \overline{\overline{x}} \pm A_1^* \overline{s}$$

其中,$A_1^* = 3/(C_2^*\sqrt{n})$。

s 图的上、下控制限为 $\overline{s} \pm 3\sigma_s$,经过计算得

$$\text{Var}(s) = \sigma^2[1-(C_2^*)^2]$$

故

$$\sigma_s = \sigma\sqrt{1-(C_2^*)^2}$$

同样 σ 用其无偏估计 $\overline{s}/C_2^*$ 代替,则有

$$\overline{s} \pm 3\overline{s}\sqrt{1-(C_2^*)^2}/C_2^* = \overline{s}(1 \pm 3\sqrt{1-(C_2^*)^2}/C_2^*)$$

记 $B_3 = 1 - 3\sqrt{1-(C_2^*)^2}/C_2^*$,$B_4 = 1 + 3\sqrt{1-(C_2^*)^2}/C_2^*$,则 s 图的上控限为 $B_4\overline{s}$,下控限为 $B_3\overline{s}$。若 $B_3 < 0$ 则用 0 代替。

以上 A_1^*, B_3, B_4 都是与样本容量 n 相关,具体数值见表 6-4。

表6-4 $\overline{X}$-s 图的系数表

样本大小	A_1^*	C_2^*	B_3	B_4
2	2.659	0.797 9	—	3.267
3	1.954	0.886 2	—	2.568
4	1.628	0.921 3	—	2.266
5	1.427	0.940 0	—	2.089
6	1.287	0.951 5	0.029	1.970
7	1.182	0.959 4	0.113	1.882
8	1.099	0.965 0	0.179	1.815
9	1.032	0.969 3	0.232	1.761
10	0.975	0.972 7	0.276	1.716
11	0.927	0.975 4	0.313	1.679
12	0.886	0.977 6	0.346	1.646
13	0.850	0.979 4	0.374	1.618
14	0.817	0.981 0	0.399	1.594
15	0.789	0.982 3	0.421	1.572

【例6-1】 某车间生产一种电阻,每隔一小时随机数抽取四个电阻测定其组织(单位为k),这就得到一个样本,共抽取了25个样本(见表6-5)。

表6-5

i	x_{i1}	x_{i2}	x_{i3}	x_{i4}	$\overline{X}_i$	s_i
1	81.86	81.61	82.98	81.33	81.945	0.723 164
2	82.09	81.06	80.48	80.07	80.925	0.876 451
3	81.21	82.77	79.95	80.72	81.162 5	1.190 557
4	81.23	80.61	81.68	82.13	81.412 5	0.649 018
5	83.20	82.50	82.37	80.54	82.152 5	1.135 117
6	82.68	82.48	82.97	82.12	82.56	0.353 27
7	80.17	81.83	81.12	81.41	81.132 5	0.704 764
8	80.40	81.60	85.00	83.80	82.7	2.081 666
9	80.69	80.49	82.16	84.29	81.907 5	1.754 202
10	82.72	82.12	81.77	81.60	82.052 5	0.494 865
11	80.98	81.33	81.60	80.70	81.152 5	0.394 24
12	80.42	82.20	80.13	80.24	80.747 5	0.975 684
13	82.11	82.13	83.22	82.17	82.407 5	0.542 241

续 表

i	x_{i1}	x_{i2}	x_{i3}	x_{i4}	$\overline{X}_i$	s_i
14	82.40	81.41	82.93	83.13	82.467 5	0.769 345
15	81.55	80.91	81.31	82.43	81.55	0.643 325
16	81.32	80.12	81.23	80.38	80.762 5	0.602 35
17	81.39	80.85	80.60	80.93	80.942 5	0.329 785
18	81.37	83.12	80.39	81.81	81.672 5	1.132 913
19	82.62	82.06	81.49	80.92	81.772 5	0.732 001
20	79.76	81.17	81.24	79.54	80.427 5	0.902 714
21	81.06	82.06	82.76	82.46	82.085	0.741 058
22	82.55	83.53	82.94	81.89	82.727 5	0.688 495
23	83.33	80.33	80.36	80.67	81.172 5	1.446 522
24	81.17	81.33	82.57	80.87	81.485	0.748 042
25	81.60	79.88	81.69	81.79	81.24	0.909 982

在这个例子中，$n=4$，由表6-4可查得$A_1^*=1.628$，$B_4=2.266$，表中B_3为"—"，则B_3用0代替，由此可得下列数据(见表6-6)。

表6-6 控制界限值

	$\overline{X}$图	s图
中心线 CL	81.538 4	0.860 8
上控制限 UCL	81.538 4+1.628×0.860 8=82.939 8	2.266×0.860 8=1.951
下控制限 LCL	81.538 4−1.628×0.860 8=80.137	0

6.3.3 平均值—级差控制图

将均值—标准差控制图($\overline{X}$-s图)中的s图用级差控制图(R图)代替，即得$\overline{X}$-R图，这里用级差控制图来判断生产过程的波动是否处于或保持在所要的统计控制状态，把$\overline{X}$与R图一起用，就称为均值—级差控制图。

控制图的设计过程是：
(1) 收集数据同$\overline{X}$-s图。
(2) 计算每一个样本的均值与级差。以x_{ij}表示第i个样本第j个观察值，用$\overline{X}_i$与R_i分别表示第i个样本的均值与级差。
(3) 计算k个样本的均值与级差的均值。这两个均值分别记为$\overline{\overline{x}}$与$\overline{R}$，即

$$\overline{\overline{x}} = \sum_{i=1}^{k} \frac{\overline{X}_i}{k} \quad \overline{R} = \sum_{i=1}^{k} \frac{R_i}{k}$$

(4) 计算 $\overline{X}$ 图与 R 图的上、下控制限。根据正态分布的性质,可知

$$\mathrm{Var}(\overline{X}) = \sigma^2/n \quad \mathrm{Var}(R) = \sigma^2 v_n^2$$

又由于 $E(R)=d_2\sigma$,可知 $\overline{R}/d_2$ 是 σ 的无偏估计,因而可以用 $\overline{R}/d_2$ 来代替 σ,这里 d_2 与 v_n 都是通过数值积分求出的与 n 有关的常数,则

$$\hat{\sigma}_{\overline{X}} = \frac{\overline{R}}{d_2\sqrt{n}} \hat{\sigma}_R = \frac{\overline{R} v_n}{d_2}$$

由 3σ 原则,有

$$\overline{\overline{X}} \pm 3\hat{\sigma}_{\overline{X}} = \overline{\overline{X}} \pm 3 \frac{\overline{R}}{d_2\sqrt{n}} = \overline{\overline{X}} \pm A_2 \overline{R}$$

$$\overline{R} \pm 3\hat{\sigma}_R = \overline{R} \pm 3 \frac{\overline{R} v_n}{d_2} = \left(1 \pm \frac{3 v_n}{d_2}\right)\overline{R}$$

综上所述,可得表 6-7。

表 6-7

	$\overline{X}$ 图	R 图
中心线 CL	$\overline{\overline{X}}$	$\overline{R}$
上控制限 UCL	$\overline{\overline{X}}+A_2\overline{R}$	$D_4\overline{R}$
下控制限 LCL	$\overline{\overline{X}}-A_2\overline{R}$	$D_3\overline{R}$

其中,$A_2=\dfrac{3}{d_2\sqrt{n}}$;$D_3=1-\dfrac{3\,v_n}{d_2}$;$D_3=1+\dfrac{3\,v_n}{d_2}$。它们都是与样本容量 n 有关的常数(见表 6-8)。

表 6-8 $\overline{X}$-R 图的系数表

样本大小	A_2	D_2	D_3	D_4
2	1.880	1.128	—	3.267
3	1.023	1.693	—	2.575
4	0.729	2.059	—	2.282
5	0.579	2.326	—	2.115
6	0.483	2.534	—	2.004
7	0.419	2.704	0.076	1.924
8	0.373	2.847	0.136	1.864
9	0.337	2.970	0.184	1.816
10	0.308	3.038	0.223	1.777

【例 6-2】 某工序在过程能力充足条件下,测得数据见表 6-9,要求设计控制 $\overline{X}$-R 图的控制限。

表 6-9 数据表

序号	x_{i1}	x_{i2}	x_{i3}	x_{i4}	x_{i5}	$\overline{X}_i$	R
1	13.2	13.3	12.7	13.4	12.1	12.94	1.3
2	13.5	12.8	13	12.8	12.4	12.9	1.1
3	13.9	12.4	13.3	13.1	13.2	13.18	1.5
4	13	13	12.1	12.2	13.3	12.72	1.2
5	13.7	12	12.5	12.4	12.4	12.6	1.7
6	13.9	12.1	12.7	13.4	13	13.02	1.8
7	13.4	13.6	13	12.4	13.5	13.18	1.2
8	14.4	12.4	12.2	12.4	12.5	12.78	2.2
9	13.3	12.4	12.6	12.9	12.8	12.8	0.9
10	13.3	12.8	13	13	13.1	13.04	0.5
11	13.6	12.5	13.3	13.5	12.8	13.14	1.1
12	13.4	13.3	12	13	13.1	12.96	1.4
13	13.9	13.1	13.5	12.6	12.6	13.14	1.3
14	14.2	12.7	12.9	12.9	12.5	13.04	1.7
15	13.6	12.6	12.4	12.5	12.2	12.66	1.4
16	14	13.2	12.4	13	13	13.12	1.6
17	13.1	12.9	13.5	12.3	12.8	12.92	1.2
18	14.6	13.7	13.4	12.2	12.5	13.28	2.4
19	13.9	13	13	13.2	12.6	13.14	1.3
20	13.3	12.7	12.6	12.8	12.7	12.82	0.7

从表 6-8 查得,当 $n=5$ 时, $A_2=0.579, D_4=2.115, D_3=0$,由此可得下列数据(见表 6-10)。

表 6-10 控制界限值

	$\overline{X}$ 图	R 图
中心线 CL	12.97	1.375
上控制限 UCL	$12.97+0.579\times1.375=13.7661$	$2.115\times1.375=2.908$
下控制限 LCL	$12.97-0.579\times1.375=12.1739$	0

6.3.4 中位数—极差控制图

用 $\tilde{x}$ 表示样本组的中位数。在 $\overline{X}$-R 图中,以 $\tilde{x}$ 代替 $\overline{X}$ 就得到 $\tilde{x}$-R 控制图。对正态分布

总体均值 μ 而言,$\tilde{x}$ 或 $\overline{X}$ 皆是 μ 的无偏估计,但 $\sigma_{\tilde{x}} > \sigma_{\overline{X}}$,故用中位数估计总体时,精确度降低。若要达到同样精确度时,用中位数就要较大的样本量。可是,中位数易得,不必进行任何计算。加之,中位数不受样本两端异常数值的影响而较稳定,故 $\tilde{x}$ 在一些企业的工序控制上广泛地应用。

(1) 收集数据。方法同 $\overline{X}$-R 图,以 x_{ij} 表示第 i 个样本的第 j 个观察值,$i=1,2,\cdots,k$,$j=1,2,\cdots,n$,通常要求 $k \geq 25$。

(2) 计算 k 个样本的中位数的均值与级差的均值,分别记为 $\bar{\tilde{x}}$ 与 $\overline{R}$,即

$$\bar{\tilde{x}} = \sum_{i=1}^{k} \tilde{x}_i \quad \overline{R} = \frac{1}{k} \sum_{i=1}^{k} R_i$$

这便是控制图的中心线。

(3) 计算 $\tilde{x}$ 图与 R 图的上、下控制界限,在正态分布场合,有

$$E(\tilde{x}) = \mu \quad \mathrm{Var}(\tilde{x}) = m_n^2 \sigma^2 / n$$

$$E(R) = d_2 \sigma \quad \mathrm{Var}(R) = \sigma^2 v_n^2$$

由于 σ 通常是未知的,所以用其无偏估计 $\overline{R}/d_2$ 代替。这样就得到 $\tilde{x}$ 与 R 的标准差估计为

$$\hat{\sigma}_{\tilde{x}} = \frac{m_n \overline{R}}{d_2 \sqrt{n}} \quad \hat{\sigma}_R = \frac{\overline{R} v_n}{d_2}$$

因而有

$$\bar{\tilde{x}} \pm 3 \hat{\sigma}_{\tilde{X}} = \bar{\tilde{x}} \pm 3 \frac{m_n \overline{R}}{d_2 \sqrt{n}} = \bar{\tilde{x}} \pm \widetilde{A}_2 \overline{R}$$

$$\overline{R} \pm 3 \tilde{\sigma}_R = \overline{R} \pm 3 \frac{\overline{R} v_n}{d_2} = \left(1 \pm \frac{3 v_n}{d_2}\right) \overline{R}$$

其中

$$\widetilde{A}_2 = \frac{3 m_n}{d_2 \sqrt{n}}$$

综上所述可得表 6-11。

表 6-11 控制界限

	$\tilde{x}$ 图	R 图
中心线 CL	$\bar{\tilde{x}}$	$\overline{R}$
上控制限 UCL	$\bar{\tilde{x}} + \widetilde{A}_2 \overline{R}$	$D_4 \overline{R}$
下控制限 LCL	$\bar{\tilde{x}} - \widetilde{A}_2 \overline{R}$	$D_3 \overline{R}$

$\widetilde{A}_2$、d_2、D_3、D_3 可由表 6-12 查出。

表 6-12 $\bar{X}$-R 图的系数表

样本大小	$\tilde{A}_2$	D_2	D_3	D_4
2	1.880	1.128	—	3.267
3	1.187	1.693	—	2.575
4	0.796	2.059	—	2.282
5	0.691	2.326	—	2.115
6	0.549	2.534	—	2.004
7	0.509	2.704	0.076	1.924
8	0.432	2.847	0.136	1.864
9	0.412	2.970	0.184	1.816
10	0.363	3.038	0.223	1.777

6.3.5 单值—移动极差控制图

单值控制图（即 x 图），只有一个测量值，适用于单件加工时间较长的工序；也适用于在一较长的抽样间隔内只能获得一个观察值的情形，如生产成本、生产效率等；或当生产过程质量均匀的场合，如液体的浓度等，每次只需测一个值时，这里的单值是指每次所得的一个测量值。移动极差是指相邻两次观察值的差的绝对值，也即两个数据的极差。

单值—移动极差控制图的设计过程包括以下几点：

(1) 收集数据。现在的数据仅为 $x_1, x_2, \cdots, x_k$，通常要求 $k \geq 25$，记移动极差为

$$R_i = |x_i - x_{i-1}| \quad (i = 2, 3, \cdots, k)$$

(2) 计算 k 个样本的均值与移动极差的均值。

$$\bar{X} = \frac{1}{k} \sum_{i=1}^{k} x_i \quad \bar{R} = \frac{1}{k-1} \sum_{i=2}^{k} R_i$$

(3) 计算 x 图和 R 图的上下控制限。现在的 R 是样本容量为 2 时的极差，所以，$E(R) = d_2 \sigma, d_2 = 1.128, \mathrm{Var}(R) = v_2^2 \sigma^2, v_2 = 0.853$，故有

$$E(R) = 1.128\sigma \quad \mathrm{Var}(x) = \sigma^2 \quad \mathrm{Var}(R) = 0.835^2 \times \sigma^2$$

所以，σ 可以用下式估计：

$$\hat{\sigma} = \bar{R}/1.128 = 0.8865 \bar{R}$$

$$\hat{\sigma}_x = \sigma = 0.8865 \bar{R} \quad \hat{\sigma}_R = 0.853 \hat{\sigma} = 0.853 \times 0.886 \bar{R} \approx 0.756 \bar{R}$$

综上所述，x-R_s 图的控制线如表 6-13 所示。

表 6-13

	$\overline{X}$图	R图
中心线 CL	$\overline{X}$	$\overline{R}$
上控制限 UCL	$\overline{X}+2.66\overline{R}$	$3.27\overline{R}$
下控制限 LCL	$\overline{X}-2.66\overline{R}$	—

6.3.6 计件控制图

有些过程质量特性只能区分合格与不合格,如对于外形、色泽、缺陷等;或者虽然是计量值数据,但由于经济性和检测效率的原因,常常按合格与不合格处理,就必须用计件值控制图。这种图的优点在于无须专门收集数据,仅用质量记录、统计报表提供的信息,就可以节省大量费用。

6.3.6.1 不合格率控制图(p图)

不合格率控制图用于判断生产过程中的不合格率是否处于或保持在所要求的水平,记为 p 图。

p 图的设计过程是:

(1) 收集数据。按事先规定的抽样间隔,抽取 k 个样本,每一个样本的容量可以不完全相同,但一般要求 $k \geqslant 25$,每一个样本的容量通常在 100 以上。

(2) 计算每一个样本的不合格率。以 n_i 表示第 i 个样本的容量,以 d_i 表示其中的不合格率,由此计算第 i 个样本的不合格率。

$$p_i = d_i/n_i \quad (i=1,2,\cdots,k)$$

(3) 计算 k 个样本的总不合格率 $\overline{p}$,得

$$\overline{p} = \begin{cases} \dfrac{\sum_{i=1}^{k} d_i}{\sum_{i=1}^{k} n_i} \\ \dfrac{1}{k}\sum_{i=1}^{k} p_i \end{cases}$$

这便是 p 图的中心线。

(4) 计算 p 图的上、下控制限。通常用 $\overline{p}$ 估计 p,这样得 p 图的中心线及上下控制限,如表 6-14 所示。

其中各 n_i 最好相同,因为当样本容量不同时控制限将不同。但当样本容量同时满足下列两个不等式时,可以采用近似的控制限计算公式,即当

$$n_{\min} \geqslant \overline{n}/2 \quad n_{\max} \leqslant 2\overline{n}$$

同时成立时,取近似的控制限,如表 6-15 所示。

表 6-14 控制界限

中心线 CL	$\bar{p}$
上控制限 UCL	$\bar{p}+3\sqrt{\bar{p}(1-\bar{p})/n_i}$
下控制限 LCL	$\bar{p}-3\sqrt{\bar{p}(1-\bar{p})/n_i}$

表 6-15 控制界限

中心线 CL	$\bar{p}$
上控制限 UCL	$\bar{p}+3\sqrt{\bar{p}(1-\bar{p})/\bar{n}}$
下控制限 LCL	$\bar{p}-3\sqrt{\bar{p}(1-\bar{p})/\bar{n}}$

其中，$\bar{n}=\sum_{i=1}^{k}n_i/k$。

6.3.6.2 不合格品数控制图（p_n 图）

这是通常在子样本大小 n 固定的情况下，通过控制不合格品数，来控制工序的一种情形。假设每一样本容量相等，均为 n，从而不合格品数的估计为

$$\bar{d}=\frac{1}{k_n}\sum_{i=1}^{k}d_i$$

控制界限如表 6-16 所示。

表 6-16 控制界限

中心线 CL	$\bar{d}$
上控制限 UCL	$\bar{d}+3\sqrt{\bar{d}(1-\bar{p})}$
下控制限 LCL	$\bar{d}-3\sqrt{\bar{d}(1-\bar{p})}$

【例 6-3】 某电镀件 25 批产品中的外观质量不合格的件数如表 6-17 所示，试设计 p 图。

表 6-17

序号	样本容量	不合格品数	序号	样本容量	不合格品数	序号	样本容量	不合格品数
1	724	48	10	749	52	19	760	29
2	763	83	11	736	37	20	737	49
3	748	70	12	739	50	21	750	61
4	748	85	13	723	47	22	752	39
5	724	45	14	748	57	23	726	50
6	727	56	15	770	51	24	730	58
7	726	48	16	756	71	25	747	61
8	719	67	17	719	53			
9	759	37	18	757	33			

由表 6-17 可计算 p 控制图的控制线。通过计算可得 $n=741.32$,因为

$$n_{\min}=719>\frac{741.32}{2} \quad n_{\max}=763<2\times741.32$$

所以 p 图的中心线和上、下控制限可以用近似计算公式,首先计算 $\bar{p}$。

$$\bar{p}=\frac{\sum_{i=1}^{k}d_i}{\sum_{i=1}^{k}n_i}=\frac{1\,347}{18\,533}=7.27\%$$

则得下列数据(见表 6-18)。

表 6-18 控制界限

中心线 CL	7.27%
上控制限 UCL	$0.0727+3\sqrt{\dfrac{0.0727\times(1-0.0727)}{741.32}}=10.13\%$
下控制限 LCL	$0.0727-3\sqrt{\dfrac{0.0727\times(1-0.0727)}{741.32}}=4.41\%$

【例 6-4】 已知某零件的不合格品数的统计资料如表 6-19 所示,根据以往的统计资料确定子样的大小为 100。试作出 p_n 图。

表 6-19 某零件的不合格品数的统计资料

序 号	不合格品数	序 号	不合格品数
1	3	14	2
2	4	15	0
3	0	16	3
4	4	17	0
5	3	18	6
6	3	19	0
7	2	20	4
8	2	21	4
9	2	22	1
10	5	23	0
11	4	24	6
12	1	25	5
13	1		

计算 $\bar{d}$ 和 $\bar{p}$:

$$\overline{d} = \sum_{i=1}^{k} d_i/k = \frac{65}{25} = 2.6 \quad \overline{p} = \sum_{i=1}^{k} d_i/(k \times n) = \frac{2.6}{100} = 2.6\%$$

则得下列数据(见表 6-20)

表 6-20 控制界限计算表

中心线 CL	2.6
上控制限 UCL	$2.6+3\sqrt{2.6(1-0.026)} = 2.6+4.8 = 7.4$
下控制限 LCL	$2.6-3\sqrt{2.6(1-0.026)} = 2.6-4.8 = 0$

6.3.6.3 缺陷数控制图和单位缺陷控制图

缺陷数属计点数据,如布匹上的疵点、铸件表面的氧化坑、喷漆表面上的色斑、一定长度的导线在规定电压试验后被击穿的点数等。

计点数据在实际生产过程中,虽然出现缺陷的机会较大,但每次出现的概率却很小。因此,计点数据一般遵循泊松分布,假设缺陷数为 X,则有

$$p(X=k) = \frac{\lambda^k e^{-\lambda}}{k!} \quad (k=0,1,2,\cdots)$$

其期望与方差都是 λ。由于生产过程中的 λ,一般来说是未知的,因此缺陷数控制图的实际控制限的确定过程是:

(1) 收集数据。按事先规定抽样间隔,抽取 k 个样本,一般要求 $k \geq 25$。以 n_i 表示第 i 个样本的容量,以 c_i 表示其中的缺陷数。

(2) 计算平均缺陷数。

$$\overline{c} = \frac{\sum_{i=1}^{k} c_i}{k}$$

(3) 确定控制限。令 $\hat{\lambda} = \overline{c}$,缺陷数控制图如表 6-21 所示。

表 6-21 控制界限

中心线 CL	$\overline{c}$
上控制限 UCL	$\overline{c}+3\sqrt{\overline{c}}$
下控制限 LCL	$\overline{c}-3\sqrt{\overline{c}}$

单位缺陷数控制图的设计过程为:
(1) 收集数据。同上。
(2) 计算每一个样本的单位缺陷数,即

$$u_i = c_i/n_i \quad (i=1,2,\cdots,k)$$

(3) 计算 k 个样本的总的单位缺陷数(即总平均缺陷数),得

$$\bar{u} = \begin{cases} \sum_{i=1}^{k} c_i \Big/ \sum_{i=1}^{k} n_i \\ \sum_{i=1}^{k} u_i \Big/ k \end{cases}$$

(4) 确定控制限,见表 6-22。

其中各 n_i 最好相同,因为当样本容量不同时控制界限将不同。但当样本容量同时满足下列不等式时,可以采用近似的控制界限计算公式,即当

$$n_{\min} \geqslant \bar{n}/2 \quad n_{\max} \leqslant 2\bar{n}$$

同时成立时,取近似的控制限(见表 6-23)。

表 6-22

中心线 CL	$\bar{u}$
上控制限 UCL	$\bar{u}+3\sqrt{\bar{u}/n_i}$
下控制限 LCL	$\bar{u}-3\sqrt{\bar{u}/n_i}$

表 6-23

中心线 CL	$\bar{u}$
上控制限 UCL	$\bar{u}+3\sqrt{\bar{u}/\bar{n}}$
下控制限 LCL	$\bar{u}-3\sqrt{\bar{u}/\bar{n}}$

其中,$\bar{n} = \sum_{i=1}^{k} n_i/k$。当下控制限的界限小于等于 0 时取为 0。

6.4 其他控制图

6.4.1 指数加权移动平均控制图

常规控制图的运用前提是假设观测值服从正态分布和过程均值恒定不变。但在实际应用中,这些假设不一定都能成立。在过程均值有长期的微小漂移时,常规控制图对于过程均值的微小漂移很不敏感,很难识别过程的这种变化;相比较而言,指数加权移动平均(Exponential Weight Moving Average,EWMA)控制图的最大优点是不受正态假定条件的限制,同时由于 EWMA 控制图上的点包含了所有前面子组的信息,因而也能够较敏感地探测出过程均值的微小漂移。此外,EWMA 控制图还适用于单个观测值及子组均值两种情况。

在 EWMA 控制图中,绘制的统计量 Z 为当前值与历史数据的加权平均,以子组均值控制图为例,其计算公式为:

$$Z_O = \overline{X}$$

$$Z_i = r\overline{X_i} + (1-r)Z_{i-1} \quad (i=1,2,3)$$

式中，r 为当前观测值的权重，取值范围为 $[0,1]$。

我们分析上式的含义。这里第 i 个新的统计量 Z_i 包含两部分：一部分是第 i 个观测值 $\overline{X_i}$，它以权重 r 加入；另一部分是前面的统计量已取得之值 Z_{i-1}，它以权重 $1-r$ 加入。多次使用上述公式降低下标值后可以发现，离指标 i 越远（即越早期）的数据被赋予的权重将按指数速度减小。这样一来，Z_i 的值不仅考虑了第 i 个时刻的观测值而且考虑其历史数据，因而能够较好地反映出趋势性的状况，而且使曲线变得比原始数据光滑得多。r 值越小，则光滑的效果越好；r 值越大，则保真的效果越好，即光滑的效果越差；但一般建议 $0.05 \leqslant r \leqslant 0.25$。可以先缺省设定（默认）$r=0.2$。如果已发现有异常点，则可以判断出现异常而终止判断过程；如果发现可疑趋势，但对于此权重取值并未超界，则可以换用较小或较大的权重 r 试验一下，只要某个权重使得数据点出界，我们都可以判断"过程出现异常"，或说过程已失控。关于此类控制图中控制限的计算公式已整理成表 6-24。

表 6-24 指数加权移动平均控制图中控制限的计算公式

中心线	$\overline{Z} = \dfrac{(Z_1+Z_2+\cdots+Z_n)}{n}$
控制上限	$UCL_z = \overline{Z} + 3\dfrac{\overline{R}}{d_2\sqrt{n}}\sqrt{\dfrac{r}{2-r}[1-(1-r)^{2i}]}$
控制下限	$LCL_z = \overline{Z} - 3\dfrac{\overline{R}}{d_2\sqrt{n}}\sqrt{\dfrac{r}{2-r}[1-(1-r)^{2i}]}$

6.4.2 标准化控制图

当过程的输出为不同规格的产品，相互之间的差别较大但样本量却较少时，使用常规控制图就显得比较牵强，且误差较大。标准化控制图应用统计方法，将各个不同性质的变量都进行正态标准化，使之都转化为具有近似标准正态的分布，这样一来，拥有同一背景但规格不同的几个样本组就可以放在一起进行过程评价，实现了"多品种，小批量"的产品控制。由于这种方法的基础是将所有观测值都标准化后再进行分析处理，使得控制限的数值都由标准正态导出，因而控制限是固定的，不需每次都重新调整。

标准化控制图包括计数型和计量型两大类，这里仅介绍最常用的适用于计量数据的 Z-MR 控制图，其他控制图原理与此完全相同。在 Z-MR 控制图中，所绘制的统计量的计算公式如下所示，控制限的计算公式已整理成表 6-25。

$$Z_i = \frac{X_i - \mu}{\sigma}$$

$$MR_i = |Z_i - Z_{i-1}|$$

表 6-25　标准化控制图中控制限的计算公式

	Z 图	MR 图
中心线	$\overline{Z}=0$	$\overline{MR}=1.128$
控制上限	$UCL_Z=3$	$UCL_{MR}=3.686$
控制下限	$LCL_Z=-3$	$LCL_{MR}=0$

当统计量计算公式中的 μ 和 σ 未定时,需要通过样本数据获得。

6.4.3　非正态数据的控制图

控制图的一个前提条件:观测值服从或近似服从正态分布。因为如果数据分布非正态,原来设定的以 $\pm3\sigma$ 为界来区分是否为异常原因的基本理论原则上就不成立了。然而,对不少实际工作中遇见的过程来说,它们的总体分布很可能呈现出非正态分布,如正偏、负偏等不对称形态。这里要说明的是,即使求平均值,也不能认为有"中心极限定理"保证 $\overline{X}$ 近似正态,那样需要子组样本量相当大才行,而控制图中子组样本量大多不超过 10,这是很难肯定近似为正态分布的。一方面控制图要求数据基本正态,否则控制图没意义;另一方面,数据又确实非正态,那该如何处理呢?实践证明:对数据作变换会改变分布的类型。也就是说,通过适当的变换可使非正态分布转化为正态分布。常见的转换方法有: $y^*=\ln y$, $y^*=y^{-1}$, $y^*=y^2$, $y^*=\sqrt{y}$ 等,它们可能将转换后的数据分布近似拟合为中间高、两边低、左右对称的钟形曲线。比较规范和通用的做法是运用 Box-Cox 法进行转换。

Box-Cox 法的主体思路是首先选择一个合适的 λ 值,然后带入下列转换公式,将原来随机变量 y 变换成新的随机变量。

$$y^* = \begin{cases} y^\lambda, \lambda \neq 0 \\ \ln y, \lambda = 0 \end{cases}$$

然后再进行控制图计算。

6.5　控制图的观察分析

控制图的作用在于判断过程是否处于受控状态,是否处于稳定状态。控制图对过程异常的分析判断主要依据是"小概率原理"。

6.5.1　受控状态的判定

分析生产过程是否处于受控状态,主要是通过研究控制折线所处的位置及其走向实现的。当控制图同时满足以下两个条件时,可以认为生产过程处于受控状态。

条件一:控制图上没有点子越出控制界限外。在判断时控制图上至少应有 25 个点才能做出相对正确的判断;

条件二：点子在控制界限内的排列是随机的。

根据 3sigma 原理，点子应该随机排列，且落在控制线内的概率为 99.73％。

6.5.2 失控状态的判断

生产过程的失控状态也可以通过对控制图的判断来确定。一般，我们将控制图中心线两侧到控制限划分为 3 个区间，从控制限到中心线分别记为 A 区、B 区和 C 区，如图 6-5 所示，显然分区的依据就是控制限的 $3\pm\sigma$ 原则了。

一般我们利用以下 8 条准则进行判断过程是否受到特殊原因的影响：

（1）有 1 个点在控制线的外部。这有可能是由测量误差或设备出错等原因引起的。

（2）连续 3 个点中有两个点在 A 区。出现这种情况的原因可能是设备不稳定、操作有误或过程调整等等。

（3）连续 5 个点中有四个点在 B 区以外。出现这种情况的原因可能是过程偏移、量具需要调整或设备不稳定等等。

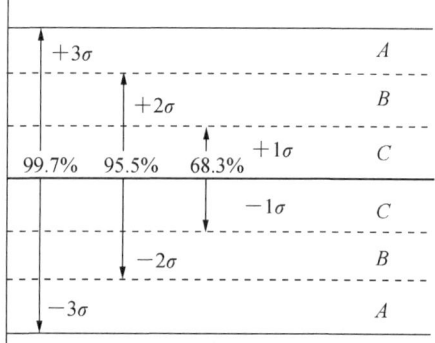

图 6-5 控制图的分区

（4）连续 9 个点在中心线的一侧。出现这种情况的原因可能是不变的量具、旧的钢模或过程发生漂移等等。

（5）连续 6 个点稳定的上升（或下降）。造成这种情形可能的原因是设备逐渐的损坏、操作者的疲劳或工具的磨损等等。

（6）连续 14 个点交互上升下降。可能是由于过程的调整等原因所引起的。

（7）连续 15 个点在中心线的上方或者下方。出现这种情况的原因可能是不适当的量具改进、改进流程、量具不变等等。

（8）连续 8 个点在中心线两侧，但未在 C 区内。出现这种情况的原因可能是在一张控制图上有两个或者更多的过程或循环的影响等等。

6.5.3 控制图的两类错误和检出力

1. 控制图的两类错误

应用控制图来判断生产过程是否稳定，主要是根据控制图上点子的分布状况来进行的，而点子又是通过抽样检验得来的，它具有不确定性。因此，在控制图的应用过程中可能会犯以下两类判断错误。

（1）虚发警报的错误。虚发警报的错误也称第Ⅰ类错误。在生产过程稳定的情况下，纯粹出于偶然因素而使点子出界的概率虽然很小，但是这类事件总还是有可能发生的，但如果它发生，我们据此判定生产过程出现异常，于是就犯了虚发警报的错误，从而不必要地去分析查找原因，给生产带来损失。

如图 6-6 所示,如果所产生的点子正好位于曲线 A 的 α 区间(阴影区间),这种错判的概率为 α,当控制图的控制界限取 $\mu \pm 3\sigma$ 时,$\alpha = 0.27\%$。

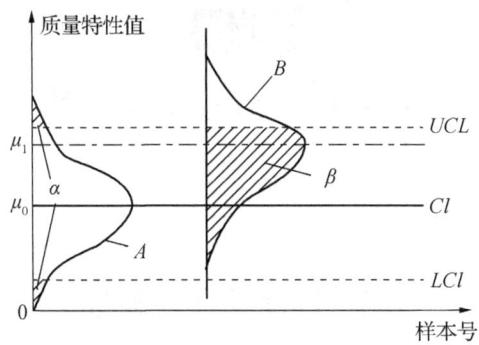

图 6-6 两类错误发生的概率

(2) 漏发警报的错误。漏发警报的错误也称第Ⅱ类错误。当生产过程出现异常情况时,产品质量的特性值会偏离典型分布(如图 6-6 中的 B 曲线),但总还是有一部分产品的质量特性值是落在上下控制界之内的,如图中 B 曲线的阴影部分。如果我们抽检时,正好抽到 B 曲线阴影部分的产品,这时由于点子未出界而判定生产正常,这就犯了漏发警报的错误,发生这种错误的概率就等于上图中 B 曲线阴影部分的面积,通常记为 β。

发生上述两类错误是不可避免的。我们在应用控制图时,应尽量减少这两类错误的发生。一般根据这两类错误造成的总损失最小的原则来确定控制图的上下控制界限。

2. 控制图的检出力

控制图的检出力是指当生产过程出现异常时,控制图可以把这种异常状况正确地检测出来的概率,通常用 P 表示,$P = 1 - \beta$。根据概率论原理,在控制图应用过程,犯第Ⅱ错误的概率 β 为:

$$\varnothing\left(\frac{k - \delta\sqrt{n}}{f}\right) - \varnothing\left(\frac{-k - \delta\sqrt{n}}{f}\right)$$

式中　$\varnothing$——正态分布概率密度函数;

　　　k——控制界限系数,当采用三倍标准差时,$k = 3$;

　　　δ——产品质量特性均值的偏移系数,$\delta = \frac{|\mu_1 - \mu_0|}{\sigma_0}$;

　　　f——产品质量特性标准差变动系数,$f = \frac{\sigma_1}{\sigma_0}$;

　　　n——抽样检验的样本大小。

第7章

可靠性与测量系统

7.1 产品可靠性概念

7.1.1 产品的二类质量指标

产品有两类质量指标:性能指标与可靠性指标。

产品完成规定功能所需要的指标称为性能指标,这是一类很重要的质量指标。而保持性能指标的能力便是可靠性指标,这是另一类更重要的质量指标。以电视机为例,图像、音质、选择性、彩色浓度等都是性能指标。而平均寿命就是可靠性指标,这里寿命是指产品开始使用到首次发生故障的时间长度。若电视机的性能指标都合格,但经常发生故障,需要维修,这会给顾客带来很多的烦恼,引起顾客的不满意,这样的电视机在市场上很少有人问津,生产电视机的工厂也难以生存。

可靠性是从提高军工产品质量中提出的。第二次世界大战之后,局部战争不断发生,为了提高武器装备的性能,越来越多地采用新技术、新材料,特别是使用了大量电子元器件,从而使武器装备日趋复杂,加之装备使用环境的严酷,使当时的武器装备故障频繁,在朝鲜战争中美国的军用电子装备故障最为严重,雷达的84%时间是处在故障维修状态中,于是美国国防部在1952年成立了"电子设备可靠性咨询组(AGREE)"。经过5年的研究,该组于1957年发表了《军用电子设备可靠性》的研究报告,该报告首次给出可靠性的定义,多种可靠性指标及其评价方法等一套系统的概念与方法,为可靠性发展奠定了牢固基础。

可靠性发展很快,经历了20世纪50年代的起步阶段,70年代的成熟阶段,到90年代进入了向综合化、智能化、自动化的发展阶段,使可靠性成为一门综合性的可能性工程技术学科,研究对象也不断扩大,从电子产品扩大到机械等非电子产品;从小的零件到大的设备或系统;从硬件到软件;从重视可靠性统计试验发展到强调可靠性工程实验;从可靠性发展到维修性;从军工装备扩展到民用产品。在这些发展中产品质量得到迅速提高,可靠性理论的实践得以丰富和完整。

7.1.2 产品可靠性的定义

产品在规定的条件下和规定的时间内,完成规定功能的能力称为可靠性。这是1952年AGREE研究报告给出的可靠性定义,用到如今,一字未改,实属不易。对这个定义中的三个规定和一个能力需要做以下解释。

7.1.2.1 规定的时间

时间是可靠性的核心,不谈论时间就无可靠性可言。一般说来,工作时间愈长,可靠性愈低,即产品的可靠性是时间的递减函数,不同的递减速度构成不同的可靠性。而规定的时间长短又随着产品不同和使用目的不同而异。譬如,火箭发射系统要求在几分钟内可靠即可,海底电缆则要求几十年内可靠,一般的电视机等民用产品在几千小时到几万小时内不出故障,顾客就很满意了。从这个意义上看,可靠性是经得起时间考验的质量。这里的"时间"是广义的,除时间外,还指汽车的行驶里程、开关的次数等。

7.1.2.2 规定的功能

它常用产品的诸项性能指标表示,若产品的诸项性能指标都达到规范限,则称该产品完成规定功能;若诸项性能指标中有一项或多项未能达到,则称该产品丧失规定功能。在可靠性中,丧失规定功能称为产品失效,对可修产品又称产品发生故障。在本章中失效与故障是不加区分的。相应的各项性能指标的规范限称为失效判据。在具体进行可靠性工作中,合理地、明确地给出失效判据是很重要的,否则就会因"是否失效"而争论不休。

7.1.2.3 规定的条件

它是指产品的使用条件,如环境条件、维护条件和操作技术等。同一产品在不同条件下工作表现出不同的可靠性水平,一辆汽车在水泥路和沙石路上行驶相同里程,显然后者故障会多于前者,这说明使用条件越恶劣,可靠性越低。所以不在规定条件下谈论可靠性就失去比较产品可靠性高低的基础。

7.1.2.4 能力

为了比较可靠性的高低,对能力需要有定量的刻画。由于产品发生故障带有偶然性,故不能仅看一个产品的工作情况,而应在观察大量同类产品之后,才能看出其可靠性的高低,所以在可靠性定义中的"能力"具有统计学的意义。常用于表示此种"能力"的指标有可靠度、平均寿命、失效率等。

从上面解释可见,可靠性就是在上述三个规定下,研究产品发生失效的统计规律性,从而为排除故障、提高可靠性提供数量上的依据。

随着科学技术的发展,可靠性愈来愈被人们重视,因为许多产品的使用价值是与其寿命长短紧密相连的。如通信设备、电子产品等要求能长时间工作,若它们总是出故障,那就失去了使用价值。一方面,一个生产低可靠性产品的工厂往往因失去市场竞争的能力而倒闭;另一方面,一个低可靠性产品对工作的影响有时很难估计。卫星上一个电子元件失效,会导致一次卫星试验的失败;一部通信设备在战时发生故障,会导致失去战机,造成无数人员的伤亡等。不认识可靠性这一客观事实,就要受到惩罚,这方面给人们的教训太深刻了,可靠性的历史就是给人们的"教训史"。

7.1.3 产品的寿命及其失效分布

产品的寿命是指产品从开始工作到首次发生失效的工作时间。它是一个随机变量,常用 T 表示,如 $P(T \leqslant 300)$ 表示产品寿命不超过 300 h 的概率,$P(T>500)$ 表示产品寿命超过 500 h 的概率。

产品的寿命(随机变量)的分布称为失效(故障)分布。产品的寿命常为在$[0,\infty)$上取值的连续随机变量,它的失效分布常用其分布函数 $F(t)$ 或失效概率密度函数 $f(t)$ 表示。

失效概率密度函数 $f(t)$:

$$f(t) = \frac{m}{\eta}\left(\frac{t-\delta}{\eta}\right)^{m-1} e^{-\left(\frac{t-\delta}{\eta}\right)^m} \quad (\delta \leqslant t; m, \eta > 0) \tag{7-1}$$

式中　m——形状参数;

　　　η——尺度参数;

　　　δ——位置参数。

累积失效概率函数 $F(t)$:

$$F(t) = 1 - e^{-\left(\frac{t-\delta}{\eta}\right)^m} \quad (\delta \leqslant t; m, \eta > 0) \tag{7-2}$$

可靠度函数 $R(t)$:

$$R(t) = e^{-\left(\frac{t-\delta}{\eta}\right)^m} \quad (\delta \leqslant t; m, \eta > 0) \tag{7-3}$$

失效率函数 $\lambda(t)$:

$$\lambda(t) = \frac{m}{\eta}\left(\frac{t-\delta}{\eta}\right)^{m-1} \quad (\delta \leqslant t; m, \eta > 0) \tag{7-4}$$

常用的失效分布有如下三个:

(1) 指数分布,$\text{Exp}(\lambda)$。

在可靠性理论中,指数分布是最基本、最常用的分布,适合于失效率函数 $\lambda(t)$ 为常数的情况,它不但在电子元器件偶然失效期普遍使用,而且在复杂系统和整机方面以及机械技术的可靠性领域也得到使用。

失效率函数 $\lambda(t)$:

$$\lambda(t) = \frac{m}{\eta}\left(\frac{t-\delta}{\eta}\right)^{m-1} \quad (\delta \leqslant t; m, \eta > 0) \tag{7-5}$$

失效率函数 $\lambda(t)$ 的图形,如图 7-1 所示。

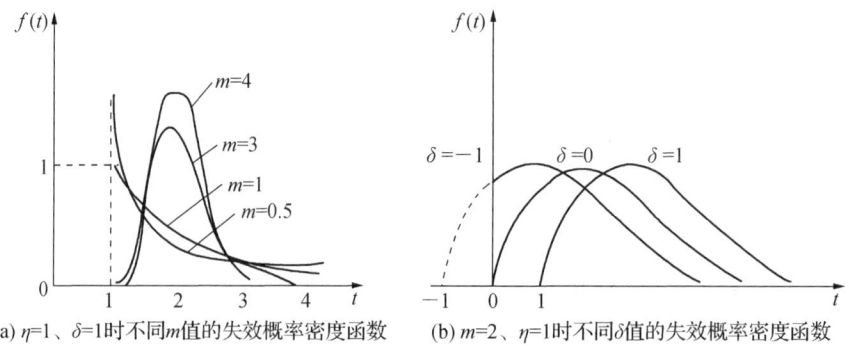

(a) $\eta=1$、$\delta=1$ 时不同 m 值的失效概率密度函数　　(b) $m=2$、$\eta=1$ 时不同 δ 值的失效概率密度函数

图 7-1　失效率函数 $\lambda(t)$ 的图形

(2) 威布尔(Weibull)分布，Wei(m,η)。

威布尔分布在可靠性理论中是适用范围较广的一种分布。它能全面地描述浴盆失效率曲线的各个阶段。当威布尔分布中的参数不同时，它可以蜕化为指数分布、瑞利分布和正态分布。

大量实践说明，凡是因为某一局部失效或故障所引起的全局机能停止运行的元件、器件、设备、系统等的寿命服从威布尔分布；特别在研究金属材料的疲劳寿命，如疲劳失效、轴承失效都服从威布尔分布。失效率函数 $\lambda(t)$ 的图形，如图 7-2 所示。

(3) 对数正态分布，$\ln(\mu,\sigma^2)$。

随机变量 t 的自然对数 $\ln t$ 服从均值为 μ 和标准差为 σ 的正态分布，称为对数正态分布。这里 μ 和 σ 不是随机变量 t 的均值和标准差，而是 $\ln t$ 的均值和标准差。

注1：指数分布的密度函数还有另一种形式：

$$f(t) = \frac{1}{\theta} e^{-\frac{t}{\theta}}, \quad t > 0$$

它与前一种形式的联系可通过参数间的变换 $\theta = \frac{1}{\lambda}$ 来实现。在威布尔分布 Wei(m,η) 中若 $m=1$，就可得到这种形式的指数分布，所以指数分布是威布尔分布的特例。

注2：对数正态分布 $\ln(\mu,\sigma^2)$ 有一个性质：若 $X \sim \ln(\mu,\sigma^2)$，则 $Y = \ln X \sim N(\mu,\sigma^2)$，由于这性质，对数正态分布函数 $F(x)$ 可用标准正态分布函数西 $\Phi(\cdot)$ 表示，即在 $x>0$ 时，有

$$F(x) = P(X \leqslant x) = P(\ln X \leqslant \ln x) = \Phi\left(\frac{\ln x - \mu}{\sigma}\right)$$

注3：产品制造出来后，不工作，在规定条件下贮存起来，由于环境和退化等因素影响，贮存的产品仍可能发生失效，我们把产品开始贮存到发生失效的时间称为贮存寿命。它是一个随机变量，一般说来，不工作状态下的产品可靠性也会随时间下降，只是比工作状态慢很多。对数正态分布失效率函数的图形，如图 7-3 所示。

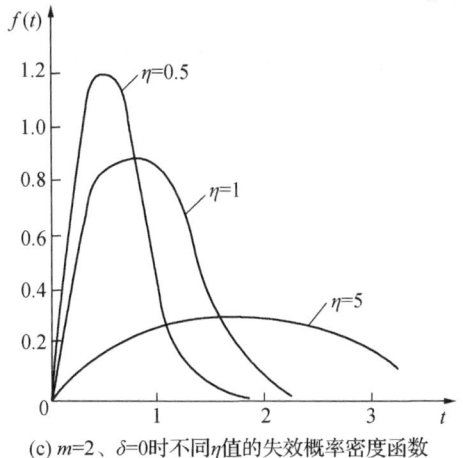

(c) $m=2$、$\delta=0$ 时不同 η 值的失效概率密度函数

图 7-2 威布尔分布失效率函数 $\lambda(t)$ 的图形

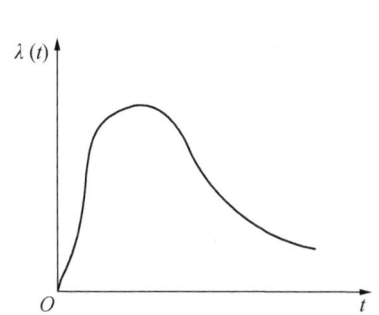

图 7-3 对数正态分布失效率函数的图形

7.2 测量系统分析基本概念

人类的生活与工作离不开数据,在产品的统计质量管理中数据的使用是极其频繁和相当广泛的,所有统计质量管理的方法都是以数据为基础而建立起来的。如果数据失真或误差很大,就会导致分析失效、决策失败。因此,在应用统计分析方法时,应首先把注意力集中在数据的质量上,为此,必须对获得数据的测量系统进行考察。

7.2.1 测量系统概述

数据是通过测量获得的,其中测量就是给具体事物(实体或系统)赋值的过程。这个过程的输入有人(合格的操作者)、机(量具和必要的设备和软件)、料(实体和系统)、法(操作程序)、环(必要的测量环境)。其中,量具是指用来获得测量结果的装置,它是测量系统中的关键设备。这个过程的输出就是测量值或测量结果,或简称数据。这一过程又称为测量系统,可用图 7-4 示意。

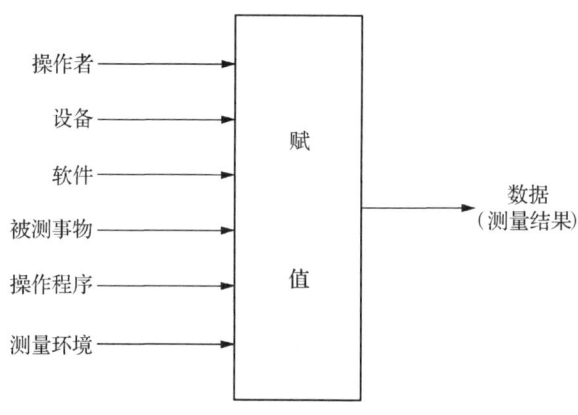

图 7-4 测量系统示意图

一个测量系统可以看作是数据的"制造过程",这个看法是有用的,因为这可以使人们运用统计过程控制(SPC)的原理和工具。

7.2.2 表征数据质量的统计指标

什么是高质量的数据呢?数据的质量是由在稳定条件下运行的某一测量系统得到的多次测量结果的统计特性确定的。通常用来表征测量数据质量高低的统计特性是偏倚(Bias)和变差(Variation)。

偏倚用来表示多次测量结果的平均值与基准值之差(见图 7-5),其中基准值可通过更高级别的测量设备进行多次测量取其平均值来确定。

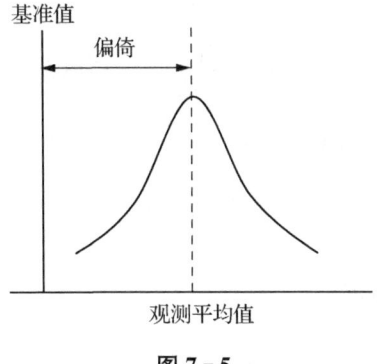

图 7-5

测量过程的目标是零件的"真值"。希望任何单独读数都尽可能接近此真值。遗憾的是,真值永远也不可能知道,故常用一个更高级的测量设备所定义的"基准值"来代替。变差用来表示在相同的条件下进行多次重复测量结果的变异程度,常用测量结果的标准差 σ 或过程变差 PV 表示。这里的过程变差是指 99% 的测量结果所占区间的长度。通常测量结果服从正态分布 $N(\mu,\sigma^2)$,于是在正态分布下有:

$$P(|x-\mu|<2.575\sigma)=0.99$$

可见,99% 的测量结果所占区间 $(\mu-2.575\sigma,\mu+2.575\sigma)$ 的长度为

$$PV=5.15\sigma$$

测量数据质量高既要求偏倚小,又要求变差小。若偏倚和变差中有一项或两项都大,都不能说测量数据质量高。其中数据变差大是低质量数据最常见的原因之一。有的资料上把偏倚称为准确度,把变差称为精度,高质量数据仅在准确度与精度都很高时才会发生。其中之一较低,都不能称为高质量数据。

【例 7-1】 一测量员对基准值为 $L=0.80$ mm 的样品重复测量 10 次,所得测量值为:

0.75 0.75 0.80 0.80 0.65
0.80 0.75 0.75 0.75 0.70

其平均值与偏倚为

$$\overline{x}=\frac{1}{10}\sum_{i=1}^{10}x_i=\frac{7.5}{10}=0.75$$

$$偏倚=\overline{x}-L=0.75-0.80=-0.05$$

这表明测量的平均值比基准值低了 0.05 mm。

大家知道:影响数据变差有两类因素(即波动的原因)引起的,它们是偶然因素与异常因素。当测量系统仅受偶然因素影响时,该系统是稳定的,这时数据来自正态分布,其标准差可用极差 R 估计:

$$\hat{\sigma}=R/d_2 \quad R=X_{\max}-X_{\min}$$

其中 d_2 可通过表 7-4 查得。

在这个例子中,$R=0.80-0.65=0.15$,相应的标准差与过程变差的估计分别为

$$\hat{\sigma} = \frac{R}{d_2} = \frac{0.15}{3.078} = 0.048\,73$$

$$PV_R = 5.15\hat{\sigma}_R = 0.250\,9$$

这表明如果重复测量,则将有99%的测量结果落在长度约为0.25的区间内。

7.2.3 测量系统的基本要求

一个理想的测量系统应具有零偏倚和零变差,但这样的系统不存在,因此人们只能使用不太理想的测量系统,因而,一个测量系统的质量仅能用其多次测量数据的统计特性来确定。一个可使用的、良好的测量系统必须具备以下三个基本要求。

7.2.3.1 测量系统要有足够的分辨力

测量系统的分辨力(Discrimination)是指该测量系统的最小读数单位,它能如实指示被测特性中极小变化的能力。如某量具能识别长度中0.01 cm的变化,但不能识别长度中0.001 cm的变化,对这种量具而言,5.361与5.362都是5.36,这时,0.01就是该量具的分辨力。

每个测量系统都有自己的分辨力,在分辨力范围内,该测量系统能识别零件之间的差别,但在分辨力范围之外,该测量系统将无能为力。没有一个测量系统能识别一切被测特性。

一个测量系统被选用,它一定具有足够的分辨力。这里"足够"通常是指:"1∶10经验法则。"具体是:

(1) 测量系统的波动比制造过程的波动小,最多为后者的1/10;

(2) 测量系统的波动小于公差限,最多为公差限的1/10。

若波动大小用各自的标准差表示,σ 表示测量系统的标准差,σ_1 表示制造过程的标准差,d 表示公差限,则一个测量系统具有足够的分辨力是指:

$$\sigma \leqslant \min\left(\frac{\sigma_1}{10}, \frac{d}{10}\right)$$

如果测量系统没有足够的分辨力,就不能定量地表示单个零件的特性值,也不能识别制造过程所发生的波动,这时,应放弃使用该测量系统,而改用更好的测量系统,使它具有足够的分辨力。但应注意的是,有时使用分辨力过高的测量系统意味着浪费。

【例7-2】 下面是用同一组的数据(表7-1和表7-2)而量具有不同分辨力的测量系统画出的两组$\overline{X}$-R图。表7-1使用的最小测量单位为0.001 cm,其$\overline{x}$图与R图能清楚地表示出来,显示了测量系统有足够的分辨力。表7-2使用的是最小测量单位为0.01 cm,其$\overline{x}$图与R图上的波动明显减小,由于四舍五入的结果,看上去过程好像失控了。而图7-1上却无此现象。特别,在表7-2上的R图上22个点只有3个不同的极差值,这是分辨力不足的表现。

第7章 可靠性与测量系统

表 7-1 数据表（最小测量单位 0.001）

序号	测量值					$\bar{x}$	R
1	0.103	0.116	0.109	0.111	0.108	0.109 4	0.013
2	0.111	0.113	0.108	0.111	0.109	0.110 4	0.005
3	0.112	0.111	0.107	0.108	0.107	0.109 0	0.005
4	0.112	0.109	0.113	0.109	0.111	0.110 8	0.004
5	0.102	0.110	0.108	0.110	0.111	0.108 2	0.009
6	0.109	0.105	0.108	0.115	0.112	0.109 8	0.010
7	0.111	0.113	0.106	0.117	0.110	0.111 4	0.011
8	0.105	0.107	0.108	0.109	0.111	0.108 0	0.006
9	0.104	0.108	0.109	0.101	0.109	0.106 2	0.008
10	0.116	0.108	0.108	0.104	0.116	0.110 4	0.012
11	0.112	0.116	0.111	0.107	0.111	0.111 4	0.009
12	0.099	0.107	0.108	0.109	0.113	0.107 2	0.014
13	0.109	0.111	0.109	0.113	0.109	0.110 2	0.004
14	0.108	0.105	0.103	0.112	0.115	0.108 6	0.012
15	0.105	0.108	0.104	0.109	0.101	0.105 4	0.008
16	0.111	0.111	0.115	0.109	0.108	0.110 8	0.007
17	0.113	0.113	0.111	0.107	0.107	0.110 2	0.006
18	0.112	0.107	0.108	0.103	0.107	0.107 4	0.009
19	0.108	0.109	0.110	0.113	0.102	0.108 4	0.011
20	0.111	0.107	0.113	0.115	0.105	0.110 2	0.010
21	0.115	0.109	0.106	0.111	0.107	0.109 6	0.009
22	0.116	0.109	0.111	0.105	0.108	0.109 8	0.011
						$\bar{\bar{x}}$	$\bar{R}$
						0.109 2	0.008 77

表 7-2 数据表（最小测量单位 0.01）

序号	测量值					$\bar{x}$	R
1	0.10	0.12	0.11	0.11	0.11	0.110	0.02
2	0.11	0.11	0.11	0.11	0.11	0.110	0.00
3	0.11	0.11	0.11	0.11	0.11	0.110	0.00
4	0.11	0.11	0.11	0.11	0.11	0.110	0.00
5	0.10	0.11	0.11	0.11	0.11	0.108	0.01

续　表

序　号	测量值					$\bar{x}$	R
6	0.11	0.11	0.11	0.12	0.11	0.112	0.01
7	0.11	0.11	0.11	0.12	0.11	0.112	0.01
8	0.11	0.11	0.11	0.11	0.11	0.110	0.00
9	0.10	0.11	0.11	0.10	0.11	0.106	0.01
10	0.12	0.11	0.11	0.10	0.12	0.112	0.02
11	0.11	0.12	0.11	0.11	0.11	0.112	0.01
12	0.10	0.11	0.11	0.11	0.11	0.108	0.01
13	0.11	0.11	0.11	0.11	0.11	0.110	0.00
14	0.11	0.11	0.10	0.11	0.12	0.110	0.02
15	0.11	0.11	0.10	0.11	0.10	0.106	0.01
16	0.11	0.11	0.12	0.11	0.11	0.112	0.01
17	0.11	0.11	0.11	0.11	0.11	0.110	0.00
18	0.11	0.11	0.11	0.10	0.11	0.108	0.01
19	0.11	0.11	0.11	0.11	0.10	0.108	0.01
20	0.11	0.11	0.11	0.12	0.11	0.112	0.01
21	0.12	0.11	0.11	0.11	0.11	0.112	0.01
22	0.12	0.11	0.11	0.11	0.11	0.112	0.01
						$\bar{\bar{x}}$	$\bar{R}$
						0.110 0	0.008 46

7.2.3.2　测量系统在规定的时间内要保持统计稳定性

这是一项基本要求。评价测量系统是否保持统计稳定性可用 $\bar{x}$-R 控制图。因为测量系统可以看成一个制造(数据的)过程,因此用于判断过程稳定性的各种过程控制图都可用来评价测量系统的稳定性。差别在于现在不是从生产线上随时抽取样品作控制图,而是选定标准件或标准样品在一定时间内经常用同一量具反复地测量此标准件或标准样品,用测量值来作控制图,考察其稳定性。

具体操作如下:

(1) 选定标准件或标准样品,在选定的时间点上(如每日1次,或每周1次,或1月1次等)对其进行重复测量,譬如每次测量3～5回;

(2) 作 $\bar{X}$-R 控制图;

(3) 分析控制图,看有无异常现象出现;

(4) 在消除由异常原因引起的异常现象后,则可认为测量过程是统计稳定的,这时可估计测量系统的标准差 $\hat{\sigma}_R = \bar{R}/d_2$,其中 $\bar{R}$ 为平均极差。另外,如有需要,可计算该测量系统的过程变差 $PV = 5.15\hat{\sigma}_R$,考察过程变差是否符合要求。

在考察测量系统稳定性时,还要明确以下三个问题:

(1) 测量系统的外部条件是什么?譬如,有的测量系统要预热一段时间后才能进入稳定工作状态,这时就要明确提出该测量系统的预热时间。

(2) 若测量系统已达到稳定状态,但该系统的标准差 σ 或过程变差 PV 没有符合要求,则应设法减小系统的标准差。造成测量系统标准差过大的一个可能原因是因系统与它周围环境有关引起的。例如,测量某容器内液体的体积,若所使用的测量系统对周围环境温度很敏感,则会引起测量数据的变差变大,因此改进测量系统使其对环境温度不敏感是很重要的。

(3) 一个测量系统的稳定性能保持多久?即测量系统的实际使用寿命有多长。因此,到一定时间需要用高一级的测量系统对其进行一次校正。

7.2.3.3 测量系统要具有线性

每个测量系统都有一个量程,譬如,有的温度计的量程为 $-20\ ℃\sim40\ ℃$,也有的温度计可测 $100\ ℃\sim1\ 000\ ℃$;有的台秤只能称 $10\ kg$ 以下的物品,有的磅秤的量程为 $1\ kg\sim 500\ kg$。因此,对测量系统量程内的每个测量值要求相同的偏倚是不合理的。在量程内对测量系统的偏倚的要求见图 7-6。

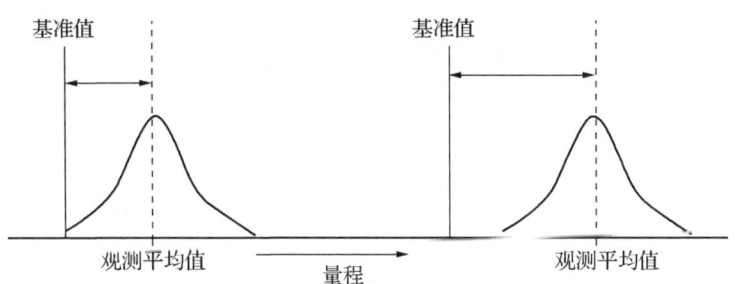

图 7-6 在量程内对测量系统的偏倚的要求

在量程较低的地方(基准值小),偏倚要小一些;在量程较高的地方(基准值大),偏倚可以大一些。

测量系统的线性是指如下两点要求:

(1) 偏倚应是基准值的线性函数。若记 x 为基准值,y 为偏倚,则应有

$$y = a + bx$$

这个要求对控制偏倚有好处,不使基准值 x 过小或过大时测量系统的偏倚过大。当然,这个要求应在测量系统(成量具)的设计阶段就做到。若一个测量系统在设计时具有线性,但在使用时发现为非线性,这时就要查找原因,及时纠正或校准。

(2) 该线性函数的斜率 b 要求较小。因为斜率 b 偏大,将会导致偏倚分散,而斜率 b 偏小,将会导致偏倚集中。

7.3 失效率和失效率曲线

7.3.1 产品的失效率质量管理学

产品的失效率是可靠性理论中特有的重要概念,在实践中,它又是某些产品可靠性的重要指标,不少产品就是用失效率的大小来确定其等级的。失效率的一般定义如下:失效率是工作到某时刻尚未失效的产品,在该时刻后单位时间内发生失效的概率。一般记为 λ,它也是时间 t 的函数,故也记为 $\lambda(t)$,称为失效率函数,有时也称为故障率函数或风险函数。

【例 7 - 3】 对 100 个某种产品进行寿命试验,在 $t=100$ h 以前没有失效,而在 $100\sim105$ h 之间有 1 个失效,到 1 000 h 前共有 51 个失效,1 000~1 005 h 失效 1 个。分别求出 $t=100$ h 和 $t=1\,000$ h 时,产品的失效率和失效概率密度。

(1) 求 $t=100$ h 时的失效率 $\hat{\lambda}(100)$ 和失效概率密度 $\hat{f}(100)$。

据题意有 $n=100, n_s(100)=100, \Delta n_f(100)=1, \Delta t=105-100=5$ h。

由式(7 - 4)得

$$\hat{\lambda}(100) = \frac{\Delta n_f(100)}{n_s(100) \cdot \Delta t} = \frac{1}{100 \times 5} = 0.2\%/\text{h}$$

由式(7 - 1)得

$$\hat{f}(100) = \frac{1}{n} \frac{\Delta n_f(100)}{\Delta t} = \frac{1}{100} \times \frac{1}{5} = 0.2\%/\text{h}$$

(2) 求 $t=1\,000$ h 时的失效率 $\hat{\lambda}(1\,000)$ 和失效概率密度 $\hat{f}(1\,000)$。

据题意有 $n=100, n_s(1\,000)=100-51=49, \Delta n_f(1\,000)=1, \Delta t=1\,005-1\,000=5$ h。

由式(7 - 4)得

$$\hat{\lambda}(1\,000) = \frac{\Delta n_f(1\,000)}{n_s(1\,000) \cdot \Delta t} = \frac{1}{49 \times 5} = 0.4\%/\text{h}$$

由式(7 - 1)得

$$\hat{f}(1\,000) = \frac{1}{n} \frac{\Delta n_f(1\,000)}{\Delta t} = \frac{1}{100} \cdot \frac{1}{5} = 0.2\%/\text{h}$$

由上例计算结果可见,从失效概率观点看,在 $t=100$ h 和 $t=1\,000$ h 处,单位时间内失效频率是相同的,而从失效率观点看,1 000 h 处的失效率比 100 h 处的失效率加大一倍,后者更灵敏地反映出产品失效的变化的速度。

为了理解失效率函数的概念,现对它做一个更直观的剖析。设在 $t=0$ 时有 N 个产品投试,到时刻 t 已有 $n(t)$ 个产品失效,尚有 $N-n(t)$ 个产品在工作。再过 Δt 时间,即到 $t+\Delta t$ 时刻,有 $\Delta n(t)=n(t+\Delta t)-n(t)$ 个产品失效。那么,产品在时刻 t 前未失效而在时间 $(t, t+\Delta t)$ 内失效率为 $\frac{\Delta n(t)}{N-n(t)}$。而在时刻 t 前未失效、在时刻 t 后的单位时间内发生失效

的频率亦即失效率的估计值为

$$\hat{\lambda}(t) = \frac{\Delta n(t)}{\Delta t} \cdot \frac{1}{N - n(t)}$$

现在来导出失效率的数学表达式。按定义，失效率是在时刻 t 尚未失效，产品在 $t + \Delta t$ 的单位时间内发生失效的条件概率，即

$$\lambda(t) = \lim_{\Delta t \to 0} \frac{P(t < T < t + \frac{\Delta t}{T} > t)}{\Delta t}$$

由条件概率公式的性质和时间的包含关系，可知

$$P(t < T \leqslant t + \Delta t / T > t) = \frac{P(t < T \leqslant t + \Delta t)}{P(T > t)} = \frac{F(t + \Delta t) - F(t)}{R(t)}$$

于是

$$\lambda(t) = \lim_{\Delta t \to 0} \frac{F(t + \Delta t) - F(t)}{\Delta t} \cdot \frac{1}{R(t)} = \frac{F'(t)}{R(t)} = \frac{f(t)}{R(t)}$$

这就是失效 $\lambda(t)$ 的数学表达式。

从失效率公式的估计公式，可以定出失效率的单位

$$\hat{\lambda} = \frac{\Delta n / [N - n(t)]}{\Delta t} = * * \% / h$$

譬如 $\hat{\lambda}(1\,000) = 2 \times 10^{-5} / h = 2\% / 1\,000\ h$，它表示每 100 个产品工作 1 000 小时后只有 2 个失效。

国际上还采用"菲特"(FIT)作为高可靠性产品的失效率单位，为 $10^{-9}/h$，还可以把 1 菲特改写为

$$1\ \text{菲特} = \frac{1(\text{个})}{1\,000(\text{个}) \times 10^6\,h} = \frac{1(\text{个})}{10^4(\text{个}) \times 10^5\,h}$$

则它表示每 1 000 个产品工作 100 万个小时只有 1 个失效；或者每 10 000 个产品工作 10 万小时只有 1 个失效。这是一个很小的数，只有可靠性很高的产品才能达到，所以失效率常用来表示高可靠性产品的可靠性，它越小可靠性就越高。

7.3.2 失效率曲线与失效类型

产品的失效率 $\lambda(t)$ 随时间 t 而变化的规律可用失效率曲线表示。图 7-7 为失效率曲线的典型情况，有时形象地称为浴盆曲线。失效率随时间变化可分为三段时期。

(1) 早期失效期，失效率曲线为递减型。产品使用的早期，失效率较高而下降很快。主要由于设计、制造、贮存、运输等形成的缺陷，以及调试、跑合、起动不当等人为因素所造成的。当这些所谓先天不良的失效发生以后，失效率就趋于稳定，到 t_0 时失效率曲线已开始变平。t_0 以前称为早期失效期。针对早期失效期的失效原因，找出应对措施，争取失效率低且

t 早期失效期短。

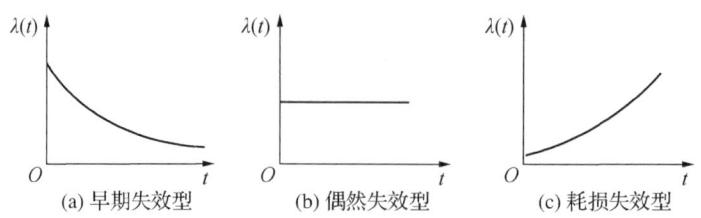

图 7-7 失效率曲线的典型情况

使产品失效率达到偶然失效期的时间 t_0 称为交付使用点。厂方为尽快达到交付使用点,常采用合理的筛选技术和加负荷试验,或者用这些方法将这些有缺陷、不可靠的产品尽早暴露出来,使剩下的产品有较低的失效率,一旦达到交付使用点的失效率水平,产品就可以出厂,交付使用。

(2) 偶然失效期,失效率曲线为恒定型,即 t_0 到 t_1 间的失效率近似为常数。失效主要由非预期的过载、误操作、意外的天灾以及一些尚不清楚的偶然因素所造成。由于失效原因多属偶然,故称为偶然失效期。偶然失效期是能有效工作的时期,这段时间称为有效寿命。为降低偶然失效期的失效率而增长有效寿命,应注意提高产品的质量,精心使用和维护。

(3) 耗损失效期,失效率是递增型。在 t_1 以后失效率上升较快,由于产品老化、疲劳、磨损、蠕变、腐蚀等所谓有耗损的原因所引起的,故称为耗损失效期。针对消耗失效的原因,应该注意检查、监控、预测耗损开始的时间,提前维修,使失效率仍不上升。当然,修复若需花很大费用而延长寿命不多,则不如报废更为经济。

7.3.3 常用的失效分布

下面让我们用失效率函数 $\lambda(t)$ 导出可靠性中最常用的两个分布。我们知道 $F(t)=1-R(t)$,微分后可得 $F'(t)=-R'(t)$。再由失效率函数 $\lambda(t)$ 公式可得

$$\lambda(t) = -\frac{R'(t)}{R(t)}$$

解此微分方程,可得可靠度函数:

$$R(t) = \exp\left\{-\int_0^t \lambda(x)\mathrm{d}x\right\}$$

再利用关系式

$$f(t) = \lambda(t) \cdot \exp\left\{-\int_0^t \lambda(x)\mathrm{d}x\right\}$$

可见只要给出失效函数 $\lambda(t)$,即可写出相应的失效分布。下面两个分布是用以上公式导出的。

7.3.3.1 指数分布

从产品失效率函数曲线看出,当产品进入交付使用点后,产品的失效率可以看作常数,

因此如下假设是合理的,常可满足的。

$$\lambda(t) = \lambda$$

其中,$\lambda > 0$。产品寿命的密度函数可从以上导出:

$$f(t) = \lambda \cdot e^{-\lambda t} \quad t > 0$$

其分布函数 $F(t)$ 与可靠度 $R(t)$ 分布为

$$F(t) = 1 - e^{-\lambda t} \quad t > 0$$

$$R(t) = e^{-\lambda t} \quad t > 0$$

这个分布函数为指数分布,它的数学期望(即均值)为

$$E(T) = \int_0^\infty t f(t) \mathrm{d}t = \int_0^\infty \lambda t \, e^{-\lambda t} \mathrm{d}t = \frac{1}{\lambda}$$

在可靠性中,失效分布的数学期望称为平均无故障工作时间,记为 $MTBF$,亦称为产品的平均寿命。指数分布的 $MTBF = \frac{1}{\lambda}$。这表明:指数分布的失效率与平均寿命互为倒数,平均寿命也是常用的可靠性指标。

7.3.3.2 威布尔分布

当"失效函数为常"这个假设不合适时,可选用时间 t 的减函数或增函数作为失效函数。这类函数很多,最简单的是幂函数 $\lambda(t) = \alpha \cdot t^\beta$。为了以后方便,选用的幂函数改为如下形式:

$$\lambda(t) = \frac{m}{\eta} \left(\frac{t}{\eta}\right)^{m-1} \quad t > 0$$

其中,$m > 0, \eta > 0$ 是两个参数。当 $m > 1$ 时,$\lambda(t)$ 是增函数;当 $0 < m < 1$ 时,$\lambda(t)$ 是减函数。此时代入 $f(t)$ 公式可算得密度函数为

$$f(t) = \frac{m}{\eta} \left(\frac{t}{\eta}\right)^{m-1} \cdot \exp\left\{-\left(\frac{t}{\eta}\right)^m\right\} \quad t > 0$$

类似可得其分布函数 $F(t)$ 与可靠度函数 $R(t)$:

$$F(t) = 1 - \exp\left\{-\left(\frac{t}{\eta}\right)^m\right\} \quad t > 0$$

$$R(t) = \exp\left\{-\left(\frac{t}{\eta}\right)^m\right\} \quad t > 0$$

这个分布称为"威布尔分布"。其中,m 称为形状参数;η 称为特征寿命。我国的轴承和一些电子元件的寿命就是服从"威布尔分布"。

7.4 系统可靠性质量管理学

研究可靠性可根据不同对象分成单元可靠性与系统可靠性两个方面。前者把产品作为

整体考虑,后者则注重产品内部的功能关系。系统的可靠性在很大程度上取决于零部件的可靠性。

7.4.1 可靠性预测

所谓可靠性预测是一种根据所得的有效率数据计算器件或系统可能达到的可靠性指标或对于实际应用的产品计算出它在特定条件下完成规定功能的概率的预报方法。

通过预测可以达到如下目的:① 协调设计参数及指标,提高产品的可靠性;② 进行方案比较,选择最佳方案;③ 发现薄弱环节,提出改进措施。

可靠性预测方法有多种。古典的方法是数学模型法。此法虽较精确,但需建立数学模型,一般很少用此法。对于很多复杂系统,很难建立模型,只能列出其成功和失效的各种状态,然后加以计算,此法称为布尔真值表法,又称状态枚举法。系统中每个单元都有"成功"和"失效"两个状态,将系统中所有的组合列出,然后列出系统"成功"和"失效"的状态,最后进行系统可靠度的计算。若系统有 n 个单元,而每个单元又有两个状态,则 n 个单元所构成的系统共有 $2n$ 个状态。

本法原理简单,易于掌握。但当 n 较大时,需借助于电子计算机进行计算。另外,它只能求出系统在某一时刻的可靠度,不能求解出作为时间函数的可靠度函数。

7.4.2 可靠性分配

7.4.2.1 可靠性分配的概念

所谓可靠性分配,就是把系统的可靠性指标对系统中的子系统或部件进行合理分配的过程。通常分配应考虑下列原则:

(1) 技术水平。对技术成熟的单元,能够保证实现较高的可靠性,或预期投入使用时可靠性可有把握地增长到较高水平,则可分配给较高的可靠度。

(2) 复杂程度。对较简单的单元,组成该单元零部件数量少、组装容易保证质量或故障后易于修复,则可分配给较高的可靠度。

(3) 重要程度。对重要的单元,该单元失效将产生严重的后果,或该单元失效常会导致全系统失效,则应分配给较高的可靠度。

(4) 任务情况。对整个任务时间内均需连续工作以及工作条件严酷、难以保证很高可靠性的单元,则应分配给较低的可靠度。

此外,一般还要受费用、重量、尺寸等条件的约束。总之,最终都是力求以最小的代价来达到系统可靠性的要求。

为了使问题简化,一般假定各单元的故障均互相独立。由于 $R=1-F$,对于指数分布,当 F 不大时,$F \approx \lambda t$,因此可靠性分配可按情况将系统可靠度 R_S 分配给各 i 单元 R_i,当 F_S 很小时可将不可靠度 F_S 分配给各 i 单元 F_i 或者将系统的失效率 λ_S 分配给各 i 单元 λ_i。

7.4.2.2 可靠性分配的方法

方法有多种,在此只介绍等分配方法。本方法用于设计初期,对各单元可靠性资料掌握很少,故假定各单元条件相同。

1. 串联系统的可靠性模型

一个系统由 n 个单元 $A_1,A_2,\cdots,A_n$ 组成,当每个单元都正常工作时,系统才能正常工作;或者说当其中任何一个单元失效时,系统就失效。我们称这种系统为串联系统,其可靠性框图如图 7-8 所示。图中 $R_1,R_2,\cdots,R_n$ 分别为 n 个单元的可靠性。

图 7-8 串联系统的可靠性框图

串联系统是最常见的和最简单的,许多实际工程系统是可靠性串联系统。

在串联系统中,假设各单元相互独立的情况下,其系统可靠性为

$$R_s(t) = \prod_{i=1}^{n} R_i(t) \tag{7-6}$$

式中 $R_s(t)$——系统在 t 时正常工作的概率,即系统在 t 时的可靠度;

$R_i(t)$——第 i 个单元在 t 时正常工作的概率,即单元 A_i 在 t 时的可靠度。

如各单元的寿命分布都是指数分布,且 $R_i(t)=\mathrm{e}^{-\lambda_i t}(t>0)$,式中 λ_i 是第 i 个单元的失效率,于是系统的可靠度为

$$R_s(t) = \prod_{i=1}^{n} \mathrm{e}^{-\lambda_i t} = \mathrm{e}^{-\sum_{i=1}^{n}\lambda_i t} = \mathrm{e}^{-\lambda_s t} \tag{7-7}$$

式中 $\lambda_s = \lambda_1 + \lambda_2 + \cdots + \lambda_n = \sum_{i=1}^{n}\lambda_i$。

上式表明系统的寿命仍服从指数分布,其失效率为各单元的失效率之和,而系统的平均寿命为

$$MTBF = \frac{1}{\lambda_s} = \frac{1}{\sum_{i=1}^{n}\lambda_i} \tag{7-8}$$

当 $\lambda_s t<0.1$ 时,利用近似公式 $\mathrm{e}^{-\lambda_s t}\approx 1-\lambda_s t$,则有

$$F_s(t) = 1 - R_s(t) = 1 - \mathrm{e}^{-\lambda_s t} \approx \lambda_s t = \sum_{i=1}^{n}\lambda_i t = \sum_{i=1}^{n}F_i(t)$$

式中 $F_s(t)$——系统在 t 时失效的概率,即系统的不可靠度;

$F_i(t)$——第 i 单元在 t 时失效的概率,即单元 A_i 的不可靠度。

可见,在这种情况下串联系统的不可靠度近似等于各单元的不可靠度之和,因此可以近似求得系统可靠度。

由上述可见,串联系统可靠性小于或至多等于各串联单元可靠性的最小值,即 $R_s \leqslant \min\{R_i\}$。

从设计角度考虑,提高串联系统可靠性的措施:① 提高单元可靠性,即减小失效率;② 尽可能减少串联单元数目;③ 等效地缩短任务时间 t。

【例7-4】 一台电子计算机主要是由下列五类元器件组装而成的串联系统,这些元器件的寿命分布皆为指数分布,其失效率及装配在计算机上的数量如表7-3所示。若不考虑结构、装配及其他因素,而只考虑这些元器件的失效与否,试求此计算机的可靠度,$t=10$ h 的可靠度、失效率及平均寿命。

表7-3 计算机的元器件

种 类	1	2	3	4	5
失效率 $\lambda_i/\mathrm{h}^{-1}$	10^{-7}	5×10^{-7}	10^{-6}	2×10^{-5}	10^{-4}
元器件个数 n_i	10^4	10^3	10^2	10	2

解:由公式(7-7)和式(7-8)可得

$$R_s(t) = e^{-\sum_{i=1}^{5} n_i \lambda_i t} = e^{-0.002t}$$

$$R_s(10) = e^{-0.002\times10} = e^{-0.02} = 0.98$$

$$\lambda_s = \sum_{i=1}^{5} \lambda_i n_i = 0.002 \text{ h}^{-1}$$

$$MTBF = \frac{1}{\lambda_s} = \frac{1}{0.002 \text{ h}^{-1}} = 500 \text{ h}$$

如果单元不是指数分布,由式(7-6)可靠度和失效率之间的关系可得

$$R_s(t) = e^{-\int_0^t \lambda_s(t)dt} = \prod_{i=1}^{n} e^{-\int_0^t \lambda_i(t)dt}$$
$$= e^{-\int_0^t [\sum_{i=1}^{n} \lambda_i(t)]dt}$$

因此系统的失效率和单元失效率的关系仍为

$$\lambda_s(t) = \sum_{i=1}^{n} \lambda_i(t) \tag{7-9}$$

2. 并联系统的可靠性模型

一个系统由 n 个单元 $A_1,A_2,\cdots,A_n$ 组成,如只要有一个单元工作,系统就能工作,或者说只有当所有单元都失效时,系统才失效,我们称这种系统为并联系统。其可靠性框图,如图7-9所示,图中 $R_1,R_2,\cdots,R_n$ 分别为 n 个单元的可靠性。

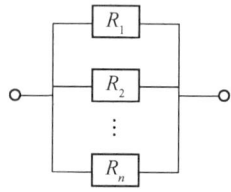

图7-9 并联系统的可靠性框图

在假设各单元相互独立的情况下,有

$$F_s(t) = \prod_{i=1}^{n} F_i(t)$$

$$R_s(t) = 1 - F_s(t) = 1 - \prod_{i=1}^{n} F_i(t)$$

$$= 1 - \prod_{i=1}^{n} [1 - R_i(t)] \tag{7-10}$$

如各单元的寿命分布都是失效率为 λ_i 的指数分布,则

$$R_s(t) = 1 - \prod_{i=1}^{n} (1 - e^{-\lambda_i t}) \tag{7-11}$$

为求系统的平均寿命,利用

$$P(A_s) = \sum_{i=1}^{n} P(A_i) - \sum_{1 \leqslant i < j \leqslant n} P(A_i A_j) + \cdots + (-1)^{n-1} P(A_1 A_2 \cdots A_n)$$

得

$$R_s(t) = \sum_{i=1}^{n} e^{-\lambda_i t} - \sum_{1 \leqslant i < j \leqslant n} e^{-(\lambda_i + \lambda_j)t} + \cdots + (-1)^{n-1} e^{-(\lambda_1 + \lambda_2 + \cdots + \lambda_n)t}$$

这表明并联系统的寿命分布已不是指数分布,这时系统的平均寿命为

$$MTBF = \int_0^\infty t f_s(t) \mathrm{d}t = \int_0^\infty R_s(t) \mathrm{d}t = \int_0^\infty R_s(t) \mathrm{d}t$$

$$= \int_0^\infty \Big[\sum_{i=1}^{n} e^{-\lambda_i t} - \sum_{1 \leqslant i < j \leqslant n} e^{-(\lambda_i + \lambda_j)} + \cdots + (-1)^{n-1} e^{-(\lambda_1 + \lambda_2 + \cdots + \lambda_n)t} \Big] \mathrm{d}t \sum_{i=1}^{n} \frac{1}{\lambda_i} -$$

$$\sum_{1 \leqslant i < j \leqslant n} \frac{1}{\lambda_i + \lambda_j} + \cdots + (-1)^{n-1} \frac{1}{\sum_{i=1}^{n} \lambda_i} \tag{7-12}$$

当 $n=2$ 时,有

$$R_s(t) = e^{-\lambda_1 t} + e^{-\lambda_2 t} - e^{-(\lambda_1 + \lambda_2)t}$$

$$MTBF = \frac{1}{\lambda_1} + \frac{1}{\lambda_2} - \frac{1}{\lambda_1 + \lambda_2}$$

$$\lambda_s(t) = \frac{\lambda_1 e^{-\lambda_1 t} + \lambda_2 e^{-\lambda_2 t} - (\lambda_1 + \lambda_2) e^{-(\lambda_1 + \lambda_2)t}}{e^{-\lambda_1 t} + e^{-\lambda_2 t} - e^{-(\lambda_1 + \lambda_2)t}}$$

当 $n=3$ 时,有

$$R_s(t) = e^{-\lambda_1 t} + e^{-\lambda_2 t} + e^{-\lambda_3 t} - e^{-(\lambda_1 + \lambda_2)} - e^{-(\lambda_1 + \lambda_3)t} - e^{-(\lambda_2 + \lambda_3)t} + e^{-(\lambda_1 + \lambda_2 + \lambda_3)t}$$

$$MTBF = \frac{1}{\lambda_1} + \frac{1}{\lambda_2} + \frac{1}{\lambda_3} - \frac{1}{\lambda_1 + \lambda_2} - \frac{1}{\lambda_1 + \lambda_3} - \frac{1}{\lambda_2 + \lambda_3} + \frac{1}{\lambda_1 + \lambda_2 + \lambda_3}$$

值得提醒的是,当单元的寿命分布是指数分布时,即失效率为常数,串联系统的失效率

仍是常数,但并联系统的失效率则不是常数,而是时间的函数。

当 n 个单元的失效率相等,都为 λ 时,相应可靠度为

$$R_s(t) = 1 - (1 - e^{-\lambda t})^n \tag{7-13}$$

$$\lambda_s(t) = \frac{n\lambda e^{-\lambda t}(1 - e^{-\lambda t})^{n-1}}{1 - (1 - e^{-\lambda t})^n}$$

$$MTBF = \frac{1}{\lambda} + \frac{1}{2\lambda} + \cdots + \frac{1}{n\lambda}$$

当 n 较大时,有近似公式

$$MTBF = \frac{1}{\lambda}\left(1 + \frac{1}{2} + \cdots + \frac{1}{n}\right) \approx \frac{1}{\lambda}\ln n$$

这样,当 $n=2$ 时,

$$R_s(t) = 1 - (1 - e^{-\lambda t})^2 = 2e^{-\lambda t} - e^{-2\lambda t}$$

$$\lambda_s(t) = \frac{2\lambda(1 - e^{-\lambda t})}{2 - e^{-\lambda t}}$$

$$MTBF = \frac{1}{\lambda} + \frac{1}{2\lambda} = \frac{3}{2\lambda} = \frac{3}{2}\theta$$

式中 θ——各单元的平均寿命。

当 $n=3$ 时,有

$$R_s(t) = 1 - (1 - e^{-\lambda t})^3 = 3e^{-\lambda t} - 3e^{-2\lambda t} + e^{-3\lambda t}$$

$$\lambda_s(t) = \frac{3\lambda e^{-\lambda t}(1 - e^{-\lambda t})^2}{1 - (1 - e^{-\lambda t})^3}$$

$$MTBF = \frac{1}{\lambda} + \frac{1}{2\lambda} + \frac{1}{3\lambda} = \frac{11}{6\lambda} = \frac{11}{6}\theta$$

由上述可见,并联系统可靠性大于或至少等于各并联单元可靠性的最大值,即 $R_s \geqslant \max\{R_i\}$。

从设计角度考虑,上节谈到提高串联系统可靠性的三个措施外,还应有一个办法,就是对于可靠性较低的单元采用并联系统。提高并联系统可靠性的措施,除了提高单元的可靠性和等效地缩短任务时外,还可以增加并联系统单元的数目,但耗费将会大大增加。

【例 7-5】 某液压系统中,采用两支滤油器 1 和 2 装成结构串联系统,如图 7-10 所示。滤油器的故障有两种模式,即滤网堵塞或滤网破损。现假设滤油器两种故障模式的失效率相同,且两支滤油器的失效率分别为 $\lambda_1 = 5 \times 10^{-5} (h^{-1})$,$\lambda_2 = 1 \times 10^{-5} (h^{-1})$,工作时间 $t = 10^3$ h。

试求:

(1) 在滤网堵塞失效情况下,系统的可靠度、失效率和平均寿命。

(2) 在滤网破损失效情况下,系统的可靠度、失效率和平均寿命。

解：(1) 由题意可知,滤网器失效率 λ 为常数,故其服从指数分布。滤网的故障模式为堵塞失效时,系统的可靠性框图如图 7-11 所示,即为串联系统。则有

$$\lambda_s = \sum_{i=1}^{n}\lambda_i = 5\times 10^{-5} + 1\times 10^{-5} = 6\times 10^{-5}\ \mathrm{h}^{-1}$$

$$R_s(1\,000) = \mathrm{e}^{-\lambda_s t} = \mathrm{e}^{-6\times 10^{-5}\times 1\,000} = \mathrm{e}^{-0.06} = 0.941\,76$$

$$MTBF = \frac{1}{\lambda_s} = \frac{1}{6\times 10^{-5}} = 16\,667\ \mathrm{h}$$

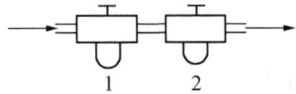

图 7-10 滤油器的结 1 构图   图 7-11 滤网堵塞失效时的可靠性框图

(2) 滤网的故障模式为破损失效时,系统的可靠性框图如图 7-12 所示,即为并联系统。则有

$$\begin{aligned}R_s(1\,000) &= \mathrm{e}^{-\lambda_1 t} + \mathrm{e}^{-\lambda_2 t} - \mathrm{e}^{-(\lambda_1+\lambda_2)t}\\ &= \mathrm{e}^{-5\times 10^{-5}\times 1\,000} + \mathrm{e}^{-1\times 10^{-5}\times 1\,000} - \mathrm{e}^{-(5+1)\times 10^{-5}\times 1\,000}\\ &= 0.999\,25\end{aligned}$$

$$\begin{aligned}\lambda_s(1\,000) &= \frac{\lambda_1 \mathrm{e}^{-\lambda_1 t} + \lambda_2 \mathrm{e}^{-\lambda_2 t} - (\lambda_1+\lambda_2)\mathrm{e}^{-(\lambda_1+\lambda_2)t}}{\mathrm{e}^{-\lambda_1 t} + \mathrm{e}^{-\lambda_2 t} - \mathrm{e}^{-(\lambda_1+\lambda_2)t}}\\ &= \frac{5\times 10^{-5}\mathrm{e}^{-5\times 10^{-5}\times 1\,000} + 1\times 10^{-5}\mathrm{e}^{-1\times 10^{-5}\times 1\,000} - (5+1)\times 10^{-5}\mathrm{e}^{-6\times 10^{-5}\times 1\,000}}{\mathrm{e}^{-5\times 10^{-5}\times 1\,000} + \mathrm{e}^{-1\times 10^{-5}\times 1\,000} - \mathrm{e}^{-6\times 10^{-5}\times 1\,000}}\\ &= 0.57\times 10^{-7}\ \mathrm{h}^{-1}\end{aligned}$$

$$\begin{aligned}MTBF &= \frac{1}{\lambda_1} + \frac{1}{\lambda_2} - \frac{1}{\lambda_1+\lambda_2}\\ &= \frac{1}{5\times 10^{-5}} + \frac{1}{1\times 10^{-5}} - \frac{1}{(5+1)\times 10^{-5}}\\ &= 10\,333.3\ \mathrm{h}\end{aligned}$$

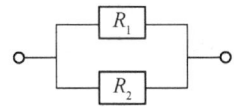

图 7-12 滤网破损失效时可靠性框图

系统功能逻辑框图不仅与单元的功能有关,还与单元的故障模式有关。所以,在分析系统可靠性时,必须弄清其功能及失效模式,绝不能只从系统结构上认定系统可靠性模型的类型。

3. 混联系统的可靠性模型

由串联系统和并联系统混合组成的系统称为混联系统。最常见的混联系统有以下两种:

第一种,串并联系统(附加单元系统)。一个串并联系统串联了 n 个组成单元,而每个组成单元都由 m 个基本单元并联而成,该串并联系统的可靠性框图如图7-13所示。

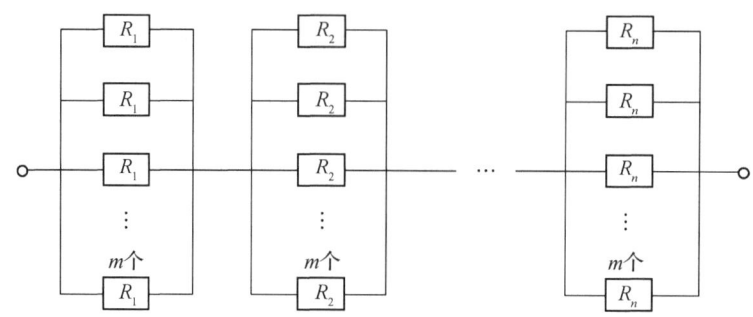

图 7-13　串并联系统的可靠性框图

设每个单元 A_i 的可靠度为 $R_i(t)$,则此系统的可靠度 $R_{s1}(t)$ 为

$$R_{s1}(t) = \prod_{i=1}^{n}\left[1-(1-R_i(t))^m\right] \tag{7-14}$$

第二种,并串联系统(附加通路系统)。一个并串系统并联了 m 个组成单元,而每个组成单元都由 n 个基本单元串联而成,该并串联系统的可靠性框图如图7-14所示。

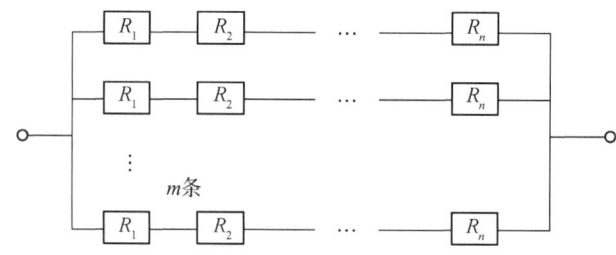

图 7-14　并串联系统的可靠性框图

设每个单元 A_i 的可靠度为 $R_i(t)$,则此系统的可靠度 $R_{s2}(t)$ 为

$$R_{s2}(t) = 1-\left[1-\prod_{i=1}^{n}R_i(t)\right]^m \tag{7-15}$$

对于更为复杂的混联系统,如图7-15所示,可以利用等效可靠性框图来进行系统可靠度的计算。设备单元可靠度相互独立,则其等效可靠性框图可以画成如图7-16所示,其可靠度计算式分别写在方框内。

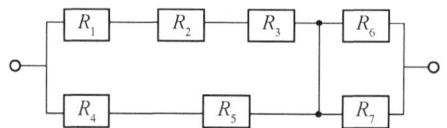

图 7-15　复杂混联系统的可靠性框图

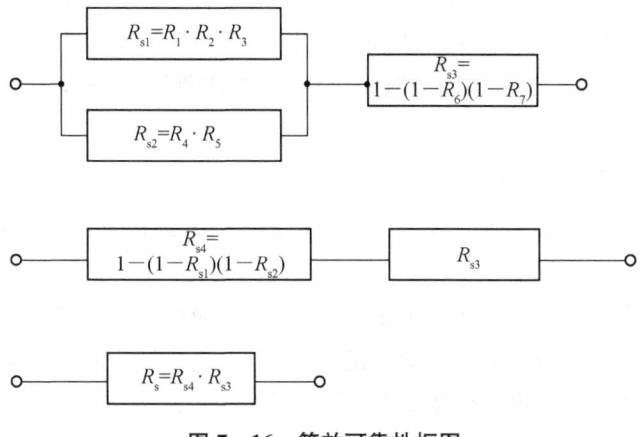

图 7-16 等效可靠性框图

最终可求得系统的可靠度 R_s 为

$$R_s = R_{s4} \cdot R_{s3}$$
$$= [1-(1-R_{s1})(1-R_{s2})] \cdot [1-(1-R_6)(1-R_7)]$$
$$= [1-(1-R_1R_2R_3)(1-R_4R_5)] \cdot [1-(1-R_6)(1-R_7)] \quad (7-16)$$

7.4.3 故障树分析

7.4.3.1 概念

在系统设计过程中通过对可能造成系统失效的各种因素(包括硬件、软件、环境、人为因素)进行分析,画出逻辑框图(即故障树),从而确定系统失效原因的各种可能组合方式或其发生概率,以计算系统失效概率,采取相应的纠正措施,以提高系统可靠性的一种设计分析方法。因此,该法是一种对复杂系统进行可靠性和安全性分析预测的工具之一。英文全名为 Fault Tree Anaiysis,简称 FTA。

故障树分析把系统最不希望发生的故障状态作为逻辑分析的目标,在故障树中称为顶事件;继而找出导致这一故障状态发生的所有的可能的直接原因,在故障树中称为中间事件;再跟踪找出导致这些中间故障事件发生的所有的可能的直接原因。一直追寻到引起中间事件发生的全部部件状态,在故障树中称为底事件。用相应的代表符号及逻辑门把顶事件、中间事件、底事件连接成树形逻辑图,则称此树形逻辑图为故障树。

故障树是一种特殊的倒立树状逻辑因果关系图,它用事件符号、逻辑门符号和转移符号描述系统中各种事件之间的因果关系。

在故障树分析中各种故障状态或不正常情况皆称故障事件,各种完好状态或正常状态皆称成功事件,两者均称为"事件"。

"底事件"是导致其事件的原因事件,位于所讨论故障树底端。因此,它总是某个逻辑门的输入事件而不是输出事件。底事件又分基本事件与未探明事件。后者是指应进一步探明其原因但暂时不必或不能探明其原因的底事件。

"结果事件"是由其他事件或事件组合所导致的事件。它总是位于某个逻辑门的输出端。它又可分为中间事件和顶事件。前者为介于底事件与顶事件的结果事件,它既是某个逻辑门的输出事件,又是别的逻辑门的输入事件;而顶事件则位于故障树的顶端,是分析所关心的结果事件。

7.4.3.2 故障树的建立步骤

故障树分析的大致步骤为:① 熟悉并分析对象;② 选定顶事件;③ 故障树的构造与简化;④ 计算分析;⑤ 评价改进。

系统的失效状态往往不止一个。例如,导弹发射系统中可能出现"误点火""不能发射"与"发射后控制失灵"等失效状态。在众多的状态中,选定一种为故障树的顶事件,并相应构造一故障树。构造故障树是 FTA 的关键步骤。所谓构造故障树实际上是找出系统失效和导致失效主因素间的逻辑关系,并将这种关系用特定的图形——故障树表示出来的一种过程和方法。

具体地说,故障树是由各种事件以及连接的逻辑门所构成的。首先画出顶事件,然后在下一排画出引起顶事件的直接原因事件,包括硬件、软件和人为的失效,这些事件被称为中间事件,并找出这些事件与顶事件的逻辑关系。照此思路步步分析,层层深入,直到追溯到那些原始的或其失效机理和概率分布已知因而不需要再继续分析的因素为止。

7.5 测量系统的重复性与再现性

测量系统的波动主要是由于量具与操作者引起的。为了考察量具与操作者的波动大小,常常要选用一些零件或产品让操作者使用量具去测量,由于零件间差异对测量结果的影响不得不考虑,故在考察量具和操作者的波动时,还要考察零件间的波动。下面逐个来考察它们,然后加以综合。

7.5.1 重复性(Repeatability)

由一个或多个操作者采用一种量具,多次重复测量同一零件的同一特性时所获得的测量值的变差称为量具的重复性,记为 EV。

一个好的量具应具有很好的重复性,也就是它的重复测量值的变差是很小的。重复性表示量具的能力,它属于测量系统内的变差。重复性的研究要分两步进行。

(1) 考察测量过程是否稳定,即测量过程的波动是否仅由偶然原因引起,这可使用 R 图。为此选择几个零件,每个零件都重复测量相同的次数,建立 R 图,观察其是否受控。若 R 图上出现失控现象,要分析失控原因,并加以纠正。在确认测量系统已达到稳定时可进行下一步。

(2) 计算量具的重复性。

$$EV = 5.15\,\sigma_e$$

其中，σ_e 是测量过程中由于重复测量而引起的标准差，它的估计公式为

$$\hat{\sigma}_e = \overline{R}/d_2^*$$

其中，$\overline{R}$ 是重复测量一个零件的平均极差，d_2^* 不同于 SPC 中使用的 d_2。d_2^* 的值依赖于重复测量次数 m（计算极差时的数据个数）和 g（操作者人数×零件个数，即计算 $\overline{R}$ 时所用含极差个数），可通过表 7-4 查得。

表 7-4 $d_2^* = d_2^*(m,g)$ 的数值表

g	m													
	2	3	4	5	6	7	8	9	10	11	12	13	14	15
1	1.41	1.91	2.24	2.48	2.67	2.83	2.96	3.08	3.18	3.27	3.35	3.42	3.49	3.55
2	1.28	1.81	2.15	2.40	2.60	2.77	2.91	3.02	3.13	3.22	3.30	3.38	3.45	3.51
3	1.23	1.77	2.12	2.38	2.58	2.75	2.89	3.01	3.11	3.21	3.29	3.37	3.43	3.50
4	1.21	1.75	2.11	2.37	2.57	2.73	2.88	3.00	3.10	3.20	3.28	3.36	3.43	3.49
5	1.19	1.74	2.10	2.36	2.56	2.73	2.87	2.99	3.10	3.19	3.28	3.35	3.42	3.49
6	1.18	1.73	2.09	2.35	2.56	2.72	2.87	2.99	3.10	3.19	3.27	3.35	3.42	3.49
7	1.17	1.73	2.09	2.35	2.55	2.72	2.87	2.99	3.09	3.19	3.27	3.35	3.42	3.48
8	1.17	1.72	2.08	2.35	2.55	2.72	2.87	2.98	3.09	3.18	3.27	3.35	3.42	3.48
9	1.16	1.72	2.08	2.34	2.55	2.72	2.86	2.98	3.09	3.18	3.27	3.35	3.42	3.48
10	1.16	1.72	2.08	2.34	2.55	2.72	2.86	2.98	3.09	3.18	3.27	3.34	3.42	3.48
11	1.16	1.71	2.08	2.34	2.55	2.72	2.86	2.98	3.09	3.18	3.27	3.34	3.41	3.48
12	1.15	1.71	2.07	2.34	2.55	2.72	2.85	2.98	3.09	3.18	3.27	3.34	3.41	3.48
13	1.15	1.71	2.07	2.34	2.55	2.71	2.85	2.98	3.09	3.18	3.27	3.34	3.41	3.48
14	1.15	1.71	2.07	2.34	2.54	2.71	2.85	2.98	3.08	3.18	3.27	3.34	3.41	3.48
15	1.15	1.71	2.07	2.34	2.54	2.71	2.85	2.98	3.08	3.18	3.26	3.34	3.41	3.48
>15	1.128	1.693	2.059	2.326	2.534	2.704	2.847	2.907	3.078	3.173	3.258	3.336	3.407	3.332

譬如，两名操纵者使用同一量具重复测量 5 个零件，每个零件各测 3 次，这时 $m=3$，$g=2\times 5=10$，从表 7-4 中可查得

$$d_2^* = d_2^*(3,10) = 1.72$$

于是该量具的重复性为

$$EV = 5.15\hat{\sigma} = 5.15\overline{R}/1.72 = 2.99\overline{R}$$

7.5.2 再现性（Reproducibility）

由不同操作者，采用相同量具，测量同一零件的同一特性所得重复测量的均值的变差称为量具的再现性，记为 AV。

在再现性的定义中，量具是相同的、零件是相同的，不同的是操作者。所以一个测量系

统(或量具)的再现性主要反映操作者在测量技术上的变差。简单地说,再现性就是操作者(人的因素)引起的测量误差。它属于测量系统间的变差。

估计再现性的具体步骤如下:

(1) 假设现在有 k 名操作者,测量 n 个零件,要求每名操作者对每个零件重复测量 m 次。记第 i 名操作者的测量数据,如表 7-5 所示。

表 7-5 测量数据

重复号＼零件号	1	2	...	n	
1	x_{11}	x_{21}	...	x_{n1}	
2	x_{12}	x_{22}	...	x_{n2}	
...	...	...	...	...	
m	x_{1m}	x_{2m}	...	x_{nm}	
均 值	$\bar{x}_1$	$\bar{x}_2$	...	$\bar{x}_n$	总平均 $\bar{\bar{x}}$

把第 i 名操作者所得的 nm 个测量值的总平均记为 $\bar{\bar{x}}^{(i)}$,这样就得到 k 个总平均:

$$\bar{\bar{x}}^{(i)}, \bar{\bar{x}}^{(i)}, \cdots, \bar{\bar{x}}^{(k)}$$

(2) 计算极差 R_0 与操作者的标准差。

$$R_0 = \bar{\bar{x}}_{\max} - \bar{\bar{x}}_{\min}, \hat{\sigma}'_0 = R_0/d_2^*$$

其中,d_2^* 可查表 7-4 中 $g=1$ 的 $d_2^* = d_2^*(m,1)$ 的值,因为这里只涉及一个极差 R_0。故 $g=1, m=k$。

(3) 由于上述标准差 $\hat{\sigma}'_0$ 还包含着每名操作者重复测量引起的波动,故需对标准差 $\hat{\sigma}'_0$ 做出修正,此种修正要用相应方差进行。因为在独立场合方差具有可加性,而标准差不具有可加性。

若记重复性中的方差为 $\hat{\sigma}'_e$,如今每名操作者各测量 nm 次,故其方差要缩小 nm 倍,即实际重复性的方差为 $\hat{\sigma}'_0/nm$。从上述再现性的方差 $\hat{\sigma}'_0$ 中扣去这个重复性方差,即得再现性方差的校正值:

$$\hat{\sigma}_0 = \hat{\sigma}'^2_0 - \hat{\sigma}_e^2/nm$$

其标准为

$$\hat{\sigma}_0 = (\hat{\sigma}'^2_0 - \hat{\sigma}_e^2/nm)^{1/2}$$

最后算得再现性为

$$AV = 5.15\hat{\sigma}_0 = [(5.15\hat{\sigma}'_0)^2 - (5.15\sigma_e)^2/nm]^{1/2}$$

【例 7-6】 为估计某量具的重复性与再现性,选定 2 名操作者和 5 个零件,并让每名操作者分别按随机次序对每个零件重复测量 3 次,每名操作者每个零件的均值与极差列在表 7-6 中数据的下方。

表 7-6 重复测量数据表

零件号	操作者 1						
检验号	1	2	3	4	5		
1	217	220	217	214	218		
2	216	216	216	212	219		
3	216	218	216	212	220		
均值 $\bar{x}$	216.3	218.0	216.3	212.7	219.0	$\bar{\bar{x}}_a=216.46$	
极差 R	1.0	4.0	1.0	2.0	2.0	$\bar{R}_a=2.0$	
零件号	操作者 2						
检验号	1	2	3	4	5		
1	218	216	216	215	220		
2	219	216	215	212	220		
3	220	219	216	212	220		
均值 $\bar{x}$	219.0	217.0	215.7	213.0	220.0	$\bar{\bar{x}}_b=216.94$	
极差 R	2.0	3.0	1.0	3.0	0.0	$\bar{R}_b=1.8$	

对这批数据的具体处理如下：

(1) 用诸极差数据作重复性极差控制图，所有极差都受控，故测量过程稳定。

(2) 计算重复测量的标准与重复性，由于 $m=3, g=2\times 5=10$，从表 7-4 可查得 $d_2^*=d_2^*(3,10)=1.72$，于是重复测量标准差与重复性分别为

$$\hat{\sigma}_e = \bar{R}/d_2^* = 1.9/1.72 = 1.10$$

$$EV = 5.15\hat{\sigma}_e = 5.67$$

(3) 计算再现性，从表 7-6 查得总平均：

故其极差 $R_0 = \bar{\bar{x}}_{\max} - \bar{\bar{x}}_{\min} = 216.94 - 216.46 = 0.48$，为计算标准差，从表 7-4 查得 $d_2^* = d_2^*(2,1) = 1.41$，从而

$$\hat{\sigma}'_e = R_0/d_2^* = 0.48/1.41 = 0.34$$

其校正后的标准差为

$$\hat{\sigma}_0 = [0.34^2 - 1.10^2/(3\times 5)]^{1/2}$$

最后算得再现性为

$$AV = 5.15\hat{\sigma}_0 = 0.98$$

7.6 测量系统分析

7.6.1 均值极差法

均值极差法(Xbar&R)是一种可提供测量系统重复性和再现性两个特性作估计评价的方法。与极差法不同,这种方法可以将测量系统的变差分成两个部分:重复性和再现性。

7.6.1.1 测量数据的结构与%GRR

测量理论告知,任何一个测量数据(如零件的特征值)都是由基准值和若干种测量误差叠加而成的,通常设测量数据 x 有如下结构:

$$x = \mu + p + o + e$$

其中,μ 为基准值,p 为零件间的误差,o 为操作者间的误差,e 为重复测量的误差,并且,除基准值 μ 为常量外,另外三种误差都是随机变量。此外还假设这三个随机变量间相互独立,其各自分布都是均值为零的正态分布,具体是:

$$P \sim N(0, \sigma_p^2), o \sim N(0, \sigma_o^2), e \sim N(0, \sigma_e^2)$$

根据这些假设,我们立即可得测量数据的总方差为

$$\sigma_T^2 = \mathrm{Var}(x) = \mathrm{Var}(p) + \mathrm{Var}(o) + \mathrm{Var}(e)$$

$$\sigma_T^2 = \sigma_p^2 + \sigma_o^2 + \sigma_e^2$$

这是总方差 $\sigma_T^2 = \mathrm{Var}(x)$ 的分解公式,它是零件的方差、操作者的方差、重复测量的方差之和,后两种方差是由量具引起的,故又称量具的方差,记为 σ_{GRR}^2,即

$$\sigma_{GRR}^2 = \sigma_o^2 + \sigma_e^2$$

若对上述方差等式两端各乘以 5.15^2,可获得总变差 $TV = 5.15\sigma_T$ 的平方的分解公式

$$TV^2 = PV^2 + GRR^2, \quad GRR^2 = AV^2 + EV^2$$

其中,$GRR = \sqrt{EV^2 + AV^2} = \sqrt{(5.15\sigma_o)^2 + (5.15\sigma_e)^2}$,称为量具的重复性与再现性的合成变差,简称合成变差。

各种变差都是越小越好的指标,此外人们还特别感兴趣的指标是百分比合成变差(%GRR),它定义为

$$\%GRR = \frac{GRR}{TV} \times 100\%$$

它表示合成变差 GRR 在总变差 TV 中所占的百分数,它也是越小越好的指标,当 %GRR 较小时,表示该量具测量过程中输出特性的能力较强。当 %GRR 较大时,该量具就无能力察觉过程的变化,甚至过程恶化都发现不了。这可能导致及时的改进被抑制住了,这

当然不是人们希望的。由此可见,百分比 GRR 是引起人们重视的指标。

美国一些公司把%GRR 划分为三个区域:

(1) 当%GRR<10%时,量具是可以接受的;

(2) 当%GRR>10%时,量具是不可接受的;

(3) 当%GRR 在 10%到 30%之间时,量具是否接受依赖于应用的重要性和量具的成本、维修成本等因素的综合考虑。如有可能,还是要努力改善量具的能力。这关键的测量,此种量具是不可取的。

传统上量具的合成变差 GRR 还与过程输出容差 $T=USL-LSL$ 进行比较,这就是如下的容差比

$$P/T = \frac{GRR}{USL-LSL} \times 100\%$$

这个指标亦可用来度量一个量具测量过程输出特性的能力强弱,当 GRR 不变时这个指标亦可用来度量一个量具测量过程输出特性的能力强弱,当 GRR 不变时,容差 $T=USL-LSL$ 较大时,此量具的容差比小于 10%的可能性就会大一些,若容差 T 较小(要求较高),此量具被接受的可能性小一些,这是合理之处。而%GRR 与总变差 TV 之比,它是测量系统内部的两个变差之比,与外部顾客要求的容差 T 无关。这正是%GRR 出名的原因。为了对%GRR 做出估计,必须先要对各种方差 $\sigma_p^2, \sigma_o^2, \sigma_e^2$ 做出估计,这里所用的各方差的估计都是在表 7-4 中用均值预计查获得的,所以这里用来评价%GRR 的方法称为均值—极差法。

7.6.1.2 分辨力与数据组数

分辨力就是测量系统识别被测特性极小变化的能力,由于经济上和物理上的一些限制,测量系统不可能无限制地识别被测特性任意微小的变化,而总是把被测特性值分成若干的不同数据组,同一数据组内的测量值被认为具有一个数值,落在不同组内的测量值被认为是不同的值,因此数据组数(不同数据组的个数)的多少表征着一个测量系统分辨力的大小。数据组数越多,该系统分辨力越大。美国一些公司建议用零件的变差 PV 和量具的变差 GRR 之比的 1.41 倍来度量数据组数,即

$$数据组数 = \frac{PV}{GRR} \times 1.41 = \frac{\sigma_p}{\sigma_{GRR}} \times 1.41$$

【例 7-7】 为检验某航空器材的重复性,选取了 2 名操纵者和 5 个零件,要求每位操作者对每个零件各重复测量 3 次,数据列于表 7-7 中。

表 7-7

测试	操作者 A					操作者 B				
	1	2	3	平均	极差	1	2	3	平均	极差
零件 A	217	216	216	216.3	1	216	219	220	218.3	4
零件 B	220	216	218	218	4	216	216	220	217.3	4
零件 C	217	216	216	216.3	1	216	215	216	215.7	1

续 表

	操作者 A					操作者 B				
测 试	1	2	3	平 均	极 差	1	2	3	平 均	极 差
零件 D	214	212	212	212.7	2	216	212	212	213.3	4
零件 E	216	219	220	218.3	4	220	220	220	220	0
				216.3					216.9	

第一步计算重复性。

$$\overline{R} = 25/10 = 2.5$$

$$UCL_R = D_4\overline{R} = 2.575 \times 2.5 = 6.4$$

$$\sigma_e = \overline{R}/d_2^* = 2.5/1.72 = 1.45$$

$$\text{repeatability} = 5.15 \times \sigma = 7.5$$

第二步计算再现性。计算操作人平均值的极差(R_o),估计的评价人标准差$=R_o/d_2^*$乘以5.15,再减去由于重复性所造成 σ 的部分。

$$\text{reproducibilty} = 5.15 \times \frac{R_o}{d_2^*} = 5.15 \times \frac{0.6}{1.41} = 2.2$$

$$\text{reproducibility} = \sqrt{\left[5.15\frac{R_o}{d_2^*}\right] - \frac{[5.15\sigma]^2}{nr}}$$

$$= \sqrt{(2.2)^2 - \left[\frac{(7.5)^2}{5 \times 3}\right]}$$

$$= 1.0$$

$$\sigma_o = \frac{1.0}{5.15} = 0.19$$

第三步计算零件间的变异。每次的值都是同一零件测三次,所以只是侦测出仪器变异(R_e)。两个测量者之间的差异代表了人员之间的差异(R_o)。每个产品间的差距代表了产品的差异(R_p)。

$$\sigma_m = \sqrt{(\sigma_e^2 + \sigma_o^2)} = GRR \Rightarrow$$

$$\sigma_m = \sqrt{(1.45^2 + 0.19^2)} = 1.47$$

$$\sigma_p = \frac{R_p}{d_2} \Rightarrow 5.15\frac{R_p}{d_2}$$

$$\sigma_t = \sqrt{(\sigma_p^2 + \sigma_m^2)}$$

$$GRR\% = \frac{\sigma_m}{\sigma_t} \times 100\%$$

表 7-8

	零件 A	零件 B	零件 C	零件 D	零件 E
操作者 A 平均	216.3	218	216.3	212.7	218.3
操作者 B 平均	218.3	217.3	215.7	213.3	219.2
再平均	217.3	217.7	216	213	219.2

利用变差的分解公式可算得量具合成变差 GRR 与总变差 TV：

$$\sigma_p = \frac{R_p}{d_2} = \frac{6.2}{2.48} = 2.50 \Rightarrow PV = 5.15 \times 2.50 = 12.875$$

$$\sigma_t = \sqrt{\sigma_p^2 + \sigma_m^2} = \sqrt{(2.50^2 + 1.47^2)} = 2.90$$

$$TV = 5.15 \times 2.90 = 14.9$$

$$\%GRR = \left[\frac{\sigma_m}{\sigma_t}\right] \times 100 = \left[\frac{GRR}{TV}\right] \times 100 = \left[\frac{7.6}{14.9}\right] \times 100 = 50.7\%$$

可见该量具不能在一般场合使用。在实际中要减少 $\%GRR$，就要求分子 GRR 较小，从而要求复合性 EV 和再现性 AV 都要小，若其中一项或两项大，就需要查明原因。重复性较大的原因可能是量具需要补修或更换；再现性较大的原因可能是对量具矫正不当或对操作者培训不够。在这个例子中是由于重复性 EV 较大，故需要改进量具或更换量具。

已算得测量系统的 $PV=12.875$，$GRR=7.6$，由此可得

$$数据组数 = \left[\frac{PV}{GRR}\right] \times 1.41 = \left[\frac{12.875}{7.6}\right] \times 1.41 = 2$$

这个结果表明：该测量系统的分辨力是不够的，尚需不断提高。

7.6.2 方差分析法

在上述内容我们获得了一个评估 $\%GRR$ 的方法，这个方法被称为"均值极差法"。在这里我们将叙述另一个更完美的评估 $\%GRR$ 的方差分析法，它与均值极差法的差别表现在如下两点：

(1) 均值极差法主要用各种极差评估各种方差，精度略差一些。方差分析法主要用各种平方和评估各种方差，精度要高一些。

(2) 在操作者与零件间有时存在交互效应 op，它也是一种影响测量数据的随机误差，其方差记为 σ_{op}^2，而均值极差无法估计 σ_{op}^2，从而无法考察此种交互效应引起的变差 $IV = 5.15\,\sigma_{op}$，而方差分析法有能力考察此种交互相应，并提供其方差 σ_{op}^2 及变差 TV 的较好估计。

7.6.2.1 方差分析所使用的模型

方差分析是一种广泛被使用的统计方法，这里所使用的方差分析（ANOVA）法是基于两因子随机效应模型，它假设测量数据 x 有如下结构：

$$X = \mu + p + o + op + e$$

其中，μ 为基准值，p 为零件效应（效应就是误差，下同），o 为操作者效应，op 为操作者与零件间的交互效应，e 为重复测量效应，这四个效应都是相互独立的随机变量，其分布分别为

$$P \sim N(0, \sigma_p^2), \quad o \sim N(0, \sigma_o^2), \quad op \sim N(0, \sigma_{op}^2), \quad e \sim N(0, \sigma_e^2)$$

根据这些假设，我们立即可得测量数据的总方差 $\sigma_T^2 = \mathrm{Var}(X)$ 为

$$\sigma_T^2 = \sigma_p^2 + \sigma_o^2 + \sigma_{op}^2 + \sigma_e^2$$
$$= \sigma_p^2 + \sigma_{\mathrm{GRR}}^2$$

其中，$\sigma_{\mathrm{GRR}}^2 = \sigma_o^2 + \sigma_{op}^2 + \sigma_e^2$ 成为量具的重复性与再现性的合成方差，且把交互效应的方差 σ_{op}^2 与 σ_o^2 合并为操作者的方差，对它们各乘以 5.15^2，即得

$$TV^2 = PV^2 + GRR^2, \quad GRR^2 = AV^2 + IV^2 + EV^2$$

在此基础上可计算百分比 GRR 或容差比：

$$\%GRR = \frac{GRR}{TV} \times 100\%$$

$$P/T = \frac{GRR}{USL - LAL} \times 100\%$$

它们的评估等级的划分与以前一样。

7.6.2.2 随机方式收集数据

方差分析（ANOVA）法要求诸测量数据相互独立，这可用测量次序随机化来实现。若数据不是以随机方式收集，可能会成为偏倚值增加的源泉，随机化也是一般实验设计的一个原则。

一个简单的随机采集数据的方法如下：

设有：

(1) N 个零件，记为 $1, 2, \cdots, n$；

(2) K 个操作者，记为 $A, B, \cdots, K$；

(3) 每位操作者对每个零件需要重复测量 m 次。

方法：在 nk 张卡片上分别写上

A1 A2 ⋯ An
B1 B2 ⋯ Bn
⋮   ⋮   ⋮   ⋮
K1 K2 ⋯ Kn

把这些放入一个容器内，搅拌均匀后，一一抽出，直到抽完为止，形成试验序列如下：

$$B2, C3, A5, A1, B4, \cdots$$

请某位操作者按此次序进行测量，共得 nk 个数据。

把 nk 个数据放回容器，重新搅拌均匀，重新一一抽取，获得第二个随机试验次序，按此次序执行测量，可得第二次重复试验数据，重复上述过程，直到获得第 m 次重复测试数据。

整理这 m 次重复测试数据形成数据表。

【例7-8】 某航天器内部加压试验中,以三种不同的初压及适宜各初压的三种反应温度进行重复试验,测得舱内压力的测试数据,如表7-9所示。

表7-9 舱内压力的测试数据

初　压	二级因素	测试数据
6	380	65.0,65.5
	400	66.0,66.4
	420	64.7,65.1
7	410	66.3,66.9
	430	66.5,66.3
	450	65.0,65.6
8	400	67.8,67.3
	415	67.2,67.5
	430	67.6,67.4

将初压因素设为 A,表中二级因素设为因素 B,

$T_{ij.}$:表示 A_i 条件下 j 水平 B_{ij} 的数据和。

$$T_{ij.} = \sum_{k=1}^{r} y_{ijk}$$

$T_{i..}$:表示 A 取 i 条件下、B 取 A_i 条件下的所有水平时的数据和。

$$T_{i..} = \sum_{j=1}^{b} \sum_{k=1}^{r} y_{ijk}$$

T:表示所有实验数据的总和。

$$T = \sum_{i=1}^{a} \sum_{j=1}^{b} \sum_{k=1}^{r} y_{ijk}$$

$y_{ij.}$:表示 $A_i B_{ij}$ 条件下 r 的数据的平均。

$$y_{ij.} = \frac{1}{r} \sum_{k=1}^{r} y_{ijk}$$

$y_{i..}$:表示 A_i 下的 br 个数据的平均。

$$y_{i..} = \frac{1}{br} \sum_{j=1}^{b} \sum_{k=1}^{r} y_{ijk} = \frac{1}{br} T_{i..}$$

$$\bar{y} = \frac{1}{abr} \sum_{i=1}^{a} \sum_{j=1}^{b} \sum_{k=1}^{r} y_{ijk} = \frac{1}{N} T = \frac{1}{a} \sum_{i=1}^{a} y_{i..}$$

平方和及自由度的分解:

总偏差 $$S_T = \sum_{i=1}^{a}\sum_{j=1}^{b}\sum_{k=1}^{r}(y_{ijk}-\bar{y})^2$$

因素 A 偏差平方和 $$S_A = \sum_{i=1}^{a}\sum_{j=1}^{b}\sum_{k=1}^{r}(y_{i..}-\bar{y})^2 = br\sum_{i=1}^{a}(y_{i..}-\bar{y})^2$$

因素 B 偏差平方和 $$S_{B(A)} = \sum_{i=1}^{a}\sum_{j=1}^{b}\sum_{k=1}^{r}(y_{ij.}-y_{i..})^2 = r\sum_{i=1}^{a}\sum_{j=1}^{b}(y_{ij.}-y_{i..})^2$$

试验偏差 $$S_e = \sum_{i=1}^{a}\sum_{j=1}^{b}\sum_{k=1}^{r}(y_{ijk}-y_{ij.})^2$$

$$S_T = S_A + S_B + S_{B(A)} + S_A$$

自由度分解:

$$\nu_T = abr - 1$$

$$\nu_A = a - 1$$

$$\nu_{B(A)} = ab - a$$

$$\nu_e = ab(r-1)$$

满足不等式 $$\nu_T = \nu_A + \nu_{B(A)} + \nu_e$$

偏差平方和计算:

$$S_T = \sum_{i=1}^{a}\sum_{j=1}^{b}\sum_{k=1}^{r}(y_{ijk}-\bar{y})^2 = \sum_{i=1}^{a}\sum_{j=1}^{b}\sum_{k=1}^{r}y_{ijk}^2 - \frac{T^2}{N}$$

$$S_A = \sum_{i=1}^{a}\sum_{j=1}^{b}\sum_{k=1}^{r}(y_{i..}-\bar{y})^2 = \frac{1}{br}\sum_{i=1}^{a}T_{i..}^2 - \frac{T^2}{N}$$

$$S_e = \sum_{i=1}^{a}\sum_{j=1}^{b}\sum_{k=1}^{r}(y_{ijk}-y_{ij.})^2 = \sum_{i=1}^{a}\sum_{j=1}^{b}\sum_{k=1}^{r}y_{ijk}^2 - \frac{1}{r}\sum_{i=1}^{a}\sum_{j=1}^{b}T_{ij.}^2$$

$$S_{B(A)} = S_T - S_A - S_e$$

【例 7-9】 为评估某测厚仪的合成变差 GRR,特设计一个重复测试计划。在一类垫片中随机地选出 10 块。记为 $1,2,\cdots,10$,再选出 3 位操作者,分别记为 A、B、C,规定要让每位操作者对每个垫片重复测试 2 次,全部测试完毕应得 $10\times 3\times 2=60$ 个数据。

测试按上述的随机方式进行,每次测试中不知垫片的编号。整理测试数据,可得表 7-10。

表 7-10 垫片厚度的重复测量数据

操作者	重复测量序号	零件号									
		1	2	3	4	5	6	7	8	9	10
A(1)	1	0.65	1.00	0.85	0.85	0.55	1.00	0.95	0.85	1.00	0.60
	2	0.60	1.00	0.80	0.95	0.45	1.00	0.95	0.85	1.00	0.70

续 表

操作者	重复测量序号	零件号									
		1	2	3	4	5	6	7	8	9	10
B(2)	1	0.55	1.05	0.80	0.80	0.40	1.00	0.95	0.75	1.00	0.55
	2	0.55	0.95	0.75	0.75	0.40	1.05	0.90	0.70	0.95	0.50
C(3)	1	0.50	1.05	0.80	0.80	0.45	1.00	0.95	0.80	1.05	0.85
	2	0.55	1.00	0.80	0.80	0.50	1.05	0.95	0.80	1.05	0.80

以下我们将记 X_{ijl} 为第 i 个零件（垫片）被第 j 个操作者（A 为 1，B 为 2，C 为 3）第 l 次重复测量结果。譬如在表 7-10 中 $X_{231}=1.05$，$X_{721}=0.95$。

7.6.2.3 总平方和的分解

用 X_{ijl} 表示第 i 个零件被第 j 个操作者进行第 l 次重复测试结果，其中 $i=1,2,\cdots,n$ 是零件编号，$j=1,2,\cdots,k$ 是操作者编号（其中 A 为 1，B 为 2，依此类推），$l=1,2,\cdots,m$ 是重复号。这里共有 nkm 个数据，其平均值记为：

$$\overline{X}_{\cdots} = \frac{1}{nkm} \sum_{i=1}^{n} \sum_{j=1}^{k} \sum_{l=1}^{m} X_{ijl}$$

其总平方和 $s_T = \sum_{i=1}^{n} \sum_{j=1}^{k} \sum_{l=1}^{m} (X_{ijl} - \overline{X}_{\cdots})^2$，$f_T = nkm - 1$

对总平方和 s_T 的分解需要用到如下一些部分数据的平均值：

$\overline{X}_{ij.} = \frac{1}{m} \sum_{l=1}^{m} X_{ijl}$（第 j 位操作者对第 i 个零件重复测量 m 次的平均值）

$\overline{X}_{i..} = \frac{1}{km} \sum_{j=1}^{k} \sum_{l=1}^{m} X_{ijl}$（第 i 个零件被测 km 次的平均值）

$\overline{X}_{.j.} = \frac{1}{nm} \sum_{i=1}^{n} \sum_{l=1}^{m} X_{ijl}$（第 j 位操作者共测 nm 次的平均值）

在总平方和 s_T 中插入 $\pm X_{ijl}$，$\pm \overline{X}_{i..}$，$\pm \overline{X}_{.j.}$ 后再展开可得

$$s_T = \sum_{i=1}^{n} \sum_{j=1}^{k} \sum_{l=1}^{m} (X_{ijl} - \overline{X}_{\cdots})^2$$

$$= \sum \sum \sum [(X_{ijk} - \overline{X}_{ij.}) + (\overline{X}_{i..} - \overline{X}_{\cdots}) + (\overline{X}_{.j.} - \overline{X}_{\cdots}) + (\overline{X}_{ij.} - \overline{X}_{i..} - \overline{X}_{.j.} + \overline{X}_{\cdots})]^2$$

$$= \sum_{i=1}^{n} \sum_{j=1}^{k} \sum_{l=1}^{m} (X_{ijl} - \overline{X}_{\cdots})^2 \text{（误差平方和，记为 } s_e\text{）}$$

$$+ km \sum_{i=1}^{n} (\overline{X}_{i..} - \overline{X}_{\cdots})^2 \text{（零件平方和，记为 } s_p\text{）}$$

$$+ nm \sum_{j=1}^{k} (\overline{X}_{.j.} - \overline{X}_{\cdots})^2 \text{（操作者平方和，记为 } s_o\text{）}$$

$$+ m \sum_{i=1}^{n} \sum_{j=1}^{k} (\overline{X}_{ij.} - \overline{X}_{i..} - \overline{X}_{.j.} - \overline{X}_{\cdots})^2 \text{（交互作用平方和，记为 } s_{op}\text{）}$$

最后等式成立是由于所有交叉乘积项均为零之故。用上式右端的符号可得总平方和的分解式：

$$s_T = s_e + s_p + s_o + s_{op}$$

上式右端四个平方和的自由度分别为

$$f_e = nk(m-1), \quad f_o = n-1, \quad f_o = k-1, \quad f_{op} = (n-1)(k-1)$$

可以验证：总平方和 s_T 的自由度 f_T 也有如下等式：

$$f_T = f_e + f_p + f_o + f_{op}$$

【例 7-10】 在例 7-9 的测厚仪例子中

$$n = 10, \quad k = 3, \quad m = 2$$

及其自由度分别如：

$s_T = 2.2491$ $\qquad f_T = nkm - 1 = 59$

$s_e = 0.03875$ $\qquad f_e = nk(m-1) = 30$

$s_p = 2.05871$ $\qquad f_p = n - 1 = 9$

$s_o = 0.04800$ $\qquad f_o = k - 1 = 2$

$s_{op} = 0.10367$ $\qquad f_{op} = (n-1)(k-1) = 18$

这些计算都可以用 minitab 软件,在 R&R study - ANOVA method 栏目下可算得,该软件还同时输出如表 7-11 方差分析表。

表 7-11 测厚仪数据的方差分析表

来源	平方和 s	自由度 F	均方 Ms	F
零件	$s_p = 2.05871$	9	0.228745	(175.9)
操作者	$s_o = 0.04800$	2	0.024000	(18.5)
零件×操作者	$s_{op} = 0.10367$	18	0.005759	(4.46)
重复误差	$s_e = 0.03875$	30	0.001292	
总和	$s_T = 2.24913$	59		

这张分析表主要用来检验零件与操作者间交互作用是否存在,如今 $F=4.46$,若取 $\alpha=0.05$,查表得 $F_{0.05}(18,30)=1.96$,由于 $F>1.96$,故此交互作用存在。

对零件和对操作者这两个因子总是要参加测量系统分析,故无须进行检验。

7.6.2.4 各种方差的估计

在方差分析表上有四个均方：

$$M_{sp}, M_{so}, M_{sop}, M_{se}$$

它们含有四种方差 $\sigma_p^2, \sigma_o^2, \sigma_{op}^2, \sigma_e^2$ 的信息,这可从它们的均值看出,具体是：

$$E(Ms_o) = \sigma_e^2 + m\sigma_{op}^2 + nm\sigma_o^2$$

$$E(Ms_o) = \sigma_e^2 + m\sigma_{op}^2 + km\sigma_p^2$$

$$E(Ms_o) = \sigma_e^2 + m\sigma_{op}^2$$

$$E(Ms_o) = \sigma_e^2$$

由此可获得各种方差的无偏估计,具体如表 7-12 所示。

表 7-12 各种方差的无偏估计(有交互作用)

名 称	方差的无偏估计	变差的估计
重复误差 e	$\hat{\sigma}_e^2 = Ms_e$	$EV = 5.15\,\hat{\sigma}_e^2$
零件 p	$\hat{\sigma}_p^2 = (Ms_p - Ms_{op})/km$	$PV = 5.15\,\hat{\sigma}_p^2$
操作者 o	$\hat{\sigma}_o^2 = (Ms_o - Ms_{op})/nm$	$AV = 5.15\,\hat{\sigma}_o^2$
零件×操作者	$\hat{\sigma}_{op}^2 = (Ms_{op} - Ms_e)/m$	$IV = 5.15\,\hat{\sigma}_{op}^2$
GRR	$\hat{\sigma}_o^2 + \hat{\sigma}_{op}^2 + \hat{\sigma}_e^2$	$GRR = 5.15\,(\hat{\sigma}_o^2 + \hat{\sigma}_{op}^2 + \hat{\sigma}_e^2)^{1/2}$

7.6.3 破坏性试验的测试系统分析

在某些场合,获得测量数据的同时,试样受到破坏。例如,橡胶件的拉伸试验,不断加大拉伸应力,直到橡胶件断裂为止,这时断裂的橡胶件受到破坏,不能再做重复试验了。又如,强度试验、湿度试验、黏度试验等都是破坏性试验。在破坏性试验中,一个试样只能获得一个数据,无法获得重复测量数据,从而测量误差的估计受到影响。

在可重复试验场合,同一位操作者用同一量具对同一零件重复测量两次,所得数据 x_1 与 x_2 的差 $(x_1 - x_2)$ 是纯测量误差。可在破坏性试验场合,要用两个零件才能获得两个数据 x_1' 与 x_2',即使用一批中的两个零件,同一位操作者用同一量具去测量,所得差 $(x_1' - x_2')$ 不仅含有测量误差,还含有零件间的差异。这一现象告诉人们,在破坏性试验场合测量系统分析已不适宜用前述的普通的方差分析,而要改用嵌套(Nested)方差分析,这里我们来叙述它。

7.6.3.1 嵌套试验设计与交叉试验设计

两因子交叉试验设计与嵌套试验设计间的差别在于:每个零件既被第一位操作者使用,又被其他操作者使用的试验称为交叉试验设计。而每个零件仅被一位操作者使用,不能被其他操作者使用的试验称为嵌套试验设计。

还有一点应该指出,在交叉试验中可以考察两因子间的交互作用,可在嵌套试验中两因子间不存在交互作用,这是因为没有一个零件能被多个操作者使用。故零件与操作者间无交互作用。

7.6.3.2 两因子嵌套试验设计的模型

设有 k 位操作者,分别记为 $O_1, O_2, \cdots, O_k$;

又设有 n 批零件,分别记为 $P_1, P_2, \cdots, P_n$。

如今从每批零件中各抽取 rm 个零件供测量系统分析使用,这样共抽取 rnm 个零件,在破坏性试验(即嵌套试验)场合,每位操作者要对 nm 个零件进行测量,设 y_{ijk} 为第 i 位操作

者对第 j 批零件中的第 k 个零件的测量结果,则嵌套设计场合,数据 y_{ijk} 有如下结构:

$$y_{ijk} = \mu + O_i + P_{j(i)} + \varepsilon_{ijk}$$

其中,μ 为一般平均(基准值),O_i 为第 i 个操作者效应,$P_{j(i)}$ 为第 j 批零件嵌入第 i 个操作者下引起的效应,ε_{ijk} 为随机误差。

为了表明所作的测量系统分析有广泛的代表性,k 位操作者常是在众多操作者中任意选出的,n 个零件批也是从众多零件批中任意选出的。这时诸操作者效应 O_i,零件批效应 $P_{j(i)}$ 和误差 ε_{ijk} 都是相互独立的随机变量,且设

诸 O_i 是来自某正态总体 $N(0, \sigma_o^2)$ 的一个样本;

诸 $P_{j(i)}$ 是来自另一正态总体 $N(0, \sigma_p^2)$ 的一个样本;

诸 ε_{ijk} 是来自另一正态总体 $N(0, \sigma_e^2)$ 的一个样本。

根据这些假设,立即可得测量数据的总方差 $\sigma_T^2 = Var(y_{ijk})$ 为

$$\sigma_T^2 = \sigma_o^2 + \sigma_p^2 + \sigma_e^2$$
$$= \sigma_p^2 + \sigma_{GRR}^2$$

其中,$\sigma_{GRR}^2 = \sigma_o^2 + \sigma_e^2$ 称为量具的重复性与再现性的合成方差。对它们各乘以 5.15^2 后,即得

$$TV^2 = PV^2 + GRR^2$$

$$GRR^2 = AV^2 + EV^2$$

为了在嵌套设计下对诸方差和变差做出估计和进行方差分析,我们需要总平方和的分解公式,若记 y_{ijk} 表示第 i 个操作者对第 j 批产品中第 k 个零件的测量结果,又记:

$$\overline{y_{ij.}} = \frac{1}{m}\sum_{k=1}^{m} y_{ijk}, \overline{y_{i..}} = \frac{1}{nm}\sum_{j=1}^{n}\sum_{k=1}^{m} y_{ijk}, \overline{y} = \frac{1}{rnm}\sum_{i=1}^{r}\sum_{j=1}^{n}\sum_{k=1}^{m} y_{ijk}$$

则总偏差 $y_{ijk} - \overline{y}_{...}$ 有如下表达式

$$y_{ijk} - \overline{y}_{...} = (\overline{y}_{i..} - \overline{y}_{...}) + (\overline{y}_{ij.} - \overline{y}_{i..}) + (y_{ijk} - \overline{y}_{ij.})$$

总偏差操作者效应第 i 个操作者下误差的零件效应对上式两端平方,求和后可得所有交叉乘积项为零,最后可得

$$s_T = s_o + s_{p(o)} + s_e$$

其中

总平方和

$$s_T = \sum_{i=1}^{k}\sum_{j=1}^{n}\sum_{k=1}^{m}(y_{ijk} - \overline{y}_{...})^2 \quad f_T = knm - 1$$

操作者平方和

$$s_o = nm\sum_{i=1}^{k}(\overline{y}_{i..} - \overline{y}_{...})^2 \quad f_o = k - 1$$

嵌套在操作者下的零件平方和

$$s_{p(o)} = m\sum_{i=1}^{k}\sum_{j=1}^{n}(\overline{y}_{ij.} - \overline{y}_{i..})^2 \quad f_{p(o)} = k(n-1)$$

误差平方和 $\quad s_e = \sum_{i=1}^{k}\sum_{j=1}^{n}\sum_{k=1}^{m}(y_{ijk}-\overline{y}_{ij.})^2 \quad f_e = kn(m-1)$

把诸平方和移入方差分析表并对各效应方差 σ_o^2 与 $\sigma_{p(o)}^2$ 是否为零进行检验，这一步在嵌套设计中并不十分需要，在嵌套设计中重要的是对诸方差 $\sigma_o^2, \sigma_p^2, \sigma_e^2$ 做出估计，为此需要如下的各均方的均值。

$$E(M_{S_o}) = E\left(\frac{S_o}{f_o}\right) = \sigma_e^2 + nm\sigma_o^2 + m\sigma_P^2$$

$$E(M_{S_{p(o)}}) = E\left(\frac{S_{po}}{f_{po}}\right) = \sigma_e^2 + m\sigma_P^2$$

$$E(M_{S_e}) = E\left(\frac{S_e}{f_e}\right) = \sigma_e^2$$

在这里还需指出，在对操作者的方差 $\hat{\sigma}_o^2$ 是否为零的检验中要用的统计量是：

$$F_1 = \frac{M_{S_o}}{M_{S_{p(o)}}}$$

它是 $\sigma_o=0$ 时 F_1 服从分布 $F[f_o, f_{p(o)}]$，这可从各均方的均值的表达式看出。从这些表达式中还可看出，用于检验嵌套因子 P 的方差 $\sigma_{p(o)}^2$ 是否为零的检验中，所使用的统计量是：

$$F_2 = \frac{M_{S_{p(o)}}}{M_{S_e}}$$

它在 $\sigma_o=0$ 时 F_2 服从分布 $F[f_{p(o)}, f_o]$。但在作测量系统分析时，注意力是放在诸方差的估计上，而对上述检验结果并不在意，但可作参考用。

【**例 7 - 11**】 测量材料的黏度是一种破坏性试验，无法重复使用。为了测量某材料的黏度，从众多操作者中选出两位操作者 ($i=1, i=2$)，又从多批材料中选出三批 ($j=1, j=2, j=3$)，每批中又选出两块 ($k=1, k=2$) 作黏度试验，共获得 12 个黏度数列于表 7-13 中，表中还列出诸 $\overline{y}_{ij.}, \overline{y}_{i..}, \overline{y}_{...}$。

表 7-13 黏度试验数据

操作者 i \ 批号 j	1	2	3	$\overline{y}_{i..}$
1	$(k=1)(k=2)$ 20.85　20.63 ($\overline{y}_{11.}=20.74$)	$(k=1)(k=2)$ 19.47　19.63 ($\overline{y}_{12.}=19.55$)	$(k=1)(k=2)$ 20.53　20.11 ($\overline{y}_{13.}=20.23$)	20.173
2	$(k=1)(k=2)$ 19.76　19.47 ($\overline{y}_{21.}=19.615$)	$(k=1)(k=2)$ 20.13　19.95 ($\overline{y}_{22.}=20.04$)	$(k=1)(k=2)$ 19.11　19.30 ($\overline{y}_{23.}=19.205$)	19.62
				$\overline{y}_{...}=19.8965$

为了进行嵌套方差分析和各种方差估计，需要计算各平方和，具体计算如下：

$$s_T = (20.85 - \bar{y}_{...})^2 + (20.63 - \bar{y}_{...})^2 + \cdots + (19.30 - \bar{y}_{...})^2 = 3.18367$$

$$s_O = 2 \times 2 \times \left[(20.173 - \bar{y}_{...})^2 + (19.620 - \bar{y}_{...})^2\right] = 0.91853$$

$$S_{p(o)} = 2 \times \left[(20.74 - 20.173)^2 + (19.55 - 20.173)^2 + \cdots + (19.205 - 19.62)^2\right]$$
$$= 2.12303$$

$$S_e = (20.85 - 20.74)^2 + (20.63 - 20.74)^2 + (19.30 - 19.55)^2 + \cdots +$$
$$(19.11 - 19.205)^2 + (19.30 - 19.205)^2$$
$$= 0.14210$$

把上述诸平方和移入方差分析表,可得表 7-14。

表 7-14 黏度数据的嵌套方差分析表

来 源	平方和 s	自由度 F	均方 Ms	F
操作者 o	$s_o = 0.91853$	1	$Ms_o = 0.91853$	$F_1 = Ms_o/Ms_{p(o)} = 1.7306$
嵌套因子 p	$s_{p(o)} = 2.12303$	4	$Ms_{p(o)} = 0.53076$	$F_2 = Ms_{p(o)}/s_e = 22.4106$
误差	$s_e = 0.14210$	6	$Ms_e = 0.02368$	
总和	$s_T = 3.18367$	11		

若取显著性水平 $\alpha = 0.05$,可查表得 $F_{0.95}(1,4) = 7.71$,故嵌套因子 p 显著。在实际中,无论因子 o 与嵌套因子 p 是否显著,都需对其方差 σ_O^2 和 σ_p^2 做出估计,因在测量系统分析中人们关注的是对测量系统的评价,而此种评价的基础在于方差 σ_O^2 和 σ_p^2 的估计。

利用上述各种均方,可对各种方差和变差做出估计,具体见表 7-15。

表 7-15 黏度数据的各种方差和变差的估计

方差的估计	标准差	变 差	百分比(%)
$\sigma_e^2 = 0.023683$	$\sigma_e = 0.153894$	$EV = 0.79255$	26.32
$\sigma_o^2 = 0.064629$	$\sigma_o = 0.254223$	$AV = 1.30925$	43.48
$\sigma_{GRR}^2 = 0.088313$	$\sigma_{GRR} = 0.297174$	$GRR = 1.53045$	50.83
$\sigma_p^2 = 0.253537$	$\sigma_p = 0.503525$	$PV = 2.59315$	86.11
$\sigma_T^2 = 0.341850$	$\sigma_T = 0.584679$	$TV = 3.01110$	100.00

从表 7-15 可以看出 %$GRR = 50.83\%$,较大,此测量系统不能接受,从 EV、AV 分别与 TV 的百分比(分别为 26.32%,43.48%)来看,也较大,所以改进此测量系统要从培训操作者和改进测量黏度的量具两个方面入手。

另外,可算得数据组数如下:

$$数据组数 = \frac{\sigma_p}{\sigma_{GRR}} \times 1.41 = 2.39$$

可见,此测量系统的分辨力也是较差的,也需要进一步改进。

7.6.4 属性数据的测量系统分析

大多数量具是能提供连续数据的测量装置,但也有一些量具只能提供属性数据,即分析数据,其类别之间是相互排斥的。譬如:
(1) 把产品分为合格品与不合格品;
(2) 把声音分为嘶嘶声、叮当声和重击声三类;
(3) 对考卷评出甲(优秀)、乙(良好)、丙(及格)、丁(不及格)四类。

属性数据的测量系统分析有很多种方法,其中较为常用的是科恩(Cohen)的 Kappa 技术。下面介绍这种技术。

【例 7-12】 某生产过程已在统计意义上受控,由于过程能力指数尚不足,常有不合格品出现,为了区分合格品与不合格品,该企业培训了数名评价人。现从一批零件中随机抽取 50 个,请评价人 A 与 B 分别对每个零件进行评定,评定结果列于表 7-16 中,现要对评价人 A 与 B 的一致性做出评定。

表 7-16 属性数据(1—合格品,0—不合格品)

零件	A	B	零件	A	B	零件	A	B	零件	A	B
1	1	1	14	0	1	27	1	1	40	1	1
2	1	1	15	1	1	28	1	1	41	1	1
3	0	0	16	1	1	29	1	1	42	0	0
4	0	0	17	1	1	30	0	0	43	1	1
5	0	0	18	1	1	31	1	1	44	1	1
6	1	1	19	1	1	32	1	1	45	1	1
7	1	1	20	1	1	33	1	1	46	1	1
8	1	1	21	0	1	34	1	0	47	1	1
9	0	0	22	1	0	35	1	1	48	0	0
10	1	1	23	1	1	36	0	0	49	1	1
11	1	1	24	1	1	37	0	0	50	0	0
12	0	0	25	0	0	38	1	1			
13	1	1	26	1	1	39	0	0			

$n_{ij}=$ 被 A 评为 i,而被 B 评为 j 的零件数,$i,j=0,1$。

据此可得如下 2×2 列联表(见表 7-17),由于行数与列数相等,故称方表。

表 7-17 两位评价人的方表

A\B	0	1	行和	频率
0	$n_{00}=14$	$n_{01}=4$	$n_{0+}=18$	$p_{0+}=\frac{18}{50}=0.36$
1	$n_{10}=2$	$n_{11}=30$	$n_{1+}=32$	$p_{1+}=\frac{32}{50}=0.64$
列和	$n_{+0}=16$	$n_{+1}=34$	$n=50$	
频率	$p_{+0}=\frac{16}{50}=0.32$	$p_{+1}=\frac{34}{50}=0.68$		1.00

上述表中对角线元素之和($n_{00}+n_{11}=14+30=44$)表示评价人 A 与 B 对零件评价一致的零件数。将此和再除以零件总数 n 所得的频率称为实际一致性比率,记为 p_0,在这个例子中:

$$p_0 = \frac{n_{00}+n_{11}}{n} = \frac{44}{50} = 0.88$$

p_0 愈大,A 与 B 的一致性程度愈离,显然有 $0 \leqslant p_0 \leqslant 1$,当 $p_0=1$ 时,A 与 B 的评价完全一致,达到最高程度。

用 p_0 来度量 A 与 B 的评价一致性尚有不足之处。倘若这两位评价人都是随机地(猜测地)将 50 个零件分为两类,其结果也会在部分零件上达到一致,不过这里的一致是偶然达到的,这种偶然达到的一致性比率称为偶然一致性比率,记为 p_e。显然 p_e 不可能为负,总有 $0 \leqslant p_e \leqslant 1$,下面来讨论如何计算 p_e。

当评价人 A 与 B 都是随机将 50 个零件分为 0 与 1 两类,并且结果与表 7-17 中的行和与列和一致,即评价人 A 随机地将 50 个零件分为 18 个 0 类与 32 个 1 类。而评价人 B 也随机地把 50 个零件分为 16 个 0 类与 34 个 1 类。表 7-17 中还列出这些分类数发生的频率。如 p_{0+} 表示评价人 A 将零件评为 0 类的概率。其他(p_{1+},p_{+0},p_{+1})也可作类似解释,这里把频率当作概率使用。

当评价人 A 与 B 随机地作评价时,此两人行动一定是独立的,互不影响。从而二人同评为 0 类的概率为 $p_{0+} \cdot p_{+0}$,二人同评为 1 类的概率为 $p_{1+} \cdot p_{+1}$,这时偶然一致性比率 p_e 为其和,即

$$p_e = p_{0+} \cdot p_{+0} + p_{1+} \cdot p_{+1}$$

用本例的数据(见表 7-17)可算得偶然一致性比率为

$$p_e = 0.36 \times 0.32 + 0.64 \times 0.68 = 0.5504$$

这个比率突显出用 p_0 来评价二人一致性程度的不足之处。若从 p_0 中扣去 p_e 得

$$p_0 - p_e = 0.88 - 0.5504 = 0.3296$$

这个差表示二位评价人组成的测量系统比偶然一致性比率要高出 0.329 6。这个差愈大表示由二位评价人组成的属性数据测量系统愈好。但这个差不可能越过 $1-p$,因为在二位评价人完全一致时,$p_0=1$,这是该测量系统最好的状态。

考虑到这些关系,科恩(Cohen)建议用如下的Kappa系数来度量由二位评价人组成的属性数据测量系统的一致性程度。

$$K = \frac{p_o - p_e}{1 - p_e}(\leqslant 1)$$

它是愈大愈好的指数,关于Kappa系数K有几点值得我们重视。

(1) Kappa系数不能度量评价人间不一致性的程度。

(2) Kappa系数不仅在二级分类数据可用,在三级或更多级分类数据场合也可用。

(3) 在二级分类数据场合,西方对Kappa系数有一个通用的经验法则,具体有以下几点:

① 如果Kappa系数$K \geqslant 0.9$,那么该测量系统是优秀的。

② 如果Kappa系数$0.7 \leqslant K \leqslant 0.9$,那么该测量系统是可以接受的。

③ 如果Kappa系数$K < 0.7$,那么该测量系统是不可接受的,还需要改进。

④ 如果Kappa系数$K < 0.4$,那么该测量系统的一致性很差,不能使用。

⑤ 如果Kappa系数$K = 0$(即$p_o = p_e$),它表示一致性是由于偶然性引起的。

用本例的数据可以算得A与B二位评价人的一致性的Kappa系数为

$$K = \frac{0.88 - 0.550\,4}{1 - 0.550\,4} = 0.733\,1$$

这表明该测量系统是可以接受的。

【例7-13】 从过程中随机抽取50个零件,请三位评价人在未知标准的和未知零件编号的情况下分别对它们进行二级(合格品与不合格品)评定,并要求每位评价人对每个零件各重复评定三次,评定结果列于表7-18中。

表7-18 属性数据表(1—合格品,0—不合格品)

零件	A-1	A-2	A-3	B-1	B-2	B-3	C-1	C-2	C-3	标准值	零件	A-1	A-2	A-3	B-1	B-2	B-3	C-1	C-2	C-3	标准值
1	1	1	1	1	1	1	1	1	1	1	12	0	0	0	0	0	0	0	0	0	0
2	1	1	1	1	1	1	1	1	1	1	13	1	1	1	1	1	1	1	1	1	1
3	0	0	0	0	0	0	0	0	0	0	14	1	0	1	1	1	1	1	0	0	1
4	0	0	0	0	0	0	0	0	0	0	15	1	1	1	1	1	1	1	1	1	1
5	0	0	0	0	0	0	0	0	0	0	16	1	1	1	1	1	1	1	1	1	1
6	1	1	0	1	1	0	1	1	0	0	17	1	1	1	1	1	1	1	1	1	1
7	1	1	1	1	1	1	1	1	1	1	18	1	1	1	1	1	1	1	1	1	1
8	1	1	1	1	1	1	1	1	1	1	19	1	1	1	1	1	1	1	1	1	1
9	0	0	0	0	0	0	0	0	0	0	20	1	1	1	1	1	1	1	1	1	1
10	1	1	1	1	1	1	1	1	1	1	21	1	0	1	0	1	0	1	0	1	1
11	1	1	1	1	1	1	1	1	1	1	22	0	0	1	0	1	0	1	0	1	0

续 表

零件	A-1	A-2	A-3	B-1	B-2	B-3	C-1	C-2	C-3	标准值	零件	A-1	A-2	A-3	B-1	B-2	B-3	C-1	C-2	C-3	标准值
23	1	1	1	1	1	1	1	1	1	1	37	0	0	0	0	0	0	0	0	0	0
24	1	1	1	1	1	1	1	1	1	1	38	1	1	1	1	1	1	1	1	1	1
25	0	0	0	0	0	0	0	0	0	0	39	0	0	0	0	0	0	0	0	0	0
26	0	1	0	0	0	0	0	1	0	0	40	1	1	1	1	1	1	1	1	1	1
27	1	1	1	1	1	1	1	1	1	1	41	1	1	1	1	1	1	1	1	1	1
28	1	1	1	1	1	1	1	1	1	1	42	0	0	0	0	0	0	0	0	0	0
29	1	1	1	1	1	1	1	1	1	1	43	1	0	1	1	1	1	1	0	1	1
30	0	0	0	0	0	0	0	0	0	0	44	1	1	1	1	1	1	1	1	1	1
31	1	1	1	1	1	1	1	1	1	1	45	0	0	0	0	0	0	0	0	0	0
32	1	1	1	1	1	1	1	1	1	1	46	1	1	1	1	1	1	1	1	1	1
33	1	1	1	1	1	1	1	1	1	1	47	1	1	1	1	1	1	1	1	1	1
34	0	0	1	0	0	0	0	0	0	0	48	1	1	1	1	1	1	1	1	1	1
35	1	1	1	1	1	1	1	1	1	1	49	1	1	1	1	1	1	1	1	1	1
36	1	1	0	1	1	1	0	1	1	1	50	0	0	0	0	0	0	0	0	0	0

我们在未知标准值与已知标准值的两种场合分别对表 7-18 中的数据进行分析。

(1) 未知标准值场合。

在未知标准值场合,对三位评价人分别两两比较,即对 A 与 B,B 与 C,A 与 C 进行一致性比较。

在对 A 与 B 的比较中,我们规定 A-1 与 B-1 比较,A-2 与 B-2 比较,A-3 与 B-3 比较,这样一来,相当于 A 与 B 进行了 150 次比较。仿以前方法对此,150 对属性数据进行整理加工,获得表 7-19。

表 7-19 A 与 B 的方表

A \ B	0	1	行和	频率
0	44	6	50	0.333 3
1	3	97	100	0.666 7
列和	47	103	150	
频率	0.313 3	0.686 7		1.00

利用表 7-19 中的数据可算得 A 与 B 的实际一致性比率 p_0、偶然一致性比率 p_e 和 Kappa 系数。

$$p_0 = \frac{44+97}{150} = \frac{141}{150} = 0.94$$

$$p_e = 0.3133 \times 0.3333 + 0.6867 \times 0.6667 = 0.5622$$

$$K = \frac{0.94 - 0.5622}{1 - 0.5622} = 0.8630$$

类似地对 B 与 C,A 与 C 的属性数据进行整理加工分别获得各自方表 7-20 和表 7-21。然后,在利用各方表中的数据算得各自的 Kappa 系数。

表 7-20 B 与 C 的方表

B \ C	0	1	n_{i+}	p_{i+}
0	42	5	47	0.3133
1	9	94	103	0.6867
n_{+j}	51	99	150	
p_{+j}	0.34	0.66		1.00

表 7-21 A 与 C 的方表

B \ C	0	1	n_{i+}	p_{i+}
0	43	7	50	0.3333
1	8	92	100	0.6667
n_{+j}	51	99	150	
p_{+j}	0.34	0.66		1.00

从上述三个 Kappa 系数可见,三位评价人中两两比较的一致性程度都较高,都达到可接受水平。

(2) 已知标准值场合。

在已知标准值场合,三位评价人分别与标准值(记为 S)进行比较。按此要求对表 7-18 上的属性数据重新进行整理加工。分别得到三张方表,它们是表 7-22、表 7-23、表 7-24。它们的 Kappa 系数列于表 7-25 中。

表 7-22 A 与 S 的方表

A \ S	0	1	n_{i+}	p_{i+}
0	45	5	50	0.3333
1	3	97	100	0.6667
n_{+j}	48	102	150	
p_{+j}	0.32	0.68		1.00

表7-23 B与S的方表

B\S	0	1	n_{i+}	p_{i+}
0	45	2	47	0.3133
1	3	100	103	0.6867
n_{+j}	48	102	150	
p_{+j}	0.32	0.68		1.00

表7-24 C与S的方表

C\S	0	1	n_{i+}	p_{i+}
0	42	9	51	0.34
1	6	93	99	0.66
n_{+j}	48	102	150	
p_{+j}	0.32	0.68		1.00

表7-25 B与C的方表

B\C	0	1	n_{i+}	p_{i+}
0	42	5	47	0.3133
1	9	94	103	0.6867
n_{+j}	51	99	150	
p_{+j}	0.34	0.66		1.00

从表7-26可见三位评价人都是可以接受的,但评价人C尚需不断改进。

表7-26 A、B、C的Kappa系数漏报比率、误报比率

评价人	p_0	p_e	K	漏报比率	误报比率
A	0.9467	0.5600	0.8789	3/150=2%	5/150=3.33%
B	0.9667	0.5672	0.9231	3/150=2%	2/150=1.33%
C	0.9000	0.5576	0.7740	6/150=4%	9/150=6%

第8章 抽样检验

8.1 检验的基本概念

在质量管理的许多阶段都要进行检验。从检验范围来看可分为全数检验和抽样检验。全数检验指对一批待检产品百分之百地进行检验。全数检验的优势在于一般比较可靠,同时能提供较完整的检验数据,获得较全面的质量信息。全数检验的劣势在于:检验的工作量大;检验的周期长;检验的成本高;要求检验人员和设备较多;不可避免的漏检和错检;全检不适用于破坏性检验项目。全数检验的适用范围有:精度要求较高的产品或零部件;对下道或后续工序影响较大的关键部位;手工操作比重大、质量不够稳定的工序;某些小批量,且质量无可靠保证的产品(包括零部件)和工序;采用挑选型抽样方案时,对于不合格的交验的一批,产品要进行百分之百的重检和筛选。

抽样检验是根据数理统计的原理预先制定的抽样方案,随机地从一批或一个过程中抽取部分个体或材料进行的检验。从交验的一批产品中,随机抽取部分样品进行检验,根据样品的检验结果,按照规定的判断准则,判定整批产品是否合格,并决定是接收还是拒收该批产品,或采取其他处理方式。因为有些受检样品是破坏性的样品。抽样检验较之于全数检验,明显节约了检验工作量和检验费用,缩短了检验周期,减少了检验人员和设备。抽样检验适用于:生产批量大、自动化程度高、质量比较稳定的产品或工序;进行破坏性检验的产品或工序;外协件、外购件成批进货的验收检验;某些生产效率高、检验时间长的产品或工序;检验成本较高的产品或工序;漏检少量不合格品不会引起重大损失的产品或工序。

验收抽样检查具体做法是:从交验的每批产品中随机地抽取预定样本容量的产品数目,如果样本中所含不合格品数不大于抽样方案预先规定数,则判定该产品合格,即合格批,予以接收;反之,则判定该批产品不合格,予以拒收。理论和事实证明,在大量类似产品需要检验的场合,抽样检查很可能会比全样检查进行得更好。现代抽样验收理论的一个优点是,它能比全样检查更能有效地督促人们改进质量。

8.1.1 抽样检验的相关概念

在本章的开始曾对所研究的对象的全体和样本做了一些必要的介绍,在本节中,为了更有效地说明抽样检验的理论和应用,还要对一些常用名词做一些说明。

(1)单位产品:为实施抽样检验而划分的单位体。

(2) 检验批:一致条件下生产的产品个体总和叫"批"。检验批是提供检验的一批产品。检验批中所包含的单位产品数量称为批量(也可称为全体)。检验批用 N 记作某一给定批的件数。样本是由一个或多个单位产品构成的,用 n 记作某一样本的件数。

(3) 缺陷:质量特性未满足预期的使用要求,即构成缺陷。

(4) 批量:检验批中单位产品的数量。常用 N 表示。相关指标包括批不合格率、批不合格品百分数、批每百单位产品不合格数等。

(5) 不合格:单位产品的任何一项质量特性未满足规定要求。A 类不合格、B 类不合格、C 类不合格。

(6) 不合格品:具有一项或一项以上质量特性不合格的单位产品。A 类不合格品,包含一个或一个以上 A 类不合格(也可能还包含 B 类和 C 类不合格)的单位产品。B 类不合格品,包含一个或一个以上 B 类不合格(也可能还包含 C 类不合格,但不包含 A 类不合格)的单位产品。C 类不合格品,包含一个或一个以上 C 类不合格(但不包含 A 类和 B 类不合格)的单位产品。

(7) 合格品:没有任何不合格的单位产品。

(8) 抽样方案:它规定了每批应检验的单位产品数(样本量或系列样本量)和有关批接收准则(包括接收数、拒收数、接受常数和判断准则等)的组合。

(9) 合格判定数 A_c:在抽样方案中,预先规定的判定批产品合格的那个样本中最大允许不合格数,记作 A_c 或 c。

(10) 不合格判定数 R_e:抽样方案中预先规定判定批产品不合格的样本中最小不合格数。

(11) 产品批质量的表示方法:

① 批不合格品率 p。

$$p = \frac{D}{N} \times 100\%$$

式中 D——批中不合格品数;
N——批量。

② 批每百单位产品不合格数 Q。

$$Q = 100 \times \frac{C}{N}$$

式中 C——批中不合格数。

③ 过程平均不合格率,指数批产品首次检查得到的平均不合格率。例如,有 k 批产品,其批量分别是 $N_1, N_2, \cdots, N_n$,经检验,其不合格品数分别是 $M_1, M_1, \cdots, M_k$,则过程平均不合格率 $\bar{p}$ 为

$$\bar{p} = \frac{D_1 + D_2 + \cdots + D_K}{N_1 + N_2 + \cdots + N_K} \times 100\% \quad (k \geqslant 20)$$

可见,要得到 p 的真值必须要等全部产品加工出来后再进行全检,显然这是不现实的。所以,要用估计值来替代,即从上述各批产品中依次抽取 $n_1, n_2, \cdots, n_k$ 个样本,经检验发现样本中的不合格品数相应为 $m_1, m_1, \cdots, m_k$ 个,则利用样本估计的过程平均不合格率 $\bar{p}$ 为

$$\bar{p} = \frac{d_1 + d_2 + \cdots + d_k}{n_1 + n_2 + \cdots + n_k} \times 100\%$$

【例8-1】 某车间从生产线上随机抽取1 000个零件进行检验,发现5个产品有A类不合格;4个产品有B类不合格;2个产品既有A类不合格又有B类不合格;3个产品既有B类不合格又有C类不合格;5个产品有C类不合格,则该批产品中各类不合格数和不合格品数如下:

不合格数:
A类不合格:7
B类不合格:9
C类不合格:8
合计=24

不合格品数:
A类不合格品:7
B类不合格品:7
C类不合格品:5
合计=19

【例8-2】 一批零件批量为$N=10\,000$件,已知其中包含的不合格数为$D=20$件。
则:批不合格品率$p=D/N=20/10\,000=0.002=0.2\%$

【例8-3】 检验一批产品,批量$N=2\,000$,其中10件每件有2处不合格,5件各有1处不合格。
则:每百单位产品不合格数$=(10\times2+5)/2\,000\times100=1.25$

8.1.2 抽样方案的种类

8.1.2.1 一次抽样方案

一次抽样方案是最简单的计数验收抽样方案。通常用(N,n,C)表示。即从批量N中随机抽取n件检查并预先规定一个合格判定数C,如果发现n中有d件不合格品,当$d\leqslant C$时则判定该批产品合格,予以接收;当$d>C$时,则判定该批产品不合格,予以拒收。如图8-1所示。例如,当$N=1\,000,n=100,C=3$,则这个一次抽样方案表示为$(1\,000,100,3)$。其含义是从1 000件中抽取100件,如果这100件中有不合格品为0,1,2或3,则判该批产品合格,予以接收;有4件以上不合格品,则判该批产品不合格,予以拒收。抽样方案记为(N,n,Ac,Re)简记为(n,c)。

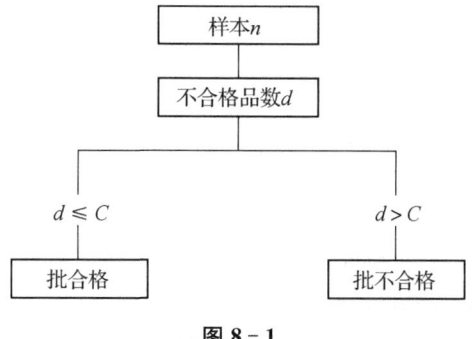

图8-1

【例8-4】 $N=100,n=10,C=1$,抽样方案表示为$(100,10,1)$,如图8-2所示。

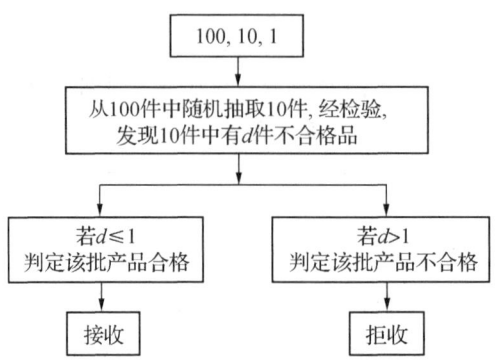

图 8-2　(100,10,1)的单次抽样检验程序

8.1.2.2　二次抽样方案

二次抽样方案包括 5 个参数,即 $(N, n_1, n_2, C_1, C_2)(C_1 < C_2)$。

n_1——抽取第一样本的大小；

n_2——抽取第二样本的大小；

C_1——抽取第一样本时的合格判定数；

C_2——抽取第二样本时的不合格判定数。

【例 8-5】　当 $N=1\,000, n_1=36, n_2=59, C_1=0, C_2=3$,则二次抽取方案为 $(1\,000, 36, 59, 0, 3)$,抽取样本判别程序如图 8-3 所示。

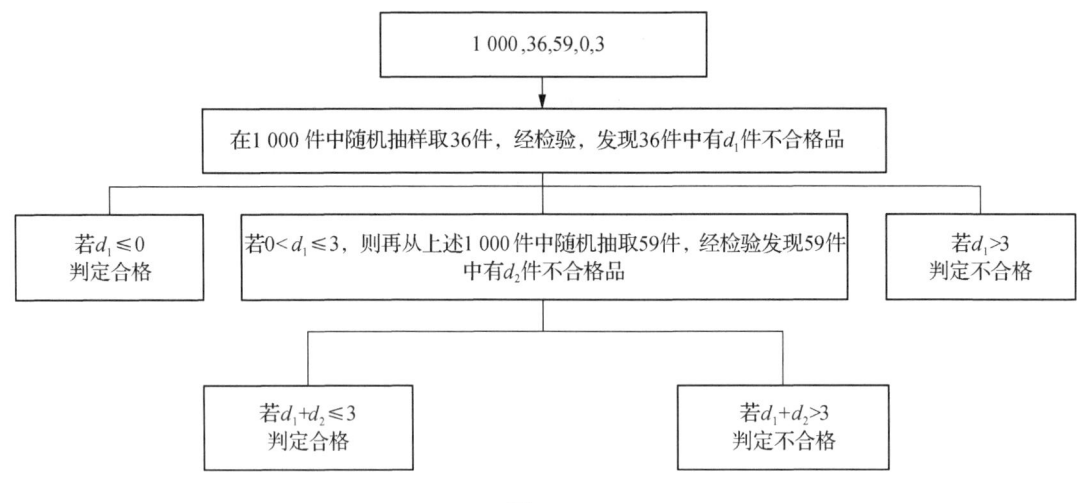

图 8-3

在进行抽样检查时,必须掌握以下几点：

(1) 抽样检查是对批量进行合格与否的判定,而不是注意检查批量中的每个产品。所以,如果产品不是作为批量处理时,就不应采用抽样检查。

(2) 通过抽样检查后,即使是合格的批量,其中也应允许有某种程度的不合格品存在。

(3) 抽样检查是以随机抽取试样为基本条件的,所以,如果不能满足这种条件就不适用。因此，必须采取能随机取样的具体的措施。

8.1.3 接收概率的计算

根据规定的抽样方案，把具有给定质量水平的交检批判为接收的概率称为接收概率。根据给定的抽样方案，把具有给定质量水平的检验批判为拒收的概率。

接收概率 Pa 是用给定的抽样方案验收某交检批，结果为接收的概率。计算方法：

8.1.3.1 超几何分布计算公式

当采用抽查方案 (N,n,C) 时，只要样本中不合格品的个数 d 不超过 C，则认为此批产品是合格的。所以，当一批产品的不合格品率为 p 时，接收概率的计算公式如下：

$$Pa = \sum_{d=0}^{c} \frac{C_{pN}^{d} C_{N-pN}^{n-d}}{C_{N}^{n}}$$

【例 8-6】 今对批量为 50 的外购产品批作抽样验收，其中包含 3 个不合格品，求采用抽样方案为 $(5,1)$ 时的接收概率 Pa 是多少？

$$Pa = \sum_{d=0}^{1} \frac{C_{50-3}^{5-d} C_{3}^{d}}{C_{50}^{5}} = \frac{C_{47}^{5} C_{3}^{0}}{C_{50}^{5}} + \frac{C_{47}^{4} C_{3}^{1}}{C_{50}^{5}} = 0.977$$

8.1.3.2 二项分布计算公式

有放回抽样，X 服从二项分布。当批量很大时，把不返回抽样看作返回抽样，可以重复试验，并且每次独立。当 N 很大时，一般 $(N/n)>10$，阶乘计算很麻烦，如 $N=500, n=50$，利用超几何分布很难计算，所以提出二项式分布，$L(p)$ 可用二项分布求近似值。

$$Pa = \sum_{d=0}^{c} C_{n}^{d} p^{d} (1-p)^{n-d}$$

【例 8-7】 已知 $N=3\,000$ 的一批产品提交作外观检验，若用 $(20,1)$ 的抽样方案，当 $p=0.01$，求接收概率。

$$\begin{aligned} Pa &= \sum_{d=0}^{1} C_{n}^{d} p^{d} (1-p)^{n-d} \\ &= C_{20}^{0} (0.01)^{0} (0.99)^{20} + C_{20}^{1} (0.01)^{1} (0.99)^{19} \\ &= 0.983\,1 \end{aligned}$$

8.1.3.3 泊松分布计算公式

当 $(N/n)>10$，且 $p<10\%$ 时，$L(p)$ 可用泊松分布计算其近似值。一般情况，二项分布比泊松分布计算要精确一些。

$$Pa = \sum_{d=0}^{c} \frac{np^{d}}{d!} e^{-nd}$$

【例 8-8】 $N=1\,000,(n=80, Ac=1), p=1\%$，求接收概率。

$$L(P) = \frac{(80 \times 0.01)^0}{0!} e^{-80 \times 0.01} + \frac{(80 \times 0.01)^1}{1!} e^{-80 \times 0.01}$$
$$= 0.808\,8$$

【例 8-9】 有一批轴承用的钢球有 10 万个,需要进行外观检验。求如果采用 $(100,15)$ 的抽检方案,当 $p=0.1$ 时的批接收概率 Pa。

$$Pa = \sum_{d=0}^{15} \frac{(np)^d}{d!} e^{-np}$$
$$= \frac{(10)^0}{0!} e^{-10} + \frac{(10)^1}{1!} e^{-10} + \cdots + \frac{(10)^{15}}{15!} e^{-10} = 0.951$$

8.1.4 抽样检验的 OC 曲线

在实际抽样检查中,我们常常关心的是:假如交验批产品的不合格率为 p,那么批产品有多大的可能被判为合格批而予以接收。或者说被接收的概率有多大? 通常把接收概率记为 $L(p)$,根据概率统计原理可以计算 $L(p)$ 的值 $[0 \leqslant L(p) \leqslant 1]$。

8.1.4.1 理想检查方案

如果我们规定,当批的不合格品率 p 不超过 p_0 时,这批产品是合格的。那么,一个理想的抽检方案应当满足:当 $p \leqslant p_0$ 时,接收概率等于 1;当 $p > p_0$ 时,接收概率等于 0。如图 8-4 所示。在图中的两段直线,完全反映出一个理想的抽检方案的特性。然而,由于抽样检验中存在着两种错误。这样的理想抽检方案实际上是不存在的。形成这种形状的曲线,在全数检查中是可能的,但在抽样检查中,由于抽样的误差,难免会使某种程度的坏批量成为合格品,或使好批量成为不合格品。

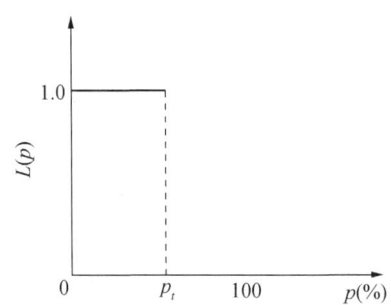

图 8-4 理想抽检方案的 OC 曲线

另外,当 n 抽取的不合理,也会出现对生产方和使用方不利的现象。例如,一批产品 $N=20$,采用抽查方案 (N,n,c),设 $n=1, C=0$,即 $(20,1,0)$。这批 20 个产品中随机抽取 1 个产品进行检验,如果它是合格品,则判断这批合格,予以接收;如果它是不合格品,则判断这批产品不合格,予以拒收。这样可以得到如表 8-1 的结果。

表 8-1

批中不合格品个数	不合格率品/%	接收概率	批中不合格品个数	不合格率品/%	接收概率	批中不合格品个数	不合格率品/%	接收概率
0	0	1.00	7	35	0.65	14	70	0.30
1	5	0.95	8	40	0.60	15	75	0.25
2	10	0.90	9	45	0.55	16	80	0.20
3	15	0.85	10	50	0.50	17	85	0.15
4	20	0.80	11	55	0.45	18	90	0.10
5	25	0.75	12	60	0.40	19	95	0.05
6	30	0.70	13	65	0.35	20	100	0.00

如果我们认为当 p 时产品是合格的,可见,当 $p \leqslant (1/20)$ 时接收概率不低于 0.95;但是,当 $p=(10/20)$ 时,接收概率仍为 0.50。这也就是说,当这批产品的质量已经坏到含有一半的不合格品时,两批中仍有一批可以接收。可见,这种抽检方案对批质量的判断能力及对用户的质量保证都是很差的。其抽检特性曲线如图 8-5 所示,这是个很不理想的抽检特性曲线。

因此,好的方案可根据以下几个条件进行判断:

当 $p \leqslant p_0$ 时,这批产品质量较好,以高概率判合格,予以接收;

当 $p \geqslant p_1$ 时,当产品质量较差时,接收概率迅速减小,则以高概率判断这批产品不合格,予以拒收;

当 $p_0 < p < p_1$ 时,接收概率迅速减小。

8.1.4.2 确定好的抽查方案

在实际中,我们应该根据抽查检验理论来设计参数 C。如 $C=0$ 看起来是很可靠和合理的,因为 $C=0$ 意味着样本 n 中的不合格数为 0,这是一个完全错误的概念。OC 曲线可以看出,不论哪种抽样方案,批不合格品率 $p=2.2\%$ 时的接收概率基本上在 0.10 左右。但对 $C=0$ 的方案来说,p 只要比 0% 稍大一些,$L(p)$ 就迅速减小,这意味着"优质批"被判为不合格的概率快速增大,这对生产方是很不利的。对比之下,$C=1$,$C=2$ 时"优质批"被判为合格的概率相对增加。可见,在实际操作中,如能增大 n,则采用增大 n 的同时也增大 $C(C \neq 0)$ 的抽样方案,比单纯采用 $C=0$ 的抽样方案更能在保证批质量的同时保护生产方。

从图 8-6 可以发现,当 p 较小时,$L(p)$ 下降的十分快,显然,这会在 p_i 很小一段内拒收大量优质批量。从图中的几何意义来讲,就是没有一个从 0 到 p_0 较平的 $L(p)$ 值较高的缓冲曲线。这对生产方和用户都是不利的。因此,$C=0$ 抽查方案并不理想。事实上,OC 曲线中,n 和 C 都大一些的抽查方案比较合理。

通过 OC 曲线能了解抽样检查的性质。即 p_0 和 p_1 之间的曲线越接近于垂直,其他曲线越近似于水平,就越能接近于理想曲线。调整参数 n 和 C 可以改变 OC 曲线,但 n 增大时,就接近全数检查,所以,在决定这数值时,应在经济上进行权衡。

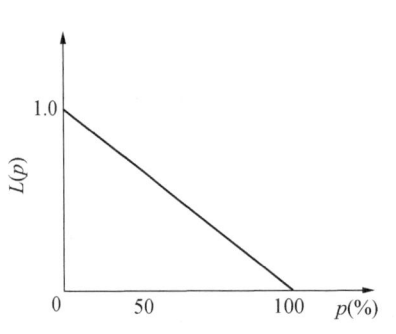
图 8-5 不理想抽检方案的 OC 曲线

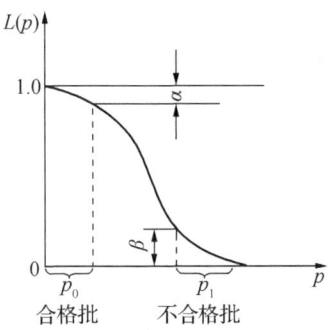
图 8-6 实际方案的 OC 曲线

8.1.4.3 抽查特性函数(OC 曲线)的计算

$L(p)$ 称为抽查方案 (N,n,C) 的抽查特性函数。为了决定 $L(p)$ 的形式,首先计算"在样本中不合格品个数 $x=d$"这个事件出现的概率,记作 $P\{x=d\}$。由于批量为 N,不合格品率为 p,此批产品中不合格品的总数应为 $N \cdot p$ 个,则"在样本中不合格品个数 $x=d$"这个事件出现的概率为超几何分布,即

$$P=\{x=d\}=\frac{C_{pN}^d + C_{N-pN}^{n-d}}{C_N^n}$$

式中,C_{pN}^d 表示从批的不合格品数 pN 中抽出 d 个不合格品的所有组合数;C_{N-pN}^{n-d} 表示从批的合格品数 $(N-pN)$ 中抽出 $(n-d)$ 个合格品的所有组合数;C_N^n 表示从批为 N 中抽取 n 个产品的所有组合数。

从前面的计算中可以注意到抽样方案的接收概率 Pa 依赖于批质量水平 p,当 p 变化时 Pa 是 p 的函数,通常也记为 $L(p)$。$L(p)$ 随批质量 p 变化的曲线称为抽检特性曲线或 OC 曲线,OC 曲线表述了一个抽样方案对一个产品的批质量的辨别能力。所谓抽样检查 OC(Operating Characteristic)曲线是表示具有某种质量特性的批量与在该质量特性中的合格批量的概率之间的关系,一旦决定了抽样方案就可以按照这种方式描绘 OC 曲线。

设有一批产品批量为 N,样本大小为 n,假定这批产品的不合格品率为 p。我们采用抽查方案 (N,n,C) 来检验这批产品时,当 $p=0$ 时,肯定是接收的;而当 $p=1(100\%)$ 时,肯定是拒收。但是当 $0<p<1$ 时,可能接收,也可能拒收。p 越接近于零,接收的可能性越大;p 越接近 1 时,拒收的可能性越大。所以,研究在 0 到 1 范围内的接收概率就非常重要。接收一批产品的可能性的大小用接收概率 $L(p)$ 表示。只要抽检方案确定了,接收概率 $L(p)$ 只取决于不合格品率 p。

【例 8-10】 设有一批产品,$N=1\,000$,今用 $(30,3)$ 抽样方案对它进行检验,试画出此抽样方案的 OC 曲线。接收概率 $(N=1\,000, n=30, Ac=3)$。

表 8-2

	5	10	15	20
0	0.210	0.040	0.007	0.001
1	0.342	0.139	0.039	0.009

续表

	5	10	15	20
2	0.263	0.229	0.102	0.032
3	0.128	0.240	0.171	0.077
$L(p)$	0.943	0.648	0.319	0.119

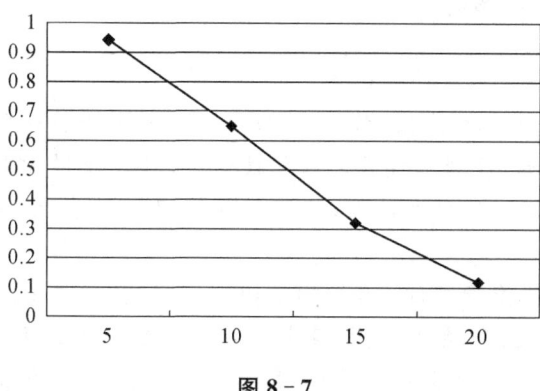

图 8-7

8.1.5 抽样方案的两类风险

什么是抽样方案的风险？对生产方而言，本来合格的产品批通过抽样检验判定为不合格；对使用方而言，对于不合格的产品批，误以为合格品而被接收。在抽样检验中，通过 OC 曲线可以评价抽样方案的判别能力，但一个抽样方案影响到生产方和使用方的利益。

8.1.5.1 生产方风险

由于样本的随机性，同时它仅是批的一部分，通常还是很少的一部分，所以有可能做出错误的判断。本来质量好的批，有可能被判为不接收；本来质量差的批，又有可能被判为接收。

生产方风险是指生产方所承担的批质量合格而不被接收的风险，又称第一类错误的概率，一般用 α 表示。

【例 8-11】 有一批产品，批量 $N=1\,000$，批中不合格品数 $D=1$，即批不合格品率为千分之一，生产方和使用方对这批产品的质量是满意的。假定采用一个很简单的抽样方案，即只抽一个单位产品进行检验，如果它是合格品就接收该批；如果它是不合格品就不接收该批。在抽样检验时就有可能出现两种情况：

第一种情况，$n=1,d=0$，接收该批产品；

第二种情况，$n=1,d=1$，不接收该批产品。

第一种情况抽到的是合格品，根据检验方案接收该批产品，这种结果符合生产方和使用方的要求；

第二种情况若恰好抽到批中唯一的不合格品，检验结果就是不接收该产品。这对生产方是完全不利的。采用抽样检验，生产方就会有这样的风险，在本例中生产方不接收本来合格的批的风险为千分之一。

8.1.5.2 使用方风险

使用方风险是指使用方所承担的接收质量不合格批的风险,又称第二类错误的概率,一般用 β 来表示。

【例 8-12】 有一批产品,批量 $N=1\,000$,批中不合格品数 $D=500$,即批不合格品率为 50%,这批产品当然是不合格的。

$$\beta = \frac{1}{C_{1\,000}^{500}} \approx 3.7 \times 10^{-300}$$

假定采用一个保险的抽样方案:抽 $n=500$ 个单位产品进行检验,如果样本中没有一个不合格品,则接收该批;否则不接收。但即使这样,按此抽样方案,仍有可能因恰巧抽到批中全部 500 个合格品而判为接收,这种极端情况一旦发生,当然损害了使用方的利益。

由上可得,任何抽样检验都有 α 和 β 两类错误,制定抽样方案时要兼顾双方的利益。以图 8-8 为例,高质量的产品批,批质量为 0.005 的接收概率为 0.973 9,犯错概率为 0.026 1(=1−0.973 9),这是第一类错误,即生产方风险。低质量的产品批,批质量为 0.1 的接收概率为 0.033 7,犯错概率为 0.033 7,这是第二类错误,即使用方风险。

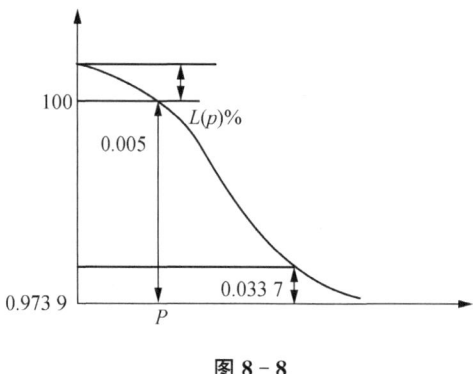

图 8-8

8.1.6 平均检验总数与平均检出质量

8.1.6.1 平均检验总数(ATI)

平均检验总数 ATI 是平均每批的总检验数目,包括样本量和不接收批的全检量,这个指标衡量了检验的经济性。

使用抽样方案 (n, Ac) 抽检不合格品率为 p 的产品,当批的接收概率为 $L(p)$ 时,对于接收批,检验量即为样本量 n;对于不接收批,实际检验量为 N,因此该方案的平均检验总数 ATI 为

$$ATI(p) = nL(p) + N[1-L(p)] = n + (N-n)[1-L(p)]$$

$$Ac = 2; N = 1\,000; n = 30$$

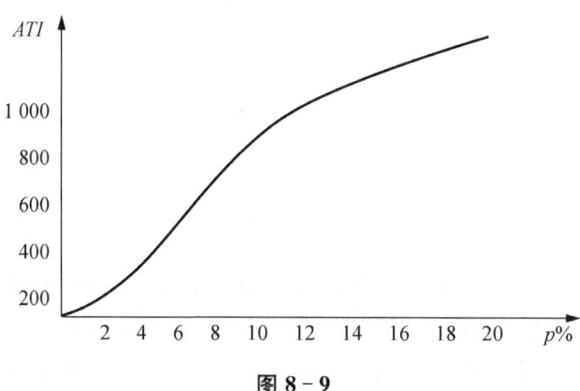

图 8-9

接收概率为 $L(p)$，随着 p 的不同而不同；而 ATI 与 $L(p)$、n，$L(p)$ 又与 n 和 Ac 有关，因此 ATI 与 p、n、Ac 有关，实际上与抽样方案有关，因为 p 和 N 是事先给定的。

8.1.6.2 平均检出质量(AOQ)

平均检出质量是指检验后的批平均质量，记为 AOQ。

$$AOQ = \frac{kL(p) \times (N-n)p}{kN}$$

当使用抽样方案 (n, Ac) 抽检不合格品率为 p 的产品时，若检验的总批数为 k，由于不接收批中的所有产品经过全检不存在不合格品，而在平均 $kL(p)$ 接收批中，有 $(N-n)p$ 个不合格品。当 n 相对于 N 很小时，$N-n \approx N$，从而 $AOQ \approx pL(p)$

【例 8-13】 用 (10,0) 的抽样方案对 $N=1\,000$ 的多批产品进行抽样检验，求其平均检出质量 AOQ。利用泊松分布似近计算，结果列于表 8-3。

表 8-3

$100p(\%)$	$L(p)$	$AOQ \approx pL(p)$	$100p(\%)$	$L(p)$	$AOQ \approx pL(p)$
0	1.000	0×1=0	30	0.050	0.30×0.05=0.015 0
5	0.610	0.05×0.61=0.030 5	35	0.030	0.35×0.03=0.010 5
10	0.370	0.10×0.37=0.037 0	40	0.020	0.40×0.02=0.008 0
15	0.230	0.15×0.23=0.034 5	45	0.012	0.45×0.012=0.005 4
20	0.140	0.20×0.14=0.028 0	50	0.007	0.05×0.007=0.003 5
25	0.080	0.25×0.08=0.020 0			

如以 p 为横坐标，AOQ 为纵坐标，将计算结果画成曲线，如图 8-10 所示。这条曲线称为平均检出质量特性曲线，它表明平均出厂不合格率与抽检前不合格品率之间的关系。

$$AC=0; AOQL=3.7\%; n=10$$

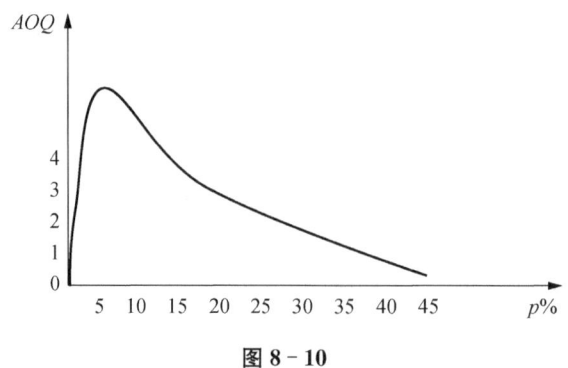

图 8-10

从图 8-10 可以看出,当 p 由 0 逐渐增大时,AOQ 也逐渐增大,在 $p=10\%$ 处 AOQ 达到极大值。然后由于不接收批增加,用合格品代替不合格品的影响显著起来 AOQ 的数值又逐渐减小。这说明,在抽样方案 (n, Ac) 已定的情况下,不管产品的不合格品率 p 是多少,平均漏过去的不合格品率总不会超过某个特定值。这个值就是 AOQ 曲线的最大值,称为平均检出质量上限,简称 $AOQL$。平均检出质量是衡量抽样方案质量保证能力的一个指标,平均检出质量 AOQ 衡量的就是检验合格入库的所有产品的不合格品率大小。

8.2 计数型抽样检验

8.2.1 计数标准型抽样检验

8.2.1.1 计数标准型抽样检验相关概念

计数标准型抽样检验是同时规定对生产方的质量要求和对使用方质量保护的抽样检验,就是严格控制生产方与使用方的风险,按供需双方共同制定的 OC 曲线所进行的抽样检验。它同时规定对生产方的质量要求和对使用方的质量保护。

如图 8-11 所示,$L(p_1)=\beta$(通常 0.1),$1-L(p_0)=\alpha$(通常 0.05)。当 p_1/p_0 过小时,会增加检验产品的数量,生产方不愿意;当 p_1/p_0 过大时,使用方不愿意。

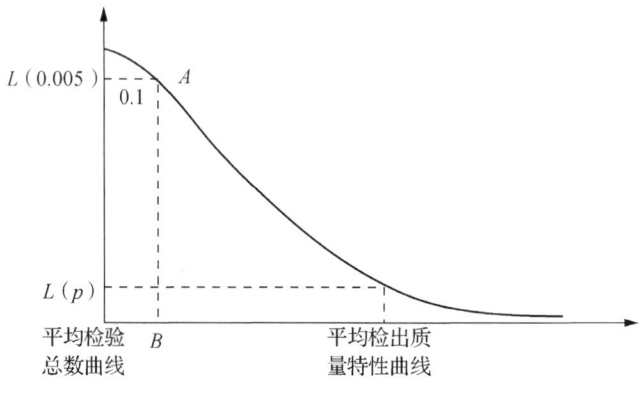

图 8-11

A——生产方风险点,B——使用方风险点,p_0——生产方风险质量,p_1——使用方风险质量,α——生产方风险,β——使用方风险。

8.2.1.2 计数标准型抽样表的构成和检验过程

GB/T 13262—2008 为不合格品百分数的计数标准型一次抽样检验程序及抽样表。给定 p_0 和 p_1,即可求出样本量 n 和接收数 Ac。

(1) p_0 栏按从 0.009 1%～0.100% 至 10.1%～11.2%;p_1 栏按从 0.71%～0.80% 至 31.6%～35.5%。

(2) 样本量 n 取 5,6,…,1 820,2 055 不同类型。

抽样程序,如图 8-12 所示。

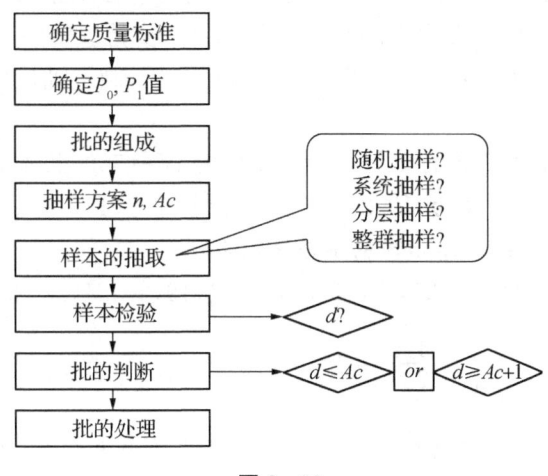

图 8-12

8.2.2 计数调整型抽样检验

计数调整型抽样检验是指根据已检验过的批质量信息,随时按一套规则"调整"检验的严格程度的抽样检验过程。

计数调整型抽样检验特点:采用一组方案,进行动态转换;有利于刺激生产方提高产品质量;适用于连续多批的产品检验。

国际标准委员会 ISO 在 1974 颁布 ISO 2859,我国 1981 颁布 GB/T 2828.1《逐批检查计数抽样程序及抽样表》。ISO 在 1999 颁布 ISO 2859—1,我国在 1981 颁布 GB/T 2828.1—2003。GB/T 2828.1—2003 适用于连续批,并提出了接收质量限(AQL)的要求。

接收质量限(AQL)是当一个连续批被提交验收抽样时,可允许的最差过程平均质量水平。反映的是使用方对生产过程质量稳定性的要求,即要求在连续生产稳定的基础上的过程不合格品率的最大值。

需要注意的是,仅当抽样计划具有如在 GB/T 2828 的本部分中使用的转移规则和暂停规则时使用此术语。尽管具有质量与接收质量限同样差的批也可能以较高的概率被接收,但所指定的接收质量限并不表示接收质量限就是所希望的质量水平。GB/T 2828 的本部分中的抽样计划及其转移规则和暂停抽样检验规则是为鼓励供方具有比 AQL 一贯地好的过程平均而设计的。如果过程平均不比 AQL 一贯地好,就会有转移到加严检验,使接收准则变得更加苛刻的风险。一旦进行加严检验,必须采取改进行动对过程进行改进,不然可能导致暂停抽样检验。

GB/T 2828.1 的使用程序有:第一步,进行质量标准和不合格分类的确定;第二步是抽样方案检索要素的确定,包括过程平均的估计、接收质量 AQL 的确定、批量、检验水平(IL)的选择、检验严格程度的规定、抽样方案类型的选取、检验批的组成;第三步是抽检方案的检索,分别是一次抽样方案的检索和二次抽样方案的检索;第四步进行样本抽取;第五步进行抽样方案及对批的可接收性的确定;第六步是进行转移,包括从正常检验转到加严检验、从加严检验转到正常检验、从正常检验转到放宽检验、从放宽检验转到正常检验、暂停检验;第七步做好交验批的处理;第八步对进一步的信息进行分析,制定抽检特性曲线,以及确认平均样本量(ASN)。

【例 8-14】 对某产品进行连续验收,当批量 $N=500$,检验水平为一般水平 III,$AQL=100\%$ 时,一次正常方案为 $(13,21)$,一次严加方案为 $(13,18)$。若该企业使用一次正常方案连续验收 20 批产品,样本出现的不合格数为

20,21,22,23,20,19,21,20,23,22,20,21,19,20,21,22,23,21,20,21

过程平均水平 $\bar{p} = \dfrac{\sum d}{\sum n} = \dfrac{419}{260} = 161.15\%$

该企业的过程质量很有可能不符合要求,即过程平均水平大于 $AQL=100\%$。

8.2.3 孤立批次计数抽样检验

孤立批次计数抽样检验对应的国家标准为 GB/T 2828.2,其特点包括针对孤立批以及对孤立批的检验,以极限质量 LQ 为质量指标,并根据产品的来源不同将检验分成两种模式。在使用过程中需注意,要规定单位产品所需检验的质量特性,并规定不合格的分类,同时根据产品批的来源选择合适的抽样模式,GB/T 2828.2 有两种抽样模式,即模式 A 和 B,最后要根据检索方案所需要的要素,检索抽样方案。

【例 8-15】 某企业从连续生产的企业采购一批产品,批量 $N=9\,000$,若规定 $LQ=2.00\%$,检验水平为 II,求适用的一次抽样方案。查表可得抽样方案为 $(200,1)$,与 $LQ=2.00\%$ 对应的接收概率 Pa 为多少?

$$Pa = \sum_{d=0}^{Ac} C_n^d p^d (1-p)^{n-d}$$
$$= C_{200}^0 0.02^0 (1-0.02)^{200-0} + C_{200}^1 0.02^1 (1-0.02)^{200-1}$$
$$= 0.017\,588 + 0.071\,788 = 0.089\,375$$

$$Pa = 0.95 \rightarrow LQ = 0.001\,78 = 0.178\%$$

8.3 计量型抽样检验

采用计量抽样方案需要事先知道质量特性值的分布,并需要获知较多的工序情报,因此它适用于产品质量特性以计量值表示服从或近似服从正态分布的批检查。

按产品规格是否具有上、下规格界限进行分类,可将方案分为"单侧"与"双侧"两种。按总体标准差是否已知进行分类,可将方案分为 σ 已知与未知两种。按抽查类型进行分类,可分为一二次与多次抽查方案。

我们假定质量特性指标 X 服从正态 X 分布 $N(\mu,\sigma^2)$,由于 μ 通常是未知的,因而需要从该产品中抽取 n 个产品测定其特性值,然后用样本均值 $\overline{X}$ 进行估计。对不同的质量要求有不同的接收判别规则。

(1) 对下规格限的情况。由于要求指标值越大越好,因此可以定一个 k_L,当 $\overline{X} \geqslant k_L$ 时接收该产品,否则就拒收该产品。这时计量一次抽样方案可以用 (n, k_L) 表示。

(2) 对上规格限的情况。由于要求指标值越小越好,因此可以定一个 k_U,当 $\overline{X} \leqslant k_U$ 时接收该产品,否则就拒收该产品。这时计量一次抽样方案可以用 (n, k_U) 表示。

(3) 对双侧规格限的情况。由于指标不能太大也不能太小,因此可以确定 k_L 与 k_U,当 $\overline{X} \leqslant k_L$ 或 $\overline{X} \geqslant k_U$ 时,拒收该产品,否则就接收该产品。这时计量一次抽样方案可以用 (n, k_L, k_U) 表示。

第9章

正交试验设计

9.1 正交试验设计基本思路

在试验研究中,对于单因素或两因素试验,因其因素少,试验的设计、实施与分析都比较简单。但在实际工作中,常常需要同时考察3个或3个以上的试验因素,若进行全面试验,则试验的规模将很大,往往因试验条件的限制而难以实施。

正交设计就是安排多因素试验、寻求最优水平组合的一种高效率试验设计方法。正交试验属于试验设计方法的一种。简单地讲,试验设计是研究如何科学安排试验,以较少的人力物力消耗而取得较多较全面的信息。试验安排得好,事半功倍;反之则事倍功半,甚至达不到预期目的。因此,如何进行试验设计是一个至关重要的问题。正交试验设计是试验优化的常用技术。所谓试验优化,是指在最优化思想的指导下,进行最优设计的一种优化方法。它从不同的优良性出发,合理设计试验方案,有效控制试验干扰,科学处理试验数据,全面进行优化分析,直接实现优化目标,已成为现代优化技术的一个重要方面。

9.1.1 正交试验法和正交表

9.1.1.1 正交试验法的概念

在六西格玛管理中,通常有五个步骤。在界定阶段我们已经明确了需要改进的项目,确定了项目的指标 y,列出了对 y 可能有影响的多个因素(自变量)$x_1, x_2, \cdots, x_n$ 等,在测量阶段明确了如何测量这些变量,并收集了一定量的数据,在分析阶段已经对这些数据做了一定的考察,发现了一些对 y 有重要影响的少量因素。接下来便是改进阶段,需要对前面找出的少量因素进一步做出决策,它们是否对 y 有影响,如果有的话,这些自变量取什么值可以使指标 y 达到要求,进而达到改进的目的。在这一阶段主要可以用试验设计的方法,设计一批试验,进行试验,收集数据,通过对数据的分析来完成。试验设计的方法有很多,常用的是正交试验设计与响应曲面方法(也称回归设计),数据分析的方法分别是方差分析法与回归分析法。

正交试验法,也称为正交试验设计法,就是一种多快好省地安排和分析多因素试验的方法,是一种合理安排、科学分析多因素试验的有效的数学方法。它是应用正交性原理,从大量的试验中挑选适量的具有代表性、典型性的试验点。正交试验法在实践经验与理论知识的基础上,借助一种规格化的"正交表",从众多的试验条件中确定若干代表性较强的试验条件,科学地安排实验,然后再对试验结果进行综合比较、统计分析,探求各因素水平的最佳组合,从而求得最优或较优试验方案的一种数学方法。

正交试验法在使用中有以下几处优点:

第一,安排合理,经济高效。对于多因素试验,若为全面考察因素与指标间的关系,从而采用排列组合法时,则对 4 个因素、3 个水平需做 $3^4=81$ 次试验。而采用正交表 $L_9(3^4)$ 仅需做 9 次试验,大大减少了试验次数。

第二,分清主次,找出关键。通过正交试验,能从众多的影响因素中分清主次,找出影响试验结果的关键因素。

第三,简单易懂,便于推广。在日本,有"不懂正交试验只能算是半个工程师"的说法。可以看出正交试验法已被普及,被广泛运用到工程质量管理的各个领域。

第四,掌握规律,有效控制。正交试验有助于搞清因素与指标间的因果关系,从而掌握内在规律,对质量指标进行有效控制。

第五,指明方向,效果明显。正交试验是一种方法论的科学,它不需要投资,但又能从试验设计结果的分析中进行预测、估计,为试验指明方向,因而其经济效果十分显著。

9.1.1.2 正交试验法常用术语

1. 试验指标

试验指标是指试验中用来衡量试验结果的一个特征量,即要考核的项目或效果。产品的质量、成本、产量等都可以作为衡量试验效果的指标。能够用数量表示的试验指标称为定量指标,如重量、尺寸、速度、温度、性能、寿命、硬度、强度等。不能够用数量表示的试验指标称为定性指标,如颜色、外观、味道等。

2. 因素

因素是指对试验指标可能有影响的原因,也可称为因子。因素是在试验中要考察的重要内容。在试验中能够人为地加以控制和调节的因素统称为可控因素,如温度、时间、转速等。由于试验条件的限制,暂时还不能够人为地加以控制和调节的因素统称为不可控因素,如机床微小振动、刀具的微小磨损等。正交试验法在设计试验方案时,一般只适用于可控因素。

3. 水平

在正交试验法中,因素变化的各种状态和条件称为因素的水平。在试验中需要考察某因素的几种状态时,称该因素为几个水平的因素。例如,温度因素中选为 25 ℃、30 ℃、40 ℃三种状态,则称温度因素为三个水平的因素。

9.1.1.3 正交表

在实际问题中,影响指标的因子往往有很多的,这便是多因子的试验设计问题。多因子试验遇到的最大困难是试验次数太多,让人无法忍受。如果有 10 个因子对产品质量有影响,每个因子取 2 个不同状态进行比较,那么就有 $2^{10}=1\,024$ 个不同的试验条件(试验点)需要比较,假定每个因子取 3 个不同状态比较的话,那么就有 $3^{10}=59\,049$ 个不同的试验条件(试验点)需要比较,这在实际中是不可行的,因此试验点能从中选择一部分进行试验。

选择哪些试验点进行试验十分重要,这便是试验的设计。一个好的设计,可以通过少量试验获得较多的信息,达到试验的目的。试验设计的方法有许多,这里介绍的正交试验设计便是其中的一种常用方法,它利用"正交表"选择试验点,并利用正交表的特点进行数据分析,找出最好的或满意的试验条件。

正交表,是指一套编印好的标准化了的表格,是正交试验法的基本工具。其格式如表9-1所示。

表9-1 正交表格式

试验号 \ 列号	1	2	3
1	1	1	1
2	2	2	2
3	1	2	2
4	2	2	1

正交表记号 $L_{x(m^y)}$ 所表示的意思如下:字母 L 表示正交表;脚码 x 表示表中有 x 个横行,代表要试验的 x 个条件(即要做 x 次试验);指数 y 表示表中有 y 个直列,每列可以考察一种因素,y 列最多可以考察 y 种因素。底数 m 表示每列中有 $1,2,\cdots,m$ 种数字,分别代表这列因素的状态1、状态2,$\cdots$、状态 m。用这张表要求被考察的因素分为 m 个状态(水平)。

正交表一般有以下两个特点:

(1)每一列中,不同的字码出现的次数相等,如右表中"1""2"和"3"各出现3次。

(2)任意两列中,将同一行的两个字码看成有序数字对时,则必然构成完全有序数字对,而且每种数字对出现的次数相等。凡满足上述两个条件的表就称为正交表。

由于正交表的正交性,使之具有以下两个性质:

(1)每一列中各种字码出现相同的次数,这就保证了试验条件均衡地分散在配合完全的水平组合之中,因而代表性强,容易出现好条件。这正是正交表的均衡分散性。

(2)任意两列中全部有序数字对出现相同的次数。也就是说,对于每列因素在各个水平进行比较的结果之和(Ⅰ、Ⅱ、Ⅲ$\cdots$)中,其他因素各个水平的出现次数都是相同的。这就保证了在各个水平的效果中,最大限度地排除了其他因素的干扰,因而能有效地进行比较,做出展望,这是正交表的整齐可比性。

9.1.1.4 正交表的几何解释

利用正交表进行正交试验效率高、效果好,这主要是由于正交表具有均衡分散性和整齐可比性两个特性所决定的。

下面对利用 $L_4(2^3)$ 表安排试验作几何解释,如表9-2所示。

表9-2

列号	1	2	3
1	1	1	1
2	2	1	2
3	1	2	2
4	2	2	1

根据"均衡分散"原理,正交表是挑选了八个试验中的1,4,6,7这4个点来做试验,而这4个点在长方体内分布很均匀而且分散到每个角落;每个面上都挑两个对角点,而每个点在每个平面上都占有两条边。

根据"整齐可比性"原理可看出,当A因素取A_1时,B和C因素的两个水平都变到了,即1、3号试验。

$$A_1\begin{cases} B_1 & C_1 \\ B_2 & C_2 \end{cases}$$

当A因素取A_2时,B和C因素的两个水平也都变到了,即2、4号试验。

$$A_2\begin{cases} B_1 & C_2 \\ B_2 & C_1 \end{cases}$$

正是由于这一点,说明A因素由A_1变化到A_2,B和C因素的影响相互抵消了,因而对应于A_1和A_2这两个水平的试验结果的差异,主要是由A因素的不同水平所引起的。同理,对B和C因素也有类似的性质。如图9-1所示。

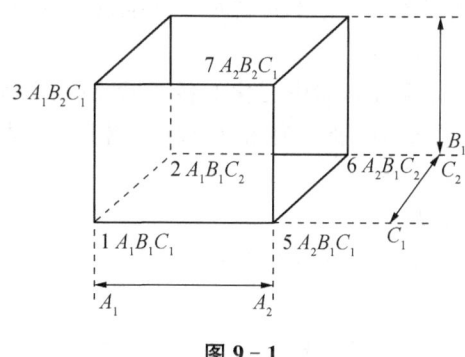

图9-1

正交表有许多,表9-3便是一张在实际使用中会看到的典型的正交表,记为$L_9(3^4)$,这里"L"是正交表的代号,"9"表示表的行数,在试验中表示用这张表安排试验的话,要做9个不同条件的试验,"4"表示表的列数,在试验中表示用这张表安排试验的话,最多可以安排4个因子,"3"表示表的主体只有3个不同的数字:1,2,3,在试验中它代表因子水平的编号,即用这张表安排试验时每个因子应取3个不同水平。

表9-3 正交表

试验号\列号	1	2	3	4	试验号\列号	1	2	3	4	试验号\列号	1	2	3	4
1	1	1	1	1	4	2	1	2	3	7	3	1	3	2
2	1	2	2	2	5	2	2	3	1	8	3	2	1	3
3	1	3	3	3	6	2	3	1	2	9	3	3	2	1

正交表具有正交性,这是指它有如下两个特点:

(1) 每列中不同的数字的重复次数相同。在表$L_9(3^4)$中,每列有3个不同数字:1,2,3,每一个各出现3次。

(2) 任意两列的一切可能数对重复次数相同。在表 $L_9(3^4)$ 中,任意两列有 9 种可能的数对:(1,1),(1,2),(1,3),(2,1),(2,2),(2,3),(3,1),(3,2),(3,3),每一对各出现一次。

如果将试验点的全体看成试验空间(一切可能试验条件组成的集合),那么正交表的这两个特点所选择的试验点在试验空间中的分布是均匀分散的,并将看到试验结果还具有综合可比性,这为以后的统计分析带来了便利。

9.1.2 正交试验计划的安排

正交试验设计(简称正交设计)的基本程序是设计试验方案和处理试验结果两大部分。主要步骤可归纳如下:

第一步,明确试验目的,确定考核指标。

试验目的,就是通过正交试验要想解决什么问题。考核指标,就是用来衡量或考核试验效果的质量指标。试验指标一经确定,就应当把衡量和评定指标的原则、标准,测定试验指标的方法及所用的仪器等确定下来。这本身就是一项细致而复杂的研究工作。

第二步,挑因素,选水平。

影响指标者称为因素。因素在试验中变化的各种状态,称为水平。因素的变化引起指标的变化,正交试验法适用于试验中能人为加以控制和调节的因素,即为可控因素。选好的因素、水平通常可列成因素水平表。

第三步,选择合适的正交表。

总原则:能容纳所有考察因素,又使试验号最小。

一般有这样几条规则:

(1) 先看水平数。根据水平数选用相应的水平的正交表。

(2) 其次看试验要求。如只考察主效应,则可选择较小的表,只要所有因素均能顺序上列即可。如果还需考察交互效应,那么就要选用较大的表,而且各因素的排列不能任意上列,要按照各种能考察交互作用的表头设计来安排因素。

(3) 再看允许做试验的正交表的次数和有无重点因素要考察。如果只允许做 9 次试验,而考察因素只有 3~4 个,则用 3 水平的 $L_9(3^4)$ 表来安排试验。若有重点因素要详细考察则可选水平数不等的正交表如 $L_8(4\times 2^4)$ 等,将重点因素多取几个水平加以详细考察。

① 要求精度高,可选较大的 n 值的 L 表。

② 切不可遗漏重要因素,所以可倾向于多考察些因素。

③ 可以先用水平数少的正交表做试验,找出重要因素后,对少数重要因素再做有交互作用的细致考察。

第四步,进行表头设计。

所谓表头设计,就是将试验因素安排到所选正交表的各列中去的过程。

(1) 只考察主效应,不考察交互效应,正交表中每一列的位置是一样的,可以任意变换。因此,不考察交互效应的表头设计非常简单,将所有因素任意上列即可。

(2) 考察交互作用的表头设计,各因素及各交互作用不能任意安排,必须严格按交互作用列表进行配列。这是有交互作用正交设计的重要特点,也是试验方案设计的关键一步。

避免混杂,是表头设计的一个重要原则,也是表头设计选优的一个重要条件。所谓混杂,是指在正交表的同一列中,安排了2个或2个以上的因素或交互作用。这样,就无法确定同一列中的这些不同因素或交互作用对试验指标的作用效果。为避免混杂,使表头设计合理、更优,那些主要因素,重点考察的因素,涉及交互作用较多的因素,就应该优先安排;而另一些次要因素,涉及交互作用较少的因素和不涉及交互作用的因素,可放在后面安排。

第五步,确定试验方案。

【例9-1】 鸭肉保鲜天然复合剂的筛选。虽然有机酸和盐处理对鸭肉保鲜有明显效果,但是大部分有机酸和盐属于合成的化学药剂,在卫生安全上得不到保证,并且不符合消费者纯天然、无污染的要求,试验以茶多酚作为天然复合保鲜剂的主要成分,分别添加不同的增效剂、被膜剂和不同的浸泡时间,进行了4因素和4水平的正交试验,试安排一个正交试验方案。正交设计一般有以下几个步骤:

(1) 明确目的,确定指标。本例是一个食品加工工艺的研究试验,目的是通过试验,寻求一个最佳的鸭肉保鲜天然复合剂。

影响试验结果的因素很多,我们不可能把所有影响因素通过一次试验都予以研究,只能根据以往的经验,挑选和确定若干对试验指标影响最大、有较大经济意义而又了解不够清楚的因素来研究。同时还应根据实际经验和专业知识,定出各因素适宜的水平,列出因素水平表。

例9-1的因素水平表如表9-4所示,选定了4个因素,每个因素4个水平的正交试验。

表9-4 鸭肉保鲜天然复合添加剂筛选试验的因素水平表

水平	因　素			
	A 茶多酚浓度/%	B 增效剂种类	C 被膜剂种类	D 浸泡时间/min
1	0.01	0.5%维生素C	0.5%海藻酸钠	1
2	0.20	0.1%柠檬酸	0.8%海藻酸钠	2
3	0.30	0.2%β-CD	1.0海藻酸钠	3
4	0.40	生姜汁	1.0%葡萄糖	4

(2) 选用合适的正交表。

确定了因素及其水平后,根据因素、水平及需要考察的交互作用的多少来选择合适的正交表。选用正交表的原则是:既要能安排试验的全部因素,又要使部分水平组合数(处理数)尽可能地少。一般情况下,试验因素的水平数应恰好等于正交表记号中括号内的底数;因素的个数(包括交互作用)应不大于正交表记号中括号内的指数;各因素及交互作用的自由度之和要小于所选正交表的总自由度,以便估计试验误差。若各因素及交互作用的自由度之和等于所选正交表总自由度,则可采用有重复正交试验来估计试验误差。本例选 $L_{16}(4^5)$ 最合适,有1空列,可以作为试验误差以衡量试验的可靠性。

(3) 表头设计。

所谓表头设计,就是把挑选出的因素和要考察的交互作用分别排入正交表的表头适当的列上。

在不考察交互作用时,各因素可随机安排在各列上;若考察交互作用,就应按该正交表的交互作用列表安排各因素与交互作用。

此例不考察交互作用,可将(A)、(B)和(C)依次安排在$L_{16}(4^5)$的第1,2,3列上,第4列为空列,见表9-4。

(4)排出试验方案。

把正交表中安排各因素的每个列(不包含欲考察的交互作用列)中的每个数字依次换成该因素的实际水平,就得到一个正交试验方案。表9-5就是例9-1的正交试验方案。

从而得出试验的16个处理,即1233,2412,3434,4211,1314,2131,3113,4332,1142,2323,3341,412 4,1421,2244,3222,4443。

表9-5 鸭肉保鲜天然复合添加剂筛选的试验方案

试验号	因素				
	A 茶多酚浓度	B 增效剂种类	C 被膜剂种类	D 浸泡时间	E 空列
1	1	2	3	3	2
2	2	4	1	2	2
3	3	4	3	4	3
4	4	2	1	1	3
5	1	3	1	4	4
6	2	1	3	1	4
7	3	1	1	3	1
8	4	3	3	2	1
9	1	1	4	2	3
10	2	3	2	3	3
11	3	3	4	1	2
12	4	1	2	4	2
13	1	4	2	1	1
14	2	2	4	4	1
15	3	2	2	2	4
16	4	4	4	3	4

【例9-2】 要生产某种食品添加剂,根据试验发现影响添加剂吸收率的因素有4个,每个因素设置2种水平(见表9-6)。

表9-6 鸭肉保鲜天然复合添加剂试验的因素水平表

水 平	因 素			
	A 温度/℃	B 时间/h	C 酸比(某两原料)	D 真空度/kPa
1	75	2	2/1	53.32
2	90	3	3/1	66.65

本例有 4 个因素,如果安排在 $L_8(2^7)$ 表中,从表 9-7 $L_8(2^7)$ 表头设计可以查出,4 个因素应安排在 1,2,4,7 列为好,这样考察 4 个因素各自的效应不会与交互作用混杂。另外,根据专业知识可知,D 因素与 A,B,C 三因素之间没有或者少有交互作用。故将 D 因素安排后第七列,则 3,5,6 列就仅为 $A \times B, A \times C$ 和 $B \times C$ 单独的交互作用。

表 9-7 鸭肉保鲜天然复合添加剂试验的 $L_8(2^7)$ 表

处理号	1 A	2 B	3 $A \times B$	4 C	5 $A \times C$	6 $B \times C$	7 $A \times B \times C$
1	1	1	(1,1)1	1	(1,1)1	(1,1)1	1
2	1	1	(1,1)1	2	(1,2)2	(1,2)2	2
3	1	2	(1,2)2	1	(1,1)1	(2,1)2	2
4	1	2	(1,2)2	2	(1,2)2	(2,2)1	1
5	2	1	(2,1)2	1	(2,2)1	(1,1)1	2
6	2	1	(2,1)2	2	(2,2)1	(1,2)2	1
7	2	2	(2,2)1	1	(2,1)2	(2,1)2	1
8	2	2	(2,2)1	2	(2,2)1	(2,2)1	2

9.2 正交试验的结果分析

9.2.1 直观分析法(极差分析法)

凡采用正交表设计的试验,都可用正交表分析试验的结果。正交试验的结果分析,有直观分析和方差分析两种方法,现分别予以介绍。

9.2.1.1 不考虑交互作用的分析法

现对例 9-1 进行分析,该试验的结果见表 9-8。

表 9-8 鸭肉保鲜天然复合添加剂筛选的实验结果

试验号	A 茶多酚浓度	B 增效剂种类	C 被膜剂种类	D 浸泡时间	E 空列	试验的综合衡量指标
1	1	2	3	3	2	36.20
2	2	4	1	2	2	31.54
3	3	4	3	4	3	30.09
4	4	2	1	1	3	29.32
5	1	3	1	4	4	31.77

续　表

试验号	A 茶多酚浓度	B 增效剂种类	C 被膜剂种类	D 浸泡时间	E 空列	试验的综合衡量指标
6	2	1	3	1	4	35.02
7	3	1	1	3	1	32.37
8	4	3	3	2	1	32.64
9	1	1	4	2	3	38.79
10	2	3	2	3	3	30.90
11	3	3	4	1	2	32.87
12	4	1	2	4	2	34.54
13	1	4	2	1	1	38.02
14	2	2	4	4	1	35.62
15	3	2	2	2	4	34.02
16	4	4	4	3	4	32.80

分析方法：首先从 16 个处理中直观地找出最优处理组合为 9 号处理，即 $A_1B_1C_4D_2$，指标为 38.79；其次为 13 号处理 $A_1B_4C_2D_1$，指标为 38.02，但是究竟哪一个是最好的指标呢？现在通过直观分析进行验证：

表 9-9　鸭肉保鲜天然复合添加剂筛选的实验结果

试验号	A 茶多酚浓度	B 增效剂种类	C 被膜剂种类	D 浸泡时间	E 空列	试验的综合衡量指标
K_1	144.78	140.72	125.00	135.23	138.65	$T=536.51$
K_2	129.35	135.16	137.48	136.99	135.15	
K_3	133.08	128.18	133.95	130.27	129.10	
K_4	127.30	132.45	14.08	132.02	133.62	
$\overline{K}_1$	36.20	35.18	31.25	33.81	34.66	
$\overline{K}_2$	32.34	35.79	34.37	34.25	33.79	
$\overline{K}_3$	33.27	32.05	33.49	32.57	32.28	
$\overline{K}_4$	31.83	33.11	35.02	33.01	33.40	
R	4.37	3.13	3.77	1.68	2.38	

若各号试验处理都只有一个观测值，则称之为单独观测值正交试验；若各号试验处理都有两个或两个以上观测值，则称之为有重复观测值正交试验。

9.2.1.2　考察交互作用的试验结果分析

考察交互作用的试验结果的分析方法与前面并无本质不同，只是：(1) 应把每个交互作用当成一个因素看待进行分析;(2)应根据交互作用的效应,选择出最优试验组合。如表 9-10所示鸭肉保鲜天然复合添加剂收率的实验结果,和表 9-11 因素 A 与 B 搭配的二元素。

表 9-10 鸭肉保鲜天然复合添加剂收率的实验结果

处理	因素							试验结果 $Y_i/\%$
	A 温度/℃	B 时间/h	$A\times B$	C 配比	$A\times C$	$B\times C$	D 真空度/kPa	
1	1(75)	1(2.0)	1	1(2/1)	1	1	1(53.32)	86
2	1	1	1	2	2	2	2(66.65)	95
3	1	2(3.0)	2	1	1	2	2	91
4	1	2	2	2(3/1)	2	1	1	94
5	2(90)	1	2	1	2	1	2	91
6	2	1	2	2	1	2	1	96
7	2	2	1	1	2	2	1	83
8	2	2	1	2	1	1	2	88
K_1	366	368	352	351	361	359	359	
K_2	358	356	372	373	363	365	365	
$\overline{K}_1$	91.5	92.0	88.0	87.75	90.25	89.75	89.75	
$\overline{K}_2$	89.0	89.0	93.0	93.25	90.75	91.25	91.25	
R	2.0	3.0	5.0	5.5	0.5	1.5	1.5	

表 9-11 因素 A 与 B 搭配的二元素

B	A	
	A_1	A_2
B_1	$\frac{86+95}{2}=90.5$	$\frac{91+96}{2}=93.5$
B_2	$\frac{91+94}{2}=92.5$	$\frac{83+88}{2}=85.5$

9.2.2 无重复试验的方差分析

这种分析方法要求用正交表设计试验时,必须留有不排入因素或互作的空列,以作为误差的估计值。

【例 9-3】 某食品厂生产口香糖,检验口香糖的质量好坏需要分析三种指标:拉伸率(越大越好)、变形(越小越好)、耐弯曲次数(越多越好)。要求对三种指标都取得较高水平,现要进行口香糖配方的试验分析,因素水平表见表 9-12。

表9-12 某口香糖配方试验结果 $L_{16}(4^5)$

试验号	A胶基添加量/%	B糖浆添加量/%	C糖粉添加量/%	D薄荷添加量/%	空列	指标 拉伸率/%	变形/%	耐弯曲/%
1	1(19)	1(17)	1(58)	1(0.8)	1	545	40	50
2	1	2(18)	2(59)	2(0.9)	2	490	46	39
3	1	3(19)	3(60)	3(1.0)	3	515	45	44
4	1	4(20)	4(61)	4(1.1)	4	505	45	47
5	2(20)	1	2	3	4	492	46	32
6	2	2	1	4	3	485	45	25
7	2	3	4	1	2	499	49	17
8	2	4	3	2	1	480	45	20
9	3(21)	1	3	4	2	566	49	36
10	3	2	4	3	1	539	49	27
11	3	3	1	2	4	511	42	27
12	3	4	2	1	3	515	45	29
13	4(22)	1	4	2	3	535	49	27
14	4	2	3	1	4	488	49	23
15	4	3	2	4	1	495	49	23
16	4	4	1	3	2	475	42	23
K_1	2 055	2 138	2 016	2 047	2 059			
K_2	1 956	2 002	1 992	2 016	2 030	8 135(T)		
K_3	2 131	2 020	2 049	2 021	2 050			
K_4	1 993	1 975	2 078	2 051	1 996			
$\overline{K}_1$	513.75	534.5	504.0	511.75	514.75			
$\overline{K}_2$	489.0	500.5	498.0	504.0	507.5	508.437 5($\overline{x}$)		
$\overline{K}_3$	532.75	505.0	512.25	505.25	512.5			
$\overline{K}_4$	498.25	493.75	519.55	512.75	499.0			
R	43.75	40.75	21.5	8.75	15.75			

9.2.2.1 资料整理

本试验3个指标同等重要,我们只以拉伸率1项为例作方差分析,其余2项及综合考察留给大家作练习之用。

表9-12中一共有 A,B,C,D 四项因素,每一因素为4水平,每一水平的重复次数为4次,总次数为16次(n)。

9.2.2.2 自由度与平方和分解

该次试验的 16 个观测值总变异由 A 因素、B 因素、C 因素、D 因素及误差变异五部分组成，因而进行方差分析时平方和与自由度的划分式为

$$SST=SSA+SSB+SSC+SSD+SSe$$
$$dfT=dfA+dfB+dfC+dfD+dfe$$

表 9-12 中，K_i 为各因素同一水平试验指标(拉伸率%)之和。如

A 因素第 1 水平　$K_1=y_1+y_2+y_3+y_4=545+490+515+505=2\ 055$
A 因素第 2 水平　$K_2=y_5+y_6+y_7+y_8=492+485+499+480=1\ 956$
A 因素第 3 水平　$K_3=y_9+y_{10}+y_{11}+y_{12}=566+539+511+515=2\ 131$
A 因素第 4 水平　$K_4=y_{13}+y_{14}+y_{15}+y_{16}=535+488+495+475=1\ 993$
B 因素第 1 水平　$K_1=y_1+y_5+y_9+y_{13}=545+492+566+535=2\ 138$
B 因素第 3 水平　$K_3=y_3+y_7+y_{11}+y_{15}=515+499+511+495=2\ 020$

同理可求得 C 因素和 D 因素各水平试验指标之和。
$\overline{K}$ 为各因素同一水平试验指标的平均数。如

A 因素第 1 水平 $\overline{K_1}=2\ 055/4=513.75$，$A$ 因素第 2 水平 $\overline{K_2}=1\ 956/4=489.0$
A 因素第 3 水平 $\overline{K_3}=2\ 131/4=532.75$，$A$ 因素第 4 水平 $\overline{K_4}=1\ 993/4=489.25$

同理可求得 B、C 因素各水平试验指标的平均数。

第一步，计算各项平方和与自由度

矫正数　　　　　$C=T2/n=81\ 352/15=4\ 136\ 139.063$

总平方和　$SST=\sum y2-C=5\ 452+4\ 902+\cdots+4\ 752-4\ 136\ 139.063=10\ 167.937\ 5$

A 因素平方和　$SSA=\sum T2A/a-C$
　　　　　　　　　$=(20\ 552+19\ 562+21\ 312+19\ 932)/4-4\ 136\ 139.063$
　　　　　　　　　$=4\ 403.687\ 5$

B 因素平方和　$SSB=\sum T2B/b-C$
　　　　　　　　　$=(21\ 382+20\ 022+20\ 202+19\ 752)/4-4\ 136\ 139.063$
　　　　　　　　　$=3\ 897.187\ 5$

C 因素平方和　$SSC=\sum T2C/c-C$
　　　　　　　　　$=(20\ 162+19\ 922+20\ 212+20\ 782)/4-413\ 6139.063$
　　　　　　　　　$=1\ 062.187\ 5$

D 因素平方和　$SSD=\sum T2D/d-C$
　　　　　　　　　$=(20\ 472+20\ 162+20\ 212+20\ 512)/4-4\ 136\ 139.063$
　　　　　　　　　$=237.687\ 5$

误差平方和

$$SSe = SST - SSA - SSB - SSC - SSD$$
$$= 10\ 167.937\ 5 - 4\ 403.687\ 5 - 3\ 879.187\ 5 - 1\ 062.187\ 5 - 237.687\ 5$$
$$= 585.187\ 5$$

总自由度　　　　　$dfT = n - 1 = 16 - 1 = 15$
A 因素自由度　　　$dfA = ka - 1 = 4 - 1 = 3$
B 因素自由度　　　$dfB = kb - 1 = 4 - 1 = 3$
C 因素自由度　　　$dfC = kc - 1 = 4 - 1 = 3$
D 因素自由度　　　$dfd = kd - 1 = 4 - 1 = 3$
误差自由度　　　　$dfe = dfT - dfA - dfB - dfC - dfd = 15 - 3 - 3 - 3 - 3 = 3$

9.2.2.3 列出方差分析表,进行 F 检验

表 9–13　某口香糖配方试验方差分析表

变异来源	SS	df	MS	F	F_n
胶基添加量(A)	4 403.6875	3	1 467.896	7.525	$F_{0.05(3,3)} = 9.28$
糖浆添加量(B)	3 879.1875	3	1 293.063	6.629	
糖粉添加量(C)	1 062.1875	3	354.063	1.815	
薄荷添加量(D)	237.687 5	3	79.229	<1	
误　差	585.187 5	3	195.063		
总变异	10 167.937 5	15			

F 检验结果表明,四个因素对拉伸率的影响都不显著。究其原因可能是本例试验误差大且误差自由度小(仅为 3),使检验的灵敏度低,从而掩盖了考察因素的显著性。由于各因素对增重影响都不显著,不必再进行各因素水平间的多重比较。此时,可直观地从表 9-12 中选择平均数大的水平 A_3、B_1、C_3、D_4 组合成最优水平组合 A_3、B_1、C_3、D_4。

上述无重复正交试验结果的方差分析,其误差是由"空列"来估计的。然而"空列"并不空,实际上是被未考察的交互作用所占据。这种误差既包含试验误差,也包含交互作用,称为模型误差。若交互作用不存在,用模型误差估计试验误差是可行的;若因素间存在交互作用,则模型误差会夸大试验误差,有可能掩盖考察因素的显著性。这时,试验误差应通过重复试验值来估计。所以,进行正交试验最好能有两次以上的重复。正交试验的重复,可采用完全随机或随机单位组设计。

9.2.2.4 多重比较

从本试验的方差分析,相对来说 A 因素和 B 因素为重要因素,C 因素和 D 因素为次要因素。对 A,B 两因素进行多重比较(见表 9-14 至表 9-16),用 LSR 法。

表 9-14　多重比较用 SSR 及 LSR 值

秩次距 K		2	3	4
SSR	0.05	4.50	4.50	4.40
	0.01	8.26	8.50	8.60
LSR	0.05	31.42	31.42	31.42
	0.01	57.68	59.36	60.06
显著性(5%)		a	ab	b	b

表 9-15　A 因素各水平均值多重比较

A 因素	A_3	A_1	A_4	A_2
$\bar{x}_i$	532.75	513.75	498.25	489.0
显著性(5%)	a	ab	b	b

表 9-16　B 因素各水平均值多重比较

B 因素	B_3	B_1	B_4	B_2
$\bar{x}_i$	534.5	555.0	500.5	493.75
显著性(5%)	a	ab	b	b

9.2.3　有重复观测值正交试验结果的方差

有重复试验的方差分析与无重复试验的方差分析，除误差平方和、自由度的计算有所不同外，其余各项计算基本相同。

【例 9-4】　有一水稻 3 因素试验，A 因素为品种(4 水平)；B 因素为栽插密度(2 水平)；C 因素为施肥量(2 水平)；选用 $L_8(4 \times 2^4)$，其表头设计和产量结果(小区面积 30 m^2)见表 9-17。用 n 表示试验(处理)号数，r 表示试验处理的重复数。a, b, c, ka, kb, kc 的意义同上。(数据引自南京农业大学)。

表 9-17　试验处理数据

处理	A		B		C	产量/kg			
	1	2	3	4	5	Ⅰ	Ⅱ	Ⅲ	T_i
K_1	111	245	248	251	234	T_r 169	165	162	T=496
K_2	138	251	245	245	262				
K_3	93								
K_4	154								
R	61	3			28				

对于有重复且重复采用随机单位组设计的正交试验，总变异可以划分为处理间、单位组间和误差变异三部分，而处理间变异可进一步划分为 A 因素、B 因素、C 因素与模型误差变

异四部分。

此时，平方和与自由度划分式为：
$$SST = SSt + SSr + SSe2$$
$$dfT = dft + dfr + dfe2$$

而
$$SSt = SSA + SSB + SSC + SSe1$$
$$dft = dfA + dfB + dfC + dfe1$$

于是
$$SST = SSA + SSB + SSC + SSr + SSe1 + SSe2$$
$$dfT = dfA + dfB + dfC + dfr + dfe1 + dfe2$$

式中　SSr——单位组间平方和；

　　　$SSe1$——模型误差平方和；

　　　$SSe2$——试验误差平方和；

　　　SSt——处理间平方和；

　　　$dfr, dfe1, dfe2, dft$——相应自由度。

表 9-18　水稻 $4×2×2$ 试验 $L_8(4×2^4)$

处理	A		B	C		产量/kg			
	1	2	3	4	5	Ⅰ	Ⅱ	Ⅲ	T_i
1	1	1	1	1	1	17	16	19	52
2	1	2	2	2	2	19	20	20	59
3	2	1	1	2	2	26	24	21	71
4	2	2	2	1	1	25	22	20	67
5	3	1	2	1	2	16	15	19	50
6	3	2	1	2	1	14	15	14	43
7	4	1	2	2	1	24	25	23	72
8	4	2	1	1	2	28	28	26	82

注意，对于重复采用完全随机设计的正交试验，在平方和与自由度划分式中无 SSr、dfr 项。

(1) 计算各项平方和与自由度。

矫正数　$C = T^2/rn = 4\,962/3×8$
　　　　　$= 10\,250.67$

总平方　$SST = \sum x^2 - C$
　　　　　$= 17^2 + 16^2 + \cdots + 26^2 - 10\,250.67 = 451.33$

单位组间平方和　$SSr = \sum T_r^2/n - C$
　　　　　$= (1\,692 + 1\,652 + 1\,622)/8 - 10\,250.67$
　　　　　$= 3.08$

处理间平方和 $SSt = \sum T2t / r - C$
$= (52^2 + 59^2 + \cdots + 82^2)/3 - 10\,250.67$
$= 406.67$

A 因素平方和 $SSA = \sum T2A/ar - C$
$= (111^2 + 138^2 + 93^2 + 154^2)/2 \times 3 - 10\,250.67$
$= 371.0$

B 因素平方和 $SSB = \sum T2B / br - C = (245^2 + 251^2)/4 \times 3 - 10\,250.67 = 1.50$

C 因素平方和 $SSC = \sum T2C/cr - C = (234^2 + 262^2)/4 \times 3 - 10\,250.67 = 32.66$

模型误差平方和 $SSe1 = SSt - SSA - SSB - SSC = 406.67 - 371.00 - 0 - 32.67 = 3.00$

试验误差平方和 $SSe2 = SST - SSr - SSt = 451.33 - 3.08 - 405.16 = 41.58$

总自由度 $dfT = rn - 1 = 3 \times 8 - 1 = 23$

单位组自由度 $dfr = r - 1 = 3 - 1 = 2$

处理自由度 $dft = n - 1 = 8 - 1 = 7$

A 因素自由度 $dfA = ka - 1 = 4 - 1 = 3$

B 因素自由度 $dfB = kb - 1 = 2 - 1 = 1$

C 因素自由度 $dfC = kc - 1 = 2 - 1 = 1$

模型误差自由度 $dfe1 = dft - dfA - dfB - dfC = 7 - 3 - 1 - 1 = 2$

试验误差自由度 $dfe2 = dfT - dft - dfr = 23 - 7 - 2 = 14$

（2）列出方差分析表（见表 9-19），进行 F 检验。

表 9-19 水稻 4×2×2 试验的方差分析表

变异来源	SS	df	MS	F	$F_{0.05}$	$F_{0.01}$
区组间	3.08	2	1.54	<1		
A	371.00	3	123.67	44.33**	3.24	5.29
B	0.00	1	1.50	<1		
C	32.67	1	32.67	11.71**	4.49	8.53
误差	3.00 ⎫ 44.58 41.59 ⎭	2 ⎫ 16 14 ⎭	2.79			
总变异	451.33	23				

首先检验 MSe1 与 MSe2 差异的显著性，若经 F 检验不显著，则可将其平方和与自由度分别合并，计算出合并的误差均方，进行 F 检验与多重比较，以提高分析的精度；若 F 检验显著，说明存在交互作用，二者不能合并，此时只能以 MSe2 进行 F 检验与多重比较。本例 MSe1/MSe2<1，MSe1 与 MSe2 差异不显著，故将误差平方和与自由度分别合并计算出合并的误差均方 MSe，即

$$MSe = (SSe1 + SSe2)/(dfe1 + dfe2)$$
$$= (3.00 + 41.58)/(2 + 14) = 2.786\,25$$

并用合并的误差均方 MSe 进行 F 检验与多重比较。

F 检验结果表明,A,C 因素对水稻产量有显著影响,B 因素作用不显著。表 9-20 是 A 因素各水平平均数的多重比较,可得出本试验最优处理组合为 A_3A_4,B_3B_1 或 B_2,C_3C_2

表 9-20 A 因素各水平平均数多重比较表（SSR 法） 单位:%

A 因素	A_4	A_2	A_1	A_3
5%显著性	a	b	c	d
1%	A	A	B	C

第10章

六西格玛与经济效益

10.1 质量成本

10.1.1 质量成本的概念

质量成本的概念,是由美国著名的质量专家费根鲍姆(Armand V. Feigenbaum)在20世纪50年代提出的,朱兰、克劳斯比等又对此概念做了补充和完善,质量成本将质量与经济联系起来,使质量以货币语言来表达,使用两种语言(质量语言和货币语言)说话,使企业管理人员对质量的意义和质量管理的作用有了明确和清晰的认识和了解,因而在企业中得到广泛运用。这是质量成本对质量管理的重大贡献。

质量成本的定义:为了确保和保证满意的质量而发生的费用以及没有达到满意的质量所造成的损失。

10.1.2 质量成本的种类

10.1.2.1 质量成本法

质量成本由预防成本、鉴定成本、内部故障成本、外部故障成本四部分组成。
(1) 预防成本:预防故障的费用。
(2) 鉴定成本:为评定是否符合质量要求而进行的试验、检验和检查的费用。
(3) 内部故障成本:交货前因产品未能满足质量要求所造成的损失(如重新提供服务、重新加工、返工、重新试验、报废)。
(4) 外部故障成本:交货后因产品未能满足质量要求所发生的费用(如产品维护和修理、担保和退货、直接费用和折扣、产品回收费、责任赔偿费)。

10.1.2.2 过程成本法

过程成本有符合性成本和非符合性成本两类。
(1) 符合性成本:为了满足顾客全部规定的和隐含的需要,现有过程不发生故障情况下而发生的费用。
(2) 非符合性成本:由于现有过程的故障而发生的费用。

10.1.2.3 质量损失法

将质量成本分为有形损失和无形损失两类。

(1) 有形损失:可以直接计算的损失。内外部故障损失即有形损失。

(2) 无形损失:不能直接计算的损失。外部无形损失,如由于顾客不满意而发生的未来销售的损失。内部无形损失,如由于低效的人机控制、丧失机会及低工作效率等引起的损失。

10.1.3 分析质量成本的作用

(1) 将质量问题的影响数量化;
(2) 寻求降低成本的机会;
(3) 寻求减少顾客不满意的机会;
(4) 加强预算控制及成本控制;
(5) 通过宣传激励质量改进。

10.2 劣质成本

劣质成本的概念,是20世纪90年代末,美国推行六西格玛管理过程中提出来的。它继承了质量成本的有效成分,扩展和延伸了质量成本的内涵和功能,使质量和成本更加紧密地融合起来,把质量管理推进到新阶段。

劣质成本的定义,目前还没有明确的、统一的说法,但朱兰、克劳斯比等所下的定义是被广泛运用的。朱兰博士认为劣质成本是"每一项任务都能毫无缺陷地执行,就不会发生的成本"。克劳斯比认为"只要是因为第一次没有把事情做对而产生的所有费用都应为劣质成本"。根据他们的定义,劣质成本的特征主要有:没有"一次成功"而造成的降级、报废损失或需采取返工、返修、纠正等补救措施所花费的成本,不增值的过程所发生的费用,无效率或低效率的支出,机会损失成本,信誉损失成本,给顾客带来的损失成本。

10.2.1 概述

10.2.1.1 劣质成本与"水下冰山"

六西格玛项目的焦点是在实现顾客满意目标的同时,取得最佳的财务贡献,使质量损失降到最低限度。在实际管理中,诸多的质量成本项目中,只有显而易见的项目才被考虑。恰如冰山浮出水面的只是其中一角而已。包括浪费、报废、返工/返修、测试和检验成本、顾客投诉、退货等。其总额约占销售额收入的3%~6%。而冰山下面的则是其中的大部分。劣质成本约占营运总成本的15%~25%,包括加班过多、上门服务支出过多、文件延迟、对现状缺少跟踪、报价或结账错误、未正确完成销售订单、不必要的快递、人员流动过于频繁、顾客赔偿备用金(保险)等。而这些成本大多并未直接计入损益表或资产负债表。这些真正

"隐藏"的成本在图 10-1 中系水平面以下部分,称之为"隐藏"的劣质成本(COPQ)。

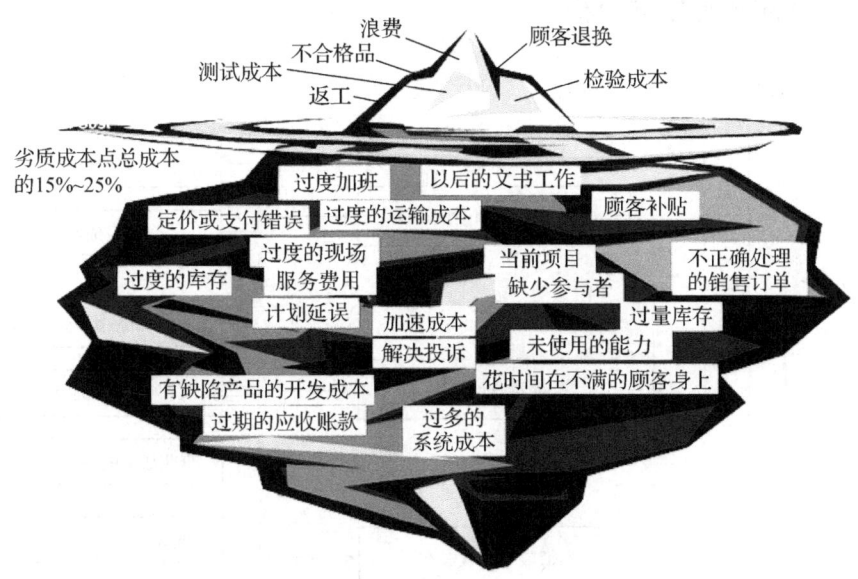

图 10-1 劣质成本与"水下冰山"

随着对劣质成本的认识的不断提高,人们逐渐发现:

(1) 质量相关的成本较财务报表所透露的数字高。

(2) 劣质成本不仅发生在实现过程,同样发生在支持过程;不仅产品制造或服务提供部门有,同样其他辅助部门也有。

(3) 这些成本大多是可以避免的,但在一般企业里却没有人负责消除它们。因此,水下的冰山会碰坏巨轮,企业质量管理不能成为泰坦尼克号的管理。

10.2.1.2 劣质成本与西格玛水平

劣质成本与西格玛水平间存在着统计规律,可参见表 10-1(数据源于美国)。由此可见,要提高质量水平,就要千方百计地降低劣质成本。

表 10-1 劣质成本与西格玛水平

2σ 水平	劣质成本占销售额的 25%～35%
3σ 水平	劣质成本占销售额的 15%～25%
4σ 水平	劣质成本占销售额的 10%～15%
5σ 水平	劣质成本占销售额的 5%～10%
6σ 水平	劣质成本占销售额的 1%～5%

每个组织和企业都有成本核算,从这个意义上说,只要想改进业绩就要不断减少劣质成本占销售额的比率。六西格玛管理就是一个务实、有效的途径。因此,六西格玛质量从经济意义上讲,对每一个欲改进其业绩的企业都适用。

10.2.2 劣质成本组成与分析

劣质成本组成,如图 10-2 所示。

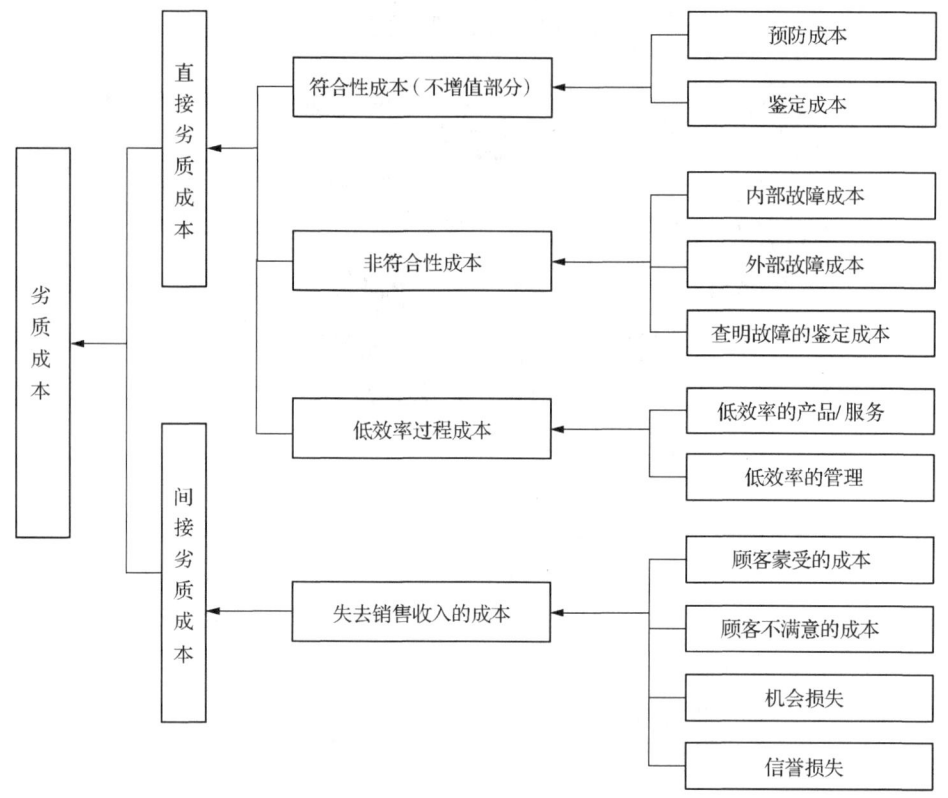

图 10-2 劣质成本组成

劣质成本由直接劣质成本和间接劣质成本两部分组成。第一部分由符合性成本中的不增值部分、非符合性成本及低效率过程成本组成;第二部分是间接劣质成本,也就是由失去销售收入的成本构成。现对间接劣质成本做一些分析。

间接劣质成本由以下四个主要部分组成:
(1) 顾客蒙受的劣质成本;
(2) 顾客不满意引起的劣质成本;
(3) 信誉损失引起的劣质成本;
(4) 机会损失引起的劣质成本。

间接劣质成本不能在企业的会计账本上直接反映(测量),但它是一种机会损失。

10.2.2.1 顾客蒙受的劣质成本

一个组织提供的产品或服务不能达到顾客期望时,就会发生顾客蒙受的劣质成本。典型的顾客蒙受的劣质成本是:
(1) 当产品发生故障时产生的生产率损失;

(2) 因返回有差错的商品而花费的旅费和时间；
(3) 由于产品故障而加班弥补生产进度；
(4) 过了保修期后的维修费用；
(5) 准备备用设备，在常规设备发生故障时可以保证正常经营。

有必要将劣质成本体系运用到差错给顾客造成的影响上。顾客蒙受的损失常常大大超过组织修复故障的成本。设想一下，一个 10 岁的男孩发现在圣诞树下有一辆崭新的红白相间的自行车时，他会有多么高兴啊。然而当他和父亲一起拼装自行车时却发现前轮上少了一颗螺母。结果，为了让孩子能骑上新车，这位父亲只好赶到车行，以得到这个螺母，然后再赶回家——整整浪费 1 h 的宝贵时间以及往返劳途 24 英里。对车行来说，它的修复成本只有一个 5 美分的螺母；而对这个顾客来说，损失超过 300 倍。

10.2.2.2 顾客不满意引起的劣质成本

图 10-3 根据收入损失和产品质量水平，描绘了顾客不满意引起的劣质成本变化。在曲线的左边，你可以注意到仅仅很小的质量水平改进就能导致收入损失急剧降低。这条曲线反映了顾客头脑中的不满意程度。一旦质量达到顾客可接受的水平，该曲线就变得平缓了。组织必须持续付出努力来评估顾客的期望以使组织的输出保持在图 10-3 曲线的右侧。该组织必须与时俱进，因为曲线会持续向右移动（顾客的期望一直在提高）。

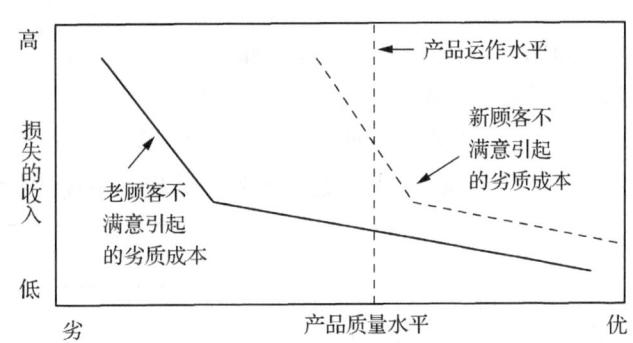

图 10-3 顾客不满意引起的劣质成本变化

10.2.2.3 信誉损失引起的劣质成本

信誉损失引起的劣质成本是比前两项劣质成本更难测量和预测的。信誉损失引起的劣质成本和顾客不满意引起的劣质成本有很大不同，那是因为信誉损失引起的劣质成本反映了顾客对组织的印象而不是对个别产品线的印象。信誉损失引起的劣质成本必须被认为是对所有产品线的全面影响。有理由认为这是一个很好的经营行为；将基于不同期望绩效的产品作分类分布并给予不同的商标。

10.2.2.4 机会损失引起的劣质成本

错误的判断或劣质输出造成组织不能利用机会，因此机会损失成本是组织没意识到的费用相联系的。例如，一项 300 美元的建议没有被接受，该组织失去了 100 万美元的合同。那就是 100 万美元的机会损失。还有例子：你的顾客放弃你而去你竞争对手处。每个流失的顾客都代表着机会损失成本。理解并考虑我们失去一个顾客的损失，这是非常重要的。

10.2.3 分析劣质成本的作用

劣质成本提供了一个非常有益的工具，以货币语言描述质量损失的影响。

(1) 获得管理层的关注——以"金钱"作为语言与管理者交流,这样能提供管理者与他们相关的信息。它使质量从抽象概念到具体化,使质量能和成本、进度处于同样重要的地位。

(2) 改变员工对差错的观念——当员工发现一个有差错的齿轮报废时,如果没有考虑劣质成本,就会把废品当损失一小片金属;而如果考虑劣质成本,他就会意识到这是几十美元的损失。员工必须认识到他们的失误造成的损失。

(3) 能使解决问题的努力得到更大的回报——劣质成本使问题金钱化,以使纠正措施能够直接作用到问题的关键并得到最大的回报。

(4) 提供了方法来测量纠正措施及过程改进变革造成的实际影响——通过聚焦于全面过程的劣质成本,以达到最优。

(5) 提供了一个简单的、容易理解的方法来测量劣质成本对组织造成的后果;并且提供了一个有效的途径来测量质量改进过程(活动)的影响。

(6) 近年来管理者已经意识到:所有部门(包括蓝领与白领)都会产生差错。很多研究指出,脑力劳动劣质成本占那些部门总付出的35%～80%,这还没有考虑间接劣质成本,因此需要重视将劣质成本运用于脑力劳动领域。

(7) 公司会探索降低企业劣质成本的机会和途径,结合了解满足顾客不断变化、增长的需求,从两个方面着手,通过六西格玛管理不断提高质量经济性,如图10-4所示。

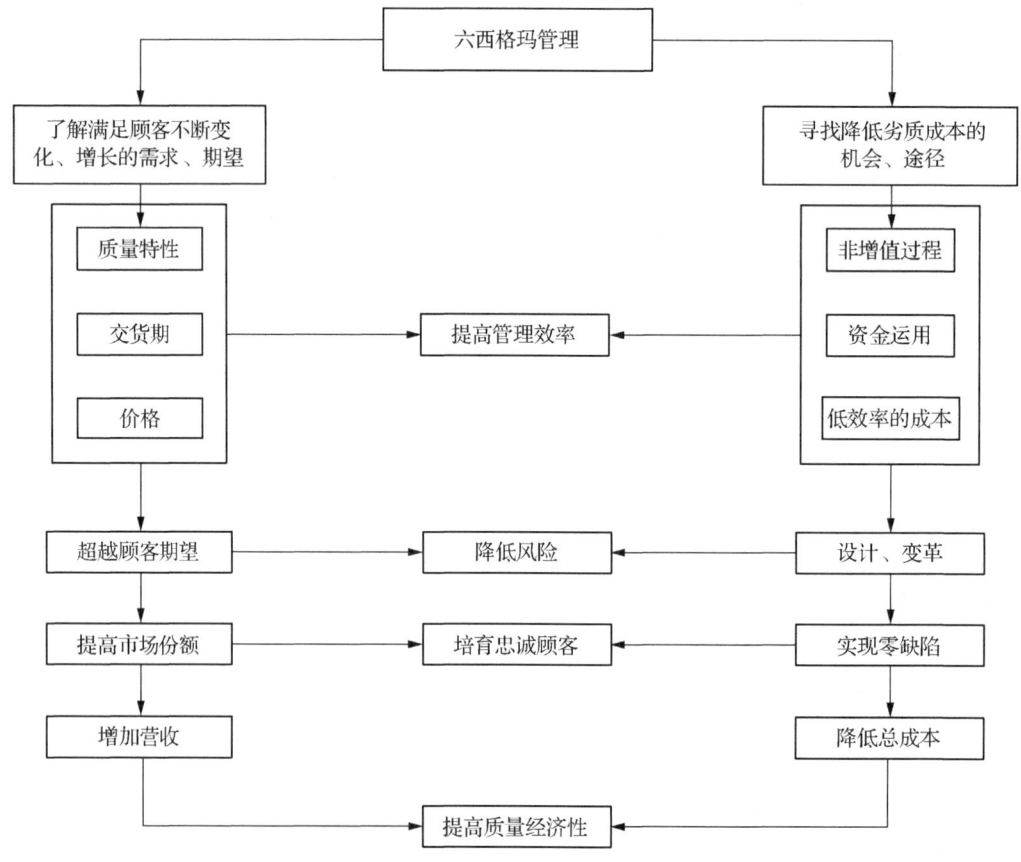

图10-4　六西格玛管理提高质量经济性

10.3 质量成本与劣质成本的区别

质量成本与劣质成本都与质量密切相联系,是质量管理的重要方法,但它们又基于不同的质量理念、处于不同的时代,有着较大的区别,其主要区别在于以下几个方面。

10.3.1 设置目的

质量成本设置的目的是为了用于质量的成本优化,使预防成本、鉴定成本和故障成本(包括外部故障成本与内部故障成本)之总和最小,使预防成本、鉴定成本和故障成本保持合理的最佳结构。其观点建立在这样的认识基础上:质量越高,所花费的成本越高。为维持或提高质量水平,避免产生故障成本,必须付出一定的成本费用,并使两者之间取得有效平衡。

劣质成本设置的目的是为了降低不必要的成本开支,使企业获得更高的收益,使顾客得到更多的利益。劣质成本建立在这样的认识基础上:质量高了,成本会降低。

质量成本和劣质成本是两种质量观的体现,质量成本反映了传统质量观,劣质成本代表着现代质量观。

10.3.2 成本构成

成本构成服从于成本设置的目的。

质量成本的构成分为四类:预防成本(预防故障的费用)、鉴定成本(为评定产品是否符合质量要求而进行的试验、检验和检查费用)、内部故障成本(交货前因产品未能满足质量要求而发生的费用)和外部故障成本(交货后因产品未能满足质量要求而发生的费用)。此外,也有专家将外部质量保证成本(为用户的特殊要求而增加的认证、试验和管理费用)列为质量成本。

质量成本还可分为符合性成本和非符合性成本。符合性成本是指现有的过程没有故障而能满足顾客所有明示或隐含的需求所发生的费用。非符合性成本是指现有过程的故障所发生的费用。

劣质成本一般可分为直接劣质成本,包括符合性成本(包括不增值的预防成本、不增值的鉴定成本)、非符合性成本(包括外部故障成本、内部故障成本、查明故障的鉴定成本),以及低效率过程成本。还有间接劣质成本,包括企业信誉损失成本、顾客蒙受的成本、顾客不满意的成本和机会损失成本。所谓低效率过程成本,是指即使满足了需要和要求时仍有可能发生的但却是可以避免的过程损失,如多余的操作、重复的作业、低效或无效的服务和管理。所谓机会损失成本,是指如果没有缺陷就不会发生的费用,或者可以减少的费用由于没有努力去采取措施而导致增加的费用。顾客蒙受的成本是指顾客在使用产品或服务的过程中,给顾客所造成的各种额外的费用及负担,它的增加或超过顾客的承受能力,就会失去忠诚的顾客而使企业蒙受损失。

10.3.3 基本依据

质量成本是依据企业财务的成本活动结果,它将成本中与质量有关的要素独立出来,然后将其分类为四种质量成本,从这些成本及其构成的变化趋势进行分析,从中找出原因,加以改进。

劣质成本是依据企业生产过程的有效性和增值性,通过对过程的各个环节、作业进行分析,找出那些环节、作业对产品或服务是不增值的,把这些无效劳动甚至是有害的环节和作业剔除掉,这样便减少了总的劳动费用支出,从而降低了成本。

10.3.4 分析方法

质量成本依据财务部门提供的现成数据,对各类质量成本的变化趋势进行分析,研究改进的途径,不去考虑这些数据所反映的效率,不研究数据背后所隐藏着的潜力。

劣质成本对财务数据进行深层次的研究和分析。考察数据所反映的服务效率和管理效率,通常要考虑时间因素、资源要素、程序因素、环境因素、管理因素等。比如,对质量特性值的偏离状况,即使不超出规格限,也要分析偏离的影响及可能造成的损失。

10.3.5 研究重点

质量成本对现有的数据进行分析,而对现有数据之外的问题不作考虑,因此失去许多机会,限制了其作用的发挥。劣质成本不仅重视质量成本的现有数据,对现有数据之外的问题,特别是对各种可能的机会都予以关注。它寻找一切可以改进的机会,采取一切可能的手段,实施质量改进,以降低成本,获取效益。

10.3.6 资金运用

质量成本侧重于成本范围,对资金考虑较少。企业对资金的关注是相当重要的,所有市场经济条件下的企业领导者无一例外。资金占用少,可以节省财务费用(减少银行利息),或者将少占用的资金投向其他方面而获得投资回报。周转快,就能获得更多的效益,如果产品的资金利润率为1%,1年周转5次,即年资金利润率为5%,若周转10次则资金利润率为10%,这就是效益。劣质成本对资金运用则非常重视,对库存产品、材料、备件及资金周转等常常作为重要的六西格玛项目。

10.3.7 关注焦点

质量成本主要站在企业的立场上,使企业的成本降低下来。劣质成本是将顾客的利益和企业的利益综合考虑,既要维护企业效益,更要注重顾客利益。通过使顾客得到更多利益的过程而使企业获得更大的效益。因为只有使顾客得到较多的实惠,企业才能得到更多的回报。劣质成本研究顾客成本(顾客在使用产品和享受服务的全过程中所付出的货币形态的支出和精神形态的支出),研究顾客价值(顾客在购买产品和服务后所获得的全部使用价值及精神享受),并且与竞争者相比较,能使顾客以最少的顾客成本获得最大的顾客价值。

10.3.8 风险考虑

由于经济全球化和科学技术的迅猛发展,资源整合进程不断加速,企业所面临的机遇越来越多,同时风险也越来越大,比如投资风险、资金风险、汇率风险、信用风险、环境风险、政策风险、变革风险、市场风险、创新风险等。质量成本属于理财会计,它承担记账、算账、报账的功能,它对企业所面临的风险,通常无法进行分析、预测、预警,更不能加以防范。而劣质成本的重要职能之一,对企业可能出现或可能遭遇的风险,都将进行分析、判断,进行预测和预报,并采取针对性的措施予以防范,将风险降低到最小的程度。同时,在六西格玛管理过程中,项目的选择、过程的改进、变革的实施也都存在着风险,六西格玛管理发展到六西格玛设计(DFSS),改进模式,从 DMAIC 发展到 DMADV.IDDOV,其动力在于对风险的判断、分析、预测,并使之减少到最低。

从以上分析可以看到,质量成本是与全面质量管理相联系的,劣质成本是与六西格玛管理相联系的,劣质成本是对质量成本的继承、发展和进步,它依据广义的质量概念,体现了现代质量观,追求顾客利益和企业效益的统一。其特点是:着眼过程,注重增值,把握机会,关注顾客。由于其理念和方法易为企业管理者所接受,因而具有较强的生命力,具有广阔的运用前景。

10.4 六西格玛项目的效益评估

六西格玛管理中常用的过程绩效评价指标有:DPU、DPMO 和西格玛水平、合格率、流通合格率。

(1) 最终合格率(Process Final Yield,PFY)。最终合格率是过程的最后的合格率,通常是指通过检验的最终合格单位数占过程全部生产单位数的比率。但是,此种质量评价方法不能计算该过程的输出在通过最终检验前发生的返工、返修或报废的损失。这里我们把返工等叫作"隐蔽工厂"(Hidden Factory)。隐蔽工厂出现在制造过程,同时也出现在服务过程。

(2) 首次合格率(First Time Yield,FTY)。首次合格率是一次就将事情做对,由没有经返工便通过的过程输出单位数而计算出的合格率。

(3) 流通合格率(Rolled Throughput Yield,RTY)。流通合格率是构成过程的每个子过程的 FTY 的乘积。表明由这些子过程构成的大过程的一次提交合格率。

$$RTY = FTY_1 \times FTY_2 \times \cdots \times FTY_n$$

式中 FTY_n——各子过程的首次合格率;

n——子过程的个数。

RTY 准确地反映出了生产的效率和成本,也揭示了生产中存在的浪费问题,这就显示出了 RTY 的优越性。

流通合格率就是一种能够找出隐蔽工厂的地点和数量的度量方法。

过程最终合格率与流通合格率的区别是:RTY 充分考虑了过程中子过程的存在,即隐蔽工厂的因素。若过程有 n 个子过程,而子过程的合格率分别为 $y_1, y_2, \cdots, y_n (i=1, 2, \cdots, n)$,则 $RTY = y_1 \times y_2 \times \cdots \times y_n = \prod_{i=1}^{n} y_i (i=1, 2, \cdots, n)$,这样,就充分考虑了过程中各子过程的因素,比较客观地反映了过程运作的实际。

流通合格率(RTY)计算实例:

【例 10-1】 某生产过程,计划目标为 1 000 单元,过程包含五个子过程步骤,每个步骤都有独立的合格率 $(y_i)(i=1, 2, \cdots, 5)$,分别计算 PFY 和 RTY(见图 10-5)。

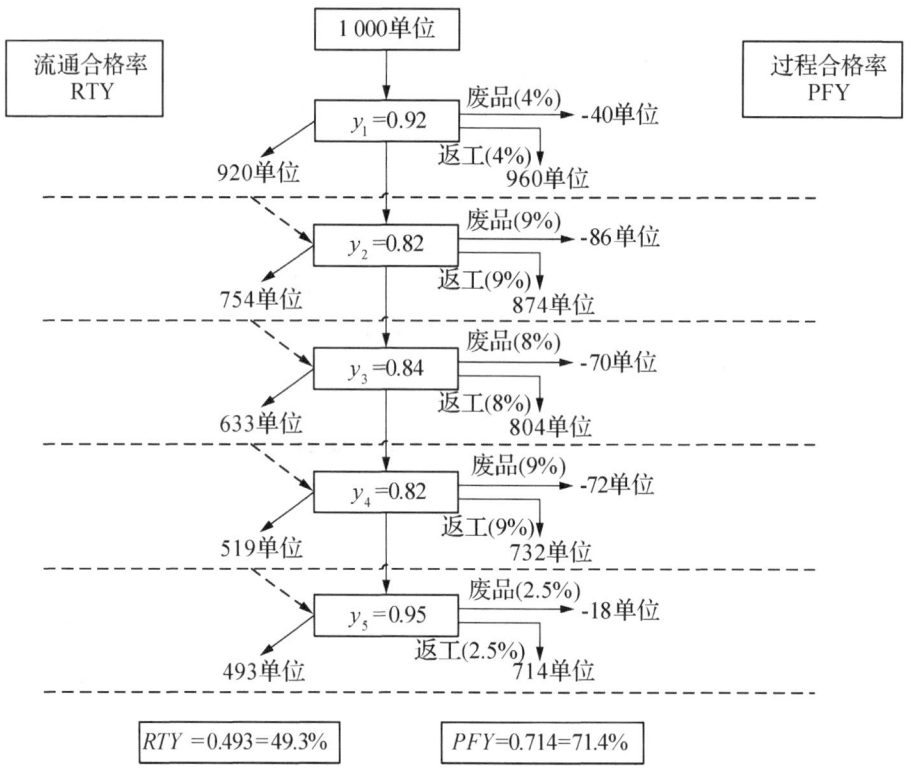

图 10-5 流通合格率(RTY 计算实例)

本例中 RTY 也可以这样计算:

$$RTY = y_1 \times y_2 \times y_3 \times y_4 \times y_5$$
$$= 0.92 \times 0.82 \times 0.84 \times 0.82 \times 0.95$$
$$= 0.493 = 49.3\%$$

在图 10-5 中左边,我们发现通过每一个过程的单位数自 1 000 逐渐递减至 920,754,633,519 直至 493 单位。这是因为我们把每一个子过程的合格率直接应用到进入每一过程工作单元的单位数,由此得到结果。当 1 000 位投入子过程 y_1 时,只有 920 位不需要任何形式的返工或再处理。在图 10-5 的右边,我们可以看到,这 80 单位的去向:40 单位成为废品,40 单位需要返工,因此重新回到生产循环。为简化起见,我们假定所有返工的产品都能通过检验,进入下一阶段,而且每一过程的返工与废品的比率都相等。在第一个子过程 y_1 中,共 920 单位免于返工及报废,进入第二个子过程 y_2(其合格率 82%),得到 754 个合格的在制产品……如此继续运作,直到完成所有五个子过程步骤,得到 493 个合格品,其流通合格率(RTY0)为 49.3%。

图 10-5 的右边则说明如何计算 PFY,在第一个子过程中,原 1 000 个投入单位减少为 960,因为其中 40 单位成为废品无法返工,重新加工后的返工单位(4%,即 40 单位)最终回到库存,并计入合格品。唯一减少的部分为废品(40 单位),以至于过程 y_1 的合格率只有 96%,或 960 单位,类推至第五个子过程,过程的合格率降为 71.4%。

见图 10-5 中,两种方法计算的合格率分别为 71.4% 与 49.3%,企业的会计制度通常未能计入返工部分,以致实际估算的价值偏高。在我们的演算过程中,返工部分往往被一般企业所忽略,因此称为"隐蔽工厂"。

总之,流通合格率 RTY 旨在提高企业的"过程质量"能力,过程合格率则是衡量企业的"制造能力"。在一个多重步骤的过程中,每一过程的合格率可能都很高(如都在 90% 以上),但流通合格率却只有 50% 或更低,RTY 为 50%,表示每两个投入单位只有一个单位在整个过程中一次做对,无须返工或变成废品,对于过程绩效的诠释更具洞察力。

第三部分 质量设计与应用篇

第11章
质量管理体系与六西格玛设计

为求得生存和发展,必须积极、有效地开展质量管理活动,这是成功企业的共识,也是发达国家的一些政府长期探索的结论。质量管理不再是企业的"专利",政府及一些公共组织也开始开展质量管理活动。为便于理解,本章从企业的角度介绍质量管理的基本概念,这些概念同样适用于公共组织。

11.1 质量管理与质量管理体系

11.1.1 质量管理

质量管理(Quality Management)是组织为了使其产品质量能满足不断更新的顾客质量要求而开展的策划、组织、计划、实施、检查、改进等管理活动的总和,是组织中各级管理者的职责,其具体实施涉及企业内的所有职工,但必须由组织的最高管理者领导。由于组织环境的多变性和对组织发展的导向性,组织的全部质量管理活动都必须围绕着与顾客和社会需求相适应、与满足顾客要求相吻合的质量目标来进行,全面有效地实施质量保证和质量控制,并讲求质量管理活动的经济效果,使组织的各相关方的利益都得到满足。

在总结前人成果的基础上,2000 版 ISO 9000 族标准将质量管理定义为:在质量方面指挥和控制组织的协调的活动。这些在质量管理方面的指挥和控制活动通常包括制定质量方针和质量目标以及质量策划、质量控制、质量保证和质量改进。为此,组织必须有一个健全的管理体系来支持质量管理。

在开展质量管理活动比较成熟的企业,"顾客是上帝"已经不仅仅是口号,而是在质量管理实践中认真贯彻的指导思想和工作理念。由此,企业的质量目标就非常清晰,那么,其质量管理活动就是有效配置资源、更好实现企业质量目标的过程。如果能够把"顾客是上帝"的理念引入公共部门,就能帮助他们很好地认识他们的质量目标,从而使得公共资源得到更有效的配置,社会的发展更加和谐和美满。所以,从管理学理论和实践出发,质量管理就是有效配置资源更好实现组织质量目标的过程。

11.1.2 质量管理体系

质量管理体系是组织内部建立的、为实现质量目标所必需的、系统的质量管理模式,是组织的一项战略决策。它将资源与过程结合,以过程管理方法进行的系统管理,根据企业特点选用若干体系要素加以组合,一般包括与管理活动、资源提供、产品实现以及测量、分析与改进活动相关的过程组成,可以理解为涵盖了从确定顾客需求、设计研制、生产、检验、销售到交付之前全过程的策划、实施、监控、纠正与改进活动的要求,一般以文件化的方式成为组织内部质量管理工作的要求。

针对质量管理体系的要求,国际标准化组织的质量管理和质量保证技术委员会制定了 ISO 9000 族系列标准,以适用于不同类型、产品、规模与性质的组织。该类标准由若干相互关联或补充的单个标准组成,其中为大家所熟知的是 ISO 9001《质量管理体系 要求》,它提出的要求是对产品要求的补充,经过数次的改版。在此标准基础上,不同的行业又制定了相应的技术规范,如 IATF 16949《汽车生产件及维修零件组织应用 ISO 9001:2015 的特别要求》、ISO 13485《医疗器械 质量管理体系 用于法规的要求》等。

ISO 9001:2015 标准是由 ISO(国际标准化组织)/TC176/SC2 质量管理和质量保证技术委员会质量体系分委员会制定的质量管理系列标准之一。

八项质量管理原则是最高领导者用于领导组织进行业绩改进的指导原则,是构成 ISO 9000族系列标准的基础,包括:① 以顾客为关注焦点;② 领导作用;③ 全员参与;④ 过程方法;⑤ 管理的系统方法;⑥ 持续改进;⑦ 基于事实的决策方法;⑧ 与供方互利的关系。

11.1.2.1 体系特性

(1) 符合性。欲有效开展质量管理,必须设计、建立、实施和保持质量管理体系。组织的最高管理者对依据 ISO 9001 国际标准设计、建立、实施和保持质量管理体系的决策负责,对建立合理的组织结构和提供适宜的资源负责;管理者代表和质量职能部门对形成文件的程序的制定和实施、过程的建立和运行负直接责任。

(2) 唯一性。质量管理体系的设计和建立,应结合组织的质量目标、产品类别、过程特点和实践经验。因此,不同组织的质量管理体系有不同的特点。

(3) 系统性。质量管理体系是相互关联和作用的组合体,包括:① 组织结构——合理的组织机构和明确的职责、权限及其协调的关系;② 程序——规定到位的形成文件的程序和作业指导书,是过程运行和进行活动的依据;③ 过程——质量管理体系的有效实施,是通过其所需过程的有效运行来实现的;④ 资源——必需、充分且适宜的资源,包括人员、资金、设施、设备、料件、能源、技术和方法。

(4) 全面有效性。质量管理体系的运行应是全面有效的,既能满足组织内部质量管理的要求,又能满足组织与顾客的合同要求,还能满足第二方认定、第三方认证和注册的要求。

(5) 预防性。质量管理体系应能采用适当的预防措施,有一定的防止重要质量问题发生的能力。

(6) 动态性。最高管理者定期批准进行内部质量管理体系审核,定期进行管理评审,以改进质量管理体系;还要支持质量职能部门(含车间)采用纠正措施和预防措施改进过程,从而完善体系。

(7) 持续受控。质量管理体系所需求过程及其活动应持续受控。

质量管理体系应最佳化,组织应综合考虑利益、成本和风险,通过质量管理体系持续有效运行使其最佳化。

11.1.2.2 体系特点

(1) 它代表现代企业或政府机构思考如何真正发挥质量的作用和如何最优地做出质量决策的一种观点;

(2) 它是深入细致的质量文件的基础;

(3) 质量体系是使公司内更为广泛的质量活动能够得以切实管理的基础;

(4) 质量体系是有计划、有步骤地把整个公司主要质量活动按重要性顺序进行改善的基础。

任何组织都需要管理。当管理与质量有关时,则为质量管理。质量管理是在质量方面指挥和控制组织的协调活动,通常包括制定质量方针、目标以及质量策划、质量控制、质量保证和质量改进等活动。实现质量管理的方针目标,有效地开展各项质量管理活动,必须建立相应的管理体系,这个体系就叫质量管理体系。它可以有效进行质量改进。ISO 9000 是国际上通用的质量管理体系。由于企业间的差异,每个企业都有其自己的质量方针和质量目标,因而质量管理体系的内容应以满足质量目标的需要为准,为满足实施质量管理的需要而设计。为了使质量管理活动规范化、程序化,并充分考虑企业内外影响质量的每一个过程,企业应根据顾客需要并结合自己的生产和经营特点、产品类型、技术和设备能力等具体情况按 2015 版 ISO 9001 建议的质量管理体系要求,建立、健全一个完善的企业质量管理体系,并使其有效运行。这不仅是企业自身健康发展的需要,也是满足各利益相关方需要和取得顾客信任的基本要求。

可以说,一个企业建立后就存在质量管理活动,这已经在客观上形成了一个质量管理体系。当然,其满足需要和完善的程度各不相同。因此,企业的重要任务是根据其质量目标不断地健全、完善其质量管理体系,从而提高企业的质量管理水平和更好地实现企业绩效。

运输部门开展质量管理,同样需要一个完善的质量管理体系的支持。由于客观存在的体制、机制上的差异,运输部门必须根据公众的需要和社会发展的要求,结合自己的特点来建立、健全其质量管理体系。ISO 9000 族标准是帮助运输部门完善其质量管理体系的有效依据,但并不是必须遵循的规定。根据自己的具体情况,参照 ISO 9000 族标准建立了自己的质量管理体系,对于提高质量和满足需求有积极的推动作用。一些取得很好绩效的组织,已经成为同行学习的标杆。但是,与企业不同,运输部门在建立质量管理体系方面遇到许多来自体制、机制方面的挑战。目前,在运输部门建立一整套有效的质量管理体系的案例并不多见,许多环节还在探索和研究过程中。

11.1.3　ISO 9001:2015 标准

11.1.3.1　范围

本标准为有下列需求的组织规定了质量管理体系要求：

(1) 需要证实其具有稳定地提供满足顾客要求和适用法律法规要求的产品和服务的能力；

(2) 通过体系的有效应用，包括体系持续改进的过程，以及保证符合顾客和适用的法律法规要求，旨在增强顾客满意。

注 1：在本标准—中，术语"产品"仅适用于：

(1) 预期提供给顾客或顾客所要求的商品和服务；

(2) 运行过程所产生的任何预期输出。

注 2：法律法规要求可称作为法定要求。

11.1.3.2　规范性引用文件

下列文件中的条款通过本标准的引用而构成本标准的条款。凡是注日期的引用文件，只有引用的版本适用。

凡是不注日期的引用文件，其最新版本(包括任何修订)适用于本标准。

11.1.3.3　术语和定义

本标准采用 ISO 9000:2015 中所确立的术语和定义。

11.1.3.4　组织的背景环境

1. 理解组织及其背景环境

组织应确定外部和内部那些与组织的宗旨、战略方向有关、影响质量管理体系实现预期结果的能力的事务。

需要时，组织应更新这些信息。

在确定这些相关的内部和外部事宜时，组织应考虑以下方面：

(1) 可能对组织的目标造成影响的变更和趋势；

(2) 与相关方的关系，以及相关方的理念、价值观；

(3) 组织管理、战略优先、内部政策和承诺；

(4) 资源的获得和优先供给、技术变更。

注 1：外部环境，可以考虑法律、技术、竞争、文化、社会、经济和自然环境方面，不管是国际、国家、地区或本地。

注 2：内部环境，可以考虑组织的理念、价值观和文化。

2. 理解相关方的需求和期望

组织应确定：

(1) 与质量管理体系有关的相关方；

(2) 相关方的要求。

组织应更新以上确定的结果,以便于理解和满足影响顾客要求和顾客满意度的需求和期望。组织应考虑以下相关方:

(1) 直接顾客;

(2) 最终使用者;

(3) 供应链中的供方、分销商、零售商及其他;

(4) 立法机构;

(5) 其他。

注:应对当前的和预期的未来需求可导致改进和变革机会进行识别。

3. 确定质量管理体系的范围

组织应界定质量管理体系的边界和应用,以确定其范围。在确定质量管理体系范围时,组织应考虑:

(1) 标准 11.1.3.4 条款中提到的内部和外部事宜;

(2) 标准 11.1.3.4 条款的要求。

质量管理体系的范围应描述为组织所包含的产品、服务、主要过程和地点。

描述质量管理体系的范围时,对不适用的标准条款,应将质量管理体系的删减及其理由形成文件。

删减应仅限于标准第 11.1.3.7 和 11.1.3.8 章节,且不影响组织确保产品和服务满足要求和顾客满意的能力和责任。过程外包不是正当的删减理由。

注:外部供应商可以是组织质量管理体系之外的供方或兄弟组织。

质量管理管理体系范围应形成文件。

4. 质量管理体系

(1) 总则。组织应按本标准的要求建立质量管理体系、过程及其相互作用,加以实施和保持,并持续改进。

(2) 过程方法。组织应将过程方法应用于质量管理体系。组织应:

① 确定质量管理体系所需的过程及其在整个组织中的应用;

② 确定每个过程所需的输入和期望的输出;

③ 确定这些过程的顺序和相互作用;

④ 确定产生非预期的输出或过程失效对产品、服务和顾客满意带来的风险;

⑤ 确定所需的准则、方法、测量及相关的绩效指标,以确保这些过程的有效运行和控制;

⑥ 确定和提供资源;

⑦ 规定职责和权限;

⑧ 实施所需的措施以实现策划的结果;

⑨ 监测、分析这些过程,必要时变更,以确保过程持续产生期望的结果;

⑩ 确保持续改进这些过程。

11.1.3.5 领导作用

1. 领导作用与承诺

(1) 针对质量管理体系的领导作用与承诺。最高管理者应通过以下方面证实其对质量管理体系的领导作用与承诺：

① 确保质量方针和质量目标得到建立，并与组织的战略方向保持一致；
② 确保质量方针在组织内得到理解和实施；
③ 确保质量管理体系要求纳入组织的业务运作；
④ 提高过程方法的意识；
⑤ 确保质量管理体系所需资源的获得；
⑥ 传达有效的质量管理以及满足质量管理体系、产品和服务要求的重要性；
⑦ 确保质量管理体系实现预期的输出；
⑧ 吸纳、指导和支持员工参与对质量管理体系的有效性做出贡献；
⑨ 增强持续改进和创新；
⑩ 支持其他的管理者在其负责的领域证实其领导作用。

(2) 针对顾客需求和期望的领导作用与承诺。最高管理者应通过以下方面，证实其针对以顾客为关注焦点的领导作用和承诺：

① 可能影响产品和服务符合性、顾客满意的风险得到识别和应对；
② 顾客要求得到确定和满足；
③ 保持以稳定提供满足顾客和相关法规要求的产品和服务为焦点；
④ 保持以增强顾客满意为焦点。

注：本标准中的"业务"可以广泛地理解为对组织存在的目的很重要的活动。

2. 质量方针

最高管理者应制定质量方针，方针应：

(1) 与组织的宗旨相适应；
(2) 提供制定质量目标的框架；
(3) 包括对满足适用要求的承诺；
(4) 包括对持续改进质量管理体系的承诺。

质量方针应：

(1) 形成文件；
(2) 在组织内得到沟通；
(3) 适用时，可为相关方所获取；
(4) 在持续适宜性方面得到评审。

注：质量管理原则可作为质量方针的基础。

3. 组织的作用、职责和权限

最高管理者应确保组织内相关的职责、权限得到规定和沟通。

最高管理者应对质量管理体系的有效性负责，并规定职责和权限以便：

(1) 确保质量管理体系符合本标准的要求；

(2) 确保过程相互作用并产生期望的结果；
(3) 向最高管理者报告质量管理体系的绩效和任何改进的需求；
(4) 确保在整个组织内提高满足顾客要求的意识。

11.1.3.6 策划

1. 风险和机遇的应对措施

策划质量管理体系时,组织应考虑 11.1.3.4 条款的要求,确定需应对的风险和机遇,以便：

(1) 确保质量管理体系实现期望的结果；
(2) 确保组织能稳定地实现产品、服务符合要求和顾客满意；
(3) 预防或减少非预期的影响；
(4) 实现持续改进。

组织应策划：
(1) 风险和机遇的应对措施；
(2) 如何在质量管理体系过程中纳入和应用这些措施；
(3) 评价这些措施的有效性。

采取的任何风险和机遇的应对措施都应与其对产品、服务的符合性和顾客满意的潜在影响相适应。

注：可选的风险应对措施包括风险规避、风险降低、风险接受等。

2. 质量目标及其实施的策划

组织应在相关职能、层次、过程上建立质量目标。

质量目标应：
(1) 与质量方针保持一致；
(2) 与产品、服务的符合性和顾客满意相关；
(3) 可测量(可行时)；
(4) 考虑适用的要求；
(5) 得到监测；
(6) 得到沟通；
(7) 适当时进行更新。

组织应将质量目标形成文件。

在策划目标的实现时,组织应确定：
(1) 做什么；
(2) 所需的资源；
(3) 责任人；
(4) 完成的时间表；
(5) 结果如何评价。

3. 变更的策划

组织应确定变更的需求和机会,以保持和改进质量管理体系绩效。

组织应有计划、系统地进行变更，识别风险和机遇，并评价变更的潜在后果。

注：变更控制的特定要求在第11.1.3.8条款规定。

11.1.3.7 支持

1. 资源

（1）总则。组织应确定、提供为建立、实施、保持和改进质量管理体系所需的资源。

组织应考虑：

① 现有的资源、能力、局限；

② 外包的产品和服务。

（2）基础设施。组织应确定、提供和维护其运行和确保产品、服务符合性和顾客满意所需的基础设施。

注：基础设施可包括：

① 建筑物和相关的设施；

② 设备（包括硬件和软件）；

③ 运输、通讯和信息系统。

（3）过程环境。组织应确定、提供和维护其运行和确保产品、服务符合性和顾客满意所需的过程环境。

注：过程环境可包括物理的、社会的、心理的和环境的因素（如温度、承认方式、人因工效、大气成分）。

（4）监视和测量设备。组织应确定、提供和维护用于验证产品符合性所需的监视和测量设备，并确保监视和测量设备满足使用要求。

组织应保持适当的文件信息，以提供监视和测量设备满足使用要求的证据。

注1：监视和测量设备可包括测量设备和评价方法（如调查问卷）。

注2：对照能溯源到国际或国家标准的测量标准，按照规定的时间间隔或在使用前对监视和测量设备进行校准和（或）检定。

（5）知识。组织应确定质量管理体系运行、过程，确保产品和服务符合性及顾客满意所需的知识。这些知识应得到保持、保护，需要时便于获取。

在应对变化的需求和趋势时，组织应考虑现有的知识基础，确定如何获取必需的更多知识。

2. 能力

组织应：

（1）确定在组织控制下从事影响质量绩效工作的人员所必要的能力；

（2）基于适当的教育、培训和经验，确保这些人员是胜任的；

（3）适用时，采取措施以获取必要的能力，并评价这些措施的有效性；

（4）保持形成文件的信息，以提供能力的证据。

注：适当的措施可包括提供培训、辅导、重新分配任务、招聘胜任的人员等。

3. 意识

在组织控制下工作的人员应意识到：

(1) 质量方针；

(2) 相关的质量目标；

(3) 他们对质量管理体系有效性的贡献，包括改进质量绩效的益处；

(4) 偏离质量管理体系要求的后果。

4. 沟通

组织应确定与质量管理体系相关的内部和外部沟通的需求，包括：

(1) 沟通的内容；

(2) 沟通的时机；

(3) 沟通的对象。

5. 形成文件的信息

(1) 总则。组织的质量管理体系应包括：

① 本标准所要求的文件信息；

② 组织确定的为确保质量管理体系有效运行所需的形成文件的信息。

注：不同组织的质量管理体系文件的多少与详略程度可以不同，取决于：

① 组织的规模、活动类型、过程、产品和服务；

② 过程及其相互作用的复杂程度；

③ 人员的能力。

(2) 编制和更新。在编制和更新文件时，组织应确保适当的：

① 标识和说明（如标题、日期、作者、索引编号等）；

② 格式（如语言、软件版本、图示）和媒介（如纸质、电子格式）；

③ 评审和批准以确保适宜性和充分性。

(3) 文件控制。质量管理体系和本标准所要求的形成文件的信息应进行控制，以确保：

① 需要文件的场所能获得适用的文件；

② 文件得到充分保护，如防止泄密、误用、缺损。

适用时，组织应进行以下文件控制活动：

① 分发、访问、回收、使用；

② 存放、保护，包括保持清晰；

③ 更改的控制（如版本控制）；

④ 保留和处置。

组织所确定的策划和运行质量管理体系所需的外来文件应确保得到识别和控制。

注："访问"指仅得到查阅文件的许可，或授权查阅和修改文件。

11.1.3.8 运行

1. 运行策划和控制

组织应策划、实施和控制满足要求和标准第 11.1.3.6 条确定的措施所需的过程，包括：

(1) 建立过程准则；

(2) 按准则要求实施过程控制；

(3) 保持充分的文件信息，以确信过程按策划的要求实施。

组织应控制计划的变更,评价非预期的变更的后果,必要时采取措施减轻任何不良影响。组织应确保由外部供方实施的职能或过程得到控制。

注:组织的某项职能或过程由外部供方实施,通常称作为外包。

2. 市场需求的确定和顾客沟通

(1) 总则。组织应实施与顾客沟通所需的过程,以确定顾客对产品和服务的要求。

注1:"顾客"指当前的或潜在的顾客;

注2:组织可与其他相关方沟通以确定对产品和服务的附加要求。

(2) 与产品和服务有关要求的确定。适用时,组织应确定:

① 顾客规定的要求,包括对交付及交付后活动的要求;

② 顾客虽然没有明示,但规定的用途或已知的预期用途所必需的要求;

③ 适用于产品和服务的法律法规要求;

④ 组织认为必要的任何附加要求。

注:附加要求可包含由有关的相关方提出的要求。

(3) 与产品和服务有关要求的评审。组织应评审与产品和服务有关的要求。评审应在组织向顾客作出提供产品的承诺(如提交标书、接受合同或订单及接受合同或订单的更改)之前进行,并应确保:

① 产品和服务要求已得到规定并达成一致;

② 与以前表述不一致的合同或订单的要求已予解决;

③ 组织有能力满足规定的要求。

评审结果的信息应形成文件。

若顾客没有提供形成文件的要求,组织在接受顾客要求前应对顾客要求进行确认。若产品和服务要求发生变更,组织应确保相关文件信息得到修改,并确保相关人员知道已变更的要求。

注:在某些情况下,对每一个订单进行正式的评审可能是不实际的,作为替代方法,可对提供给顾客的有关的产品信息进行评审。

(4) 顾客沟通。组织应对以下有关方面确定并实施与顾客沟通的安排:

① 产品和服务信息;

② 问询、合同或订单的处理,包括对其修改;

③ 顾客反馈,包括顾客抱怨;

④ 适用时,对顾客财产的处理;

⑤ 相关时,应急措施的特定要求。

3. 运行策划过程

为产品和服务实现做准备,组织应实施过程以确定以下内容,适用时包括:

(1) 产品和服务的要求,并考虑相关的质量目标;

(2) 识别和应对与实现产品和服务满足要求所涉及的风险相关的措施;

(3) 针对产品和服务确定资源的需求;

(4) 产品和服务的接收准则;

(5) 产品和服务所要求的验证、确认、监视、检验和试验活动;
(6) 绩效数据的形成和沟通;
(7) 可追溯性、产品防护、产品和服务交付及交付后活动的要求。

策划的输出形式应便于组织的运作。

注 1:对应用于特定产品、项目或合同的质量管理体系的过程(包括产品和服务实现过程)和资源作出规定的文件可称之为质量计划。

注 2:组织也可将 11.1.3.8 条款中第 5 项的要求应用于产品和服务实现过程的开发。

4. 外部供应的产品和服务的控制

(1) 总则。组织应确保外部提供的产品和服务满足规定的要求。

注:当组织安排由外部供方实施其职能和过程时,这就意味由外部提供产品和(或)服务。

(2) 外部供方的控制类型和程度。对外部供方及其供应的过程、产品和服务的控制类型和程度取决于:

① 识别的风险及其潜在影响;
② 组织与外部供方对外部供应过程控制的分担程度;
③ 潜在的控制能力。

组织应根据外部供方按组织的要求提供产品的能力,建立和实施对外部供方的评价、选择和重新评价的准则。

评价结果的信息应形成文件。

(3) 提供外部供方的文件信息。适用时,提供给外部供方的形成文件信息应阐述:

① 供应的产品和服务,以及实施的过程;
② 产品、服务、程序、过程和设备的放行或批准要求;
③ 人员能力的要求,包含必要的资格;
④ 质量管理体系的要求;
⑤ 组织对外部供方业绩的控制和监视;
⑥ 组织或其顾客拟在供方现场实施的验证活动;
⑦ 将产品从外部供方到组织现场的搬运要求。

在与外部供方沟通前,组织应确保所规定的要求是充分与适宜的。

组织应对外部供方的业绩进行监视。组织应将监视结果的信息形成文件。

5. 产品和服务的开发

(1) 开发过程。组织应采用过程方法策划和实施产品和服务开发过程。

在确定产品和服务开发的阶段和控制时,组织应考虑:

① 开发活动的特性、周期、复杂性。
② 顾客和法律法规对特定过程阶段或控制的要求。
③ 组织确定的特定类型的产品和服务的关键要求。
④ 组织承诺遵守的标准或行业准则。
⑤ 针对以下开发活动所确定的相关风险和机遇:

a) 开发的产品和服务的特性,以及失败的潜在后果;
　　b) 顾客和其他相关方对开发过程期望的控制程度;
　　c) 对组织稳定的满足顾客要求和增强顾客满意的能力的潜在影响。
　⑥ 产品和服务开发所需的内部和外部资源。
　⑦ 开发过程中的人员和各个小组的职责和权限。
　⑧ 参加开发活动的人员和各个小组的接口管理的需求。
　⑨ 对顾客和使用者参与开发活动的需求及接口管理。
　⑩ 开发过程、输出及其适用性所需的形成文件的信息。
　⑪ 将开发转化为产品和服务提供所需的活动。
　(2) 开发控制。对开发过程的控制应确保:
　① 开发活动要完成的结果得到明确规定;
　② 开发输入应充分规定,避免模棱两可、冲突、不清楚;
　③ 开发输出的形式应便于后续产品生产和服务提供,以及相关监视和测量;
　④ 在进入下一步工作前,开发过程中提出的问题得到解决或管理,或者将其优先处理;
　⑤ 策划的开发过程得到实施,开发的输出满足输入的要求,实现了开发活动的目标;
　⑥ 按开发的结果生产的产品和提供的服务满足使用要求;
　⑦ 在整个产品和服务开发过程及后续任何对产品的更改中,保持适当的更改控制和配置管理。
　(3) 开发的转化。组织不应将开发转化为产品生产和服务提供,除非开发活动中未完成的或提出措施都已经完毕或者得到管理,不会对组织稳定地满足顾客、法律和法规要求及增强顾客满意的能力造成不良影响。

　6. 产品生产和服务提供
　(1) 产品生产和服务提供的控制。组织应在受控条件下进行产品生产和服务提供。适用时,受控条件应包括:
　① 获得表述产品和服务特性的文件信息;
　② 控制的实施;
　③ 必要时,获得表述活动的实施及其结果的文件信息;
　④ 使用适宜的设备;
　⑤ 获得、实施和使用监测和测量设备;
　⑥ 人员的能力或资格;
　⑦ 当过程的输出不能由后续的监测和测量加以验证时,对任何这样的产品生产和服务提供过程进行确认、批准和再次确认;
　⑧ 产品和服务的放行、交付和交付后活动的实施;
　⑨ 人为错误(如失误、违章)导致的不符合的预防。
　注:通过以下确认活动证实这些过程实现所策划的结果的能力:
　① 过程评审和批准的准则的确定;
　② 设备的认可和人员资格的鉴定;
　③ 特定的方法和程序的使用;

④ 文件信息的需求的确定。

(2) 标识和可追溯性。适当时,组织应使用适宜的方法识别过程输出。

组织应在产品实现的全过程中,针对监视和测量要求识别过程输出的状态。

在有可追溯性要求的场合,组织应控制产品的唯一性标识,并保持形成文件的信息。

注:过程输出是任何活动的结果,它将交付给顾客(外部的或内部的)或作为下一个过程的输入。过程输出包括产品、服务、中间件、部件等。

(3) 顾客或外部供方的财产。组织应爱护在组织控制下或组织使用的顾客、外部供方财产。组织应识别、验证、保护和维护供其使用或构成产品和服务一部分的顾客、外部供方财产。

如果顾客、外部供方财产发生丢失、损坏或发现不适用的情况,组织应向顾客、外部供方报告,并保持文件信息。

注:顾客、外部供方财产可包括知识产权、秘密的或私人的信息。

(4) 产品防护。在处理过程中和交付到预定地点期间,组织应确保对产品和服务(包括任何过程的输出)提供防护,以保持符合要求。

防护也应适用于产品的组成部分、服务提供所需的任何有形的过程输出。

注:防护可包括标识、搬运、包装、贮存和保护。

(5) 交付后的活动。适用时,组织应确定和满足与产品特性、生命周期相适应的交付后活动要求。

产品交付后的活动应考虑：

① 产品和服务相关的风险;

② 顾客反馈;

③ 法律和法规要求。

注:交付后活动可包括诸如担保条件下的措施、合同规定的维护服务、附加服务(回收或最终处置)等。

(6) 变更控制。组织应有计划地和系统地进行变更,考虑对变更的潜在后果进行评价,采取必要的措施,以确保产品和服务完整性。

应将变更的评价结果、变更的批准和必要的措施的信息形成文件。

7. 产品和服务的放行

组织应按策划的安排,在适当的阶段验证产品和服务是否满足要求。符合接收准则的证据应予以保持。

除非得到有关授权人员的批准,适用时得到顾客的批准,否则在策划的符合性验证已圆满完成之前,不应向顾客放行产品和交付服务。应在形成文件信息中指明有权放行产品以交付给顾客的人员。

8. 不合格产品和服务

组织应确保对不符合要求的产品和服务得到识别和控制,以防止其非预期的使用和交付对顾客造成不良影响。

组织应采取与不合格品的性质及其影响相适应的措施,需要时进行纠正。这也适用于对在产品交付后和服务提供过程中发现的不合格的处置。

当不合格产品和服务已交付给顾客,组织也应采取适当的纠正以确保实现顾客满意。应实施适当的纠正措施。

注:适当的措施可包括:

(1) 隔离、制止、召回和停止供应产品和提供服务。

(2) 适当时,通知顾客。

(3) 经授权进行返修、降级、继续使用、放行、延长服务时间或重新提供服务、让步接收。在不合格品得到纠正之后应对其再次进行验证,以证实符合要求。不合格品的性质以及随后所采取的任何措施的信息应形成文件,包括所批准的让步。

11.1.3.9 绩效评价(新的)

1. 监视、测量、分析和评价

(1) 总则。组织应考虑已确定的风险和机遇,应:

① 确定监视和测量的对象,以便:

a) 证实产品和服务的符合性;

b) 评价过程绩效;

c) 确保质量管理体系的符合性和有效性;

d) 评价顾客满意度。

② 评价外部供方的业绩。

③ 确定监视、测量(适用时)、分析和评价的方法,以确保结果可行。

④ 确定监测和测量的时机。

⑤ 确定对监测和测量结果进行分析和评价的时机。

⑥ 确定所需的质量管理体系绩效指标。

组织应建立过程,以确保监视和测量活动与监视和测量的要求相一致的方式实施。

组织应保持适当的文件信息,以提供"结果"的证据。

组织应评价质量绩效和质量管理体系的有效性。

(2) 顾客满意。组织应监视顾客对其要求满足程度的数据。

适用时,组织应获取以下方面的数据:

① 顾客反馈;

② 顾客对组织及其产品、产品和服务的意见和感受。

应确定获取和利用这些数据的方法。

组织应评价获取的数据,以确定增强顾客满意的机会。

(3) 数据分析与评价。组织应分析、评价来自监视和测量(11.1.3.9 条款)以及其他相关来源的适当数据。这应包括适用方法的确定。

数据分析和评价的结果应用于:

① 确定质量管理体系的适宜性、充分性、有效性;

② 确保产品和服务能持续满足顾客要求;

③ 确保过程的有效运行和控制;

④ 识别质量管理体系的改进机会。

数据分析和评价的结果应作为管理评审的输入。

2. 内部审核

(1) 符合以下两个要求：

① 组织对质量管理体系的要求；

② 本标准的要求。

(2) 要使质量管理得到有效的实施和保持,组织应：

① 策划、建立、实施和保持一个或多个审核方案,包括审核的频次、方法、职责、策划审核的要求和报告审核结果。审核方案应考虑质量目标、相关过程的重要性、关联风险和以往审核的结果。

② 确定每次审核的准则和范围。

③ 审核员的选择和审核的实施应确保审核过程的客观性和公正性。

④ 确保审核结果提交给管理者以供评审。

⑤ 及时采取适当的措施。

⑥ 保持形成文件的信息,以提供审核方案实施和审核结果的证据。

3. 管理评审

最高管理者应按策划的时间间隔评审质量管理体系,以确保其持续的适宜性、充分性和有效性。

管理评审策划和实施时,应考虑变化的商业环境,并与组织的战略方向保持一致。

(1) 管理评审应考虑以下四个方面：

① 以往管理评审的跟踪措施。

② 与质量管理体系有关的外部或内部的变更。

③ 质量管理体系绩效的信息,包括以下六个方面的趋势和指标：

a) 不符合与纠正措施；

b) 监视和测量结果；

c) 审核结果；

d) 顾客反馈；

e) 外部供方；

f) 过程绩效和产品的符合性。

④ 持续改进的机会。

(2) 管理评审的输出应包括以下相关的决定：

① 持续改进的机会；

② 对质量管理体系变更的需求。

组织应保持形成文件的信息,以提供管理评审的结果及采取措施的证据。

11.1.3.10 持续改进

1. 不符合与纠正措施

(1) 发生不符合时,组织应：

① 作出响应,适当时：

a) 采取措施控制和纠正不符合；
b) 处理不符合造成的后果。
② 评价消除不符合原因的措施的需求，通过采取以下措施防止不符合再次发生或在其他区域发生：
a) 评审不符合；
b) 确定不符合的原因；
c) 确定类似不符合是否存在，或可能潜在发生。
③ 实施所需的措施。
④ 评审所采取纠正措施的有效性。
⑤ 对质量管理体系进行必要的修改。
纠正措施应与所遇到的不符合的影响程度相适应。
（2）组织应将以下信息形成文件：
① 不符合的性质及随后采取的措施；
② 纠正措施的结果。

2. 改进

组织应持续改进质量管理体系的适宜性、充分性和有效性。
适当时，组织应通过以下方面改进其质量管理体系、过程、产品和服务：
（1）数据分析的结果；
（2）组织的变更；
（3）识别的风险的变更；
（4）新的机遇。
组织应评价、确定优先次序及决定需实施的改进。

11.2 六西格玛设计概述

11.2.1 六西格玛设计的产生和发展

前面章节所讲到的六西格玛改进主要通过 DMAIC 流程来实现，即界定、测量、分析、改进、控制，是旨在通过持续改进企业业务流程，实现客户满意的业务改进方法体系。但 DMAIC 流程对产品的质量优化仍具有局限性。众所周知，质量首先是设计出来的，实践表明，至少 80% 的产品质量是在早期设计阶段决定的，所以没有面向六西格玛的设计，仅采用 DMAIC 流程来提高产品的质量，其成效是有限的，难以突破五西格玛的质量水平（称为五西格玛墙）。若想真正实现六西格玛的质量水准，就必须考虑六西格玛管理战略实施的另外一种途径——六西格玛设计。

在当今全球经济一体化的进程中，企业只有不断缩短产品开发时间，提高质量，降低成本并改进服务才能抓住机遇，适应不断变化的国际市场需求。六西格玛设计正是基于这种理念产生和发展起来的。国外的一些知名大企业，如摩托罗拉、通用电气、卡特彼勒等已先后应用了六西格玛设计,但我国制造业中,成功实施六西格玛设计的还比较少。因此要适应日益激烈的国际竞争,实施六西格玛设计对我国企业已是迫在眉睫。

11.2.2 六西格玛设计的含义和基本理念

六西格玛设计(DFSS)就是按照合理的流程,运用科学的方法准确理解和把握顾客需求,对新产品/新过程进行稳健设计,使产品/过程低成本地实现六西格玛质量水平;同时,使产品/过程本身具有抵抗各种干扰的能力,即使使用环境恶劣或操作不当,产品仍能满足顾客的需求。六西格玛设计就是帮助企业实现在提高产品质量和可靠性的同时,降低成本和缩短研制周期的有效方法,具有很高的实用价值。

六西格玛设计具有以下基本理念:

(1) 基于预防性思想。在 DFSS 中,团队不仅要预测和预防缺陷,还必须能够预测和满足外在的和潜在的顾客需求。当今质量界已普遍认识到产品设计中的预防是最有效的预防,设计中的浪费是最大的浪费。质量必须从源头就设计到产品之中,并建立预测和预防控制的思想和方法才能达到卓越,从而真正缩小产品设计与实际生产、交货间的差距。DFSS就是在产品/过程设计一开始就寻找缺陷,将一切可能出现的问题消灭在萌芽状态,努力创造一个新的更好的产品/过程。

(2) 基于并行质量工程哲理。六西格玛设计在设计之初就考虑了产品的稳健性、可制造性、可维修性、可靠性等,这些充分体现了并行工程的思想。同时,六西格玛设计致力于提高产品各方面的抗干扰能力,减少质量波动,提高质量水平。

(3) 以顾客为关注焦点。从统计意义上讲,DFSS 的本意是要减少产品/过程的质量波动,其隐含的前提是设计目标值必须与顾客的要求完全一致,并且质量特性的规格限必须是顾客可以接受的。如果忽视了顾客的需求,所确定的设计目标值和规格限并不能使顾客满意,DFSS 也就毫无意义。因此,设计的出发点和归宿都必须以顾客满意为最高准则。

11.2.3 六西格玛设计的技术路线

六西格玛改进的 DMAIC 流程已经成为实施六西格玛管理企业的标准流程。与 DMAIC 相似,六西格玛设计也有自己的流程,但目前还没有统一模式。这里主要介绍 DMADOV、IDDOV 和六西格玛公差设计三种模式。

11.2.3.1 DMADOV

DMADOV 流程,即界定(Define)、测量(Measure)、分析(Analyze)、设计(Design)、优化(Optimize)、验证(Verify),各阶段使用的主要工具方法见表 11-1。

表 11-1 DMADOV 各阶段使用的主要工具方法

	D 界定	M 测量	A 分析	D 设计	O 优化	V 验证
常用工具和技术	确定目标顾客 顾客需求分析 问题/目标陈述 水平对比 流程图 KANO 分析 CTQ 确定 QFD	关系矩阵 因果矩阵 散点图 趋势图 直方图 箱线图 检查表 帕累托图 测量系统分析 过程能力分析	鱼骨图 因果矩阵 ANONA 多变异分析 假设检验 FMEA 回归 相关性分析 散点图 残差分析	TRIZ 公理设计 水平对比 FMEA 模拟 具体工程技术	DOE RSM 田口方法 优化技术	过程能力分析与验证 试验验证

11.2.3.2 IDDOV

IDDOV 流程,即识别(Identify)、界定(Define)、研发(Develop)、优化(Optimize)、验证(Verify),是由美国供应商协会(ASI)的总裁乔杜里先生提出的,本书借鉴 ASI 的 IDDOV 流程,但将研发阶段改为设计(Design)阶段,并提出了 IDDOV 流程各个阶段的主要工作内容、技术方法和设计输出(见表 11-2)。

表 11-2 六西格玛设计 IDDOV 流程的主要工作内容、技术方法和技术输出

	I 识别	D 界定	D 设计	O 优化	V 验证
主要工作内容	寻找市场机会,识别顾客需求,制定项目特许任务书	顾客需求的确定和展开,产品总体设计方案的论证和确定	初步设计,全尺寸样机(试样)的设计,过程设计和样机的试制	产品设计的优化,过程设计的优化	设计质量的验证,制造质量的验证,产品的验证与确认
主要技术方法	QFD KANO 分析 新 QC 七工具 风险分析	QFD 系统设计 DFX 功能 FMEA 新 QC 七工具 风险分析 LCC 分析	系统设计 QFD FMEA DFX DOE 参数设计 公差设计 CAD/CAM 研发试验 FRACAS LCC 分析 DFSS 计分卡	DOE 参数设计 公差设计 DFX FMEA LCC 分析 CAD/CAM 仿真 优化试验 FRACAS DFSS 计分卡	仿真试验 V&V 试验 可靠性试验 寿命试验 鉴定试验 小子样 SPC ATP FRACAS MTBF S/N 比 DFSS 计分卡
主要设计输出	1. 项目可行性研究报告 2. DFSS 项目特许任务书	1. 产品设计方案 2. 技术规范	1. 样机生产用图纸和工艺文件 2. 样品规范(试行稿) 3. 售后保障体系(含保障资源)设计方案初稿	1. 产品生产图纸和工艺文件 2. 产品规范 3. 售后保障体系(含保障资源)设计方案	1. 设计验证试验报告 2. 设计鉴定报告 3. 过程能力分析 4. DFSS 项目绩效报告

IDDOV 流程各阶段的工作步骤具体如下：

（1）识别阶段又可划分为"寻找市场机会""识别顾客需求""制定项目特许任务书"三个步骤，要应用 QFD、KANO 分析、新 QC 七工具、风险分析等方法寻找市场机会、识别顾客需求、论证和确定要开展六西格玛设计的项目、组织项目团队、落实人员和职责，并编制和批准六西格玛设计项目特许任务书。

（2）界定阶段又可划分为"顾客需求的确定和展开""产品总体设计方案的论证和确定"两个步骤。要通过 QFD 深入分析，将顾客需求逐层地展开为设计要求、工艺要求、生产要求，并采用系统设计（包括 TRIZ）、DFX、功能 FMEA、新 QC 七工具、风险分析、全寿命周期费用（Life Cycle Cost，LCC）分析等方法，通过创造性的思维和自上向下的设计，形成一个可以实现顾客需求的总体设计方案。

（3）设计阶段又可划分为"初步设计""全尺寸样机（试样）的设计""过程设计和样机的试制"三个步骤，要采用系统设计、QFD、FMEA、DFX、参数设计、公差设计、CAD/CAM 等方法进行产品的初步设计（技术设计）、产品各子系统、部件、设备和供应商的确定、全尺寸样机及其制造过程的设计、保障资源的设计等。

（4）优化阶段又可划分为"产品设计的优化""过程设计的优化"两个步骤，要通过稳健设计（DOE、参数设计、公差设计）和 FMEA、DFX 等方法，使产品质量特性稳定在目标附近（变异小），在使用中抗干扰，并进行过程设计的优化。

（5）验证阶段又可划分为"设计质量的验证""制造质量的验证""产品的验证与确认"三个步骤，要通过小子样 SPC、验收检验规程（Acceptance Testing Procedure，ATP）等方法进行过程能力的分析、制造质量的验证，通过仿真试验、V&V 试验、可靠性试验、寿命试验、鉴定试验等方法进行六西格玛设计产品的验证与确认，以及通过平均故障间隔时间（MTBF）和信噪比（S/N 比）的统计及六西格玛设计（DFSS）计分卡等来考察产品的质量可靠性水平，并通过请顾客试用来验证六西格玛设计是否达到了希望的目标。当然，最优化的方案还应当通过技术状态控制的方法固化下来，以保证设计的产品在后续加工过程中完全符合顾客的需求。

总之，IDDOV 是一整套不同于常规设计的方法，它以顾客需求为导向，以质量功能展开（QFD）为纽带，深入分析和展开顾客需求，综合应用系统设计（包括 TRIZ）、试验设计、参数设计、公差设计以及普氏矩阵、FMEA 等设计分析技术，大幅度地提高产品的固有质量，从而更好地满足顾客的需求。六西格玛设计还体现了激发创新能力、加快创新速度、预防为主等思想理念。六西格玛设计工作一般结束于新产品设计鉴定并投入批量生产时。在投入批量生产和投放市场后出现少量不满足顾客需求的问题，还可以通过六西格玛改进 DMAIC 流程来解决。

11.2.3.3 六西格玛公差设计

1. 六西格玛公差设计的必要性

公差设计是一种科学的分配公差的方法，用来评估设计中重要的子系统和零部件，以达到全部产品制造以及生命周期的最低成本。公差设计与产品成本、质量和周期时间有密切的联系，它贯穿于产品生命周期的全过程，已成为制造业努力提高可生产性和质量的焦点问题。制造过程中的控制往往应用高成本设备来减少变异缺陷,而稳健公差设计则通过在设计阶段最小化变异来改进质量。所以要全面提高企业竞争力和达到六西格玛质量,就必须采用公差设计技术。尤其在精密生产中,公差的地位是不可或缺的。不恰当的公差可能降低质量或增加报废,因而增加了产品成本和交付时间。

2. 六西格玛公差设计的内涵

公差是产品性能特征的规格。公差设计是顾客驱动的规格(在系统设计阶段确定的)与系统、产品和/或过程能力的整合。系统的能力是通过其重要的性能测量值的均值及其变异性来度量的,这些测量值反过来又直接依赖于构成产品或者系统的子系统、零部件或者噪声因子的均值和变异性。

摩托罗拉公司高度成功的六西格玛项目已经被许多公司作为质量改进项目的模型。六西格玛项目要求总公差宽度不小于 12σ 或者等同的过程能力指数 $C_P \geq 2$。6σ 的统计含义是建立在数理统计学中最常见的正态分布基础上的。在实际应用中,考虑到均值有 1.5σ 的漂移,这样数据落在 σ 界限以外的概率只有百万分之 3.4。

因此,六西格玛公差设计的基本原理同样基于统计思想,它假设系统的响应(Y)是各个参数 X_i 的函数,且 $X_i \sim N(\mu_i, \sigma_i^2)$,响应的方差是各个参数方差的平方和,即 $\sigma^2 \approx \sum \left(\frac{\partial f}{\partial x_i}\right)^2 \sigma_i^2$,公差以过程能力指数 C_p,C_{pk} 和标准偏差 σ 表达,要求设计达到 6σ 的质量水平。

在公差设计中,改进六西格玛能力可通过两种方式实现:一是增大公差域;二是减少标准差。第一种方法由于设计本身的需求经常是不可行的,因而通过稳健设计减少变异性成为切实可行且高效的方法。

质量是由顾客需求决定的,设计质量要充分考虑顾客需求和成本之间的平衡。在不确定条件下的过程设计中,质量成本和稳健性标准的识别和结合已成为一个关键问题,而六西格玛公差设计为这一结合提供了正确的途径,将稳健性标准结合到优化中就保证了过程的稳健性。然而,在大多数的优化研究中,并没有明确考虑稳健性问题,尽管有的研究已经尝试将稳健性和设计优化联系起来。一般认为,只有在参数设计达不到所要求的性能变异时,才采用公差设计,通过减小公差来降低变异。但我们的目标不仅仅是满足性能要求,还要同时达到高质量和低成本。因此,六西格玛公差设计的含义是在达到稳健性的基础上寻求最优的响应值,优化不仅包括传统的优化更重要的是实现稳健性。

六西格玛公差设计实际上是一个系统地在设计阶段建立六西格玛的方法,它是根据稳健性测量的试验评价模型将六西格玛设计与稳健优化设计结合在一起,通过公差设计得到稳健优化的系统。

3. 六西格玛公差设计方法

目前比较成熟且广泛应用的公差设计方法包括两个方面:一个是机械公差设计;另一个是田口三阶段中的公差设计。机械公差设计最基本的包括极值分析法和统计平方公差方法,还有摩托罗拉公司于 1988 年开发的六西格玛机械公差设计。

(1) 极值方法(Worse Case Analysis,WC)是目前应用最广、最流行的方法,大多数的设计都基于这个概念。这种方法简便易行,零部件都设计为名义值,然后按照如下方法分配公差:公差完全向一个或另一个方向积累,装配仍能满足产品的功能要求。WC 设计方法并不属于统计方法,但它为关于公差分析和分配的统计平方公差方法提供了比较的基础,因此有助于更好地理解并意识到应用统计方法的好处。

在 WC 分析中可以用向量化尺寸简单地线性相加、减来描述,它虽然确保了所有零件的装配,但往往最终结果是过于保守,像间隙过大或过小的公差。而太严格的公差会导致成本的提高,所以不可避免地存在浪费,而且它仅仅考虑了设计规格的线性极值,没有考虑过程能力,因而有必要考虑统计平方公差分析方法。

(2) 统计平方公差方法(Root-Sum-Squares,RSS)采用统计分析进行公差分析,它可以防止保守的设计,扩展公差,如果清楚过程能力,甚至可以得到更宽松的公差。采用统计的公差分析基于如下理论:大多数的机械零件在它们的公差限范围内呈正态概率分布,单个零件的分布可以合并成一个正态分布。当组成环的分布不能确定时,根据中心极限定理,随着组成环数的增多,封闭环的分布迅速地近似于正态分布,而与组成环的分布无关。

(3) 六西格玛机械公差设计。摩托罗拉公司的六西格玛机械公差设计为实现六西格玛目标提供了系统的公差设计策略。六西格玛机械公差设计分析的假设前提是:变量之间相互独立,均值与方差相互独立;所有零件的尺寸均符合正态分布;σ 用来描述变异性,由于材料与制造过程中不可避免的变异,采用 1.5σ 作为标准漂移来计算公差域之外的概率。

这一过程以过程数据和指标(σ,C_p 等)为设计向导来优化可量化的加工过程及性能,因此所创建的六西格玛设计是稳健的,也可以说,基于过程能力而创建稳健设计比在制造阶段跟踪并减少变异容易得多。

虽然该方法具有很多优势,但该方法在应用中还存在以下几个方面的不足之处:

第一,适用范围比较小。六西格玛机械公差设计所分析的是公差设计中最简单最常见的一种情况——直线尺寸链。假定尺寸链关系已知而且目标函数 f 对各个零部件尺寸 x 的偏微分 $\frac{\partial f}{\partial x}=1$,所以目标函数的统计公差 $\sigma^2=\sum \sigma_i^2$。而在机械装配中的公差累积实质上大多是非线性的,一般而言尺寸链关系未知或者很复杂,不可能求得 $\frac{\partial f}{\partial x}$。

第二,权重分配缺乏科学性。在上述优化设计过程中,无论是名义值的权重分配还是联合方差的权重设置均是基于经验和良好的工程判断,于是所优化的公差就带有太多的主观随意性,不同的工程师所设计的公差可能相差很大,缺少一个准确科学的评价方法来断定孰优孰劣。

第三,没有考虑成本因素。虽然六西格玛机械公差设计以装配概率为目标达到了六西格玛水平,但是公差设计与成本密不可分,稳健性的提高是否会带来加工成本的增加也未可知,所以应该设定一个成本评价函数来说明优化的结果不仅是稳健的,而且不会增加成本。

(4) 田口的公差设计。田口思想的主要特点是引进了质量损失函数,把质量和成本联系起来。田口从工程技术观点来研究质量管理中的各种问题,因而其思想和方法亦称"质量工程学"。质量工程学分为线外质量计划和线内质量控制两部分,线外质量计划是指通过缺陷分析和 DOE 达到工艺偏差的减小和设计稳健性的提高,它包括系统设计、参数设计和公差设计三个相互关联的部分,又称为三次设计。公差设计是在参数设计阶段确定的最佳条件基础上,为每个参数确定公差规格。实际上,通过线外质量计划所识别的关键因子也可以用在线内控制来确定应该控制什么以及如何控制等问题。当仅用参数设计不可能将所有的内外噪声的影响充分衰减时,对于影响大的内外噪声,即使要增加费用,也应将其自身的波动控制在一定范围之内,这就是公差设计。由于误差因素的影响大多可用参数设计使其变小,因此公差设计应在参数设计之后进行,这点很重要。

11.2.4 六西格玛设计与其他设计方法、理念之间的关系

11.2.4.1 DFSS 与并行质量工程

对并行质量工程(Concurrent Quality Engineering)的定义应该首先基于对并行工程和质量工程的概念和含义的理解。

并行工程是对产品及其相关过程(包括制造过程和支持过程)进行并行、一体化设计的一种系统化的工作模式。这种工作模式力图使开发者一开始就考虑到产品生命周期中的所有因素,包括质量、成本、速度和用户需求。从定义可以看出,并行工程是集成、并行地设计产品及其相关过程的系统方法。它体现了一个哲理:设计的早期阶段就考虑下游过程中可能存在的各种问题,力争早期做出正确决策,确保产品开发一次成功。

面向 X 的设计(DFX)就是基于并行工程的最重要的设计方法之一,它从技术的角度充分支持了并行工程的要求。包括面向制造的设计(Design for Manufacturing,DFM)、面向装配的设计(Design for Assembly,DFA)、面向成本的设计(Design for Cost,DFC)、面向试验的设计(Design for Test,DFT)、面向可靠性和维修性的设计(Design for Reliability&Maintainability, DFRM)、面向售后服务的设计(Design for Service,DFS)、面向环境的设计(Design for Environment,DFE),以及面向其他因素的设计等一系列面向某一需重点考虑或保证的领域的设计技术。

早在 20 世纪 60 年代,几家大公司就开发了在产品设计阶段应用制造问题的方针,最著名的一个例子是通用电气公司内部出版的《制造可生产性手册》(*The Manufacturing Producibility Handbook*)。

在过去几十年里,质量工程(Quality Engineering)作为一种重要的持续改进方法而发展起来。从 20 世纪 70 年代田口提出质量工程的概念到今天,这一概念已不仅仅包含田口质量损失的思想及其三次设计,它延伸到产品或过程质量形成的各个阶段,即顾客需求研究、满意度分析、设计质量、过程改进和控制、质量保证以及企业质量管理体系的建立等方面。它是一个能够使产品功能满足顾客需求并且经济而有效地生产高质量产品的过程,在这一过程中,它将质量系统的各种技术应用到工程实践中,分析产品及其相关过程的各个阶段以最大化过程本身的质量及其所生产产品的质量。这一过程的广泛性和复杂性就需要在质量工程中应用并行工程的思想,使质量工程与设计方法论达到有机地集成。

并行质量工程是将并行工程的思想运用到质量工程中,使持续质量改进的思想与并行工程的思想相互融合。它是一个基于并行工程的质量工程的集成过程,并从全局优化的角

度出发，对集成过程进行管理和控制。并行质量工程的目的是提高全过程（包括设计、工艺、制造、销售、服务等）的质量、开发稳健的产品、降低成本（包括产品设计、工艺、制造、发送、支持、客户使用乃至产品报废等成本）和缩短设计与制造的时间（包括减少设计反复、降低设计、生产准备和投放市场的时间）。

DFSS 的应用基于并行质量工程的原理。由于传统的设计方法导致产品质量低和稳健性差，因此 DFSS 有必要采用 DFX 的设计方法，在设计中把并行过程的各种质量要素啮合在一起，在设计之初就考虑产品的稳健性、可制造性、可维修性、可靠性等，这些充分体现了并行工程的思想。如果过程设计得好，就会大大降低设计的复杂性和加工精度。另外，质量工程最基本也是最重要的目标是使得设计参数/过程变量对变异来源不敏感，强调在设计阶段更好地理解产品/过程而非一般意义上的优化，这就需要在设计方法和质量工程之间有一个平衡，DFSS 就成为在这两者之间建立工程模型的桥梁，为实现质量工程的目标提供了卓有成效的途径。

11.2.4.2 DFSS 与稳健性设计

稳健性设计（Robust Design）又称健壮设计或鲁棒设计。它是在试验设计、田口方法基础上发展起来的低成本、高稳定性、高再现性的产品与技术开发、设计方法体系。其含义是以最小的资源消耗，通过产品设计、技术开发使产品或技术对于外界环境变化、零部件（元器件）制造公差和时间因素造成的老化、劣化、磨损等干扰的影响具有很强的抵抗能力，从而使产品具有高度稳定的性能，使开发的技术在大规模生产和各种不同使用条件下具有高度再现性，以达到稳定、长期地满足客户需求的目的。

稳健性设计是一种科学、高效率、高效益的工程优化设计方法体系，是保证产品、技术研制开发质量的关键环节，是质量工程的核心技术。它也是一种成本有效方法，因为它减少变异的方式不是通过紧缩公差从而增加成本，而是通过降低变异效应来实现高质量的产品设计。

要想实现六西格玛，必须将质量工程中稳健性设计的思想全面而深入地贯彻到产品设计之中，应用稳健性设计的思想对于节约成本、提高产品性能、技术的高度再现性、满足客户需求方面具有重大的意义，有利于 DFSS 的发展，因此稳健性设计对于 DFSS 是不可或缺的，它是 DFSS 的关键支撑技术。

通常，要达到稳健性设计的目的，主要的策略是：① 通过产品的概念设计，改变输入和输出的关系，使其功能特性尽可能接近目标值。② 通过参数设计调整设计变量的名义值，使输出均值达到目标值。③ 减小参数名义值的公差，从而缩小输出特性的方差，但是减小参数的公差意味着提高产品的加工成本。④ 利用非线性效应，通过合理地选择参数在非线性曲线上的响应均值，使输出的质量特性的波动减小，这是一种使波动传递衰减的非线性技术。而 DFSS 的不断发展正是对上述策略的不断优化发展，使其不断完善，满足实现稳健设计的要求，因此 DFSS 的发展在很大程度上推动了稳健性设计的进步。

综上所述，DFSS 和稳健性设计是互相促进、互相支持的，是不可分离的两项技术，一方应用于另一方不仅可以促进对方的发展，而且在最优化设计、满足顾客需求、减少浪费等方面都具有重大的意义。

11.3 故障模式与影响分析概述

11.3.1 FMEA 方法的适用范围

六西格玛设计的目的是减少产品的质量波动,从而减少各种质量问题,包括故障。在产品研制和设计优化、过程优化、质量改进、售后服务等工作中,FMEA(Failure Mode and Effects Analysis)是一种复杂度介于因果分析图(鱼骨图)法和试验设计/田口方法之间的质量问题分析方法。FMEA 在我国译为"故障模式与影响分析",迄今基本上也只应用于故障的分析。应当注意,名词"故障"来自英文单词 failure,就英文本意而言,failure 的含义是失败、失效、故障、事故、中断、损坏、折断、衰退、缺少、不足等,可见 failure 的含义本不限于"故障",而是包含了各种质量问题在内。FMEA 方法的适用范围包括产品和工艺设计中的各种质量问题的分析。在国际标准 ISO 9004:2000《质量管理体系业绩改进指南》中,已把 FMEA 列为对"产品和过程的确认和更改"以及对"设计和开发"进行风险评估的工具。

为了统一,也为了充分利用 20 多年来 FMEA 方法在可靠性工程中应用的经验和基础,本书仍沿用"故障模式与影响分析"的名称,在分析表格中,被分析的问题仍称为"故障模式",但应强调的是本章中所称"故障"均泛指各种质量问题,"故障模式"是指质量问题模式。

11.3.2 FMEA 的目的

进行 FMEA,主要是为了达到以下三个目的:
(1) 认知及评估系统、产品、过程、设计或服务等的已知和潜在故障。
(2) 确认能消除或降低潜在故障发生的纠正措施。
(3) 文件化、档案化,经过确认故障原因,引入纠正或预防措施,再把相关程序或工作书标准化,其实也是 PDCA 管理循环的表现。

11.3.3 FMEA 方法的分类

FMEA 大体可分为系统 FMEA、设计 FMEA、过程 FMEA(PFMEA)、服务 FMEA 四类。其中,系统 FMEA 用于在早期构思设计阶段分析系统和子系统,着重分析由系统缺陷引起的与系统功能相联系的潜在故障模式;设计 FMEA 用于在产品交付生产前分析产品,重点分析由设计缺陷引起的产品潜在故障模式;过程 PFMEA,用于分析制造或装配过程,重点分析由制造或装配过程缺陷引起的潜在产品故障模式;服务 FMEA 用于在服务到达顾客前对服务进行分析,重点分析由系统或过程缺陷引起的故障模式。

11.3.4 FMEA 的一般程序

(1) 组织 FMEA 推行小组与头脑风暴。确保适合的参与者,即小组,必须是跨部门、多学科的,同时小组成员必须乐于奉献。

(2) 绘制功能方块图与/或工艺流程图。功能方块图适用于系统 FMEA 和设计 FMEA。工艺流程图更适用于过程 FMEA 和服务 FMEA。

(3) 确定优先次序。在小组了解问题之后,就可以着手进行切实的分析。常用的问题有:什么部分重要?小组应从何处开始改进?

(4) 收集数据。收集有关故障的数据并将其正确合理地分类。从这一步,小组开始填写 FMEA 表格,所找到的故障即该 FMEA 的故障模式。同时,确定系统、设计、过程、服务所有潜在的故障模式,确定它们对产品所需要完成任务的影响。

(5) 分析。利用数据解决问题。

(6) 研究的结果。对每一故障模式确定其检测方法和补救措施。该步中的信息用来量化严重度、发生频度、检测水平和 RPN(危险优先序数,亦称风险度),并填写 FMEA 表中相应的栏。

(7) 证实/评估/测量结果。记录结果后,评估改进方案是否成功。评估一般采用以下三个基本问题:

① 情况比先前有好转吗?

② 情况比先前更糟糕吗?

③ 情况没有改变吗?

(8) 全部再做一遍。不管前七步结果如何,遵循 FMEA 的重要原理:连续改进,FMEA 推行小组都应继续改进。

11.3.5 过程 FMEA (PFMEA)

PFMEA 中使用的"故障"一词与可靠性工程中的故障定义有所差别,过程故障包括了更广的含义,如各种情况的超差、组装错误、热处理和表面处理不合格以及环境变化所引起的过程波动等。PFMEA 的目标是:

(1) 确定潜在的与过程故障模式有关的产品。

(2) 评估过程故障对顾客的潜在影响。

(3) 确定引起故障的潜在的制造或装配过程原因,并确定哪一类过程故障是应该重点避免的以及相关的关键过程。

(4) 找到和发现一系列的过程故障模式,为今后的分析工作打下良好的基础,建立一个优选的系统。

PFMEA 最早应在可行性论证前或可行性论证时进行,先于对产品的加工,按照从单独的元器件到装配件的过程,考虑所有的加工操作。在制造计划阶段,新过程(或修改过程)的早期检查和分析可以帮助预测、解决和监控潜在的过程关键问题。在产品的整个研制过程中,应适时对 PFMEA 进行迭代完善。下面结合图 11-1,详细阐述 PFMEA 的工作流程。

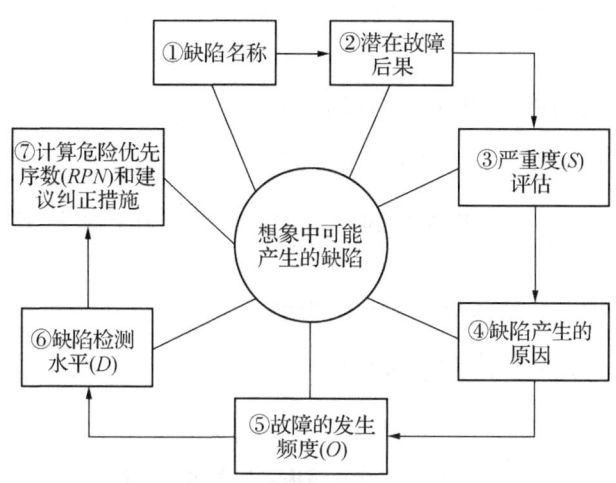

图 11-1　PFMEA 的工作流程图

(1) 缺陷名称,即潜在的过程故障模式,是指过程可能发生的不满足过程要求和设计意图的形式。这一步要求根据零件的工艺特性,对特定的工序列出每一个潜在故障模式,前提是这种故障可能发生,但不一定非得发生。确定这些缺陷时,应查看一下同类产品或工艺以前的 PFMEA 表格,以及生产加工过程中或用户使用过程中经常出现的质量问题,还应考虑到在使用一段时间后(仍在使用寿命内)出现的质量问题,如弯曲、粘和、毛刺、断裂等。

(2) 潜在故障后果,是指过程故障模式对顾客的影响,顾客可以是下一道工序、代理商或最终顾客。例如,站在下一道工序操作者的立场上看,故障的后果有无法安装、不配合、损坏设备等;作为顾客可能注意到或经历到的情况有噪音、外观锈蚀、工作不正常等。

(3) 严重度(S)评估。严重度是潜在故障模式对顾客的影响后果的严重程度的评价指标。如果顾客是下一道工序,应站在操作者的立场上评价。严重度仅适用于评估故障的后果。严重度评估一般分为 1~10 级,评价准则可参考克莱斯勒、福特、通用三大汽车公司 FMEA 手册。

(4) 缺陷产生的原因,即过程的故障原因/故障机理,是指故障是怎么发生的,并依据可以纠正或控制的原则来描述。针对每一个潜在故障模式,在尽可能广的范围内,列出每个可以想到的故障原因。不论缺陷是何种类,只有找到原因,才能找出解决的措施。故障的许多起因并不是相互独立的、唯一的,要纠正或控制一个起因,需要考虑诸如试验设计方法等,以便针对那些相关的因素采取纠正措施。典型的故障起因包括扭矩过大、焊接不正确、零件漏装或错装等。

(5) 故障的发生频度(O),是指具体的故障起因/机理发生的频度。频度的等级数着重在其含义而不是数值。评价准则和分级规则应意见一致,参考上述三大汽车公司 FMEA 手册的评价准则。

(6) 缺陷检测水平(D)，即检测难度，指在现行的过程控制中，零(部)件离开制造工序或装配工位之前，缺陷有可能被发现并阻止故障发生的可能性。这些控制方法如防错夹具之类的过程控制方法，或者统计过程控制。可参考上述三大汽车公司FMEA手册的评价准则。

(7) 计算危险优先序数(RPN)和建议纠正措施

危险优先序数(RPN)＝严重度(S)×故障的发生频度(C)×缺陷检测水平(D)

危险优先序数(RPN)是FMEA中的一个重要参数，RPN越大，说明所产生缺陷的影响越大。

下面详细介绍用于PFMEA的表格并列举PFMEA的一个案例。

11.3.5.1 PFMEA表格及填写说明

PFMEA表格，如表11-3所示。

表11-3 过程故障模式与影响分析表

产品名称/型号：　　　完成部门：　　　PFMEA编号：　　　第　　页共　　页
过程名称：　　　分析：　　　审核：　　　批准：　　　填表日期：　　年　月　日

(1)过程名称、功能要求	(2)潜在的过程故障模式	(3)过程故障影响	(4)严重度S	(5)过程的故障原因/故障机理	(6)频度O	(7)过程控制	(8)检测难度D	(9)风险度RPN	(10)建议的改进和补偿措施	(11)责任部门/责任人及完成日期	改进后			
											(12)实施的改进/补偿措施和日期	(13)严重度S	(14)频率度O	(15)检测难度D	(16)风险度RPN

填表说明如下：

第(1)列(过程名称、功能要求)：填写被分析过程的名称，该名称应与工艺规程一致；并填写该过程的功能、过程操作的目的、操作要求和与其他过程的关系等。

第(2)列(潜在的过程故障模式)：分析人员应根据工艺规程和国家、行业的有关规定和标准所确定的各质量特性的指标要求，结合工程实践经验、专业技术知识和类似过程所发生的故障，分析确定所有可能无法满足过程要求和/或设计意图的故障模式。应注意，在FMEA中，应假设正在加工的零(部)件/材料是没有问题的。

第(3)列(过程故障影响)：尽可能使用表示产品功能的词汇，将过程缺陷对部件及系统的影响提出来。故障影响是故障模式对顾客的影响，这里的顾客可以是下一过程、部件、系统、最终用户等，在进行分析时，应考虑到对所有顾客的影响，填写每个潜在的故障对过程输出以及生产线所导致的后果。

第(4)列(严重度S)：按照表11-4所推荐的过程故障严重度(S)评分标准确定故障模

式的严重度 S。

表 11-4 推荐的过程故障严重度(S)评分标准

影 响	评分标准	严重度
无警告的严重危害	在没有任何预兆的情况下产生的影响操作人员和机器安全或违反有关法律法规的极其严重的故障模式	10
有警告的严重危害	在有故障预兆的情况下产生的影响操作人员和机器安全或违反有关法律法规的极其严重的故障模式	9
很大	对生产线造成较大的破坏,产品可能必须100%报废,使产品或系统丧失主要功能的故障模式,顾客非常不满	8
大	对生产线造成较大破坏,产品需分选,部分产品报废,导致产品或系统降级工作,顾客不满	7
中等	对生产线造成较小破坏,部分产品报废(但产品不需分选),一些部件失效,影响产品的舒适性和方便性,顾客感觉不方便	6
小	对生产线造成较小的破坏,产品可能必须100%返工,一些部件失效,影响产品的舒适性和方便性,顾客感觉有些不满	5
很小	对生产线造成较小破坏,产品需分选,部分产品返工,顾客不满,加工精细、外观、噪声等方面不符合要求,大部分顾客能发现有缺陷	4
轻微	对生产线造成很小的破坏,部分产品站外在线返工,加工精细、外观、噪声等方面不符合要求,有一半顾客发现有缺陷	3
很轻微	对生产线造成很小的破坏,部分产品站外在线返工,加工精细、外观、噪声等方面不符合要求,但很少有顾客发现缺陷	2
无	无影响	1

第(5)列(过程的故障原因/故障机理):确定并说明与潜在的故障有关的各种原因,包括过程设计的缺陷,工艺参数的量值,人、机、料、法、环因素,检验试验方法,特定的物理、化学过程等。必要时还应考虑相关过程的故障原因。尽可能列出每个故障模式所对应的任何可以想到的故障原因。故障原因的定义应详细且明确(如操作人员未安装密封垫),不能使用模糊不清的定义(如操作人员出错、机器故障等)。

第(6)列(频度 O):估计每个故障模式和故障起因发生的可能性,按照表 11-5 所推荐的过程故障频度(O)评分标准来确定故障模式或故障起因的频度 O。

表 11-5 推荐的过程故障频度(O)评分标准

故障概率	设计寿命期内可能的故障率	C_{pk}	频 度
很高:故障几乎不可避免	≥1/2	<0.33	10
	1/3	≥0.33	9
高:反复发生的故障	1/8	≥0.51	8
	1/20	≥0.67	7
中等:偶尔发生的故障	1/80	≥0.83	6
	1/400	≥1.00	5
	1/2 000	≥1.17	4

续　表

故障概率	设计寿命期内可能的故障率	C_{pk}	频　度
低:相对很少发生的故障	1/15 000	≥1.33	3
	1/150 000	≥1.50	2
极低:几乎不可能发生的故障	1/1 500 000	≥1.67	1

第(7)列(过程控制):说明在现行设计方案中已经采取的过程控制措施,如工作环境的控制、工序的检验、特种工序的参数控制、统计过程控制、5S 管理、检测不同故障的测试装置及其检测方法等。

第(8)列(检测难度 D):取决于现行设计控制措施的有效程度,可按照表 11-6 所推荐的过程故障检测难度(D)评分标准来确定故障模式或故障起因的检测难度 D,需注意过程控制措施的有效程度越低,检测难度就越高。

表 11-6　推荐的过程故障检测难度(D)评分标准

检测可能性	利用现行过程控制方法检测故障模式的可能性	检测难度
绝对不可能	没有过程控制方法能检测故障模式	10
很微小	利用现行过程控制方法检测故障模式的可能性很微小	9
微小	利用现行过程控制方法检测故障模式的可能性微小	8
很小	利用现行过程控制方法检测故障模式的可能性很小	7
小	利用现行过程控制方法检测故障模式的可能性小	6
中等	利用现行过程控制方法检测故障模式的可能性中等	5
中等偏上	利用现行过程控制方法检测故障模式的可能性中等偏上	4
高	利用现行过程控制方法检测故障模式的可能性高	3
很高	利用现行过程控制方法检测故障模式的可能性很高	2
几乎肯定能	利用现行过程控制方法几乎肯定能检测故障模式	1

第(9)列(风险度 RPN):表 11-3 中可以计算并填写表示过程故障模式的风险度的 RPN 数值。

$$RPN = 严重度(S) \times 频度(O) \times 探测度(D)$$

第(10)列(建议的改进或补偿措施):首先针对 $RPN \geq C$ 的故障模式的起因提出纠正和预防措施,以消除该故障或减低故障发生的风险。若故障模式的根本起因不详,应通过试验设计等手段来确定主要起因。若对某一特定起因尚无纠正和预防措施,应提出设计、工艺、质控和操作上的补偿措施。若没有任何可采取的措施,在该栏填写"无"字予以明确。对于危及人员安全的故障模式,若不能消除,必须提出防护措施。

第(11)列(责任部门/责任人及完成日期):对于所提出的改进/补偿措施,应同时建议责任部门/责任人及完成日期。

第(12)列(实施的改进/补偿措施和日期):填写实际执行的改进/补偿措施和日期。

第(13)、(14)、(15)、(16)列可参照表 11-3 中第(4)、(6)、(8)、(9)列分别确定并填写经过程改进后过程故障的严重度 S、频度 O、检测难度 D 和 RPN 值。RPN 值的降低就是过程六西格玛设计或六西格玛改进的绩效的一种体现。

11.3.5.2 PFMEA 的例子

【例 11-1】 某兼容磁头装置的极尖加工过程故障模式和影响分析。

磁头是磁带记录仪的关键部件之一,它是一种电磁、磁电换能器,其质量直接关系到磁带机记录及重放信号的好坏。某兼容磁头装置是 IRIG 标准宽频带计测记录——重放仪的磁头,信道数为 14 道/英寸,要求在 3 m/s 带速下记录重放 400 Hz 到 2 MHz 的宽带信号。

此类磁录放过程的特点是工作频带宽,偏磁频率高,信号波长短,带速快,(头—带)压强大,对失真度和信噪比要求苛刻。其工艺复杂,制造精度要求很高。

根据类似磁头的加工经验,其中加工难度最大的是磁头极尖的生产加工,且从功能上进行分析,磁头极尖质量直接关系到磁头的质量以及磁带记录仪录放信号的质量。由于极尖加工难度大,极易造成报废,因此,需要进行该型兼容磁头装置加工过程的 PFMEA。

首先进行磁头加工过程流程/风险评估分析,结果如表 11-7 所示。

表 11-7 磁头加工过程流程/风险评估表

	过程步骤	风险评估		过程步骤	风险评估
1	磁头壳体的加工	低风险	8	磁头极尖复合面研抛	中风险
2	屏蔽片的加工	中风险	9	磁头后磁芯组复合面研抛	中风险
3	接线板的加工	低风险	10	极尖与后磁芯的复合组装	低风险
4	磁头后磁芯的加工	中风险	11	灌环氧树脂固封磁头	中风险
5	磁头后磁芯绕线	低风险	12	磁头前弧面加工	中风险
6	磁头后磁芯入壳	低风险	13	前弧 R 研抛	中风险
*7	磁头极尖的加工	高风险	14	打定位孔	中风险

对标"*"的高风险过程"磁头极尖的加工"进行 PFMEA,结果见表 11-8。

对表 11-8 中风险度 RPN 值进行分析发现,故障模式 2(缝隙宽度不均匀且超差)的故障原因 1(缝隙平面度不满足要求)的 RPN 值最高,为 280;故障模式 4(缝隙面烧伤或裂纹)的故障原因 1(缝隙平面研抛加工应力偏大)的 RPN 值其次,为 168,均大于 150,而这两项故障原因的纠正措施均为改进缝隙平面的研抛过程,因此,再对缝隙平面研抛过程作下一层次的 PFMEA。

表 11-8 某兼容磁头装置过程故障模式与影响分析表

产品名称/型号：某兼容磁头装置　　PFMEA 编号：P-003
过程名称：磁头极尖加工
完成部门：工艺室　　审核：　　批准：　　填表日期：2016年5月8日
分析：　　第 5 页共 17 页

(1)过程名称,功能要求	(2)潜在的过程故障模式	(3)过程故障影响	(4)严重度S	(5)过程原因/故障机理	(6)频度O	(7)过程控制	(8)检测难度D	(9)风险度RPN	(10)建议改进或补偿措施	(11)责任部门/责任人及完成日期	(12)实施的改进补偿措施及日期	改进后			
												(13)严重度S	(14)频度O	(15)检测难度D	(16)风险度RPN
磁头极尖加工；要求形成满足技术条件的高磁阻间隙	1. 缝隙开裂	极尖报废	8	1. 缝隙玻璃选用不当,粘结强度低	3	1. 目视	4	96	1. 选用满足要求的粘结玻璃	2016 年 5 月 31 日前；工艺室提出改进措施及培训要求；人教处组织上岗培训	2016年5月28日前有关单位已实施第(10)列所有措施,其中对磨床细磨极尖缝隙平面的措施又进行了PFMEA,见修改工艺后的 PFMEA表008 号	8	2	4	64
				2. 烧结工艺不合理	2		2	32	2. 改用烧结玻璃工艺				1	2	16
	2. 缝隙宽度不均匀且超差	极尖报废	8	1. 缝隙平面度不满足要求	7	2. 用高倍显微镜检测	5	280	1. 改进研抛平面加工工艺			8	3	5	120
				2. 缝隙中夹有杂质	2		4	64	2. 保持加工间的清洁度				1	4	32
				3. 合缝夹具问题	2		3	48	3. 改进合缝工艺				1	3	24
				4. 合缝夹具不满足要求	3		2	48	4. 修整合缝夹具				2	2	32
	3. 缝隙过大或过小	极尖报废	8	1. 膜层厚度控制不好	5	3. 用高倍显微镜检测	2	80	1. 调整膜层厚度			8	4	2	64
				2. 缝隙粗糙度不满足要求	3		5	120	2. 加强缝隙面的抛光				2	5	80
	4. 缝隙面烧伤或裂纹	料块磁性能下降	8	1. 缝隙平面研抛加工应力偏大	4	4. 用高倍显微镜检测	7	168	1. 改进研抛加工工艺			6	2	7	84
				2. 研抛操作人员技术不过关	2		8	60	2. 对操作工人进行培训				1	6	30

【例 11-2】 某兼容磁头装置磁头极尖缝隙平面研抛过程的 PFMEA。通过例 11-1 磁头极尖加工过程的 PFMEA,确定关键过程为磁头极尖缝隙平面研抛过程。现对磁头极尖缝隙平面研抛进行 PFMEA,根据分析结果,采取改进措施。

首先进行磁头极尖缝隙平面研抛过程流程/风险评估分析,结果如表 11-9 所示。

表 11-9 磁头极尖缝隙平面研抛过程流程/风险评估表

	过程步骤	风险评估		过程步骤	风险评估
1	用丙酮、酒精清洗待磨极尖料块	低风险	*6	用磨床细磨极尖缝隙平面	高风险
2	用 502 胶将极尖料块粘在工艺垫块上	中风险	7	从夹具上取下工艺垫块并清洗	低风险
3	在磨床上调校夹具的平行度和垂直度	低风险	8	手工精抛极尖缝隙平面	中风险
4	将工艺垫块装在夹具上	低风险	9	清洗	低风险
5	用磨床粗磨极尖缝隙平面	中风险	10	检测平面度	低风险

标"*"的过程为高风险过程,因此,对用磨床细磨极尖缝隙平面过程进行 PFMEA,结果见表 11-10。

本案例通过对极尖加工过程的 PFMEA,找出影响极尖加工成品率的四个潜在故障模式及所有的故障原因,并采取改进设计、改进工艺、改进管理等措施,使所有 RPN 值均有所降低,并全都低于 120;使磁头极尖的成品率从类似磁头极尖的 20% 上升到 50% 左右,并且与类似磁头相比,技术指标也明显提高,使整机顺利达到预定的技术指标要求。

表11-10 某兼容磁头装置过程故障模式与影响分析表

产品名称/型号：某兼容磁头装置　　　　完成部门：工艺室　　　分析：　　　审核：　　　批准：　　　　　　　　　　第15页 共17页
过程名称：磁头极尖缝隙未缝隙平面研抛　　　　　　　　　　　　　　　　　　　　PFMEA编号：P-008　　　　　　　　　填表日期：2016年6月2日

(1) 过程名称,功能要求	(2) 潜在的工程故障模式	(3) 过程故障影响	(4) 严重度S	(5) 过程故障原因/故障机理	(6) 频度O	(7) 过程控制	(8) 检测难度D	(9) 风险度RPN	(10) 建议的改进或补偿措施	(11) 责任部门/责任人及完成日期	(12) 实施的补偿措施及改进措施及日期	改进后			
												(13) 严重度S	(14) 频度O	(15) 检测难度D	(16) 风险度RPN
磨床细磨极尖缝隙平面；要求极尖缝隙平面具有良好的平面度和粗糙度	1. 缝隙表面烧伤	1. 影响磁头某些磁道的性能	4	1. 研磨时未按要求冷却	3	1. 目视	1	12	1. 加冷却并提高加工人员水平	2016年6月30日前：工艺室修改工艺；人教处组织培训	2016年6月25日工艺室修改了工艺，人教处组织了补充培训	4	2	1	8
	2. 缝隙表面产生微裂纹	2. 影响磁头的质量和使用寿命	7	2. 砂轮进刀量偏大或研磨冷却未使用或操作人员技术问题	2	2. 用高倍显微镜检测	7	98	2. 提高加工人员技术、加工水平和责任心			7	1	6	42
	3. 未达到要求的平面度	3. 影响磁头某些磁道的性能	4	3. 砂轮平面度不满足要求	5	3. 平晶检测	1	20	3. 加强对砂轮平面度的检测并定期修整砂轮			2	5	1	10
	4. 未达到要求的粗糙度	4. 造成磁头实际缝隙宽度增大，影响磁头性能	7	4. 加工时间不够或未使用规定粒度的砂轮	6	4. 目视或粗度仪检测	2	84	4. 提高加工人员技术、加工水平和责任心			7	3	2	42

第 12 章

质量仿真与案例分析

12.1 六西格玛仿真概论

在深入推行六西格玛管理后,不少企业会发现想要超越 4~5 西格玛水平时,经常有一堵墙横在前面,或是因为无法实现改进工作,或是因为改进成本过高。也就是说,六西格玛管理所能产生的效益是有限的,一旦产品在初始设计上含有缺陷,单单进行过程的改进可能无法彻底解决问题,此时必须重新设计或修改部分设计才能突破。一旦六西格玛的思想能影响到公司中的研发设计部门,六西格玛会升华到一个崭新的阶段。

六西格玛设计是一个强有力的手段,它能够从产品过程的最初阶段开始,就保证生产出的产品符合六西格玛质量,使问题在发生之前就得以解决,满足最终客户的期望,而且获得可观的经济效益。

质量策划/质量设计是朱兰博士提出的质量管理三部曲(质量策划/质量设计、质量控制、质量改进)中最前期和最重要的部分。设计质量决定了产品的固有质量。从产品研制时间序列来看,不同阶段对产品质量的影响是不同的。影响最大的是产品设计,其次是工艺设计,再次才是生产控制。目前进行的六西格玛改进活动大都集中在生产控制阶段。就是对现有产品/流程进行测量、分析、改进并将改进成果固化,以减少缺陷,达到产品的固有质量。为了真正实现六西格玛质量,必须开展六西格玛设计。只有在设计阶段就赋予产品很高的固有质量,才有可能实现六西格玛的质量目标。

六西格玛设计的内容能融合企业中的关键职能,将顾客的声音转化为顾客需求,并对顾客需求的性能进行精确定位,去除顾客不愿支付的性能,减少多余成本,增加产品价值。同时,六西格玛设计还强调如何显著地提高产品的可制造性,减少装配时间,减少零部件数量,重复利用产品族中的部件,以及提高产品对于其零部件波动的稳健性,这些使得企业在全球任何地方都能以最低的成本、最少的库存和最快的速度进行生产。

关于为六西格玛设计服务的工具和方法也很多,常见的有风险分析、QFD、系统设计、参数设计、容差设计、设计 FMEA、面向 X 的设计(X 可以是制造、装配、测试、售后服务或环境等各方面)、可靠性分析、高级 DOE、小样本 SPC、仿真等。其中与统计学直接相关的技术工具也不少,本章将分别介绍比较典型的容差设计和仿真。

12.2 容差设计

产品设计可以分为系统设计、参数设计和容差设计三个阶段,或称三次设计。系统设计主要是用于专业技术研制产品(即样品)及其生产工艺;参数设计是确定产品零部件的结构参数和生产过程的工艺参数,选择最佳的参数组合;容差设计是对各种参数寻求最佳的容许误差,使得质量和成本综合起来达到最佳经济效益。

过去,企业偏重于系统设计,对参数设计和容差设计缺乏足够的重视。现在,国内外研究表明,这种观念正被逐渐改变,常常通过试验设计等统计技术来实现参数设计和容差设计。系统设计与各行各业的专业知识相关,不在本书的研究范围之内,本节将主要介绍容差设计(Tolerance Design)。

容差设计在完成系统设计和由参数设计确定了可控因素的最佳水平组合后进行,此时一般来说,各元件(参数)的质量等级较低,参数波动范围较宽。容差设计的目的是在参数设计阶段确定的最佳条件的基础上,确定各个参数合适的容差。容差设计的基本思想如下:根据各参数的波动对产品质量特性贡献(影响)的大小,从技术的可实现性和经济性角度考虑有无必要对影响大的参数给予较小的容差(如用较高质量等级的元件替代较低质量等级的元件)。这样做,一方面减少质量特性的波动,提高产品的稳定性,降低质量损失;另一方面,由于提高了元件的质量等级,使产品的成本有所提高。因此,容差设计阶段既要考虑进一步降低在参数设计后产品仍存在的质量损失,又要考虑缩小一些元件的容差将会增加的成本,权衡两者的利弊得失,采取最佳决策。

通过容差设计,确定各参数的最合理容差,使总损失(质量损失与材料成本之和)达到最佳(最小)。我们知道,使若干参数的容差减少需要增加成本,但由此会提高质量,减少功能波动的损失。因此,要寻找使总损失最小的容差设计方案。

容差设计又常常与参数设计相辅相成。按照参数设计的原理,每一层次的产品(系统、子系统、设备、部件、零件),尤其交付顾客的最终产品都应尽可能减少质量波动,缩小容差,以提高产品质量,增强顾客满意;但另一方面,每一层次产品均应具有很强的承受各种干扰(包括加工误差)影响的能力,即应容许其下属零部件有较大的容差范围。对于下属零部件通过容差设计确定科学合理的容差,作为生产制造阶段符合性控制的依据。虽然容差设计的实施一般晚于参数设计,但有时为了获取总体最佳,容差设计也会影响参数设计的再实施。怎样才能有效地评估和优化产品的容差设计呢?具备六西格玛水准的容差设计是如何诞生的呢?

【例 12 - 1】 在一个装配环中装入 3 个零件,如图 12 - 1 所示,技术要求间隙(Gap)的目标值 $T=0.015$,$LSL=0.005$,$USL=0.025$,也就是间隙的长度要求满足 0.015 ± 0.010。加工的零件 1,2,3 的平均值 $\mu_p=1.554$,标准差 $\sigma_p=0.001$,而装配环的平均值 $\mu_e=4.674$,标准差 $\sigma_e=0.002$。假设所有部件的参数均已实现六西格玛的目标,试问:该系统此容差设计的能力如何?如果未能达到六西格玛水平,应当如何改进?

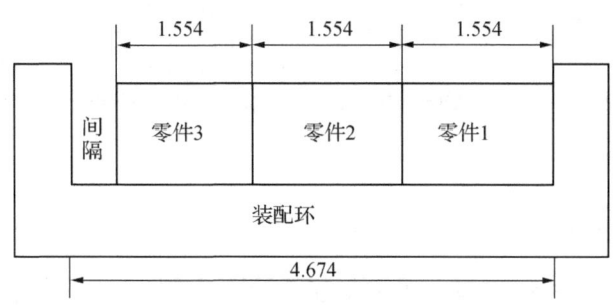

图 12-1 机械装配设计实例

为了便于下文的分析说明,首先约定几个相关变量:

N_i——各部件数量;

V_i——各部件向量(取值为 1 或 −1);

D_i——各部件变异膨胀因子(通常取值为 1.8);

W_i——各部件优化的分配比重(通常对于容易优化、成本低廉的部件分配比重较高,对于不易优化、成本昂贵的部件分配比重较低,但总和恒定为 1,本例中假定装配环的分配比重 $W_e=0.6$,加工零件的分配比重 $W_p=0.4$)。

(1) 容差设计。

首先,按照表 12-1 分别计算系统的短期(ST)能力和长期(LT)能力。然后,将计算所得的长期和短期 Z_{Brech} 值分别与六西格玛设计目标的短期 $Z_{Bench}=6$ 和长期 $Z_{Bench}=4.5$ 作比较,确定该系统的容差设计能力是否达到要求。

表 12-1 系统参数——间隙(Gap)的计算公式

	短期 ST	长期 LT
μ_{Gap}	$\sum N_i V_{\mu_i}$	$\sum N_i V_{\mu_i}$
σ_{Gap}	$\sqrt{\sum N_i \sigma_i^2}$	$\sqrt{\sum D_i^2 N_i \sigma_i^2}$
Z_{USL}	$\dfrac{USL-T}{\sigma_{Gap}}$	$\dfrac{USL-\mu_{Gap}}{\sigma_{Gap}}$
Z_{LSL}	$\dfrac{T-LSL}{\sigma_{Gap}}$	$\dfrac{\mu_{Gap}-LSL}{\sigma_{Gap}}$
Z_{Brech}	$\Phi^{-1}(\Phi(Z_{USL})-\Phi(-Z_{LSL}))$	$\Phi^{-1}(\Phi(Z_{USL})-\Phi(-Z_{LSL}))$

注:Φ 为标准正态累积分布函数

在本例中,系统的短期能力为:

$$\mu_{Gap,ST} = \sum N_i V_{\mu_i} = 4.674 - 3 \times 1.554 = 0.012$$

$$\sigma_{Gap,ST} = \sqrt{\sum N_i \sigma_i^2} = \sqrt{0.002^2 + 3 \times 0.001^2} = 0.0026$$

$$Z_{USL,ST} = \frac{USL-T}{\sigma_{Gap,ST}} = \frac{0.025-0.015}{0.0026} = 3.78$$

$$Z_{LSL,ST} = \frac{T-LSL}{\sigma_{Gap,ST}} = \frac{0.015-0.005}{0.0026} = 3.78$$

$$Z_{\text{Bench},ST} = \Phi^{-1}(\Phi(Z_{USL,ST}) - \Phi(-Z_{LSL,ST})) = \Phi^{-1}(\Phi(3.78) - \Phi(-3.78)) = 3.60$$

系统的长期能力为：

$$\mu_{Gap,LT} = \sum N_i V_{\mu_i} = 4.674 - 3 \times 1.554 = 0.012$$

$$\sigma_{Gap,LT} = \sqrt{\sum D_i^2 N_i \sigma_i^2} = \sqrt{1.8^2 \times 0.002^2 + 1.8^2 \times 3 \times 0.001^2} = 0.0048$$

$$Z_{USL,LT} = \frac{USL - \mu_{Gap,LT}}{\sigma_{Gap,LT}} = \frac{0.025 - 0.012}{0.0048} = 2.73$$

$$Z_{LSL,LT} = \frac{\mu_{Gap,LT} - LSL}{\sigma_{Gap,LT}} = \frac{0.012 - 0.005}{0.0048} = 1.47$$

$$Z_{\text{Bench},LT} = \Phi^{-1}[\Phi(Z_{USL,LT}) - \Phi(-Z_{LSL,LT})] = \Phi^{-1}[\Phi(2.73) - \Phi(-1.47)] = 1.45$$

将 $Z_{\text{Bench},ST}=3.60$，$Z_{\text{Bench},LT}=1.45$ 与六西格玛设计目标的 $Z_{\text{Bench},ST}=6$，$Z_{\text{Bench},LT}=4.5$ 相比，该系统的容差设计能力是不尽如人意的。

到目前为止，我们已经解决了例 12-1 中的第一个问题，即容差设计能力的评估。如何进一步优化该容差设计能力不足的系统呢？显然，系统参数"间隙(Gap)"所显示的过程能力不足，是由原先各部件（装配环、零件）参数的技术指标（平均值或标准差）不佳所致。那么如何设置合理的相关标准呢？这时需要引入一个新概念——"间隙空余"(Gap Pool)引导我们制定新标准。简单地说，Pool 是指导我们改进间隙 Gap 的风向标。当计算所得的 Pool 的平均值的估计量为零时，说明间隙分布的中心位置（即平均值）已经最佳，无须任何调整；当 Pool 的平均值的估计量为正时，说明间隙分布的中心位置偏小，需要通过各部件参数平均值的调整来增加其值；当 Pool 的平均值的估计量为负时，则说明间隙分布的中心位置偏大，需要通过各部件参数平均值的反向调整来减少其值。与此类似，当计算所得的 Pool 的方差的估计量为零时，说明间隙分布的波动（即标准差）正好合适；当 Pool 的方差的估计量为正时，说明间隙分布的波动过小，可以通过各部件参数标准差的调整来增加其值；当 Pool 的方差的估计量为负时，说明间隙分布的波动过大，需要通过各部件参数标准差的反向调整来减少其值。

（2）容差设计的优化。

首先，按照表 12-2 分别计算系统的空余（Pool）平均值和方差。

表 12-2 空余（Pool）平均值和方差的计算公式表

	$\hat{\mu}_{\text{Pool}}$	$\hat{\sigma}^2_{\text{Pool}}$
LSL，USL 均无或仅有其一	0	$\hat{\sigma}^2_{Gap,LT}\left(\left(\frac{Z_{\text{Bench},LT}}{4.5}\right)^2 - 1\right)$
LSL，USL 均有	0	$\hat{\sigma}^2_{Adj,LT} - \hat{\sigma}^2_{Gap,LT}$

注：$\sigma_{Adj,LT}$ 可从方程等式(12-1)中求出。

$$\Phi\left(\frac{USL - \mu_{Gap,LT}}{\sigma_{Adj,LT}}\right) - \Phi\left(\frac{\mu_{Gap,LT} - LSL}{\sigma_{Adj,LT}}\right) = 0.9999966 \qquad (12-1)$$

其次，按照表 12-3 分别计算调整后的理想的各部件的平均值和标准差。

表 12-3　理想部件的平均值和标准差的计算公示表

$\mu_{Adj,i}$	$\sigma_{Adj,i}$
$\mu_i + \dfrac{V_i W_i}{N_i}\mu_{Pool}$	$\sqrt{\sigma_i^2 + \dfrac{W_i}{D_i^2 N_i}\sigma_{Pool}^2}$

在本例中，根据条件设定并且参照表 12-2，可直接得到空余平均值 $\mu_{Pool}=0$，说明优化后的装配环和零件的平均值可以不变，即 $\mu_{Adj,e}=4.674$，$\mu_{Adj,p}=1.554$。这里着重介绍空余方差 σ_{Pool}^2 的计算过程。

从式 12-1 中求得 $\hat{\sigma}_{Adj,LT}=0.00164$，进而按照表 12-2 求得

$$\hat{\sigma}_{Pool}^2 = \hat{\sigma}_{Adj,LT}^2 - \hat{\sigma}_{Gap,LT}^2 = 0.0000027 - 0.0000230 = -0.0000203$$

由于 $\hat{\sigma}_{Pool}^2 < 0$，说明原先系统间隙的波动过大。在获知空余方差的情况下，再按照表 12-3 分别计算理想的各部间的标准差。

$$\sigma_{Adj,e} = \sqrt{\sigma_e^2 + \dfrac{1}{D_e^2 N_e} W_i \sigma_{Pool}^2} = \sqrt{0.000004 - \dfrac{1}{1.8^2 \times 1} \times 0.6 \times 0.0000203} = 0.0005$$

$$\sigma_{Adj,p} = \sqrt{\sigma_p^2 + \dfrac{1}{D_p^2 N_p} W_i \sigma_{Pool}^2} = \sqrt{0.000001 - \dfrac{1}{1.8^2 \times 3} \times 0.4 \times 0.0000203} = 0.0004$$

从最终的计算结果可以明确：如果要达到系统容差的六西格玛设计目标，各部件的平均值无须改变，但装配环的标准差应降低到 0.0005，零件的标准差应降低到 0.0004。

至此，我们已经明确地解释了实例中提出来的两大问题，从计算分析中可以体会到容差设计的分析思路，整个过程可以用图 12-2 所示的流程图来概括。

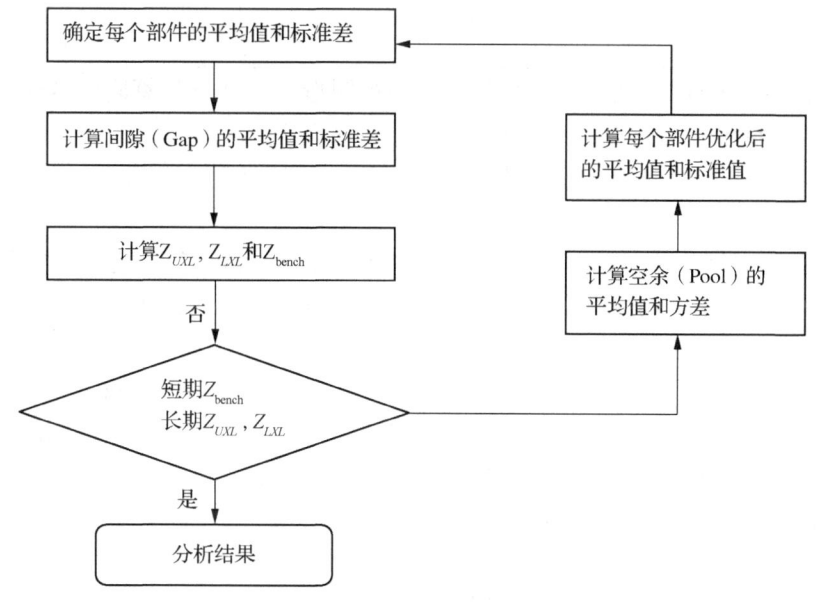

图 12-2　系统容差分析的流程图

上文中的计算分析过程可以通过 MINITAB 的"Six Sigma 模块"大大简化,下面介绍具体的实现方法。注意:"Six Sigma 模块"不属于 MINITAB 软件包的标准模块,使用时需另外安装。另外,对于 MINITAB R15 只安装了英文版的"Six Sigma"模块,其内容与 R14 完全相同。下面给出的界面都是 MINITAB R15 英文版的。

首先,创建容差设计的数据表。

(1) 从"六西格玛→可制造性设计→创建模板(Six Sigma→Design for Manufacturability→Create Template)"进入,如图 12-3 所示。

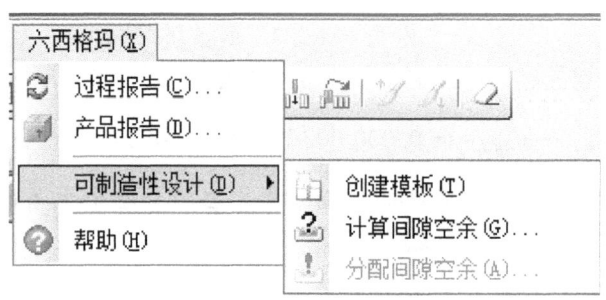

图 12-3 容差设计的操作

(2) 在所得到的空白数据表中,输入例 12-1 中的数据,将其存为文件 SS_6S.MTW,结果如表 12-4 所示。

表 12-4 例 12-1 的容差设计数据表

→	C1-T	C2	C3	C4	C5	C6	C7	C8	C9
	Names	Means	Dir Vectors	Sigma	Complex	Drift	Shift	Mean Alloc	Var Alloc
1	装配环	4.674	1	0.002	1	1.8	0	0.6	0.6
2	零件	1.554	−1	0.001	3	1.8	0	0.4	0.4

(3) 执行容差设计的评估。从"六西格玛→可制造性设计→计算间隙空余(Six Sigma→Design for Manufacturability→Calculate Gap Pools)"进入。

指定"名称(Element names)"为"名称(Names)",指定"均值(Means)"为"均值 Means"。

指定"方向向量(Directional vectors)"为"向量(Dir Vectors)",指定"标准差(Standard deviations)"为"标准差(Sigmas)",指定"下限(Lower spec)"为"0.005",指定"上限(Upper spec)"为"0.025",指定"中心值(Nominal)"为"0.015"。

指定"选项→元素→复杂性(Options→Element→Complexity)"为"复杂性(Complex)",指定"选项→元素→变异膨胀因子(Options→Element→Variation expansion factors)"为"漂移(Drift)"。其操作如图 12-4 所示。

运行命令后,在会话窗口中可以得到下列结果:
Results for:SS_6S 设计.MTW
Tolerance Analysis-Calculate Gap Pools

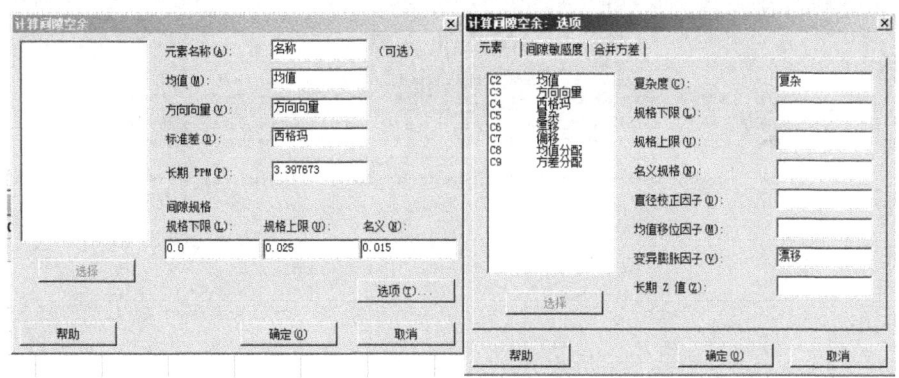

图12-4 容差设计操作图

Gap Specifications
Before Allocation of Gap Pools
Nominal Value   0.015
Lower Spec   0.005
Upper Spec   0.025
Required Z. Bench(LT)   4.50
Long-Term Shift   1.50
Gap Short-Term and Long-Term Statistics
Before Allocation of Gap Pools
Short-Term Long-Term
Mean   0.012 00   0.012 000
StDev   0.003   0.005
Z. LSL   3.78   1.47
Z. USL   3.78   2.73
Z. Bench   3.60   1.45

同时可以得到下列数值结果(见图12-5)及图形结果(见图12-6)。

从图12-5中可以看到:间隙的$Z_{USL,LT}$和$Z_{LSL,LT}$和之前手工计算的结果完全一致。此外,还能看到 ppm(每百万部件)值为 73 968.8,％Y.FT(直通率)值为 92.87。

在图12-6中,容差设计评估的输出图表可分为两部分。左部对应短期能力,右部对应长期能力。每一部分的中间表格表示间隙分布的理论值和模拟值,上图为对应分布的直方图,下图为反映各部间对间隙影响程度的 Pareto 图。从图12-6中可以看到:短期Z_{Bench}=3.60,长期Z_{Bench}=1.45,这和之前手工计算的结果也是完全一致的,而模拟值是根据仿真原理计算得到的,它与其理论值会有一定差距,且每次都会有所不同。

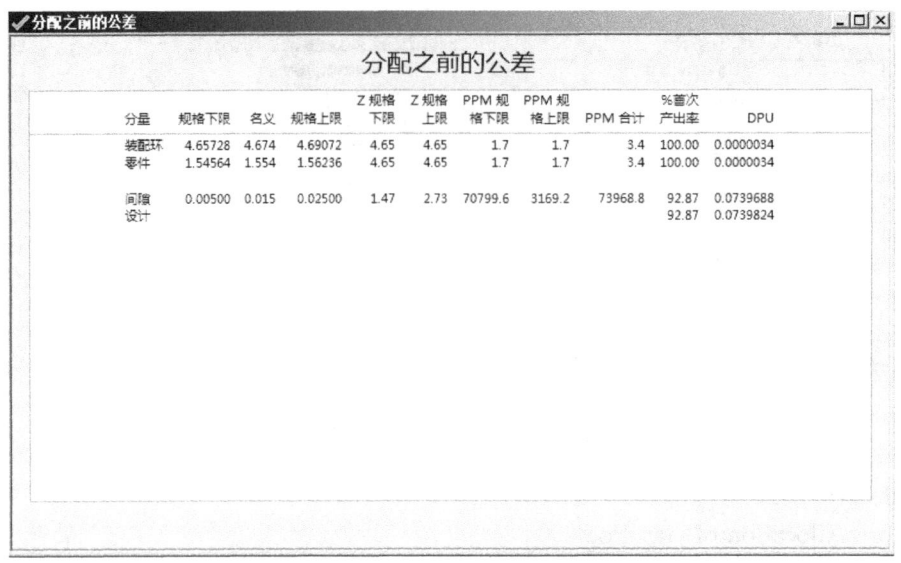

图12-5 容差设计评估的数值结果

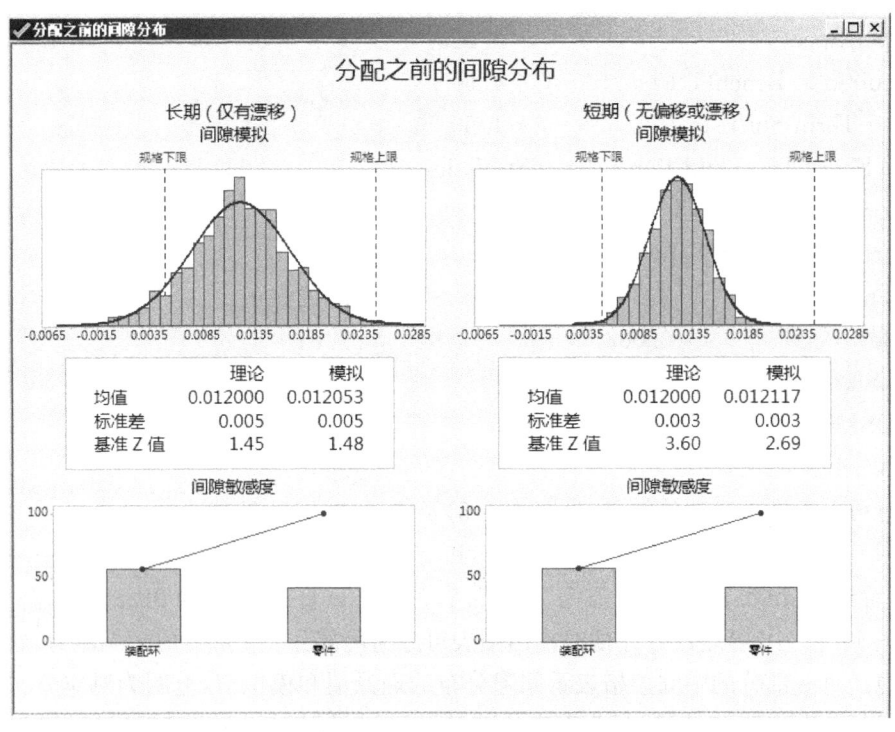

图12-6 容差设计评估的图形结果

然后,执行容差设计的优化。操作步骤如下(操作见图12-7):

(1) 从"六西格玛→面向制造的设计→分配间隙空余(Six Sigma→Design for Manufacturability→Allocate Gap Pools)"进入。

(2) 指定"间隙方差空余的分配权重:(Allocation weights for Gap variance pool:)"为"Var Alloc"。

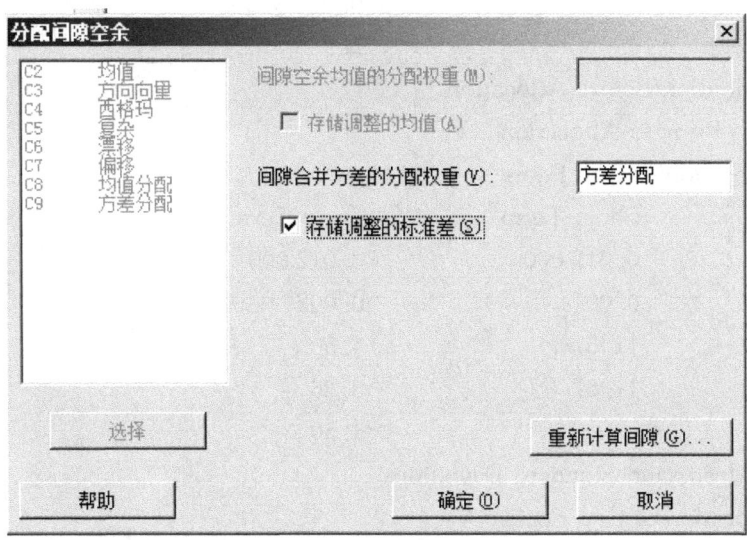

图 12-7 容差设计优化的操作

运行命令后,在会话窗口中可以得到下列结果:

Tolerance Analysis-Calculate Gap Pools

Gap Specifications

Before Allocation of Gap Pools

Nominal Value	0.015
Lower Spec	0.005
Upper Spec	0.025
Required Z. Bench(LT)	4.50
Long-Term Shift	1.50

Gap Short-Term and Long-Term Statistics

Before Allocation of Gap Pools

	Short-Term	Long-Term
Mean	0.012 000	0.012 000
StDev	0.003	0.005
Z. LSL	3.78	1.47
Z. USL	3.78	2.73
Z. Bench	3.60	1.45

Gap Pool Statistics

Mean Pool	0.000 000 0
Variance Pool	−0.000 020 3

Overall Design Statistics

Before Allocation of Gap Pools

Rolled Yield	92.87

DPU		0.073 982 4
Z. Bench		2.9

Gap Distribution Before Allocation
Tolerances Prior to Allocation
After Allocation of Gap Pools

	Short-Term	Long-Term
Mean	0.012 000	0.012 000
StDev	0.001	0.002
Z. LSL	11.57	4.50
Z. USL	11.57	8.36
Z. Bench	*	4.50

Element Means and Standard Deviations
After Allocation of Gap Pools

装配环	4.674	0.000 498 1
零件	1.554	0.000 407 7

Overall Design Statistics
After Allocation of Gap Pools

Rolled Yield	100.00
DPU	0.000 017 0

从会话窗口中,可以明确地得到各部件平均值和标准差的建议值:$\mu_{Adj,e}=4.674$,$\mu_{Adj,p}=1.554$,$\sigma_{Adj,e}=0.000\ 498\ 1$,$\sigma_{Adj,p}=0.000\ 407\ 7$,这些和之前手工计算的结果一致。

同时对于优化方案可得下列数值结果(见图 12-8)及图形结果(见图 12-9)。

由图 12-8 可知,容差设计优化的输出数值结构与容差设计评估的相同,展示的是调整后间隙分布的数据。其中,间隙的 ppm(每百万部件)值为 3.4,%Y.FT(直通率)值为 100.00,显然达到了六西格玛的设计要求。

分配之后的公差

分量	LSL	名义	USL	规格下限 Z 值	规格上限 Z 值	PPM 规格下限	PPM 规格上限	PPM 合计	%首次产出率	DPU
装配环	4.66984	4.674	4.67816	4.65	4.65	1.7	1.7	3.4	100.00	0.0000034
零件	1.55059	1.554	1.55741	4.65	4.65	1.7	1.7	3.4	100.00	0.0000034
间隙	0.00500	0.015	0.02500	4.50	8.36	3.4	0.0	3.4	100.00	0.0000034
设计									100.00	0.0000170

图 12-8 容差设计优化后输出的数值结果

由图 12-9 可知,容差设计优化的输出图形结构与容差设计评估的相同,展示的经调整后间隙分布的图形。其中,短期 $Z_{Bench}=*$(值比较大时用 * 表示),长期 $Z_{Bench}=4.50$,这和六格西玛理论也是相吻合的,而模拟值同样也是根据仿真原理计算得到的,它与其理论值会有一定差距,且每次都会有所不同。

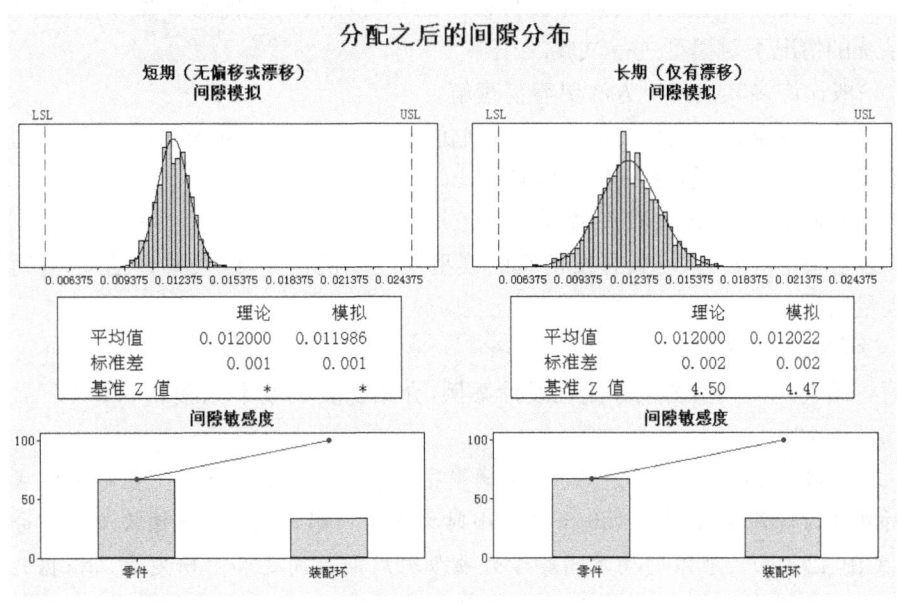

图 12 - 9　容差设计优化后输出的图形结果

总之,产品的容差设计中包含着这样的思想理念:从系统的最佳性能出发,确定部件的最优。用统计学的术语来说,就是首先考虑整体的最小方差,然后再考虑将每一部分的方差最小化。容差设计软件的普遍使用一定能够为企业的产品设计等工作带来巨大便利。

12.3　仿真案例分析

仿真(Simulation),也称模拟,是建立系统或决策问题的数学模型或者逻辑模型,并以该模型进行试验,以获得对系统行为的认识或者帮助解决决策问题的过程。常用的仿真方法也称为蒙特卡罗方法,其起源最早可以追溯到 18 世纪下半叶的蒲丰试验,20 世纪 80 年代电子计算机的应用使它得以广泛应用,操作也越来越简单。

建模的形式有很多,可以根据已知的自然定理建立数学关系模型(如万有引力模型),可以根据历史数据建立回归模型,可以根据试验设计观察的结果建立对应模型,还可以根据常识建立商业流程及产品的模型,等等。

执行仿真方法,一般需要遵循下列四个基本步骤:

(1) 针对实际问题建立一个简单且便于实现的概率统计模型,使所得的结果恰好是所建模型的概率分布或某个数字特征。

(2) 对模型中的随机变量建立抽样方法,在计算机上进行仿真试验,抽取足够的随机数,并对有关的事件进行统计。

(3) 对模拟试验结果进行统计描述和分析,如平均值、标准差和拟合概率分布等。

(4) 必要时还应改进模型以降低估计方差和减少试验费用,提高模拟计算的效率。

采用仿真方法的优点有:

(1) 分析人员无须建立或实际完成拟议中的系统或决策就能够评价模型,或者在不干扰现有系统的情况下对模型进行试验。

(2) 一般比许多其他分析方法更容易理解。

(3) 为任意假设建立模型的能力,显然使仿真不必顾及其他管理科学方法,当分析模型不适当或者不存在的时候,这一点尤其重要。

当然,目前的仿真技术还存在着局限性:

(1) 必须获得输入的数据、开发仿真的模型和计算机程序,以及解释结果,有时为此需要花费大量时间。

(2) 没有精确的答案。

下面将结合一个典型的服务流程设计案例,介绍仿真的基本原理和MINITAB的实现方法。

【例12-2】 某银行从"客户之声"的调查得知,95%以上的顾客代表希望完成整个贷款流程所需的时间能够控制在136个工作小时之内。一般而言,整个贷款流程可分为六大步骤(参见图12-10),总体周期时间等于六项步骤周期时间之和。研发部门根据此要求新近开发了一个房贷产品,以改进以往的工作方法。结合贷款工作的本身特征,设定新产品每个步骤的周期时间分别遵循不同的分布规律,如表12-5所示。试从总体周期时间的角度判断新产品的流程能力如何,能否满足顾客对及时性的要求。

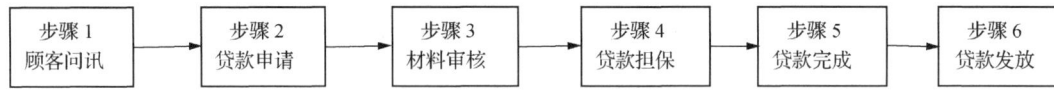

图12-10 贷款流程

表12-5 周期时间的设定

贷款流程	分布规律	假定参数
步骤1	对数正态分布	Lognormal(1,0.25,0)
步骤2	三角形分布	Triangular(8,24,40)
步骤3	任意离散分布	Discrete(P(16)=0.3,P(24)=0.3,P(32)=0.2,P(40)=0.2)
步骤4	均匀分布	Uniform(1,8)
步骤5	随机抽样分布	Random(20,14,12,21,18,23,15,16,10,25)
步骤6	正态分布	Normal(16,4)

不言而喻,该案例很适合先用仿真产生数据源,再用过程能力指数的计算方法进行分析,下面介绍用MINITAB实现的具体方法。

(1) 根据步骤3和步骤5的时间分布特点,制作一个备用数据表,形式如图12-11所示。

(2) 仿真步骤1的周期时间,从"计算→随机数据→对数正态(Calc→Random data→Lognormal)"进入。指定"要生成的数据行数(Number of rows of data to generate)"为"1 000",

指定"存储于列(Store in column(s))"为"步骤1",指定"位置(Location)"为"1",指定"尺度(Scale)"为"0.25",指定"阈值(Threshold)"为"0",运行命令后得到新的一列"步骤1"。

	C1 审核时间	C2 概率	C3 完成时间	C4
1	16	0.3	20	
2	24	0.3	14	
3	32	0.2	12	
4	40	0.2	21	
5			18	
6			23	
7			15	
8			16	
9			10	
10			25	

图 12-11 仿真分析备用数据表

(3) 仿真步骤2的周期时间,从"计算→随机数据→三角形(Calc→Random Data→Triangular)"进入。指定"要生成的数据行数(Number of rows of data to generate)"为"1 000",指定"存储于列(Store in column(s))"为"步骤2",指定"下端点(Lower endpoint)"为"8",指定"众数(Mode)"为"24",指定"上端点(Upper endpoint)"为"40",运行命令后得到新的一列"步骤2"。

(4) 仿真步骤3的周期时间,从"计算→随机数据→任意离散(Calc→Random Data→Discrete)"进入。指定"要生成的数据行数(Number of rows of data to generate)"为"1 000",指定"存储于列(Store in column(s))"为"步骤3",指定"值在(Values in)"为"审核时间",指定"概率在(Probabilities in)"为"概率",运行命令后得到新的一列"步骤3"。

(5) 仿真步骤4的周期时间,从"计算→随机数据→均匀(Calc→Random Data→Uniform)"进入。指定"要生成的数据行数(Number of rows of data to generate)"为"1 000",指定"存储于列(Store in column(s))"为"步骤4",指定"下端点(Lower endpoint)"为"1",指定"上端点(Upper endpoint)"为"8",运行命令后得到新的一列"步骤4"。

(6) 仿真步骤5的周期时间,从"计算→随机数据→来自列的样本(Calc→Random Data→Sample From Columns)"进入。指定"取样行号(Number of rows to sample)"为"1 000",指定"来自列(From column)"为"完成时间",指定"存储于列(Store in column(s))"为"步骤5",选择"重置取样(Sample with replacement)",运行命令后得到新的一列"步骤5"。

(7) 仿真步骤6的周期时间,从"计算→随机数据→正态(Calc→Random Data→Normal)"进入。指定"要生成的数据行数(Number of rows of data to generate)"为"1 000",指定"存储于列(Store in column(s))"为"步骤6",指定"均值(Mean)"为"16",指定"标准差(Standard Deviation)"为"4",运行命令后得到新的一列"步骤6"。

(8) 计算总体周期时间,从"计算→计算器(Calc→Calculator)"进入。指定"将结果存储在(Store result in variable)"为"总体周期时间",在"表达式(Expression)"中输入"步骤1+

步骤2+步骤3+步骤4+步骤5+步骤6",选择"设置为公式(Set as formula)",运行命令后得到新的一列"总体周期时间"。

至此,可以得到仿真并汇总后的数据表,摘选1 000 行数据中的前10 行,如图 12-12 所示。

C5 步骤1	C6 步骤2	C7 步骤3	C8 步骤4	C9 步骤5	C10 步骤6	C11 总体周期时间
3.62724	24.9520	40	2.43416	18	14.4218	103.435
2.58035	35.9864	24	2.65775	25	15.8278	106.052
2.81519	29.0734	40	2.13652	23	15.2855	112.311
3.39695	21.0393	40	3.63249	10	16.6739	94.743
2.03575	28.8143	40	1.96592	18	19.8755	110.691
3.32998	24.1148	24	7.70571	20	14.5356	93.686
2.64574	23.1149	16	4.38466	21	13.4215	80.567
4.29634	20.2840	24	1.18566	12	13.3529	75.119
4.21811	15.6532	16	5.43815	16	15.5220	72.831
1.83061	31.4812	32	4.41823	12	18.7828	100.513
2.83551	21.9990	16	7.56454	14	16.2029	78.602
2.49079	20.9153	16	6.47888	25	15.8397	86.725
2.02291	18.4490	24	6.67045	18	15.5413	84.684
3.74519	33.1207	24	5.34029	21	16.7505	103.957
2.04182	24.4170	40	3.89535	10	15.5265	95.881
3.99486	15.4448	16	6.42021	15	12.8776	69.737
3.56680	27.0693	40	2.84311	12	17.2438	102.723
2.25903	14.1467	24	5.84673	25	12.5927	83.845
3.36553	37.2415	32	7.07676	21	16.4490	117.133
1.46760	27.2445	32	2.78876	14	14.9866	92.487
2.40981	14.0952	16	5.70167	25	16.9690	80.176
2.63209	31.1297	16	5.00064	23	15.9360	93.698
4.30420	16.3258	40	5.62791	23	14.0931	103.351
2.22023	23.8604	40	1.88538	12	15.5387	95.505
3.36494	15.7687	16	6.26648	20	18.0212	79.421

图 12-12 仿真并汇总后的数据表

(9) 检验数据的正态性,从"统计→基本统计量→正态性检验(Stat→Basic Statistics→Normality test)"进入。指定"变量(Variables)"为"总体周期时间",运行命令后得到图 12-13,由于 p 值 $0.023<0.05$。可以认为数据服从正态分布。

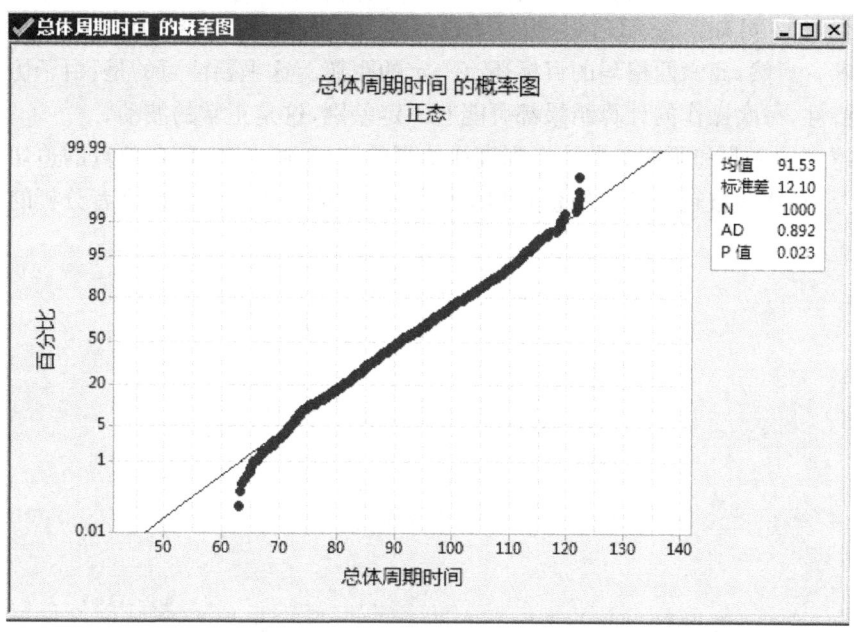

图 12-13 总体周期时间的正态性检验

（10）计算过程能力指数，从"统计→质量工具→能力分析→正态（Stat→Quality Tools→Capability Analysis→Normal）"进入。指定"单列（Single column）"为"总体周期时间"，指定"样本大小（Subgroup size）"为"1"，在"规格上限（Upper spec）"中输入"136"，运行命令后得到图 12-14。

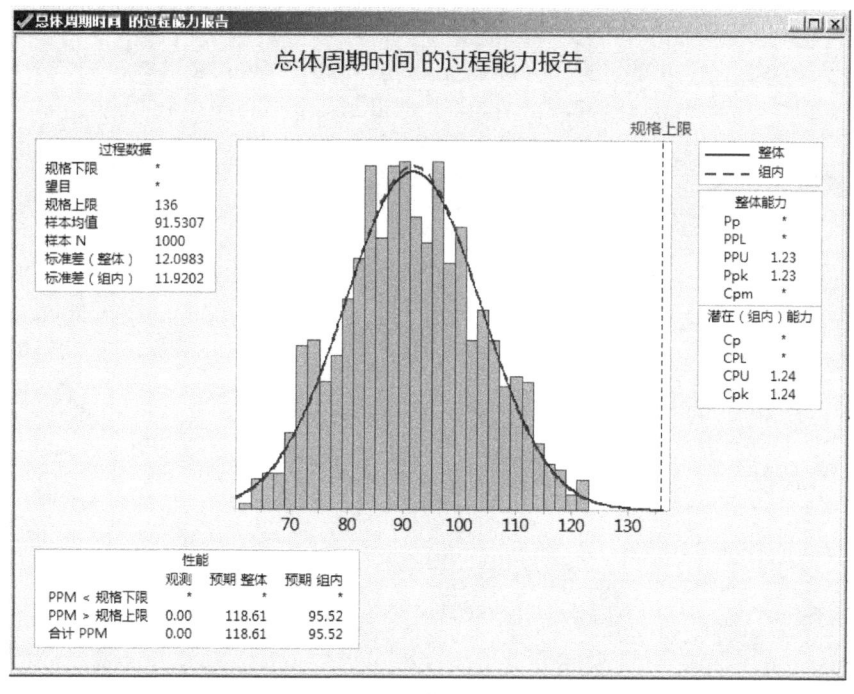

图 12-14 总体周期时间的过程能力分析

由图 12-14 可知，$C_{pk}=1.24>1$，说明过程能力较好，能够满足大部分顾客对总体周期时间的要求。当然，离六西格玛的目标还有一定的距离。这里要注意的是：由于仿真数据产生的随机特性，每次操作的计算结果都可能有一定差别，这是正常的波动。

越来越多的企业和研究单位认识到商业仿真的重要性和实施商业仿真的迫切性。从长远看来，仿真必然会被越来越多的企业和单位所接受，成为决策者和研究者分析的利器。

第 13 章
顾客满意及服务质量测评

13.1 顾客满意和服务质量

顾客根据服务质量及其体验到的总体满意程度来感知服务。现在越来越多的公司意识到,他们可以通过重视服务质量和顾客满意程度使自己更具有竞争力。

13.1.1 顾客满意

顾客满意是企业战胜竞争对手的最好手段,是企业取得长期成功的必要条件。顾客满意水平的提高还与顾客忠诚及公司盈利有联系。顾客满意对航空公司也具有十分重要的意义,航空公司对旅客进行服务满意度的调查和分析,并充分利用其所提供的信息资源,不仅能更有效、更切实地改善和提高航空公司现有服务,而且对航空公司营销活动的开展、经济效益的提高以及整个民航业的发展具有举足轻重的作用。

13.1.2 服务质量

服务质量分"技术质量"和"功能质量"两个方面,前者是指服务过程的产出,即顾客通过服务所得到的东西;而后者是指顾客是如何得到这种服务的。

通过研究发现,顾客在判断服务质量时会考虑五个基本要素,即可靠性(Reliability)、响应性(Responsiveness)、保证性(Assurance)、移情性(Empathy)和可感知性(Tangibles)。

13.1.3 服务质量与顾客满意度的关系

对服务企业而言,质量评估是在服务传递过程中进行的。在服务过程中,顾客与服务人员要发生接触。顾客对服务质量的满意可以定义为:将对接受的服务的感知与对服务的期望相比较。当感知超出期望时,服务被认为具有特别质量,顾客表示出高兴和惊讶。当没有达到期望时,服务注定是不可接受的。当期望与感知一致时,质量是满意的(见图 13-1)。

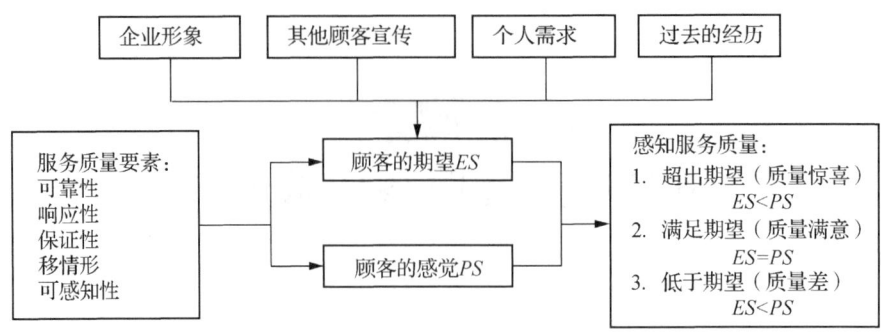

图 13-1 感知服务质量

对质量和满意的研究建立在顾客服务感知的基础上。顾客满意被看成是一个更广泛的概念,而可感知的服务质量是顾客满意的一部分。服务质量作为一个评估的焦点,反映顾客对服务质量要素的感知：可靠性、响应性、保证性、移情性、可感知性。而满意的含义更丰富,服务质量、产品质量、价格以及环境因素、个人因素的感知都会对满意产生影响。

13.2 服务质量差距理论

差距理论专门用来分析服务质量问题的根源,有助于管理人员理解如何更好改进质量(见图 13-2)。

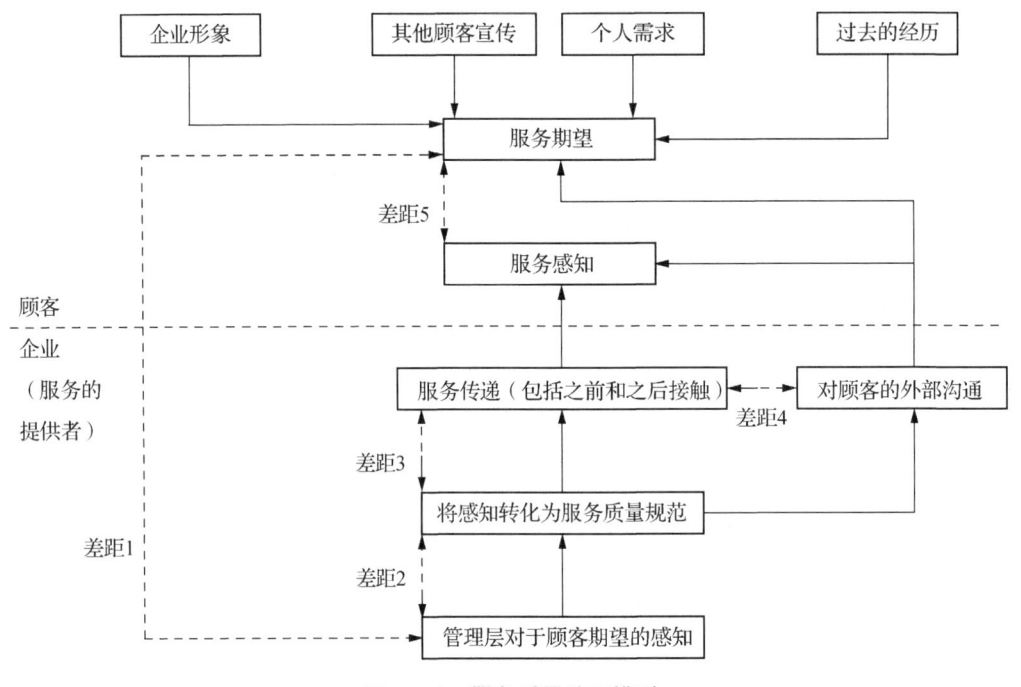

图 13-2 服务质量差距模型

13.2.1 顾客差距的形成

GAP模型中共涉及两类GAP,即顾客的GAP和服务供应商的GAP。所谓顾客的GAP,是指顾客对服务质量的期望与顾客实际感受到的服务质量的差距,即图13-2中的差距5。

13.2.1.1 顾客的期望

顾客的期望是"顾客的愿望与需求,即他们在未接受服务前就觉得服务提供者应该为他们提供的某种服务"。每个顾客对服务质量的期望各不相同,它是由企业的形象、竞争者的行为、市场沟通、其他顾客的宣传、个人不同的需求与过去已有的经历等因素共同作用于顾客,在其主观上产生不同影响的结果。

13.2.1.2 顾客的感觉

顾客的感觉是"顾客关于所接受的及所经历的服务的感受"。在服务传递的过程中,顾客对实际感受到的服务从可靠性、响应性、保证性、移情性和可感知性五个要素依次做出评价后得到的总体量度。

13.2.1.3 感知服务质量

感知服务质量是"顾客所做出的与服务是否优质有关的全面判断和看法"。从满意度看,既可能是正面的也可能是负面的。当顾客实际感受到的服务质量符合甚至超过他们预期的服务质量时,他们的感知服务质量就是好;当他们实际感受到的服务质量不及预期的服务质量时,他们的感知服务质量就是差。这样顾客差距就形成了。

差距模型将其定位于起始于顾客,并按顾客实际所需来建立组织任务,从而弥合顾客期望与实际感知之间的差距。差距模型的核心重点是顾客差距,即顾客期望和感知的差别。企业需要弥合这一差距,以便能够满足其顾客,并与之建立长远的关系。导致顾客差距的关键因素就是服务提供商的差距,也就是GAP1到GAP4。

13.2.2 服务提供商差距的形成

从服务提供者的角度出发,服务提供者内部的差距被分别定义为差距1、差距2、差距3和差距4。

13.2.2.1 差距1——不了解顾客需要什么样的服务

差距1是顾客对服务的期望与管理者对顾客期望的理解之间的差距。导致这一差距的根本原因在于管理者对顾客如何形成他们的期望缺乏了解。顾客期望的形成来源于广告、过去的经历、个人需要和朋友的介绍。缩小这一差距的战略包括改进市场调查、增进员工与顾客的沟通以及员工与管理者之间的沟通、减少管理层次。

13.2.2.2 差距2——没有进行合适的服务设计和制定合适的服务标准

差距2是管理者对顾客期望的理解与所制定的服务质量标准之间的差距。将服务质量标准制定得过低或者过高是导致差距2的根源,如果顾客的期望可以通过有关标准反映出来,那么他们所感知到的服务质量就会提高。因此,通过设置顾客定义的绩效标准来弥合差距 2,会对弥合顾客差距产生有力的积极作用。

13.2.2.3 差距 3——没有按服务标准提供服务

差距 3 是指制定顾客驱动的服务质量标准与员工实际提供的服务之间的差距。许多原因会引起这一差距,如缺乏团队合作、对员工没有进行良好的培训和不合理的工作设计等。确保实现标准所需的所有资源以缩小差距 3,减小顾客差距。

13.2.2.4 差距 4——没有实现服务承诺

差距 4 是实际提供的服务与对顾客的外部沟通之间的差距。没有很好地了解顾客的期望,或在对外沟通中可能提出过度的承诺,而又没有与一线人员很好地沟通,服务产出的管理政策与流程不一致是差距 4 形成的主要原因。

13.2.3 GAP 模型的扩展

于君英、徐明、顾庆良等学者在其论文中提出,存在服务质量差距的第三类 GAP,即 GAP6;钟贵发、杜兰英等也在论文中增加 GAP6。所谓 GAP6,是指管理者对竞争对手的长处的了解与竞争对手实际长处的真实情况之间的差距。增加 GAP,是因为:一是服务业的竞争日趋激烈,无视竞争对手的长处对服务企业本身是不利的;二是了解竞争对手的长处,是服务企业制定优化的管理策略的重要思想起源。

导致 GAP6 产生的原因,主要有:(1)没有开展对竞争对手的研究,根本不了解竞争对手的长处;(2)对竞争对手了解的方式失当,得到的信息不准确;(3)了解了竞争对手的长处,但却不屑一顾,或持有片面的理解等。

在 GAP 模型已经有的 6 个 GAP 的基础上,本文根据航空业产业的特点,提出对于 GAP 模型新的扩展,即 GAP7,也就是指宏观环境对服务质量的影响与管理者对这些影响的了解之间的差距。产生 GAP7 的原因有以下几点:

(1)航空公司没有开展关于宏观环境对航空公司服务质量影响的研究。一些航空公司只是被动地考虑宏观环境对服务质量的影响,没有主动地进行研究。

(2)宏观环境对航空公司服务质量影响有一定的了解,但没有从制定航空公司服务竞争战略的高度来研究。如果航空公司只是"就事论事"来进行了解,而不是从战略高度进行考虑,就会出现 GAP7。

(3)宏观环境对航空公司服务质量影响有深入的研究,但是却没有制定相关的预案和程序,造成服务质量差距。

(4)宏观环境对航空公司服务质量影响有深入的研究,但是航空公司的管理者没有认真对待或者过于盲目乐观,产生 GAP7。

同时,根据 GAP 模型及其扩展,结合迈克尔·波特提出的"决定产业盈利能力的五种竞争作用力"(五力分析),本文认为:GAP 模型中的 GAP1~6 已经基本涵盖了"五力分析"模型中的"产业竞争者、买方、潜在竞争者、替代品"中的各个因素,而唯独对"供方"因素的研究在 GAP 模型中没有得到体现。同时,我国航空公司的航空服务又受到供方的影响。因此,本文提出 GAP 模型的新扩展,即 GAP8,指供方对服务质量的影响与管理者对这些影响的了解的差距。需要说明的是,本文所指的供方,包括供应和渠道。产生 GAP8 的原因主要为:

(1) 没有开展航空公司供应链对服务质量影响的研究。一些航空公司往往只注重公司内服务设计和服务规范的制定,而忽略对供应链的研究而产生的 GAP8。

(2) 对供应链对服务质量的影响是有一定了解,但只是孤立地看待供应链对公司提供服务的影响,而没有把它纳入到整体航空公司服务设计之中因而产生服务质量差距。

(3) 把供应链纳入到整体航空公司服务设计之中,却没有设计和制定优化的能够提高服务质量的供应链战略而导致服务质量差距的优化。

(4) 对供应链对服务质量的研究进行了深入的研究并且制定了战略,但是航空公司的管理者在航空公司的实际运行中没有认真对待或是盲目乐观,产生 GAP8。

13.2.4 完整的 GAP 模型

本文认为,综合 8 个服务质量差距,可以将 GAP1 至 GAP8 分为两类,即直接差距和间接差距。直接差距是对顾客的服务期望与服务感知直接有影响的差距,它是在服务传递过程中造成的;而间接差距是对顾客的服务期望与服务感知间接有影响的差距,它是服务企业的相关因素影响到企业向顾客提供的服务质量的。即:

直接差距:GAP1——GAP4

间接差距:GAP6——GAP8

GAP5 由直接差距和间接差距共同作用而形成。因此,本文提出针对航空公司服务质量的完整 GAP 模型(见图 13-3)。

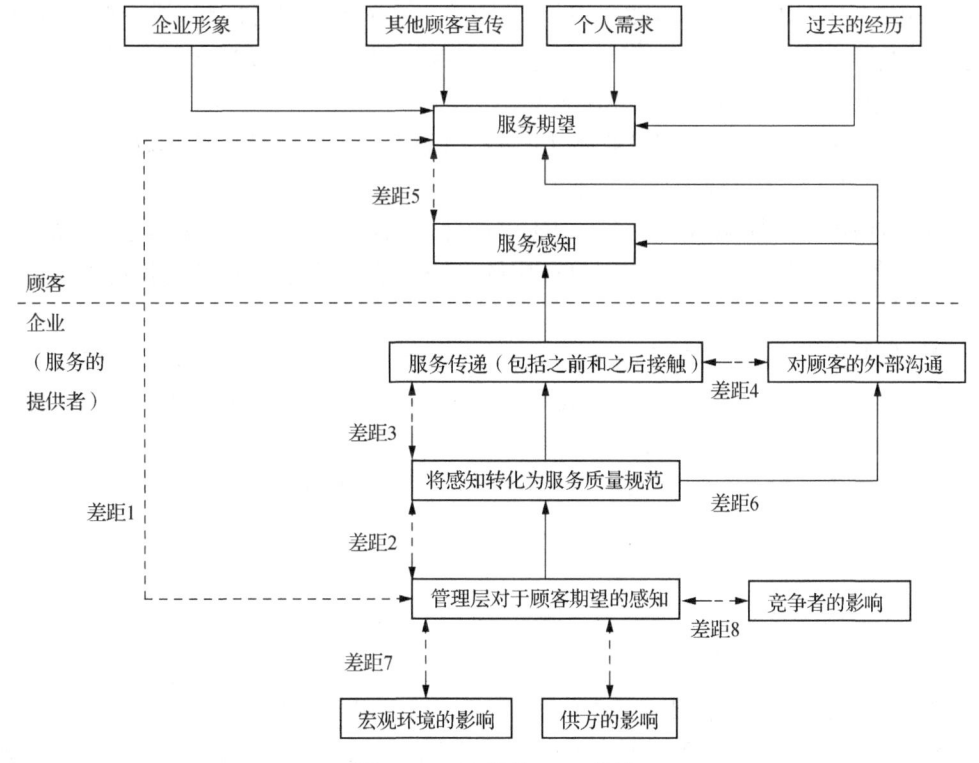

图 13-3 完整的 GAP 模型

13.3 服务质量的测量：SERVQUAL

A. Parasuraman，V. A. Zeithaml，and L. L. Berry 在 1988 年开发出一个就 SERVQUAL 量表来测量服务质量的五大要素(可靠性、响应性、保证性、移情性、可感知性)。

13.3.1 SERVQUAL 量表及其转化

对于服务质量的评价，SERVQUAL 标尺虽然可以广泛应用于服务业的各行各业，可以建立对服务业服务质量进行对比的统一指标，然而对于某一具体服务行业或某一特定企业来讲，SERVQUAL 模型的 21 个条目有一定的局限性。Ksrinivas Durvasula 等在测量商业间的服务质量时认为该标尺存在一定的缺陷；Buttle 在 1996 年认为该标尺测量的顾客根据感知和期望差距做出的服务质量评价不是很显著，测量过分注重过程而非结果，五个属性有较高的相关性；于君英、徐明、顾庆良等学者在其论文中具体指出了其局限性：

(1) 由于 SERVQUAL 标尺的原则意在适用于所有服务行业，因此在语言上比较抽象，受调查者在填写问卷时，存在语意理解上的障碍。

(2) 21 个条目的通用性问题，未和企业的具体情况相结合，往往会使企业感到从问卷上没有了解到企业真正需要了解的信息，因而影响企业使用上的积极性。

(3) SERVQUAL 问卷期望和表现的每个问题都有 21 个条目，共 42 个条目，问题太多，也给企业调查工作带来难度。每份问卷的填写需要受调查者花费近 10 分钟的时间，会令调查者产生厌烦心理，不易使问卷做到底。

(4) 顾客对期望和感知含义的把握上比较含糊，尤其是顾客的期望难以定量表示。服务质量评价取决于服务过程中顾客的感觉与对服务期望之间的差异程度，这种差异即认为是服务质量，因而对差异模糊程度的确定难以把握，对服务质量最差较易确定，可认为负的最大时为服务质量最差，设为 0 分；对服务质量最好就难以把握，可以认为没有差异时为服务质量最好。

同时，他们提出：对服务质量评价可以和顾客满意度调查相结合，ISO 9000 质量管理体系明确提出了顾客满意度的测量问题，这种探索可以作为进一步研究的起点。因而，本文在具体对航空公司服务质量评价进行测量时，对 SERVQUAL 量表进行转化，利用满意度调查的方式，对旅客对服务的期望和感知进行测量，从而得出服务质量差距。

13.3.2 SERVQUAL 质量评价

13.3.2.1 问卷设计

旅客的乘机情况、登机前服务、客舱服务以及总体服务评价是航空公司对服务质量非常关注的项目。本研究对以上几大项目进行了问卷设计和问卷测试工作，确定了 44 个调查问题，其中旅客对服务质量的期望值采用"很低、低、一般、高、很高"五个标签，旅客的实际感受服务的情况采用"很差、差、一般、好、很好"五个标签。问卷采用5分评分方法,其中,1的评价最低,5的评价最高。

本研究问卷设计在参照SERVQUAI质量评价方法标准问卷的基础上,对SERVQUAI表进行了适当转化,以方便问卷填写者。调查问卷转化表如表13-1所示。

表13-1 调查问卷转化表

服务属性	问卷问题设计
可靠性	航班时刻安排合理且航班到达准时 航班到达或延误的信息和登机时间及时通知 航空公司能信守服务承诺
响应性	提取/托运行李的速度 登机迅速,井然有序 话务员/票务人员办事效率高,态度热情 电话订票的时间短 航空服务员工在很忙时也能及时回应旅客的要求
保证性	航空公司有最佳设备和技术,较好的机型,保证安全飞行 航空服务员工穿着得体、整洁大方,训练有素 个别旅客不遵守规定,乘务员能妥善处理
移情性	当旅客遇到问题时,服务人员能诚恳为旅客解决 航空公司观察到旅客的需要,提供特色服务,给予特殊关照 航空公司有完善的"常旅客计划" 航班延误或取消能及时妥善地安排好旅客 航空公司能记住老旅客并能提供超值服务 下飞机后,航空公司能安排旅馆或提供旅行方便 在机场有公司专属的贵宾室等服务设施
可感知性	客舱设备良好,乘坐舒适 客舱卫生整洁 有清洁的机舱和美味、健康的食物 娱乐设施齐全,报纸杂志种类和数量齐全 航空服务员工能主动问候/礼貌用语/微笑服务 机长和乘务员能及时播报航班信息,语音清晰 乘务员安全演示指导示范 引导标牌明显程度 航班能提供通讯、网络、娱乐等设施 航空公司能运用电子商务和电子机票

13.3.2.2 数据收集和样本概况

××年×月×日,我们在虹桥国际机场对正在候机的乘客进行了一次问卷调查。发放问卷130份,回收130份,其中有效问卷98份,废卷32份。废卷原因主要是未按征询表要求回答必答题和填写中有逻辑错误。由于本问卷题量比较大,再加上都是在现场要求旅客填写,因此,可以认为98份问卷具有一定的代表性。

1. 数据分析结果

(1) 选乘航空公司航班的理由(见表13-2)。

表13-2

	公司的信誉和规模	飞行安全	服务质量	航班时间安排	可选择的航线多	选用的机型	航班准点	累积更多的里程	价格优惠
人数	45	37	38	54	2	27	5	11	12
备注	为多选题								

(2) 航空旅行中经常感到的不便之处(见表13-3)。

表13-3

	航班不正常	出入机场不方便	办理乘机手续繁杂	通信设施落后	信息沟通不及时	延伸服务不够	其他
人数	24	2	26	3	4	11	34
	备注			为多选题			

(3) 国内航空公司与国外同行的主要差距(见表13-4)。

表13-4

	航空港国际化水准	品牌形象	配套服务	空姐素质	读物是否丰富	食物是否多样及可口	航线是否通达	机型是否舒适	促销手段是否有效	航班是否准点	安全感	公众宣传意识	投诉处理
人数	26	27	31	23	8	8	11	4	3	4	8	9	5
备注	为多选题												

(4) 航空旅行中的不愉快及投诉(见表13-5)。

表13-5

	您在航空旅行中有过不愉快的经历	如有,您是否向有关部门进行投诉
有	8	0
没有	80	

从以上表格中可以得出以下结论:

(1) 旅客在选乘航空公司航班首先考虑的是航班的时间安排,这和主要的目标顾客为公务出差人士是相符的。这类目标顾客最看重的首先就是方便;其次就是公司的信誉、规模、服务质量和飞行安全。公务出差的旅客主要根据服务质量与合适的航班时刻两个因素来选择上航;而私人出行的旅客则较注重是否有价格优惠,对于航班的时刻和服务质量则作为比较因素参考。因此,航空公司要重视服务质量的稳定与提高,满足公务旅客行程便捷、提高办事效率的需求,从私人旅客希望降低出行费用的愿望出发,争取合理的航班时刻,科学地安排公务航线和旅行航线的时刻,以此来吸引更多的旅客。

(2) 旅客在旅行中经常感到的不便之处主要是办理乘机手续繁杂、航班不正常以及延伸服务不够。值得关注的是,有相当一部分旅客选择了其他因素,这说明我国航空公司的服务质量还有待提高。

(3) 旅客认为国内航空公司与国外同行的主要差距在于配套服务、品牌形象、空姐素质以及航空港的国际化水准,这说明旅客对航空公司的服务质量要求在不断提高,航空公司应关注品牌化建设,从而树立并向目标顾客传递公司的品牌形象。

(4) 大部分旅客在航空旅行中没有不愉快的经历,即使有也没有一人选择投诉。在他们熟悉的航空公司中,上航、东航被认为是服务质量较好的航空公司,而西北航空被认为服务质量较差。大部分人会把航空旅行的经历告诉他的亲人或朋友。

2. 旅客对航空公司服务质量的期望分析(见表13-6、表13-7)

表13-6 旅客对航空服务的期望

服务指标	样本数	最小值	最大值	均值	标准差
航空公司有最佳设备和技术,较好的机型,保证安全飞行	97	4.00	5.00	4.7010	.4602
客舱设备良好,乘坐舒适	97	3.00	5.00	4.4742	.7085
提取/托运行李的速度	98	3.00	5.00	4.2755	.7002
客舱卫生整洁	97	3.00	5.00	4.2062	.7765
当旅客遇到问题时,服务人员能诚恳地为旅客解决	97	2.00	5.00	4.0619	.8393
航班时刻安排合理且航班到达准时	98	3.00	5.00	4.0612	.8226
航空公司观察到旅客的需要,提供特色服务,给予特殊关照	97	1.00	5.00	4.0000	1.3540
航空公司能信守服务承诺	97	3.00	5.00	3.8969	.8598
有清洁的机舱和美味、健康的食物	98	2.00	5.00	3.8776	.9224
航空公司有完善的"常旅客计划"	97	1.00	5.00	3.8763	1.1749
娱乐设施齐全,报纸杂志种类和数量齐全	97	2.00	5.00	3.8454	.8937
航班延误或取消能及时妥善地安排好旅客	97	3.00	5.00	3.7835	.8320
登机迅速,井然有序	98	2.00	5.00	3.7245	.7967
航班到达或延误的信息和登机时间及时通知	98	1.00	5.00	3.6531	.9536
话务员/票务人员办事效率高,态度热情	98	3.00	5.00	3.6224	.6813
航空服务员工能主动问候/礼貌用语/微笑服务	97	1.00	5.00	3.5361	.9472
航空公司能记住老旅客并能提供超值服务	97	1.00	5.00	3.5155	1.2757
航空服务员工穿着得体、整洁大方、训练有素	97	2.00	5.00	3.5155	.7088
机长和乘务员能及时播报航班信息,语音清晰	97	2.00	5.00	3.4639	.6780
下飞机后,航空公司能安排旅馆或提供旅行方便	97	1.00	5.00	3.4227	1.1711

续 表

服务指标	样本数	最小值	最大值	均值	标准差
电话订票的时间短	81	2.00	5.00	3.419 8	.686 7
乘务员安全演示指导示范	98	3.00	5.00	3.336 7	.496 3
个别旅客不遵守规定,乘务员能妥善处理	97	2.00	5.00	3.237 1	.495 3
引导标牌明显程度	97	1.00	5.00	3.206 2	1.224 2
在机场有公司专属的贵宾室等服务设施	97	1.00	5.00	3.195 9	.730 9
航班能提供通讯、网络、娱乐等设施	97	1.00	5.00	3.154 6	.740 8
航空服务员工在很忙时也能及时回应旅客的要求	97	1.00	5.00	3.072 2	1.183 6
航空公司能运用电子商务和电子机票	97	1.00	5.00	2.381 4	1.131 4

表 13-7 旅客对航空服务期望的聚类分析

服务指标	分类	距离
航空公司有最佳设备和技术,较好的机型,保证安全飞行	1	.113
客舱设备良好,乘坐舒适	1	.113
提取/托运行李的速度	2	.311
客舱卫生整洁	2	.242
当旅客遇到问题时,服务人员能诚恳地为旅客解决	2	9.745E-02
航班时刻安排合理且航班到达准时	2	9.675E-02
航空公司观察到旅客的需要,提供特色服务,给予特殊关照	2	3.555E-02
航空公司能信守服务承诺	2	6.755E-02
有清洁的机舱和美味、健康的食物	2	8.685E-02
航空公司有完善的"常旅客计划"	2	8.815E-02
娱乐设施齐全,报纸杂志种类和数量齐全	2	.119
航班延误或取消能及时妥善地安排好旅客	2	.181
登机迅速,井然有序	2	.240
航班到达或延误的信息和登机时间及时通知	4	.271
话务员/票务人员办事效率高,态度热情	4	.241
航空服务员工能主动问候/礼貌用语/微笑服务	4	.154
航空公司能记住老旅客并能提供超值服务	4	.130
航空服务员工穿着得体、整洁大方、训练有素	4	.130
机长和乘务员能及时播报航班信息,语音清晰	4	8.221E-02
下飞机后,航空公司能安排旅馆或提供旅行方便	4	4.101E-02
电话订票的时间短	4	3.811E-02

续 表

服务指标	分 类	距 离
乘务员安全演示指导示范	4	4.499E-02
个别旅客不遵守规定,乘务员能妥善处理	4	.145
引导标牌明显程度	4	.175
在机场有公司专属的贵宾室等服务设施	4	.186
航班能提供通讯、网络、娱乐等设施	4	.227
航空服务员工在很忙时也能及时回应旅客的要求	4	.309
航空公司能运用电子商务和电子机票	3	.000

根据表13-6和表13-7两个表,旅客对航空公司服务的期望可以分为四类,即期望非常高、比较高、不太高和不高四类。具体如下:

属于期望非常高的服务属性包括:航空公司有最佳的设备和技术,较好的机型,保证安全飞行;客舱设备良好,乘坐舒适。其中第一条的期望值最高。

属于期望比较高的服务属性包括:客舱卫生清洁;提取/托运行李的速度;航班时刻安排合理且航班到达准时;当旅客遇到问题时,服务人员能诚恳地为旅客解决;航空公司观察到旅客的需要,提供特色服务,给予特殊关照;航空公司能信守承诺;搭乘的航班有清洁的机舱和美味、健康的食物;航空公司有完善的"常旅客计划";航班延误或取消,能及时妥善安排好旅客;娱乐设施齐全,报纸杂志种类和数量齐全;登机迅速,井然有序。

属于期望不太高的服务属性包括:航班到达或延误的消息和登机时间及时通知;话务员/票务人员办事效率高,态度热情;航空服务员工能主动问候/礼貌用语/微笑服务;航空公司能记住老旅客并能提供超值服务;航空服务员工穿着得体、整洁大方、训练有素;机长和乘务员能及时通报航班信息,语音清晰;下飞机后,航空公司能安排旅馆或提供旅行方便;电话订票的接通时间短;乘务员安全演示,指导规范;引导标牌明显程度;个别旅客不遵守规定,乘务员能妥善处理;在机场有专属的贵宾室等服务设施;航班能提供通讯、网络、娱乐等设施;航空服务员工在很忙时也能及时回应旅客的要求。

属于期望不高的服务属性包括:航空公司能够运用电子商务和电子机票。

3. 旅客对航空公司服务的实际感知评价(见表13-8、表13-9)

表13-8 旅客对航空公司服务的实际感知评价

服务指标	样本数	最大值	最小值	均 值	标准差
客舱卫生整洁	97	2.00	5.00	4.484 5	.631 0
话务员/票务人员办事效率高,态度热情	98	2.00	5.00	4.122 4	.749 8
航空公司有最佳设备和技术,较好的机型,保证安全飞行	97	3.00	5.00	4.103 1	.714 2
电话订票的时间短	81	2.00	5.00	4.012 3	.733 0
航空服务员工穿着得体、整洁大方、训练有素	96	2.00	5.00	3.854 2	.905 9

续 表

服务指标	样本数	最大值	最小值	均 值	标准差
乘务员安全演示指导示范	98	3.00	5.00	3.795 9	.573 6
机长和乘务员能及时播报航班信息,语音清晰	97	3.00	5.00	3.793 8	.576 2
个别旅客不遵守规定,乘务员能妥善处理	97	3.00	5.00	3.618 6	.668 4
航空公司有完善的"常旅客计划"	97	2.00	5.00	3.608 2	.604 8
登机迅速,井然有序	98	2.00	5.00	3.489 8	.677 2
航空服务员工能主动问候/礼貌用语/微笑服务	96	2.00	5.00	3.489 6	.648 8
航班时刻安排合理且航班到达准时	98	2.00	5.00	3.398 0	.882 1
提取/托运行李的速度	98	1.00	5.00	3.377 6	.925 2
在机场有公司专属的贵宾室等服务设施	96	3.00	4.00	3.375 0	.486 7
客舱设备良好,乘坐舒适	97	1.00	4.00	3.340 2	.988 3
当旅客遇到问题时,服务人员能诚恳为旅客解决	96	2.00	4.00	3.333 3	.763 2
航空公司能信守服务承诺	97	2.00	4.00	3.237 1	.760 7
航班到达或延误的信息和登机时间及时通知	98	1.00	5.00	3.204 1	.824 4
引导标牌明显程度	97	1.00	5.00	3.175 3	.989 6
航班能提供通讯、网络、娱乐等设施	97	1.00	4.00	3.072 2	.680 8
航班延误或取消能及时妥善地安排好旅客	97	1.00	5.00	3.061 9	.910 8
航空公司观察到旅客的需要,提供特色服务,给予特殊关照	97	1.00	5.00	3.051 5	1.175 9
航空服务员工在很忙时也能及时回应旅客的要求	97	2.00	4.00	3.010 3	.510 2
娱乐设施齐全,报纸杂志种类和数量齐全	97	1.00	5.00	2.979 4	.999 8
下飞机后,航空公司能安排旅馆或提供旅行方便	96	1.00	4.00	2.875 0	.873 6
有清洁的机舱和美味、健康的食物	98	2.00	5.00	2.836 7	.755 7
航空公司能记住老旅客并能提供超值服务	97	1.00	4.00	2.628 9	.726 3
航空公司能运用电子商务和电子机票	97	1.00	5.00	2.628 9	.869 9

表 13 - 9 服务感知的聚类分析

服务指标	分类	距离
客舱卫生整洁	1	.000
话务员/票务人员办事效率高,态度热情	2	.197
航空公司有最佳设备和技术,较好的机型,保证安全飞行	2	.177
电话订票的时间短	2	8.663E-02
航空服务员工穿着得体、整洁大方、训练有素	2	7.147E-02
乘务员安全演示指导示范	2	.130

续　表

服务指标	分类	距离
机长和乘务员能及时播报航班信息,语音清晰	2	.132
个别旅客不遵守规定,乘务员能妥善处理	3	.232
航空公司有完善的"常旅客计划"	3	.222
登机迅速,并然有序	3	.104
航空服务员工能主动问候/礼貌用语/微笑服务	3	.103
航班时刻安排合理且航班到达准时	2	.128
提取/托运行李的速度	3	8.655E-03
在机场有公司专属的贵宾室等服务设施	3	1.125E-02
客舱设备良好,乘坐舒适	3	4.605E-02
当旅客遇到问题时,服务人员能诚恳地为旅客解决	3	5.295E-02
航空公司能信守服务承诺	3	.149
航班到达或延误的信息和登机时间及时通知	3	.182
引导标牌明显程度	3	.211
航班能提供通讯、网络、娱乐等设施	4	.167
航班延误或取消能及时妥善地安排好旅客	4	.157
航空公司观察到旅客的需要,提供特色服务,给予特殊关照	4	.147
航空服务员工在很忙时也能及时回应旅客的要求	4	.105
娱乐设施齐全,报纸杂志种类和数量齐全	4	7.442E-02
下飞机后,航空公司能安排旅馆或提供旅行方便	4	2.998E-02
有清洁的机舱和美味、健康的食物	4	6.828E-02
航空公司能记住老旅客并能提供超值服务	4	.276
航空公司能运用电子商务和电子机票	4	.276

表 13-8 和表 13-9 表明:旅客对航空公司服务的实际感知评价,即旅客的满意度可以分为四类,即非常满意、比较满意、不太满意和不满意四类。具体如下:

属于非常满意的服务属性包括:客舱卫生清洁。

属于比较满意的服务属性包括:话务员/票务人员办事效率高,态度热情;电话订票的接通时间短;航空公司有最佳的设备和技术,较好的机型,保证安全飞行;乘务员安全演示指导示范;航空服务员工穿着得体、整洁大方、训练有素;机长和乘务员能及时通报航班信息,语音清晰;航班时刻安排合理且航班到达准时。

属于不太满意的服务属性包括:个别旅客不遵守规定,乘务员能妥善处理;登机迅速,并然有序;航空公司有完善的"常旅客计划";航空服务员工能主动问候/礼貌用语/微笑服务;提取/托运行李的速度;在机场有专属的贵宾室等服务设施;客舱设备良好,乘坐舒适;当旅客遇到问题时,服务人员能诚恳地为旅客解决;航班到达或延误的消息和登机时间及时通知;航空公司能信守承诺;引导标牌明显程度。

属于不满意的服务属性包括:航班能提供通讯、网络、娱乐等设施;航班延误或取消,能及时妥善安排好旅客;航空公司观察到旅客的需要,提供特色服务,给予特殊关照;航空服务员工在很忙时也能及时回应旅客的要求;娱乐设施齐全,报纸杂志种类和数量齐全;搭乘的航班有清洁的机舱和美味、健康的食物;下飞机后,航空公司能安排旅馆或提供旅行方便;航空公司能够运用电子商务和电子机票;航空公司能记住老旅客并能提供超值服务。

4. 我国民航企业服务质量差距分析(见表13-10)

表13-10 航空公司服务质量差距

指 标	样本数	EI	PI	服务质量差距(PI-EI)
电话订票的时间短	81	3.419 8	4.012 3	0.592 5
话务员/票务人员办事效率高,态度热情	98	3.622 4	4.122 4	0.5
引导标牌明显程度	97	3.206 2	3.175 3	-0.030 9
提取/托运行李的速度	98	4.275 5	3.377 6	-0.897 9
登机迅速,井然有序	98	3.724 5	3.489 8	-0.234 7
航班时刻安排合理且航班到达准时	98	4.061 2	3.398 0	-0.663 2
航班到达或延误的信息和登机时间及时通知	98	3.653 1	3.204 1	-0.449
航班延误或取消能及时妥善地安排好旅客	97	3.783 5	3.061 9	-0.721 6
有清洁的机舱和美味、健康的食物	98	3.877 6	2.836 7	-1.040 9
乘务员安全演示指导示范	98	3.336 7	3.795 9	0.459 2
机长和乘务员能及时播报航班信息,语音清晰	97	3.463 9	3.793 8	0.329 9
个别旅客不遵守规定,乘务员能妥善处理	97	3.237 1	3.618 6	0.381 5
娱乐设施齐全,报纸杂志种类和数量齐全	97	3.845 4	2.979 4	-0.866
客舱设备良好,乘坐舒适	97	4.474 2	3.340 2	-1.134
客舱卫生整洁	97	4.206 2	4.484 5	0.278 3
航空公司有最佳设备和技术,较好的机型,保证安全飞行	97	4.701 0	4.103 1	-0.597 9
航空公司能运用电子商务和电子机票	97	2.381 4	2.628 9	0.247 5
航空公司有完善的"常旅客计划"	97	3.876 3	3.608 2	-0.268 1
航空公司能记住老旅客并能提供超值服务	97	3.515 5	2.628 9	-0.886 6
在机场有公司专属的贵宾室等服务设施	97	3.195 9	3.375 0	0.179 1
航班能提供通讯、网络、娱乐等设施	97	3.154 6	3.072 2	-0.082 4
下飞机后,航空公司能安排旅馆或提供旅行方便	97	3.422 7	2.875 0	-0.547 7
航空服务员工穿着得体、整洁大方、训练有素	97	3.515 5	3.854 2	0.338 7

续 表

指标	样本数	EI	PI	服务质量差距($PI-EI$)
当旅客遇到问题时,服务人员能诚恳地您解决	97	4.061 9	3.333 3	-0.728 6
航空公司能信守服务承诺	97	3.896 9	3.237 1	-0.659 8
航空服务员工在很忙时也能及时回应旅客的要求	97	3.072 2	3.010 3	-0.061 9
航空服务员工能主动问候/礼貌用语/微笑服务	97	3.536 1	3.489 6	-0.046 5
航空公司观察到旅客的需要,提供特色服务,给特殊关照	97	4.000 0	3.051 5	-0.948 5

(1) 地面服务质量差距(见图 13-4)。

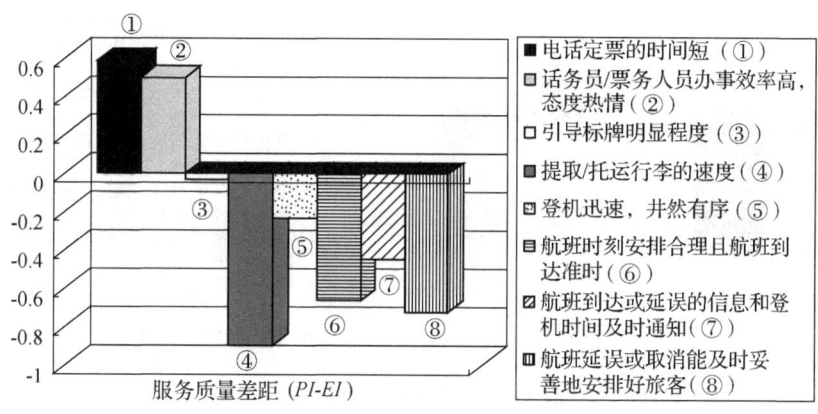

图 13-4 地面服务质量差距

在地面服务中,旅客对提取/托运行李速度和航班时刻安排合理且航班准时到达的服务期望最高,达到 4.275 5 和 4.061 2。旅客乘机最怕的就是取消航班,事先的行程安排均被打乱,特别是对一些谈判和合同签约的商务旅客来说,由于行程延误,往往会给他或他的公司造成巨大的经济损失,因此他们非常讲究速度、便捷、准时。旅客对地面服务的实际感知评价中,对电话订票时间短和话务员/票务人员办事效率高、态度热情评价最高,分别为 4.012 3 和 4.122 4,说明在这两方面做得较好,也体现出公司注重抓票务销售管理已经取得成效。

在地面服务中,旅客评价列倒数后三名的依次是航班延误或取消能及时妥善地安排好旅客、引导标牌明显程度和航班到达或延误的信息和登机时间及时通知,分别为 3.061 9、3.175 3 和 3.204 1,说明公司航班的准点和延误还是一个比较突出的问题。

从地面服务质量差距来看,8 项中有 6 项服务质量差距分值为负,其中提取/托运行李速度、航班准时和延误的差距比较大。造成差距的原因和值得注意的问题是:

① 当航班发生延误时,公司各运行部门的信息沟通不及时,当面对旅客的部门员工不了解延误的具体情况,无法回答旅客的疑问,旅客就会感到公司在隐瞒延误真相,欺骗旅客。所以延误一旦发生,公司各运行部门要加强沟通,特别是地面商务人员应积极主动地了解情况,及时向旅客说明真实原因,不要保持沉默,更不要发生明明是公司自身的原因,却推托是

天气或流量控制等客观因素,在通信技术高度发达的今天,这种做法是非常愚蠢的。

② 航班延误后要以旅客的利益为上。不能怕由于旅客转机造成经济效益,因为公司的声誉比经济效益更为重要。所以航班延误后,对一些急需赶路的旅客应尽快帮旅客转签到其他航空公司的航班。

③ 对无法转机的旅客应想方设法安抚旅客骚动的情绪,取得旅客的谅解;如果航班取消,公司有关部门应及时妥善安排好旅客住宿,并帮助解决后顾之忧。

总而言之,对于旅客期望值差距较大的方面,公司应对此进行重点研究。软件方面要抓好地面服务人员服务意识的教育、规章制度的建立和健全和操作流程、程序执行的检查控制;硬件方面要加大投入,对一些老化的设备作必要的淘汰和更新。

(2) 客舱服务质量差距(见图13-5)。

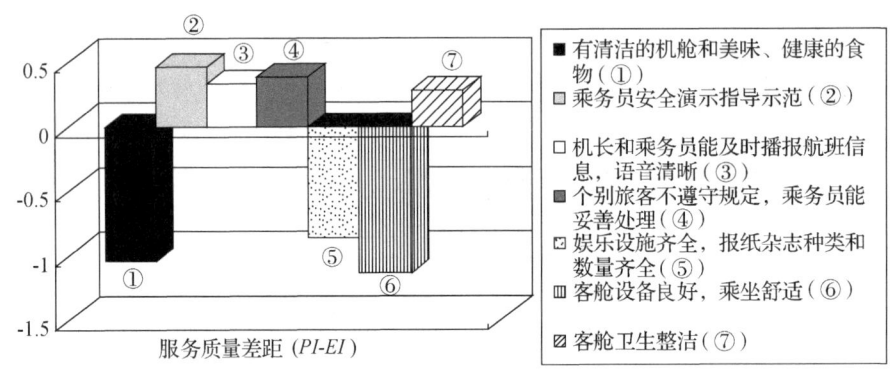

图13-5 客舱服务质量差距

在客舱服务中,旅客对客舱设备良好,乘坐舒适和客舱卫生整洁的期望最高,达到4.474 2和4.206 2。说明大多数公务旅客在确信航空公司的飞行安全质量后,非常注重环境的质量,有益于身心健康;同时,旅客对客舱设备以及乘坐的舒适都有较高的期望。其中,旅客对个别旅客不遵守规定,乘务员能妥善处理的期望值最低,为3.237 1。

旅客在接受空中服务过程中,对客舱卫生整洁的服务评价最高,为4.484 5。这说明我国航空公司经过不断发展,提供的乘坐的良好环境已经得到广大旅客的认可。

在空中服务中,旅客评价列倒数后两名的是有清洁的机舱和美味、健康的食物和娱乐设施齐全,报纸杂志种类和数量齐全,分别为2.836 7和2.979 4,说明公司在餐食的品质和配备方面还需进行调查和改进。同时,说明旅客在飞机旅行过程中对娱乐设施的要求越来越高,应引起航空公司高度的重视和改进。

从服务质量差距来看,"有清洁的机舱和美味、健康的食物""娱乐设施齐全,报纸杂志种类和数量齐全""客舱设备良好,乘坐舒适"三项服务指标的分值为负,分别为-1.040 9、-0.866和-1.134。这说明对这三项旅客的感知还是有较大差距的,应引起航空公司的重视并加以改进。

同时还可以得出,在地面服务中有6项服务的感知质量为负数,在空中服务中有3项服务的感知质量为负数,这表明航空公司的地面服务质量与空中服务质量差距较大,需要航空公司认真研究加以改进。

(3) 总体服务质量差距(见图 13-6)。

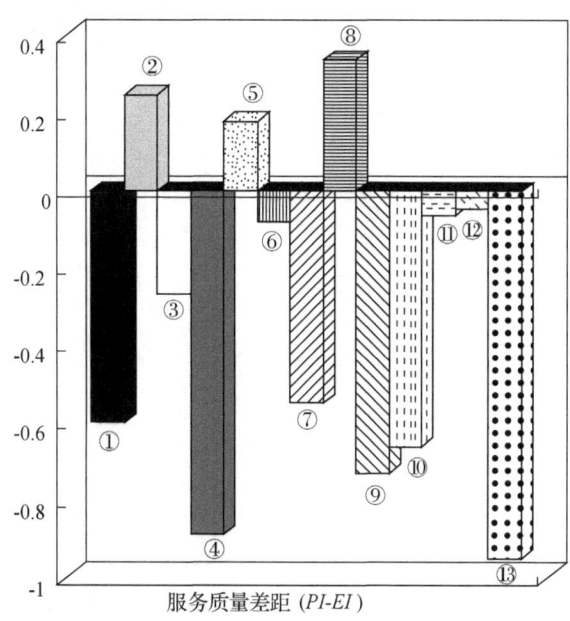

图 13-6 总体服务质量差距

在旅客对航空公司总体服务质量评价中,"旅客对航空公司有最佳设备和技术,较好的机型,保证安全飞行""当旅客遇到问题时,服务人员能诚恳为旅客解决""航空公司观察到旅客的需要,提供特色服务,给予特殊关照"三项服务期望最高,分别达到 4.701 0、4.061 9 和 4 分。旅客对"航空公司能运用电子商务和电子机票""航空公司能记住老旅客并能提供超值服务""下飞机后,航空公司能安排旅馆或提供旅行方便"三项服务评价最低,分别为 2.628 9、2.628 9 和 2.875 0。从服务质量差距计算来看,13 个项目中有 10 个项目为负值,其中差距最大的是"航空公司观察到旅客的需要,提供特色服务,给予特殊关照"和"航空公司能记住老旅客并能提供超值服务",分别为 -0.948 5 和 -0.886 6,说明旅客对航空公司整体服务质量并不满意,航空公司需要加强服务质量的建设,特别是在开展关系营销上努力,不断提高旅客满意度和忠诚度。

5. 服务质量与旅客选择之间的关系(见表 13-11)

表 13-11 服务质量与旅客选择之间的关系

指　　标	样本数	最小值	最大值	均　　值	标准差
对航空公司服务的总体满意度	79	2.00	5.00	3.670 9	.654 8
航空公司服务质量对旅客选择航空公司的影响程度	78	3.00	5.00	4.461 5	.696 8

表 13-11 表明,旅客对航空公司服务的总体满意度为 3.670 9;同时,航空公司的服务质量对于旅客挑选航空公司具有比较大的影响,达到 4.461 5,这足以引起航空公司对服务质量的高度重视,从而不断提高顾客满意度。

参考文献

[1] 秦现生.质量管理学[M].北京:科学出版社,2011.
[2] 尤建新,周文泳,武小军,等.质量管理学[M].3版.北京:科学出版社,2011.
[3] 亓四华.六西格玛管理概论[M].合肥:中国科学技术大学出版社,2008.
[4] 石川馨.质量管理入门[M].北京:机械工业出版社,2016.
[5] 陶靖轩,刘春雨,张月义,等.六西格玛管理简明教程[M].北京:中国计量出版社,2005.
[6] [美]泰戈.质量工具箱[M].何桢,施亮星,译.北京:中国计量出版社,2007.
[7] 何桢.六西格玛绿带手册[M].北京:中国人民大学出版社,2011.
[8] 唐晓芬.六西格玛核心教程[M].北京:中国标准出版社,2009.
[9] 马逢时,等.六西格玛管理统计指南[M].北京:中国人民大学出版社,2008.
[10] 邵家骏.质量功能展开[M].北京:机械工业出版社,2004.
[11] [美]吉特洛(Gitlow, H. S.),[美]莱文(Leving, D. M.).六西格玛绿带与倡导者手册:原理、DMSAIC、工具、案例和认证[M].张建同,张艳霞,等译.北京:机械工业出版社,2007.
[12] 谭洪华.ISO9001:2015新版质量管理体系详解与案例文件汇编[M].北京:中华工商联合出版社,2016.
[13] 何晓群.六西格玛数据分析技术[M].北京:中国人民大学出版社,2004.
[14] 王任职.六西格玛效果评价与量测[M].北京:中国人民大学出版社,2004.
[15] 胡振国.迪卡侬公司工程项目质量管理研究[D].上海:华东理工大学,2015.
[16] 侯岚.民航空中交通管理系统质量管理体系的改良研究[D].昆明:云南大学,2015.
[17] 杨钺.民航西南地区管理局航空安全监管信息管理系统的设计与实现[D].成都:电子科技大学,2013.
[18] 苏秦.质量管理与可靠性[M].北京:机械工业出版社,2014.
[19] 魏帅.航空安全质量管理系统的设计与实现[D].成都:电子科技大学,2012.
[20] 洪志生,苏强,霍佳震.服务质量管理研究的回顾与现状探析[J].管理评论,2012,24(07):152-163.
[21] 杨锦.航空运输企业构建全面质量管理体系的研究[D].成都:西南财经大学,2008.
[22] 刘必英.正交试验、统计分析在纺纱质量控制中的应用[J].纺织器材,2016,43(05):64-66.
[23] 高波丰.煤机装备制造业可靠性工程与质量管理平台建设[D].太原:太原理工大学,2016.

[24] 王芷茜.城市给水管网工程质量管理与可靠性研究[D].吉林:吉林大学,2015.

[25] 袁洁.强化航天型号可靠性工作 深入推进航天型号精细化质量管理[J].质量与可靠性,2011(01):1-4.

[26] 牟万里.正交试验在 MTBE 生产中的应用[J].石油知识,2003(05):21.

[27] 李荣华.正交试验法及其在质量管理中的应用[J].木材加工机械,1988(02):1-10.

[28] 吴建福.实验设计与分析及参数优化[M].北京:中国统计出版社,2003.

[29] 全国六西格玛管理推进工作委员会.六西格玛管理评价准则[M].北京:中国标准出版社,2007.

[30] 敖青山.航空配餐企业深化质量管理对策的实证研究[D].北京:中国农业科学院,2007.

[31] 王元泉.服务质量管理研究[D].北京:首都经济贸易大学,2004.

[32] 卫越男.服务营销中的服务质量管理和顾客满意研究[D].云南:昆明理工大学,2001.

[33] 尤建新,杜学美,张英杰.汽车供应链的顾客满意度评价指标体系[J].工业工程与管理,2004(01):45-50.

[34] 尤建新,柳彦青,杜学美.企业质量信誉损失评估模型研究[J].管理学报,2004(02):221-223.

[35] 么娆.航空器可靠性工程[M].北京:国防工业出版社,2017.